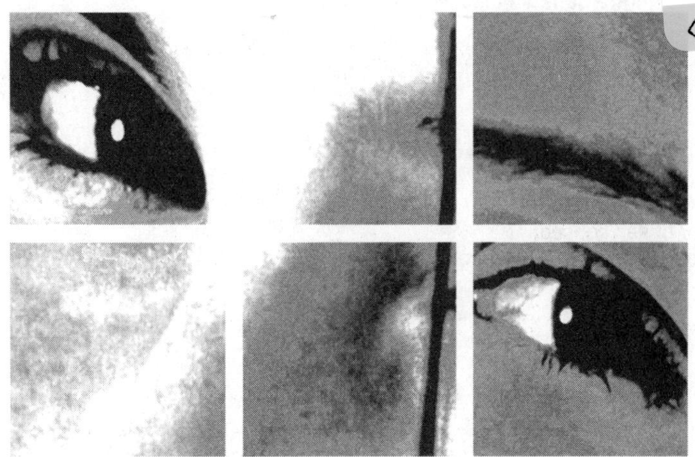

# INTÉGRER L'ENSEIGNEMENT STRATÉGIQUE DANS SA CLASSE

Sous la direction d'**Annie Presseau**

CHENELIÈRE ÉDUCATION

**Intégrer l'enseignement stratégique dans sa classe**

Sous la direction d'Annie Presseau



*Éditrice :* Lise Tremblay
*Coordination :* Josée Beauchamp et Monique Pratte
*Révision linguistique :* Sylvain Archambault
*Correction d'épreuves :* Renée Bédard
*Illustrations :* Fenêtre sur cour et ses concédants
*Conception graphique et infographie :* Fenêtre sur cour
*Couverture :* Michel Bérard

**Catalogage avant publication
de la Bibliothèque nationale du Canada**

Vedette principale au titre:

Intégrer l'enseignement stratégique dans sa classe

(Chenelière/Didactique)

Comprend des réf. bibliogr.

ISBN 2-7651-0179-5

1. Enseignement. 2. Pédagogie. 3. Apprentissage. I. Presseau, Annie, 1969- . II. Collection.

LB1025.3.156 2004 371.102 C2004-940274-9

CHENELIÈRE ÉDUCATION

7001, boul. Saint-Laurent
Montréal (Québec)
Canada H2S 3E3
Téléphone : (514) 273-1066
Télécopieur : (514) 276-0324
info@cheneliere-education.ca



**ISBN 2-7651-0179-5**

Dépôt légal : 2e trimestre 2004
Bibliothèque nationale du Québec
Bibliothèque nationale du Canada

Imprimé au Canada

1 2 3 4 5 A 08 07 06 05 04

Nous reconnaissons l'aide financière du gouvernement du Canada par l'entremise du Programme d'aide au développement de l'industrie de l'édition (PADIÉ) pour nos activités d'édition.

Gouvernement du Québec — Programme de crédit d'impôt pour l'édition de livres — Gestion SODEC

# Dédicaces



À mes cinq précieux trésor, Claudèle, Justin, Aude Emmanuelle, Maxence et Éloic. Puissiez-vous rencontrer au cours de votre cheminement scolaire des enseignants passionnés qui tiendront compte de vos différences et qui vous permettront de découvrir et de développer le meilleur de vous-mêmes.

À Stéphane, toi qui partages ma vie. Merci pour ton amour et ton soutien de tous les instants.

À Monique et André, mes parents. Merci pour le goût du dépassement que vous m'avez inculqué. Vous m'avez donné l'envie de rêver et de réaliser mes rêves. Quel cadeau !

À Jacques, toi qui m'as fait connaître l'enseignement stratégique et qui as su l'incarner mieux que quiconque.

À tous les enseignants que j'ai eu l'occasion d'accompagner et aux élèves que j'ai côtoyés.

# Table des matières

# Introduction



*Annie Presseau*

L'idée de publier un ouvrage traitant de l'enseignement stratégique qui s'adresse aux enseignants et aux formateurs vient essentiellement de mon expérience en matière de formation initiale et continue des maîtres. Cette expérience, fort enrichissante, m'a d'ailleurs amenée à réaliser des recherches-actions visant la transformation de pratiques chez des enseignants du primaire, du secondaire et du secteur de l'adaptation scolaire. Au cours des dix dernières années, j'ai donc eu diverses occasions de prendre conscience des défis importants qui vous étaient posés, des questions que vous souleviez ainsi que des besoins que vous éprouviez quotidiennement. J'ai voulu, à ma façon, et avec l'aide de collègues qui œuvrent également dans le milieu de l'éducation, vous soutenir dans cette aventure exigeante, mais ô combien valorisante, qu'est la pratique d'un enseignement renouvelé, adapté aux élèves. Pour ce faire, les recherches sur l'enseignement et sur l'apprentissage ont joué un rôle clé et il m'importe de vous en faire connaître les principaux résultats. Cet ouvrage vous offre, en quelque sorte, un accès à divers travaux de recherche émanant des sciences de l'éducation ; il vous permet d'établir des liens étroits entre ces travaux et vos pratiques pédagogiques, dans l'optique de les remettre en question et, dans certains cas, de les améliorer.

## Visées et esprit de l'ouvrage

Cet ouvrage n'a évidemment pas la prétention de résoudre l'ensemble des problèmes que vivent les élèves et les enseignants dans le système scolaire. Plusieurs de ces problèmes, selon moi, ne relèvent d'ailleurs pas de l'enseignement au sens strict. Par contre, je demeure convaincue que la qualité de l'enseignement, notamment par l'engagement dans une réflexion approfondie sur ses choix pédagogiques et par l'ouverture d'esprit nécessaire à la mise en place de changements, peut contribuer de façon significative à la qualité des apprentissages et, conséquemment, permettre à un plus grand nombre d'élèves de vivre des parcours scolaires différenciés qui mèneront à la réussite. C'est dans cet esprit que cet ouvrage a été conçu.

Fortement influencée par les travaux réalisés dans le domaine de la psychologie cognitive et sociocognitive, j'avais à cœur que, dans vos rôles d'enseignants et de formateurs, vous puissiez être alimentés par des exemples de pratiques pédagogiques qui s'inspirent, à des degrés divers, de l'enseignement stratégique. Les douze chapitres qui constituent cet ouvrage rendent bien compte de la diversité des pratiques qu'il est possible d'envisager sous l'influence de ce modèle pédagogique. Ces pratiques, souvent bonifiées par d'autres courants ou approches que ceux sur lesquels s'appuie l'enseignement stratégique, ont été retenues parce qu'elles entretiennent un lien de cohérence et de complémentarité avec cet enseignement. Car il faut savoir que le modèle de l'enseignement stratégique, comme tout autre modèle, est, par nature, incomplet.

Plusieurs types de pédagogies sont mises en place actuellement par les enseignants dans les écoles québécoises. Ces enseignants vous confirmeront, d'ailleurs, que les activités de formation continue visant à faire connaître ces approches pédagogiques ou à en permettre l'appropriation sont abondantes, particulièrement dans un contexte de réforme pédagogique comme celui que nous connaissons actuellement. J'y vois à la fois un avantage et un sérieux danger. L'avantage se situe dans la diversité; chaque enseignant peut « trouver son compte » dans l'une ou l'autre des approches pédagogiques en vogue. Toutefois, toutes ne sont pas compatibles et toutes ne se valent pas. Alors que certaines sont solidement fondées et documentées, d'autres ont des bases pour le moins fragiles. En tant qu'enseignants, vous devez donc être vigilants, exercer votre sens critique et faire des choix judicieux qui permettront de tirer profit de la complémentarité d'approches diversifiées. Mon objectif, dans cet ouvrage collectif, n'est pas de tracer le portrait des différents modèles ou approches et de dresser la liste de leurs forces et de leurs limites. Je laisse à d'autres le soin d'effectuer ce délicat travail. Le présent ouvrage, par la diversité des liens qu'il établit avec d'autres courants et approches, a plutôt pour mandat de rendre compte, notamment par des illustrations de cas, de pratiques en fonction desquelles l'enseignement stratégique paraît une avenue riche à explorer.

Mais l'enseignement stratégique n'est-il pas qu'une mode passagère ? Combien de fois me suis-je fait poser la question par certains enseignants critiques à l'égard de l'enseignement stratégique. Est-ce une mode ? Est-ce que ce sera comme le reste, et que ce sera dépassé avant longtemps ? À ces questions, je réponds, dans l'ordre, non et vraisemblablement. Je m'explique. Non, l'enseignement stratégique n'est pas une mode, mais que les propositions faites aujourd'hui ne soient pas forcément les mêmes que celles que je vous ferai dans vingt ans, c'est probable, et normal. La science évolue, et les sciences de l'éducation n'échappent pas à ce phénomène. L'enseignement stratégique propose des interventions qui, comme je l'ai dit précédemment, s'appuient sur la connaissance et sur la compréhension que l'on a actuellement de l'apprentissage. Les recherches étant nombreuses dans ce domaine, il y a fort à parier que des propositions nuancées, voire différentes, seront faites dans l'avenir. Cela ne discrédite toutefois en rien les suggestions exprimées aujourd'hui. Et cela ne devrait pas, non plus, décourager un enseignant d'intervenir de façon stratégique auprès de ses élèves. Au contraire, il s'agit de la responsabilité de tout professionnel de mettre en œuvre l'ensemble des moyens disponibles à un moment donné et dans un contexte particulier pour exercer le mieux possible sa fonction.

J'ai soulevé le fait que, comme tout modèle, celui de l'enseignement stratégique comporte des limites. Quelles sont-elles ? Ce modèle, de par ses origines cognitivistes, met peu l'accent sur la dimension sociale de l'apprentissage au sens large, qui peut résulter des interactions entre pairs et du développement de compétences liées au vivre ensemble. Un chapitre de cet ouvrage esquisse des liens entre l'enseignement stratégique et le travail en équipe, alors qu'un autre traite de l'enseignement stratégique en fonction de l'éducation interculturelle et de l'éducation à la citoyenneté.

En outre, ce modèle pédagogique accorde relativement peu d'importance à la dimension affective de l'apprentissage. C'est le courant humaniste qui a davantage développé cette facette et, en ce sens, le chapitre sur le développement de l'autonomie, qui recourt abondamment aux travaux émanant de ce courant pour mettre sur pied une pédagogie autonomisante, compense en quelque sorte cette limite du modèle de l'enseignement stratégique. Certes, par la motivation scolaire et la métacognition, la dimension affective est prise en compte, comme elle l'est d'ailleurs quand il est question du fonctionnement de la mémoire, mais il reste que ce modèle ne s'intéresse pas, en priorité, à cette dimension. Le chapitre qui traite spécifiquement de la métacognition accorde, pour sa part, une certaine importance à la composante affective de l'apprentissage.

Le modèle de l'enseignement stratégique se centre sur l'enseignement en fonction de la compréhension que nous avons actuellement du processus d'apprentissage. Par conséquent, il laisse de côté d'autres dimensions du travail de l'enseignant. Le deuxième chapitre de cet ouvrage situe les savoirs que mobilise l'enseignant qui pratique l'enseignement stratégique parmi un vaste répertoire de savoirs reconnus dans les écrits scientifiques comme étant utiles à l'exercice du travail de l'enseignant.

S'attardant au processus général d'apprentissage, ce modèle ne fournit pas de pistes explicites au regard de clientèles particulières comme le sont les élèves en difficulté d'apprentissage ou les garçons par rapport aux filles. Trois chapitres sont consacrés à cette question : l'un aborde de manière générale la nécessité de mettre en place une pédagogie différenciée, un autre porte sur la problématique des élèves en difficulté d'apprentissage, et un autre encore traite du rôle de la variable « sexe » dans l'apprentissage.

Finalement, le modèle de l'enseignement stratégique ne fournit pas non plus d'indices quant aux précautions à prendre lorsqu'il est question des disciplines en jeu ou du recours à des approches ou à des outils particuliers ; il a davantage un statut de modèle général. Les dix chapitres consacrés à l'illustration de pratiques pédagogiques stratégiques font référence à une diversité de domaines de formation, comme les langues, les sciences et l'univers social. Certains chapitres, pour leur part, mettent en relation l'enseignement stratégique avec le recours aux technologies de l'information et de la communication ou, encore, avec des approches particulières, comme la pédagogie de projet ou l'approche interdisciplinaire.

## Constitution de l'ouvrage

Cet ouvrage, divisé en deux parties, est composé de douze chapitres. La première partie, qui comprend deux chapitres, pose les bases de l'enseignement stratégique. La seconde partie, qui s'appuie sur divers écrits théoriques, accorde, quant à elle, une place prépondérante à l'illustration de pratiques pédagogiques stratégiques.

### Première partie : des points d'ancrage incontournables

Les deux premiers chapitres posent les jalons de l'enseignement stratégique, sans fournir expressément un soutien spécifique à la transformation des pratiques pédagogiques. Le premier chapitre, que j'ai rédigé, expose les grandes lignes de ce modèle pédagogique. Y sont présentés, entre autres, les thèmes qui sont le plus directement liés à cet enseignement ainsi qu'un référentiel de planification stratégique élaboré conjointement avec des partenaires du milieu scolaire. Pour l'essentiel, ce chapitre pose les assises du modèle, qui seront abordées sous différents angles dans les chapitres subséquents.

Le deuxième chapitre, que j'ai rédigé conjointement avec Stéphane Martineau, est sensiblement de la même teneur que le premier. Il rend compte des savoirs qui sont mobilisés lorsqu'un enseignant met en place un enseignement stratégique. Des liens sont également établis avec les six rôles de l'enseignant qui exploite l'enseignement stratégique, rôles décrits par Jacques Tardif (1992). Une grille inventoriant les fonctions et les rôles de l'enseignant en enseignement stratégique a été dressée afin d'amener le lecteur à examiner les rôles et les fonctions qu'il assume déjà et, ainsi, à cibler ceux qui devront éventuellement être davantage pris en charge.

## Deuxième partie : l'enseignement stratégique incarné dans des pratiques diversifiées

Les chapitres de la seconde partie de l'ouvrage poursuivent davantage des buts de soutien aux enseignants relativement à la transformation de certaines de leurs pratiques pédagogiques. Pour ce faire, divers moyens sont privilégiés, dont le plus exploité est sans contredit la présentation de cas d'enseignants qui, à des degrés divers et par des moyens variés, mettent en place un enseignement qui se veut stratégique. Ces cas sont suivis de retours réflexifs qui devraient amener le lecteur à établir des liens avec sa propre pratique et à reconnaître des pistes d'action qui lui sont propres. Plusieurs chapitres présentent également la planification d'une situation d'apprentissage.

Le troisième chapitre, rédigé par Liliane Portelance, traite d'un aspect particulier de l'enseignement stratégique, soit la métacognition. Ce chapitre outille le lecteur qui désire s'approprier des stratégies d'enseignement qui lui permettront, d'une part, de rendre ses élèves davantage conscients des processus qu'ils mettent en œuvre lors des situations d'apprentissage et, d'autre part, d'exercer un contrôle sur leurs actions dans l'optique de développer graduellement leur autonomie cognitive.

Le quatrième chapitre, rédigé par Nancy Brouillette, aborde l'enseignement stratégique dans la perspective de l'interdisciplinarité et de la transdisciplinarité. Des liens y sont explicitement établis entre l'enseignement stratégique et le transfert des apprentissages, l'une des visées de cet enseignement.

Le cinquième chapitre, élaboré par Hélène Fournier et François Perreault, porte, quant à lui, sur les diverses utilisations qu'on peut faire des technologies de l'information et de la communication, en lien, autant que possible, avec les caractéristiques particulières de l'enseignement stratégique. Certains outils fort utiles sont présentés aux enseignants.

Le sixième chapitre, que j'ai écrit en collaboration avec Stéphane Martineau, se penche sur le travail en équipe dans le cadre d'un enseignement stratégique. Pour l'essentiel, il cerne les raisons qui font que le travail en équipe est susceptible de favoriser l'apprentissage des élèves et il présente les aspects de l'enseignement stratégique qui peuvent significativement contribuer à une exploitation judicieuse de cette formule pédagogique.

Le septième chapitre, également rédigé par Stéphane Martineau et moi-même, met en lumière la façon dont l'enseignement stratégique peut contribuer à l'éducation interculturelle et à l'éducation à la citoyenneté. Dans ce chapitre, une attention particulière est prêtée aux valeurs, aux préjugés et aux stéréotypes des élèves qui, il va sans dire, exercent une influence directe sur les apprentissages qu'il leur sera possible de construire.

Le huitième chapitre, écrit par François Guillemette, traite de la question du développement de l'autonomie des élèves en établissant des liens, entre autres, avec l'enseignement stratégique. Alors que, dans d'autres chapitres, on examine la question de l'autonomie d'un point de vue principalement cognitif, l'auteur l'aborde ici davantage dans ses dimensions affectives et psychosociales.

Le neuvième chapitre, qui porte sur la pédagogie de projet, a été rédigé par Lucie Arpin et Louise Capra. Il permet au lecteur d'établir des liens entre cette approche pédagogique et le modèle de l'enseignement stratégique. Plusieurs points de convergence sont mis en relief, tels l'engagement des élèves dans leur apprentissage, l'importance de la signifiance des tâches et le souci constant de permettre la réutilisation des apprentissages faits en classe. Il ne s'agit là que de quelques-uns des aspects traités dans ce chapitre.

Dans le dixième chapitre, on se penche sur la différenciation pédagogique. À l'heure où l'hétérogénéité des groupes est une réalité, comment l'enseignant peut-il soutenir tous ses élèves dans leurs apprentissages ? Par l'établissement de liens entre le domaine de la différenciation et celui de l'enseignement stratégique, Luc Prud'homme fournit au lecteur de très nombreuses et judicieuses pistes de réflexion et d'actions pour intervenir efficacement auprès des élèves tout en tenant compte de leur très grande diversité.

Le onzième chapitre, que j'ai rédigé en collaboration avec Louise Paradis, s'attarde sur les particularités d'un enseignement stratégique qui prend en compte de façon particulière certaines caractéristiques des élèves en difficulté d'apprentissage et des élèves à risque d'échec scolaire. La thématique de la motivation occupe, il va sans dire, une place de choix dans ce chapitre. D'autres dimensions de l'enseignement stratégique sont néanmoins abordées, comme le fonctionnement de la mémoire, la place des connaissances antérieures et l'apprentissage de connaissances de différentes catégories.

Le dernier chapitre, le douzième, permet au lecteur d'établir des liens entre l'enseignement stratégique et la réussite scolaire des filles et des garçons. Les auteurs, Jean-François Dragon et moi-même, accordent ici une attention particulière à la variable « sexe ». Il est notamment question, dans ce chapitre, de l'influence de cette variable sur la motivation scolaire. À quoi les garçons et les filles attribuent-ils leurs succès, leurs échecs ? Quelles caractéristiques les tâches que propose l'enseignant devraient-elles avoir pour susciter l'intérêt, l'engagement et la persévérance chez les filles et chez les garçons ? Ce sont à des questions de cette nature que les auteurs du chapitre tentent de répondre.

En somme, vous l'aurez compris, cet ouvrage se veut un soutien à votre réflexion et à votre action, vous, les praticiens de l'enseignement et les formateurs. Il ne vise aucunement à vous fournir des recettes qui seraient applicables à toutes les situations, mais plutôt à vous permettre de vous approprier certains outils afin que vous puissiez construire vos propres apprentissages, en tenant compte du contexte spécifique dans lequel vous exercez votre profession. Nous tous, qui sommes toujours des apprenants, avons besoin de soutien dans nos apprentissages. Si cet ouvrage peut jouer ce rôle dans votre constant désir d'améliorer votre enseignement, nous, les auteurs de cet ouvrage collectif, aurons atteint le but que nous nous étions initialement fixé.

PREMIÈRE PARTIE

# DES POINTS D'ANCRAGE INCONTOURNABLES

# CHAPITRE 1
# L'ENSEIGNEMENT STRATÉGIQUE BROSSÉ À GRANDS TRAITS

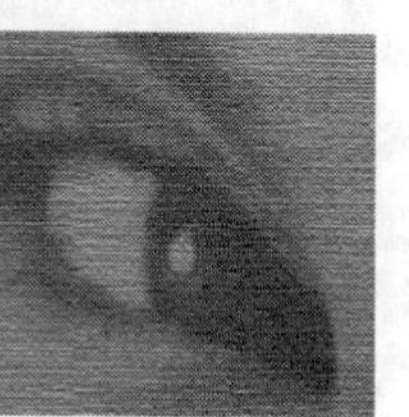

*Annie Presseau*

Dans ce chapitre, je présente les grandes lignes de ce que doit être, idéalement, l'enseignement stratégique ; cette présentation repose surtout sur un ouvrage de Jacques Tardif, *Pour un enseignement stratégique,* publié en 1992 aux éditions Logiques. J'expose dans ces pages les caractéristiques essentielles de ce modèle pédagogique ; onze différentes thématiques sont donc abordées, soit l'apprentissage, la mémoire, l'enseignement, les tâches, la motivation, les types de connaissances, l'arrimage des connaissances et des compétences, les stratégies, les connaissances des stratégies, l'apprentissage de stratégies et le transfert des apprentissages. Je mets ensuite en lumière ce qu'un enseignement stratégique exige de la part de la personne qui enseigne, notamment en ce qui a trait à la planification. Le deuxième chapitre, qui traite des savoirs et des rôles en enseignement stratégique, apportera un complément au présent chapitre.

## Qu'est-ce que l'enseignement stratégique ?

L'enseignement stratégique est un modèle pédagogique fondé principalement sur des recherches dans le domaine de la psychologie cognitive. Par modèle pédagogique, j'entends un ensemble organisé d'informations dont l'objet premier est le rôle de l'enseignement dans l'apprentissage. Ces informations permettent à la fois de comprendre l'apprentissage et d'intervenir efficacement dans son processus. Ce modèle prend en considération des facteurs purement cognitifs et, aussi, certains facteurs d'ordre affectif. Un accent particulier est notamment mis, en enseignement stratégique, sur la motivation scolaire des élèves.

En comprenant mieux comment les élèves apprennent, comment ils traitent les informations dans leur mémoire, comment ils arrivent à les récupérer au moment voulu, l'enseignant qui pratique l'enseignement stratégique est en mesure de mener plusieurs actions pédagogiques qui favorisent les apprentissages et leur transfert. Essentiellement, ces actions relèvent de six différents rôles : penseur, preneur de décisions, modèle, médiateur, entraîneur et motivateur. En assumant ces rôles, l'enseignant soutient l'élève dans la construction de ses connaissances et dans le développement des compétences qu'il réutilisera dans différents contextes, dans le milieu scolaire comme dans la vie de tous les jours. L'enseignement stratégique sert, finalement, à outiller l'élève ; il vise, de façon plus précise, à montrer à l'élève à acquérir et à utiliser efficacement et judicieusement différentes stratégies.

Afin de bien saisir ce qu'est un enseignement stratégique, voyons d'abord les principales conceptions sur lesquelles s'appuie ce modèle.

## L'apprentissage

Apprendre, selon Legendre (1993, p. 67), est un « processus d'acquisition ou de changement, dynamique et interne à la personne, laquelle, mue par le désir et la volonté de développement, construit de nouvelles représentations explicatives cohérentes et durables de son réel [...] ». Les chercheurs cognitivistes s'entendent aussi pour affirmer que l'on apprend en fonction de ce que l'on sait déjà. En ce sens, les connaissances dont dispose l'apprenant (généralement appelées connaissances antérieures) jouent un rôle majeur dans la construction de nouveaux apprentissages.

## La mémoire

Lorsque les chercheurs cognitivistes s'intéressent aux connaissances antérieures d'un individu, ils s'entendent pour dire que ces connaissances sont emmagasinées dans sa mémoire. Dans le modèle de l'enseignement stratégique, une place de choix est accordée à la mémoire, qui est, selon Jacques Tardif (1992, p. 155), « l'unité centrale du traitement de l'information ». Conséquemment, l'enseignant qui pratique l'enseignement stratégique, sans avoir à devenir un expert en fonctionnement de la mémoire, gagne à avoir en tête certaines caractéristiques de son fonctionnement puisque ces caractéristiques ont des incidences importantes sur l'apprentissage des élèves et sur l'enseignement qu'il est souhaitable de mettre sur pied pour soutenir cet apprentissage.

Il faut surtout retenir que deux types de mémoires jouent un rôle particulièrement important dans l'apprentissage : la mémoire à long terme et la mémoire de travail. La **mémoire à long terme** est celle qui permet l'emmagasinage illimité (en matière de temps et d'espace) des connaissances. Le principal « problème » relatif à cette mémoire est le repêchage des connaissances par l'élève au moment approprié. Il y a une solution à ce problème : l'organisation des connaissances. La **mémoire de travail**, pour sa part, a diverses caractéristiques qui rendent sa gestion complexe. C'est la mémoire « de la conscience ». D'abord, elle est limitée dans le temps. Les chercheurs s'entendent pour dire que les informations qui y parviennent ne sont disponibles qu'environ dix secondes. Les informations qui s'y trouvent, si elles ne sont pas jugées importantes par la personne qui apprend, ne sont pas emmagasinées dans la mémoire à long terme et, conséquemment, sont éliminées ; elles ne font donc pas partie du bagage de connaissances de l'élève et il ne peut plus s'y référer à un autre moment. En plus d'être limitée dans le temps, elle l'est dans l'espace. Il semble qu'elle ne puisse contenir plus de sept unités, à deux unités près. Une unité contient une quantité d'informations qui varie d'une personne à une autre, selon la manière dont ces informations sont organisées. Cependant, malgré une organisation optimale, il n'en demeure pas moins que la mémoire de travail est, en quelque sorte, un filtre par lequel doit passer toute information avant d'accéder à la mémoire à long terme. Si elle est embourbée, le passage permettant de se rendre à la mémoire à long terme est obstrué. Conséquemment, l'élève qui a une tâche à accomplir ne pourra la faire de façon satisfaisante tant que des unités ne seront pas libérées de sa mémoire de travail. Ce processus de traitement de l'information dans la mémoire met en relief la dimension interne de l'apprentissage. Mais il reste que ce processus est grandement influencé par l'enseignement.

## L'enseignement

Même s'il est pertinent, comme le fait Michel Saint-Onge (1992), de se demander : « Moi j'enseigne, mais eux apprennent-ils ? », de très nombreuses recherches montrent que l'enseignement peut avoir un effet bénéfique sur l'apprentissage des élèves. L'enseignement stratégique est une manière de penser l'enseignement pour parvenir à générer des apprentissages en profondeur chez les élèves. Essentiellement, un enseignant qui pratique l'enseignement stratégique a la responsabilité de faire tout ce qu'il peut pour que ses élèves établissent des liens avec ce qu'ils connaissent déjà, construisent des connaissances et développent des compétences. On reconnaît généralement trois différents types de soutien offerts aux élèves, selon leur degré de maîtrise de l'apprentissage visé. Quand les élèves commencent un nouvel apprentissage, l'enseignant, en enseignement stratégique, agit d'abord comme un **modèle explicite**. En tant que modèle, il rend compte à voix haute des connaissances qu'il mobilise pour effectuer une tâche, de la façon dont il s'y prend et des raisons qui l'incitent à agir de la sorte. Au fur et à mesure que l'expertise des élèves se développe, le soutien de l'enseignant diminue, laissant place à une **pratique guidée**. Dans ce contexte, l'enseignant accompagne les élèves dans leurs apprentissages en leur posant des questions, en les aidant au besoin, mais ce sont principalement les élèves qui font la tâche. Lorsque les élèves deviennent encore plus compétents, il peuvent passer à une **pratique autonome**. Dans ce cadre, l'enseignant valide les initiatives et les démarches des élèves. Il ne faudrait surtout pas croire que tous les élèves ont besoin du même type de soutien au même moment. Si certains élèves peuvent ne pas avoir besoin d'un modèle explicite au départ, parce que leurs connaissances antérieures liées au nouvel apprentissage visé sont suffisantes, d'autres, on pense plus particulièrement ici aux élèves en difficulté ou encore à ceux qui sont peu familiers avec le nouvel apprentissage visé, auront besoin pendant une période relativement longue d'un modèle explicite, puis d'une pratique guidée, avant d'accéder à une pratique autonome. Ce soutien adapté est offert aux différentes phases de l'enseignement stratégique, soit au moment de la préparation à l'apprentissage, de la présentation du contenu ou encore de l'application et du transfert des connaissances.

## Les tâches

Les recherches sur l'apprentissage ont montré qu'il est extrêmement important que les élèves donnent un sens au travail scolaire qu'ils effectuent. Elles font aussi ressortir que les élèves doivent jouer un rôle actif dans leur apprentissage. Pour ce faire, l'un des moyens utilisés est de faire réaliser des tâches aux élèves. Même si l'expression « tâche » est fréquemment utilisée comme synonyme d'« activité d'apprentissage », dans le présent cas, elle prend un sens particulier. Par tâche, on entend ici une situation complexe, contextualisée et signifiante. Selon Rosée Morissette (2002, p. 83), la tâche comprend six éléments : un contexte, au moins un problème à résoudre, une production, des consignes, des contraintes et, finalement, des informations. Compte tenu de ces descriptions de la tâche, il importe, dans la perspective de l'enseignement stratégique, que les élèves s'engagent dans une démarche de résolution de problèmes pour réaliser une tâche, que les solutions aux problèmes rencontrés ne soient pas évidentes et qu'elles requièrent une réelle recherche. La tâche se distingue ainsi, à plusieurs égards, des exercices qui, eux, sont souvent simples, répétitifs, décontextualisés et peu signifiants pour les élèves.

## La motivation

La motivation est un autre aspect important du modèle de l'enseignement stratégique (Tardif, 1992, et Viau, 1994). La motivation est à la base de l'engagement des élèves dans les tâches qui leur sont proposées, et elle influe aussi sur leur persévérance. En enseignement stratégique, l'enseignant s'intéresse à deux systèmes : le système de perceptions et le système de conceptions. Le système de perceptions concerne les buts de l'école et l'intelligence, tandis que le système de conceptions a trait à la valeur de la tâche, aux exigences de la tâche et à la contrôlabilité de la tâche. Ces deux systèmes sont expliqués plus longuement dans les chapitres 11 et 12, qui traitent des élèves en difficulté et de l'enseignement stratégique auprès des filles et des garçons. Il ne faut pas perdre de vue que c'est la façon de voir de l'élève qui est au centre de chacun des systèmes. Ainsi, que les perceptions et les conceptions de l'élève correspondent ou non à la réalité est secondaire ; ce qu'il faut retenir, c'est que l'élève agira en conformité avec les perceptions et les conceptions qui l'habitent. Il en résulte, par exemple, qu'en dépit du fait que vous vous évertuiez à présenter des activités qui, à vos yeux, sont susceptibles d'avoir des retombées positives pour un élève, cette intervention demeurera peu efficace ou ne le sera pas du tout si vous n'intervenez pas aussi, explicitement, pour faire prendre conscience à l'élève des bénéfices qu'il retirera de ces activités. L'enseignant qui pratique l'enseignement stratégique a donc un rôle important à jouer quant à la motivation des jeunes, mais il ne peut être motivé à la place des élèves.

## Les types de connaissances

La plupart des auteurs reconnaissent deux principaux types de connaissances : les connaissances théoriques et les connaissances pratiques. Dans le jargon cognitiviste, les connaissances théoriques sont généralement appelées connaissances déclaratives. Dans la catégorie des connaissances pratiques, Tardif (1992) distingue deux catégories de connaissances : les connaissances procédurales et les connaissances conditionnelles. Les tableaux 1.1, 1.2 et 1.3 présentent les principales caractéristiques qu'il est important que l'enseignant qui pratique l'enseignement stratégique connaisse relativement à chacune des catégories de connaissances.

Il importe de retenir, au sujet des différents types de connaissances, qu'il est essentiel de les distinguer pour deux raisons. D'abord, il faut avoir une idée précise de l'apprentissage visé afin d'ajuster ses stratégies pédagogiques en conséquence. Trop souvent, en effet, les stratégies pédagogiques sont choisies sans qu'une attention particulière ait été prêtée à la nature des apprentissages visés. La seconde raison est qu'il faut prendre conscience du fait que la tendance générale, chez nombre d'enseignants, est de concevoir l'apprentissage des différents types de connaissances dans un ordre bien déterminé, qui irait des connaissances déclaratives aux connaissances procédurales et, s'il reste du temps, aux connaissances conditionnelles (Tardif, 1995). D'après plusieurs auteurs, une telle conception nuit à l'apprentissage des élèves et au transfert de cet apprentissage. En effet, dans la majorité des situations d'apprentissage, il est plus bénéfique pour les élèves d'avoir à utiliser et à s'approprier des connaissances des différents types tout en ayant, simultanément, à les coordonner. Car, dans la «vraie vie», on n'a que très rarement à recourir à des connaissances de façon isolée. Une exception à ce principe survient lorsqu'il est nécessaire d'amener des élèves à automatiser certaines connaissances dans le but de libérer des unités de leur mémoire à court terme. Dans ce cas, il est judicieux de recourir à des exercices répétitifs qui portent sur un seul type de connaissances; ainsi, les élèves pourront éventuellement utiliser ces connaissances sans qu'elles accaparent trop leur mémoire de travail. Cependant, il faut retenir que l'introduction d'exercices répétitifs doit être commandée, au départ, par une tâche complexe, laquelle exige le recours à différents types de connaissances. Si les connaissances sont acquises de manière isolée les unes des autres et hors de tout contexte, les élèves ne pourront reconnaître le moment où elles sont pertinentes (*quand?* et *pourquoi?*). Les connaissances acquises mais inutilisables au moment opportun seront, en quelque sorte, des connaissances mortes, pour reprendre l'expression de Jacques Tardif (1995).

**Tableau 1.1 Les connaissances déclaratives**

| | Connaissances déclaratives |
|---|---|
| Ce qu'elles sont | • Elles permettent de savoir.<br>• Faits, événements, règles, principes, savoirs |
| Question à laquelle elles répondent | Quoi? |
| Danger | Penser que la présentation de connaissances déclaratives rendra les élèves capables de les utiliser fonctionnellement (connaissances procédurales) et judicieusement (connaissances conditionnelles). |
| Exemples fournis | • Une définition<br>• Les «jeux» et les «tables»<br>• L'énoncé d'une règle grammaticale |
| Stratégies pédagogiques pour favoriser leur apprentissage [1] | • Faire formuler aux élèves des prédictions et les leur faire vérifier.<br>• Méthode SVA (ce que je sais, ce que je veux savoir, ce que j'ai appris): corriger les connaissances erronées et rendre les attentes plus réalistes.<br>• Faire résumer.<br>• Faire déterminer les éléments les plus importants.<br>• Faire relever les éléments encore nébuleux.<br>• Faire paraphraser, élaborer.<br>• Présenter fréquemment des exemples et des contre-exemples. |

1. La plupart des stratégies proposées relativement aux trois catégories de connaissances proviennent de D. Barbeau, A. Montini et C. Roy (1997), *Tracer les chemins de la connaissance: La motivation scolaire*, Montréal, Association québécoise de pédagogie collégiale.

**Tableau 1.2 Les connaissances procédurales**

| Connaissances procédurales | |
|---|---|
| Ce qu'elles sont | • Elles permettent d'agir.<br>• Des séquences d'actions, des procédures, des savoir-faire<br>• Une condition => plusieurs actions |
| Question à laquelle elles répondent | Comment ? |
| Danger | Penser, parce que les élèves sont capables de suivre une procédure, qu'ils sauront quand et pourquoi (connaissances conditionnelles) il est pertinent d'y recourir et qu'ils y recourront effectivement. |
| Exemples fournis | • Effectuer des opérations d'addition, de multiplication.<br>• Lire une histoire.<br>• Effectuer un exercice en laboratoire en respectant un protocole déjà établi. |
| Stratégies pédagogiques pour favoriser leur apprentissage | • Faire une démonstration devant la classe en utilisant un modèle de pensée à voix haute (explicitation).<br>• Amener les élèves à répéter dans leur tête les étapes à suivre.<br>• Offrir un support écrit (affiches, tableau) auquel les élèves peuvent se référer, au besoin.<br>• Offrir des situations multiples et variées d'utilisation des procédures apprises.<br>• Fournir de la rétroaction quant à l'efficacité des procédures utilisées et aux économies qu'elles génèrent. |

**Tableau 1.3 Les connaissances conditionnelles**

| Connaissances conditionnelles | |
|---|---|
| Ce qu'elles sont | • Elles permettent de reconnaître.<br>• Classifications, catégorisations<br>• Plusieurs conditions => une action |
| Questions auxquelles elles répondent | Quand ?<br>Pourquoi ? |
| Danger | Penser, parce que les connaissances conditionnelles sont exploitées dans un contexte particulier ou hors d'un contexte, qu'elles pourront être mobilisées dans d'autres contextes et à d'autres moments. |
| Exemples fournis | • Reconnaître un participe passé dans une phrase.<br>• Distinguer les éléments essentiels des éléments secondaires dans un problème.<br>• Déterminer l'opération à effectuer dans un problème de mathématiques. |
| Stratégies pédagogiques pour favoriser leur apprentissage | • Présenter des exemples et des contre-exemples et faire générer, par les élèves, des exemples et des contre-exemples.<br>• Présenter plusieurs situations à l'intérieur desquelles les conditions d'utilisation sont les mêmes.<br>• Servir de modèle qui pense à voix haute et utiliser les élèves comme modèles qui pensent à voix haute.<br>• Préciser aux élèves les pièges à éviter.<br>• Faire élaborer par les élèves des situations qui nécessitent la réutilisation des connaissances. |

## L'arrimage des connaissances et des compétences

Dans le cadre de la réforme de l'éducation actuellement menée au Québec, il est moins question de connaissances que de compétences. Doit-on en conclure que les préoccupations qu'on entretient en enseignement stratégique quant aux connaissances de différents types sont désuètes?

Selon moi, ce n'est aucunement le cas. Les compétences, telles qu'elles sont définies par le ministère de l'Éducation du Québec, requièrent la mobilisation de connaissances (ou savoirs). D'une part, le *Programme de formation de l'école québécoise* «propose une organisation des savoirs sous forme de compétences de manière à leur donner sens et ouverture et, d'autre part, il retient un cadre conceptuel qui définit l'apprentissage comme un processus actif et continu de construction de savoirs» (MEQ, 2001, p. 4). On trouve également dans la définition des compétences, en filigrane, un concept extrêmement cher aux tenants de l'enseignement stratégique: le transfert. En effet, quand au MEQ on parle de «mobilisation» et d'«utilisation efficace» d'un ensemble de ressources (MEQ, 2001, p. 12), on fait nécessairement allusion à la réutilisation dans différents contextes des apprentissages que les élèves construisent. Pour que ce transfert soit possible, comme je l'ai mis en évidence précédemment, les connaissances conditionnelles jouent un rôle central puisqu'elles servent à déterminer quand et pourquoi des connaissances sont utiles dans un contexte inédit.

# Les stratégies

Les stratégies sont des moyens choisis et mis sur pied par les apprenants pour atteindre un but précis, et ce, de manière efficace. Généralement, elles sont composées d'un ensemble organisé d'opérations. Quand il est question de stratégies d'apprentissage, nous pensons donc aux moyens développés par les élèves pour apprendre. Selon Lasnier (2000, p. 110), ces stratégies peuvent relever de l'affectif, du cognitif, de la gestion et du métacognitif. Le tableau 1.4 dresse la liste des principales stratégies d'apprentissage qu'il a répertoriées. Elles seront systématiquement résumées sur la base des propos de cet auteur.

Dans les stratégies relevant de l'affectif, il y a d'abord la **réception**. L'apprenant travaille alors sur son attitude au regard de la tâche de manière à être réceptif et à s'y engager, en dépit de l'incertitude qu'elle peut soulever. La **motivation** réfère, quant à elle, à ce qui a été mis en évidence précédemment dans ce chapitre. L'élève détermine les motifs qui l'incitent à s'engager et à persévérer dans la tâche, malgré les difficultés rencontrées, et à y trouver un certain intérêt. Par la **gestion de l'anxiété**, l'élève évalue son anxiété et agit de manière à se détendre, en faisant jaillir de sa mémoire des situations au cours desquelles il a connu des succès, par exemple. Quant à la stratégie de **coopération**, mobilisée dans un contexte de travail en équipe, elle concerne tant les occasions où l'élève bénéficie de l'aide de ses collègues que celles où ce sont ses propres compétences qui sont mises à contribution. La tolérance et l'entraide sont sous-jacentes à cette stratégie. Finalement, la stratégie de **résolution de conflit** amène l'élève à analyser les causes d'un conflit et à le régler. Cela peut exiger, par exemple, la reconnaissance de ses torts et l'acceptation de compromis.

**Tableau 1.4 Les stratégies d'apprentissage**

| Affectives | Cognitives | Métacognitives | De gestion |
|---|---|---|---|
| Réception | Activation | Planification | Temps |
| Motivation | Acquisition | Contrôle | Ressources matérielles |
| Gestion de l'anxiété | Élaboration | Régulation et évaluation | Ressources humaines |
| Coopération | Organisation | | Environnement |
| Résolution de conflit | Intégration | | |
| | Transfert | | |

Sur le plan des stratégies cognitives, Lasnier (2000) mentionne d'abord la stratégie d'**activation**. Celle-ci amène l'élève à se remémorer ce qu'il connaît déjà et qui pourrait lui être utile pour réaliser une nouvelle tâche. Une autre stratégie est l'**acquisition**. L'élève adopte alors diverses tactiques, comme la répétition, l'association ou l'utilisation d'un surligneur, pour retenir certaines connaissances déclaratives. Cette stratégie n'est toutefois utile que pour un traitement sommaire. L'**élaboration**, la troisième stratégie cognitive énoncée, qui est également utile pour acquérir des connaissances déclaratives, permet davantage un traitement en profondeur. Par exemple, l'élève résume dans ses mots les idées principales, repère des mots clés, établit des liens avec ses connaissances antérieures, élabore des questions. La stratégie d'**organisation**, utile, pour sa part, dans l'acquisition de connaissances déclaratives et procédurales, amène l'élève à hiérarchiser les informations – ce qui lui permet de distinguer les informations importantes des informations secondaires – et à les relier entre elles. Pour ce faire, la construction de réseaux et la division de l'information, entre autres, peuvent être fort utiles. La stratégie d'**intégration**, particulièrement pertinente pour construire des connaissances procédurales, consiste à coordonner diverses étapes d'une réalisation. Pour y arriver, il peut être pertinent, notamment, d'écrire les différentes étapes à suivre, de les schématiser et d'établir des liens entre chacune d'elles. Finalement, Lasnier considère que le **transfert** est également une stratégie cognitive; cette stratégie renvoie particulièrement aux connaissances procédurales et conditionnelles. Il s'agit de la réutilisation de ses connaissances dans une nouvelle situation après avoir analysé cette situation et déterminé les éléments communs à cette nouvelle situation et à des situations connues ayant permis l'acquisition des connaissances qui, potentiellement, sont maintenant utiles. Cela peut nécessiter, si les situations ne sont pas identiques, que l'élève ajuste ses connaissances ou qu'il en acquière de nouvelles pour accomplir la tâche proposée.

Les trois stratégies métacognitives sur lesquelles s'attarde Lasnier sont la planification, le contrôle et, enfin, la régulation et l'évaluation. Toutes amènent l'élève à prendre une certaine distance par rapport à ses actions en vue de les réguler. La **planification** est la capacité de l'élève de prévoir ce dont il aura besoin pour effectuer la tâche demandée, notamment en ce qui a trait aux stratégies dont il dispose selon l'analyse qu'il fait de la nature de la tâche. La stratégie de **contrôle**, qui se rapporte plus particulièrement aux connaissances conditionnelles, requiert de l'élève qu'il se pose des questions sur la pertinence des stratégies qu'il utilise et sur la pertinence de la façon dont il les utilise. La stratégie de **régulation** et d'**évaluation** consiste pour l'élève à reconnaître les stratégies qu'il a effectivement développées et à objectiver sa démarche. Cette stratégie l'amène à poser des jugements sur son travail et à l'ajuster, au besoin, dans la poursuite de la réalisation de la tâche.

La quatrième catégorie de stratégies, celles relatives à la gestion, concerne d'abord le facteur **temps**. Il s'agit, pour l'élève, de se donner divers moyens pour bien gérer son temps. On peut penser, par exemple, à l'utilisation d'un agenda ou à d'autres moyens favorisant le respect d'un échéancier, à la planification de moments particuliers pour réaliser des travaux, et aussi à la planification de moments de détente ainsi qu'à l'établissement des priorités, que ce soit en fonction des dates d'échéance ou du temps qui est nécessaire à la réalisation des diverses tâches. Une autre stratégie a trait à la gestion des **ressources matérielles**: l'élève doit décider du matériel dont il aura besoin avant de se mettre au travail et le rassembler de manière à ne pas avoir à s'interrompre au cours de la réalisation de la tâche. La stratégie de gestion des **ressources humaines** a trait à l'identification et au choix des personnes auxquelles l'élève pense recourir pour effectuer le travail scolaire demandé. Finalement, la gestion de l'**environnement** requiert de l'élève qu'il choisisse avec soin le lieu dans lequel il effectuera son travail, de manière à y trouver confort et tranquillité.

En se fondant sur d'autres critères, Weinstein et Hume (2001) ont distingué trois catégories supplémentaires de stratégies d'apprentissage : les stratégies d'entraînement, les stratégies de conceptualisation et les stratégies organisationnelles. Le tableau 1.5 (voir page 14) présente ces diverses stratégies. À maints égards, on peut relever de fortes ressemblances entre ces stratégies et les stratégies cognitives répertoriées par Lasnier.

## Les connaissances des stratégies

Les stratégies ne sont pas sans lien avec les types de connaissances présentées précédemment. Les élèves peuvent disposer de connaissances déclaratives associées aux stratégies d'apprentissage que l'enseignant qui pratique l'enseignement stratégique souhaite qu'ils maîtrisent. Les **connaissances déclaratives** sont ce que les élèves ont besoin de maîtriser au sujet des différentes stratégies et de leurs caractéristiques. Elles aident les élèves à prendre conscience des catégories de stratégies qui existent et à connaître leurs caractéristiques et leurs emplois particuliers. Ces seules connaissances ne suffisent toutefois pas aux élèves. Ils doivent, en outre, apprendre à utiliser les stratégies dans diverses situations d'apprentissage. Conséquemment, les enseignants doivent informer les élèves des stratégies d'apprentissage qu'ils peuvent utiliser, mais il est aussi fondamental qu'ils les soutiennent dans le développement de leurs capacités à les employer.

Il faut donc que les élèves maîtrisent également des **connaissances procédurales** en lien avec les stratégies. Ces connaissances sont relatives à l'utilisation des différentes stratégies. Mais, même conjuguées aux connaissances déclaratives, ces connaissances ne suffisent pas. Grâce aux connaissances procédurales, les stratégies peuvent être utilisées fonctionnellement, mais pas forcément de façon judicieuse. En conséquence, il est essentiel que les enseignants proposent des tâches qui contraindront les élèves à utiliser fréquemment les diverses stratégies apprises.

Les **connaissances conditionnelles** ont une très grande importance au regard de l'apprentissage de stratégies. En effet, ces connaissances permettent aux élèves de déterminer le moment où il est judicieux de recourir à telle ou telle stratégie et la raison pour laquelle il est judicieux d'y recourir; elles permettent aussi de cerner les conditions qui mènent à leur utilisation. Dans ce cadre, l'enseignant a un rôle clé à jouer sur le plan de l'apprentissage de ces connaissances: il doit fournir de la rétroaction aux élèves quant à la pertinence de leurs recours aux stratégies.

### L'apprentissage de stratégies

Weinstein et Hume (2001) ont déterminé trois façons d'aider les élèves à recourir à des stratégies d'apprentissage. Il y a d'abord l'**enseignement direct**: dans ce cadre, l'enseignant informe les élèves des stratégies dont ils disposent et de la manière de les utiliser. L'enseignant peut aussi recourir à la **modélisation**, ce qui correspond à ce que j'ai présenté précédemment, soit le modèle explicite. Dans ce cas, l'enseignant fait la démonstration de la stratégie devant les élèves et expose à voix haute la façon de s'y prendre et la raison de recourir à cette stratégie particulière dans la tâche. Une troisième façon de faire est d'enseigner au moyen de la **pratique guidée et commentée**. Les élèves essaient alors les stratégies qui leur sont proposées et reçoivent de l'enseignant des commentaires sur la pertinence de leurs choix et sur la qualité de leur exécution.

## Le transfert des apprentissages

L'enseignement stratégique est un modèle pédagogique qui vise la maîtrise de certains apprentissages par les élèves, certes, mais aussi – et, peut-être, surtout – le transfert de ces apprentissages dans d'autres contextes. L'ensemble des rôles de l'enseignant et des interventions pédagogiques auxquelles il procède concourent à faire des élèves qu'il côtoie des jeunes capables de réutiliser leurs acquis dans des contextes variés. Dans ce modèle, le transfert est vu comme « un processus par lequel des connaissances construites dans un contexte particulier (tâche source) sont réutilisées dans un contexte différent (tâche cible) après avoir été mobilisées, combinées différemment puis adaptées. Les buts de cette réutilisation de connaissances peuvent être la construction de nouvelles connaissances, le développement de nouvelles compétences ou l'accomplissement de tâches inédites » (Presseau et Brouillette, 2002). Pour que les élèves puissent véritablement réutiliser ce qu'ils ont appris, il est essentiel d'intervenir spécifiquement en fonction de cet objectif, sans quoi les transferts auxquels on peut s'attendre seront rarissimes. Compte tenu des caractéristiques de l'enseignement stratégique, nous proposons d'inscrire l'intervention qui favorise le transfert dans un cadre comprenant trois temps: la contextualisation, la décontextualisation et la recontextualisation (Tardif et Meirieu, 1996; Tardif et Presseau, 1998). La **contextualisation**, comme son nom l'indique, consiste à mettre en contexte les contenus d'apprentissage visés. Ce choix pédagogique permet aux élèves, entre autres, de saisir la portée et le caractère utile de l'apprentissage qu'ils font au moment où cet apprentissage se produit. Par ailleurs, comme l'apprentissage est fortement marqué par son contexte d'acquisition, il est important d'amener les élèves à le décontextualiser, c'est-à-dire à se distancier du contexte original afin de donner à l'apprentissage une portée plus large. La phase de **décontextualisation** se prête particulièrement bien aux interventions de l'enseignant qui ont pour but d'amener les élèves à prendre conscience des connaissances dont ils disposent. Mais, comme le montrent les travaux de Prawat (1989), cette prise de conscience ne garantit aucunement, à elle seule, le transfert. Par contre, elle accroît les probabilités que les élèves recourent à leurs acquis plutôt qu'à l'élaboration de nouveaux apprentissages pour répondre aux exigences d'une tâche inédite. Enfin, la **recontextualisation** est le fait de proposer aux élèves de multiples occasions de réutiliser leurs apprentissages. Presseau (2003, p. 116) note ce qui suit : « [...] deux moyens peuvent alors être envisagés. Un premier moyen consiste à amener les élèves à envisager hypothétiquement quels pourraient être les contextes à l'intérieur desquels ils pourraient réutiliser les apprentissages qu'ils viennent d'effectuer et à justifier pourquoi ils peuvent l'être. Le second moyen, plus efficace, consiste à dépasser le caractère hypothétique pour amener réellement les élèves à réutiliser leurs apprentissages dans de nouveaux contextes. Pour rendre optimale l'efficacité de ce moyen, les élèves devraient aussi justifier quelles conditions les autorisent à pouvoir réutiliser les mêmes apprentissages dans ces nouveaux contextes. »

J'ai présenté jusqu'ici les principales caractéristiques de l'enseignement stratégique. Même si certaines facettes de cet enseignement ont été laissées de côté, je crois pouvoir affirmer que les informations fournies dans ce chapitre sauront satisfaire l'enseignant désireux de comprendre, dans son essence, ce modèle pédagogique. Je poursuivrai maintenant en traitant d'une dimension essentielle de l'enseignement stratégique : la planification.

## Le rôle central de la planification dans l'enseignement stratégique

Enseigner est un acte complexe, quoi qu'en disent certains. Le mandat est lourd quand on vise la réussite du plus grand nombre. S'il est vrai qu'une part importante du travail de l'enseignant se fait dans l'interaction avec les élèves, il n'est pas moins vrai qu'il est essentiel de planifier les situations d'apprentissage proposées aux élèves. Dans le deuxième chapitre de cet ouvrage, il est question des six rôles qu'on doit assumer en enseignement stratégique ; parmi ces six rôles, deux se jouent en bonne partie avant l'intervention auprès des élèves, soit celui de penseur et celui de preneur de décisions. Mais pourquoi se préoccuper de la planification ?

La planification, dans l'esprit de l'enseignement stratégique, est nécessaire pour deux raisons principales : fournir le meilleur environnement d'apprentissage possible aux élèves et s'assurer que les élèves ont des occasions de transférer les apprentissages qu'ils effectuent. Cette question a déjà été abordée de façon détaillée ailleurs (Presseau, 2003), mais il me paraît utile de présenter ici les points essentiels de ma thèse.

J'ai constaté, principalement dans le cadre de diverses formations continues offertes à des enseignants, que, malgré l'importance qu'ils affirment accorder au transfert des apprentissages de leurs élèves, peu d'entre eux laissent des traces de cette préoccupation dans leur planification. Dans la mesure où plusieurs recherches mettent en évidence le fait que la planification a des incidences positives sur l'apprentissage des élèves, il m'apparaît nécessaire que le transfert des apprentissages fasse partie intégrante de la planification, sans quoi peu de transferts seront réellement effectués par les élèves. On ne peut attendre que l'occasion se présente pour l'attraper au vol ! Il s'agit donc, en plus de concevoir des situations d'apprentissage initial, qui sont des tâches sources, de créer de multiples tâches cibles qui seront pour les élèves autant d'occasions de réutiliser leurs apprentissages et d'en faire un traitement en profondeur.

Quand on parle de planification d'environnements pédagogiques qui sont riches en matière d'apprentissages et de transferts, il est important d'avoir à l'esprit que les tâches doivent présenter certaines caractéristiques. Des conclusions de recherches montrent qu'il est nécessaire, pour que des transferts puissent être réalisés par les élèves, que les tâches aient un sens pour ceux-ci, qu'elles possèdent des éléments communs et que les similarités qu'elles présentent soient perçues par les élèves. Ces différentes caractéristiques sont analysées dans le quatrième chapitre de cet ouvrage.

On peut consulter, dans le présent chapitre, un référentiel de planification stratégique (voir page 16) ainsi qu'une grille de planification (voir page 18) élaborés expressément pour soutenir les enseignants désireux d'intégrer dans leur pratique des caractéristiques de l'enseignement stratégique. Ces instruments, développés par des enseignants (Marie-Josée Tremblay et Patrick Binette), une conseillère pédagogique (Nicole Roy) et l'auteure de ces lignes (Annie Presseau), sont le fruit d'un processus de plus de trois ans qui s'est déroulé dans un contexte de formation continue. Plusieurs grilles ont été développées et essayées avant qu'on en arrive à celles qui sont présentées ici ; malgré tout, ces instruments sont encore perfectibles. Le référentiel a cependant le mérite de rendre compte, de façon concise et structurée, de plusieurs considérations importantes reliées à la planification de situations d'apprentissage stratégiques. Il s'agit, en quelque sorte, d'un pense-bête auquel l'enseignant peut se référer, au besoin.

Quant à la grille de planification, qui est calquée sur le référentiel de planification stratégique, elle est fortement marquée par une préoccupation majeure : le transfert des apprentissages dans d'autres contextes. Elle fournira peut-être à l'enseignant qui est encore peu expérimenté dans le domaine de la planification stratégique une structure et des balises, lesquelles lui permettront éventuellement de se construire une grille de planification stratégique adaptée à ses besoins.

**Tableau 1.5 Les catégories de stratégies d'apprentissage**[2]

| Stratégies d'entraînement | | |
|---|---|---|
| Description et but | Basées sur la répétition afin de fixer les informations dans la mémoire à court ou à long terme. | |
| Moyens | Réciter à voix haute ce qui doit être retenu. | |
| Limites/ Apports particuliers | Ces stratégies n'aident pas les élèves à intégrer les nouvelles connaissances aux connaissances antérieures, ni à établir des liens entre les différentes connaissances. | |
| | **Apprentissages de base** | **Apprentissages complexes** |
| Description et but | Mettent l'accent sur la répétition simple dans le but d'augmenter la familiarité et la mémorisation. | Sont concentrées sur la sélection des informations et sur leur répétition pour augmenter la familiarité, la compréhension et la mémorisation. Servent à se concentrer sur les idées principales et à retenir ces idées. |
| Moyens particuliers | Répétition, relecture, recopiage, recours à des moyens mnémotechniques (rimes, air que l'on fredonne, « phrases magiques », etc.) | Utilisation d'un surligneur, prise de notes de manière sélective, transcription des informations essentielles, répétition à voix haute |
| Contextes d'utilisation | Se rappeler temporairement d'un numéro de téléphone jusqu'à sa composition. | Étude en profondeur d'un chapitre, prise de notes |
| Particularités | | Exigent une réflexion plus active de la part de l'élève que les apprentissages de base. |

| Stratégies de conceptualisation | | |
|---|---|---|
| Description et but | Aident les élèves à établir des liens entre ce qu'ils savent déjà et ce qu'ils sont en train d'apprendre et de retenir. Les aident à organiser et à intégrer les connaissances récentes et anciennes afin qu'elles aient un sens pour eux. | |
| Moyens | Résumer en ses mots, paraphraser, prendre des notes en développant les idées sélectionnées, poser des questions et y répondre, comparer, établir des oppositions. | |
| Limites/ Apports particuliers | Ces stratégies exigent un engagement cognitif important de la part des élèves. Leur utilisation accroît l'attention, la concentration et l'intérêt. | |
| | **Apprentissages de base** | **Apprentissages complexes** |
| Description et but | Servent à apprendre des listes d'éléments liés à un même concept ou à mémoriser les rapports existant à l'intérieur d'un groupe d'éléments. | Servent à approfondir la compréhension des informations nouvelles afin que l'élève puisse les stocker en mémoire et les lier à ses connaissances antérieures. |
| Moyens particuliers | Se fabriquer une image mentale, se construire mentalement une histoire. | Reformuler un contenu dans ses propres mots, enseigner un contenu à quelqu'un d'autre, utiliser le contenu pour résoudre un problème. |

▶▶▶

2. Source : C. E. Weinstein et L. M. Hume (2001), *Stratégies pour un apprentissage durable*, Bruxelles, De Boeck Université.

| | | |
|---|---|---|
| Exemple | Imaginer une salade de fruits incluant des tomates pour se rappeler que la tomate est un fruit. | |
| Contextes d'utilisation | Apprendre des listes d'éléments liés à un même thème, mémoriser les rapports entre différents éléments. | Étude en profondeur de phénomènes ou de problématiques dans l'optique de pouvoir réutiliser les connaissances acquises. |
| Particularités | | Surtout utiles pour les apprentissages complexes. |

| **Stratégies organisationnelles** | | |
|---|---|---|
| Description et but | Elles sont une forme spécialisée de stratégies de conceptualisation. Pour l'essentiel, ces stratégies consistent à regrouper les informations nouvelles pour les mémoriser plus facilement. Elles visent à exploiter au maximum les unités de la mémoire de travail (qui est limitée). | |
| Moyens | Concentrer l'information de manière qu'une unité de la mémoire comprenne un nombre élevé d'éléments. | |
| Limites/ Apports particuliers | Ces stratégies exigent aussi un engagement cognitif important de la part des élèves. Leur utilisation accroît l'attention, la concentration et la rétention. | |
| | **Apprentissages de base** | **Apprentissages complexes** |
| Description et but | Servent à regrouper des informations en unités ou à donner un cadre à un ensemble d'éléments. | Contribuent à réduire la charge imposée à la mémoire et à rendre les contenus plus signifiants et plus faciles à intégrer dans la mémoire à long terme. |
| Moyens particuliers | Classer les éléments par catégories ou rubriques (par exemple, animaux, végétaux, minéraux), déterminer les relations hiérarchiques, établir un diagramme. | Classer les éléments par catégories ou rubriques, déterminer les relations hiérarchiques, établir un diagramme en arbre, un organigramme ou un schéma. |
| Exemple | Regrouper les grandes batailles de la Seconde Guerre mondiale en fonction des dates. | |
| Contextes d'utilisation | | Étude d'un chapitre, prise de notes |
| Particularités | | Le recours à ces stratégies contribue au transfert des apprentissages. |

## Référentiel de planification stratégique

**Avant de commencer, je cible des objectifs ou des compétences**

**Avant de commencer, je décris les productions que j'attends:**

- Production écrite (travail écrit, affiche)
- Présentation orale (conventionnelle, forum, panel, TIC, vidéo, etc.)
- Production artistique (peinture, dessin, sculpture)

## PHASE 1 : PRÉPARATION

Ce que les élèves ont besoin de savoir pour faire la tâche demandée (écrire les contenus et les étapes qui sont nécessaires à la réalisation de la tâche).

### ACTIVER LES CONNAISSANCES

**Activation des connaissances et des conceptions des élèves (poser des questions aux élèves pour déterminer ce qu'ils savent déjà).**

- Déclaratives (quoi ?) : vérifier si les élèves connaissent les règles à respecter et le sens des termes.
- Procédurales (comment ?) : vérifier si les élèves connaissent les étapes à suivre pour réaliser la tâche.
- Conditionnelles (quand ? pourquoi ?) : vérifier si les élèves savent quand et pourquoi il est pertinent de recourir à telle règle ou à telle procédure.
- Conserver des traces des travaux des élèves (grandes feuilles au tableau, transparents, etc.).

**Mobilisation des compétences transversales et disciplinaires** (poser des questions aux élèves pour savoir quelles compétences, parmi celles qu'ils maîtrisent déjà, ils doivent exploiter pour faire la nouvelle tâche).

**Conscience du besoin d'en connaître davantage** (faire ressortir, s'il y a lieu, les oppositions entre les réponses des élèves ou le manque d'information sur un sujet).

**Moyens**

- Collectif
- Individuel
- En équipe

- Oral
- Écrit

### MOTIVATION DES ÉLÈVES

**Valeur de la tâche** (informer les élèves de l'utilité de ce que je leur fais faire pour qu'ils donnent un sens à la tâche : À quoi leur sert-elle ? Que leur apporte-t-elle ?).

- Retombées personnelles (l'élève) ; exemple : utile pour exercer un futur métier.
- Retombées sociales (la famille ou la collectivité) ; exemple : communiquer ses apprentissages aux autres.

**Contrôle**

- Choix
- Conscience qu'ils ont ce qu'il faut pour faire la tâche (connaissances, stratégies, ressources humaines et matérielles).

**Exigences**

- Défi (ni trop facile ni trop difficile)
- Connaissance des critères d'évaluation
- Connaissance de l'outil d'évaluation utilisé

## Référentiel de planification stratégique *(suite)*

### PHASE 2 : RÉALISATION (par la contextualisation)

| Types de tâches proposées | Types d'enseignement | Outils d'évaluation authentique |
|---|---|---|
| (contextualisées, complexes et authentiques)<br>• Création plastique<br>• Étude de cas<br>• Laboratoire<br>• Maquette<br>• Production écrite<br>• Projet<br>• Recherche<br>• Résolution de problèmes<br>• ... | S'assurer de varier les activités au cours d'une période pour que les élèves jouent un rôle actif.<br>• Collectif<br>• Coopératif<br>• Enseignement magistral (un maximum de 15 minutes)<br>• Enseignement par les pairs<br>• Groupes de discussion<br>• Jeux de rôles<br>• Laboratoire<br>• Simulation<br>• Tournoi<br>• Travail d'équipe ou individuel<br>• Tutorat | • Grille d'observation et/ou d'évaluation (connaissances, techniques, stratégies et comportements)<br>• Questionnaire oral, individuel, d'équipe ou collectif<br>• Questionnaire écrit individuel ou d'équipe<br>• Grille d'autoévaluation<br>• Évaluation par les pairs |

**SOUTIEN**

- Modèle explicite (je rends compte à voix haute de ce qui se passe dans ma tête quand je réalise la tâche : mes questionnements, mes connaissances, mes compétences et mes stratégies).
- Pratique guidée (j'assiste l'élève et lui fournis régulièrement de la rétroaction sur des connaissances, des compétences et des stratégies).
- Pratique autonome (je fournis occasionnellement de la rétroaction aux élèves qui sont autonomes et je m'occupe de ceux qui ont davantage besoin de soutien).

**MINILEÇONS SUR LES SAVOIRS ESSENTIELS**

Au cours d'un apprentissage, il est possible que des élèves aient besoin de nouvelles connaissances pour être capables de réaliser la tâche. Il faut alors revenir au point de départ et activer leurs connaissances sur le sujet abordé, leur faire acquérir ces connaissances (à l'aide d'un exercice, par exemple), et vérifier qu'ils les maîtrisent et qu'ils peuvent les réutiliser et, ainsi, poursuivre la tâche.

### PHASE 3 : TRANSFERT

**Décontextualisation** (extraire les informations du contexte initial, et aider les élèves à prendre conscience de leurs apprentissages et à les organiser).

- Schéma
- Tableau
- Mots clés
- Résumé écrit
- Résumé oral

**Recontextualisation** (permettre aux élèves de réutiliser les connaissances et les compétences développées grâce à la tâche).

- hypothétique (faire décrire aux élèves des occasions où ils pourraient réutiliser les apprentissages qu'ils viennent de faire dans le cadre de la tâche).
- Réelle (réutilisation réelle, et plus seulement potentielle, des apprentissages).

**Clôture (de 10 à 15 minutes, au maximum)**

Établir des liens avec les connaissances et les conceptions antérieures : les élèves ont-ils fait des apprentissages ?

Rappel des contenus importants en fonction des compétences visées et de l'intention poursuivie.

Source : Annie Presseau, Marie-Josée Tremblay, Nicole Roy et Patrick Binette (2003)

## Référentiel de planification stratégique

**Avant de commencer, je cible des compétences disciplinaires, transversales et des domaines généraux de formation:**

___

___

## PHASE 1: PRÉPARATION

Ce que les élèves ont besoin de savoir pour faire la tâche demandée (écrire les contenus et les étapes qui sont nécessaires pour que les élèves puissent effectuer la tâche).

| **ACTIVER LES CONNAISSANCES** | **Moyens** |
|---|---|
| **Activation des connaissances et des conceptions des élèves (poser des questions aux élèves pour déterminer ce qu'ils savent déjà).** | ❑ Collectif<br>❑ Individuel<br>❑ En équipe |
| **Mobilisation des compétences transversales et disciplinaires** | |
| **Conscience du besoin d'en connaître davantage** | ❑ Oral<br>❑ Écrit |

**MOTIVATION DES ÉLÈVES**

**Valeur de la tâche**

**Contrôle**

**Exigences**

## PHASE 2: RÉALISATION (par la contextualisation)

| **Types de tâches proposées** | **Types d'enseignement** | **Outils d'évaluation authentique** |
|---|---|---|
| | S'assurer de varier les activités au cours d'une période pour que les élèves jouent un rôle actif.<br>❑ Collectif<br>❑ Coopératif<br>❑ Enseignement magistral (courte durée)<br>❑ Enseignement par les pairs<br>❑ Groupes de discussion<br>❑ Jeux de rôles<br>❑ Laboratoire<br>❑ Simulation<br>❑ Tournoi<br>❑ Travail d'équipe ou individuel<br>❑ Tutorat | ❑ Grille d'observation et/ou d'évaluation (connaissances, techniques, stratégies et comportements)<br>❑ Questionnaire oral, individuel, d'équipe ou collectif<br>❑ Questionnaire écrit individuel ou d'équipe<br>❑ Grille d'autoévaluation<br>❑ Évaluation par les pairs |

## Grille de planification stratégique *(suite)*

**SOUTIEN**

**Modèle explicite**

**Pratique guidée**

**Pratique autonome**

**MINILEÇONS**

**PRODUCTION ATTENDUE**

- ❑ Production écrite (travail écrit, affiche)
- ❑ Présentation orale (standard, forum, panel, TIC, vidéo, ...)
- ❑ Production artistique (peinture, dessin, sculpture)

## PHASE 3 : TRANSFERT

**Décontextualisation** (extraire les informations du contexte initial, et aider les élèves à prendre conscience de leurs apprentissages et à les organiser).

**Compétences disciplinaires**

- ❑ Schéma
- ❑ Tableau
- ❑ Mots clés
- ❑ Résumé écrit
- ❑ Résumé oral

**Compétences transversales**

- ❑ Schéma
- ❑ Tableau
- ❑ Mots clés
- ❑ Résumé écrit
- ❑ Résumé oral

**Recontextualisation** (permettre aux élèves de réutiliser les connaissances et les compétences développées grâce à la tâche)

- ❑ Hypothétique
- ❑ Réelle

**CLÔTURE (de 10 à 15 minutes, au maximum)**

Rappel des contenus importants en fonction des compétences visées et de l'intention poursuivie.

Source : Annie Presseau, Nicole Roy et Marie-Josée Tremblay (2002)

## Références

Lasnier, F. (2000). *Réussir la formation par compétences,* Montréal, Guérin Éditeur.

Legendre, R. (1993). *Dictionnaire actuel de l'éducation,* Montréal, Guérin Éditeur.

Ministère de l'Éducation du Québec (2001). *Programme de formation de l'école québécoise,* Québec, Gouvernement du Québec.

Morissette, R. (2002). *Accompagner la construction des savoirs,* Montréal, Éditions Chenelière/McGraw-Hill.

Prawat, R. S. (1989). « Promoting Access to Knowledge, Strategy, and Disposition in Students: a Research Synthesis », *Review of Educational Research,* vol. 59, n° 1, p. 1-41.

Presseau, A. (2003). « La gestion du transfert des apprentissages », dans Gauthier, C., J.-F. Desbiens et S. Martineau, *Mots de passe pour mieux enseigner* (107-141), 2e édition revue et augmentée d'un chapitre, Sainte-Foy, Presses de l'Université Laval.

Presseau, A., avec la collaboration de N. Brouillette (2002). « Des compétences professionnelles pour favoriser le transfert chez des élèves en difficulté d'apprentissage », *La Revue de l'AQEFLS (Association québécoise des enseignants en français langue seconde),* vol. 24, n° 1, p. 52-63.

Saint-Onge, M. (1992). *Moi j'enseigne, mais eux apprennent-ils?,* Laval, Beauchemin.

Tardif, J. (1992). *Pour un enseignement stratégique. L'apport de la psychologie cognitive,* Montréal, Éditions Logiques.

Tardif, J, et P. Meirieu (1996). « Stratégie en vue de favoriser le transfert des connaissances », *Vie pédagogique,* n° 98, p. 4-7.

Viau, R. (1994). *La motivation en contexte scolaire,* Saint-Laurent, Éditions du renouveau pédagogique.

## Vous souhaitez aller plus loin ?

Astolfi, J.-P. (1997). *L'erreur, un outil pour enseigner,* Paris, Éditions sociales françaises.

Barbeau, D., A. Montini et C. Roy (1996). « Quand la mémoire fait réussir... ou échouer », *Pédagogie collégiale,* vol. 9, n° 3, p. 9-18.

Barbeau, D., A. Montini et C. Roy (1997). *Tracer les chemins de la connaissance : La motivation scolaire,* Montréal, Association québécoise de pédagogie collégiale.

Barth, B.-M. (1993). *Le savoir en construction : Former à une pédagogie de la compréhension,* Paris, Retz.

Bastien, C. (1997). *Les connaissances de l'enfant à l'adulte,* Paris, Armand Colin.

Bracke, D. (1998). « Vers un modèle théorique du transfert : les contraintes à respecter », *Revue des sciences de l'éducation,* vol. 24, n° 2, p. 235-266.

Brien, R. (1997). *Sciences cognitives et formation,* 3e éd., Sainte-Foy, Presses de l'Université du Québec.

Brown, J. S., A. Collins et P. Duguid (1989). « Situated Cognition and the Culture of Learning », *Educational Researcher,* vol. 18, n° 1, p. 32-42.

Cox, B. D. (1997). « The Rediscovery of the Active Learner in Adaptive Contexts : A Developmental-Historical Analysis of Transfer of Training », *Educational Psychologist,* vol. 32, n° 1, p. 41-55.

Develay, M. (1996). *Donner du sens à l'école,* Paris, ESF.

Dortier, J.-F., dir. (1999). *Le cerveau et la pensée : La révolution des sciences cognitives,* Auxerre, Éditions Sciences Humaines.

Doyon, M., et G. Ouellet (1991). *L'apprentissage coopératif : théorie et pratique,* Montréal, CECM, Service des études.

Gick, M. L., et K. J. Holyoak (1987). « The Cognitive Basis of Knowledge Transfer », dans S. M. Cormier et J. D. Hagman, dir., *Transfer on Learning : Contemporary Research and Applications,* San Diego, Academic Press, p. 9-46.

Giordan, A. (1998). *Apprendre !,* Paris, Éditions Belin.

Greeno, J. G., J. L. Moore et D. R. Smith (1993). « Transfer of Situated Learning », dans D. K. Detterman et R. J. Sternberg, dir., *Transfer on Trial : Intelligence, Cognition, and Instruction,* Norwood (NJ), Ablex Publishing Corporation, p. 99-167.

Hensler, H., et A. Thériault (1997). *Guide de planification d'une leçon,* Sherbrooke, Éditions du CRP.

Louis, R., et H. Bernard (1999). *L'évaluation des apprentissages en classe : Théorie et pratique,* Laval, Éditions Études Vivantes.

Meirieu, P. (1996). « L'entrée par la pédagogie : La question du sens », dans P. Meirieu et M. Develay, dir., *Le transfert de connaissances en formation initiale et en formation continue,* Actes du colloque organisé à l'Université Lumière Lyon 2, du 29 septembre au 2 octobre 1994, Lyon, Centre régional de documentation pédagogique de l'Académie de Lyon, p. 65-66.

Meirieu, P., dir. (1997). *La métacognition, une aide au travail des élèves,* Paris, Éditions sociales françaises.

Noiseux, G. (1997). *Les compétences du médiateur pour réactualiser sa pratique professionnelle : Traité de formation à l'enseignement par médiation,* Sainte-Foy, MST éditeur, tome 1.

Noiseux, G. (1998). *Les compétences du médiateur comme expert de la cognition : Traité de formation à l'enseignement par médiation,* Sainte-Foy, MST éditeur, tome 2.

Perkins, D. N., et G. Salomon (1989). « Are Cognitive Skills Context-Bound ? », *Educational Researcher,* vol. 18, n° 1, p. 16-25.

Perrenoud, P. (1995). *Métier d'élève et sens du travail scolaire,* 2e éd., Paris, ESF.

Prawat, R. S. (1992). « Teacher's Beliefs About Teaching and Learning : A Constructivist Perspective », *American Journal of Education,* vol. 100, n° 3, p. 354-395.

Presseau, A. (2000). « Pour mieux comprendre le *Programme de formation de l'école québécoise*: le paradigme d'apprentissage », *Le fil*, vol. 1, n° 1, p. 1-2.

Presseau, A. (2000). « L'évaluation authentique : une nouvelle façon d'évaluer », *Le fil*, vol. 1, n° 2, p. 1-2.

Pressley, M., et C. McCormick (1995). *Advanced Educational Psychology for Educators, Researchers, and Policymakers*, New York, Harper Collins College Publishers.

Rey, B. (1996). *Les compétences transversales en question*, Paris, Éditions sociales françaises.

Singley, M. K., et J. R. Anderson (1989). *The Transfer of Cognitive Skills*, Cambridge, Harvard University Press.

Thorndike, E. L., et R. S. Woodworth (1901). « The Influence of Improvement in One Mental Function upon the Efficiency of Other Functions », *Psychological Review*, n° 8, p. 247-261.

Viau, R. (1993). *La planification de l'enseignement : deux approches, deux visions ?*, Sherbrooke, Éditions du CRP.

# CHAPITRE 2
# DES SAVOIRS À MAÎTRISER ET DES RÔLES À ASSUMER EN ENSEIGNEMENT STRATÉGIQUE

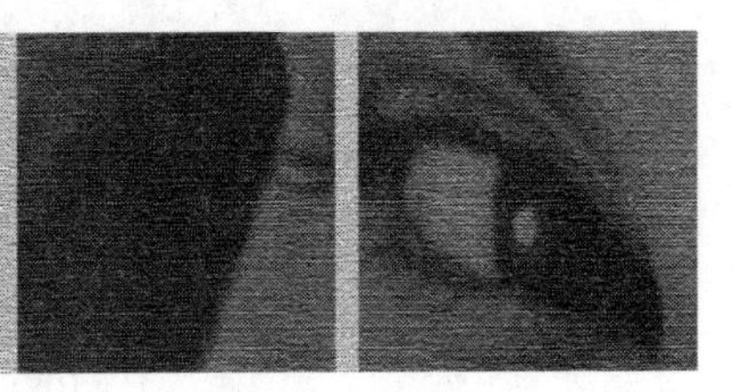

*Stéphane Martineau et Annie Presseau*

Ce chapitre a pour objectifs de rendre compte des savoirs qu'on mobilise en enseignement stratégique, de fournir un portrait des rôles assumés par la personne qui enseigne et de souligner les liens entre les savoirs nécessaires en éducation et ces divers rôles. Pour ce faire, nous avons cru bon de décrire d'abord succinctement le travail de l'enseignant afin d'en faire ressortir les multiples facettes. Ensuite, puisque enseigner, c'est nécessairement exploiter des savoirs, les mobiliser, les amalgamer, les interpréter, nous avons voulu donner une définition au terme « savoir ». Bien que ce terme soit connu de tous, son sens précis nous échappe parfois. Cette définition ne prétend pas cerner la pleine signification du mot ; elle n'a pour but que de servir de guide. Suit une classification des types de savoirs des enseignants. Les enseignants possèdent en effet de multiples savoirs provenant de différentes sources et, pour s'y retrouver, il apparaît essentiel de les distinguer. Il convient toutefois de préciser ici que cette classification n'a, en aucune façon, la prétention de recouvrir l'entière réalité de l'enseignement. Notre classification, comme son nom l'indique, se veut un simple outil de mise en ordre qui permet d'y voir un peu plus clair dans l'enchevêtrement des éléments qui caractérisent le réel vécu par les enseignants dans le quotidien de leur pratique. Cette question des savoirs nous conduit ensuite à la description des divers rôles dévolus à l'enseignant dans le cadre de l'enseignement stratégique. Enfin, dans la dernière partie de ce chapitre, nous établissons des liens entre ces rôles et les savoirs qui les soutiennent. En guise de prolongement, une réflexion est proposée à la personne qui enseigne afin qu'elle se situe quant aux rôles relatifs à l'enseignement stratégique qu'elle assume déjà et quant à ceux qu'elle ne maîtrise pas encore. Cette réflexion peut également mener à la reconnaissance des types de savoirs qu'il paraît prioritaire de maîtriser pour exercer ces divers rôles.

## Le travail en enseignement

Même si les enseignants ont souvent déploré, avec raison, le peu d'intérêt que semblaient soulever l'analyse et la compréhension de la nature de leur travail chez les chercheurs en sciences de l'éducation, on constate aujourd'hui que ce travail fait l'objet de plusieurs études et analyses au sein de la communauté universitaire, comme en font foi, par exemple, les travaux de Tardif et Lessard (1999), de Gauthier, Desbiens, Malo, Martineau et Simard (1997), de Felouzis (1997), de Durand (1996), de Hannoun (1996), de Barlow (1999) et de Martineau (1997). Notre conception du travail de l'enseignant s'appuie sur ces travaux. Il apparaît d'abord que l'enseignement est un travail où l'on déploie de multiples savoirs provenant de diverses sources. Toutefois, du point de vue des praticiens, le savoir tiré de l'expérience y occupe une place prépondérante, et nous le définirons plus loin. L'enseignement possède aussi la particularité de présenter plusieurs dimensions: une dimension cognitive (par exemple, la sélection, le traitement et l'organisation des savoirs à enseigner), une dimension affective (on pense, notamment, aux sentiments suscités par les événements qui se déroulent en classe ou à l'investissement dans «ma matière» ou auprès de «mes élèves»), une dimension interactive (tout ce qui renvoie aux interactions avec les élèves et, aussi, avec les collègues, la direction, les parents, le personnel de l'école), une dimension traditionnelle (l'ensemble des routines scolaires, comme la remise des bulletins et les consignes visant à assurer la bonne circulation des élèves dans l'école). Bien entendu, ces dimensions ne sont pas exclusives; dans le feu de l'action, elles sont même, la plupart du temps, étroitement imbriquées.

En plus de faire appel à des savoirs multiples et de comporter diverses dimensions, l'enseignement prend la forme de tâches hétérogènes mais entrelacées. Ainsi, enseigner, c'est préparer des cours, corriger des examens et des travaux, superviser les activités d'apprentissage en classe, répondre aux questions des apprenants, organiser une sortie pour les jeunes, rencontrer les parents d'élèves, participer aux journées pédagogiques, faire de la surveillance dans les corridors de l'école, et bien plus encore. Et chacune de ces tâches requiert des compétences souvent spécifiques. Ce qui rend l'exercice de ce métier si complexe, c'est précisément que plusieurs de ces tâches s'effectuent dans la même journée et renvoient à des types d'action différents (Tardif et Lessard, 1999). On comprend dès lors que la pratique de l'enseignement exige une très grande capacité d'adaptation, notamment si la population à scolariser est imprévisible, comme c'est le cas, la plupart du temps, avec les jeunes dans les écoles actuelles.

On peut terminer cette section sur les caractéristiques du travail de l'enseignant en précisant que ce travail comporte une forte composante normative. Faut-il le rappeler, enseigner ce n'est pas travailler sur des objets mais plutôt avec un collectif d'individus (Gauthier et Martineau, 2001). D'une part, inculquer à des jeunes certaines valeurs suppose l'existence d'un système normatif sur lequel l'enseignant s'appuie pour exiger leur respect. D'autre part, le jugement que pose l'enseignant sur ces élèves est moins un jugement de fait qu'un jugement de valeur en ce sens qu'il ne saurait être totalement objectif et qu'au delà de l'évaluation des travaux, des examens et des comportements se cache toujours, qu'on le veuille ou non, une évaluation de la personne.

## Les savoirs des enseignants: proposition d'une définition du savoir

Le champ des recherches sur les savoirs en enseignement s'est enrichi au cours des dernières années de multiples publications et d'innombrables débats (Tardif, Lessard et Lahaye, 1991; Gauthier, Mellouki et Tardif, 1993; Gauthier et autres, 1997; Martineau, 1997). À l'instar du concept de compétence, le concept de savoir est un concept plus ou moins flou dont il est difficile de donner une définition précise. Cette difficulté trouve son origine, nous semble-t-il, au cœur même de la tradition épistémologique. Afin de préciser le concept de savoir, il n'est donc pas inutile de présenter, même brièvement, cette problématique.

La tradition philosophique propose trois conceptions du savoir (Tardif et Gauthier, 1996). La première conception, dont Descartes fournit le meilleur exemple, renvoie à la logique formelle qui s'incarne dans la certitude subjective: « Je pense donc je suis. » Cette certitude subjective relève de la rationalité et se distingue de la foi ou des préjugés. La deuxième conception correspond à la rationalité scientifique. Le savoir produit par la science repose sur l'observation méthodique des phénomènes. La science émet des jugements de fait (ou jugements assertoriques) qui s'opposent aux jugements de valeur. Selon ces deux conceptions, il n'y a de savoir que dans la logique formelle ou dans les résultats des recherches scientifiques. Sont alors exclues toutes les autres formes de connaissances, comme les savoirs nés de l'expérience quotidienne. On comprend dès lors que, dans la mesure où l'on considère l'enseignant comme un producteur de savoirs (générés dans l'expérience professionnelle), ces deux conceptions s'avèrent inadéquates parce que trop réductrices. C'est alors qu'une troisième conception, constructiviste, révèle toute sa pertinence. Cette conception place le savoir au cœur de l'argumentation (Gadamer, 1996). Opposée à une définition qui fait du savoir un « construit » à huis clos (Racine, 2000) et à la supposée vérité des faits, cette conception soutient que le sens ne se trouve pas dans les choses ni chez l'individu, mais dans l'interaction. Le savoir est le fruit du dialogue. Cependant, il ne s'agit pas de n'importe quel dialogue: le savoir est un « construit » langagier soumis aux conventions de la rationalité. Cette conception du savoir réduit l'écart entre jugement de fait et jugement de valeur en les ramenant à leur dénominateur commun: ce sont des actes de parole. Elle permet ainsi de concevoir qu'un jugement de valeur peut aussi être un savoir dans la mesure où il peut s'appuyer sur des arguments rationnels (la « rationalité en valeur » dont parlait Weber, 1995). Cette conception du savoir renvoie à ce que Perelman (1970a et 1970b) appelle le raisonnement pratique et Ladrière (1990) – à la suite d'Aristote – la sagesse pratique, c'est-à-dire un savoir essentiellement tourné vers l'action et construit dans la contingence.

Dans la perspective des recherches sur les savoirs des enseignants, cette troisième conception du savoir comporte plusieurs avantages. Premièrement, elle fait de l'action (l'interaction, le dialogue, l'échange, l'intersubjectivité) le vecteur essentiel du développement des savoirs. Donc, agir ne s'oppose plus à réfléchir. Au contraire, l'une et l'autre de ces deux actions s'imbriquent dans un aller-retour sans fin. Deuxièmement, les savoirs des enseignants, fortement liés aux valeurs, ne sont plus considérés comme s'ils étaient en dehors de la rationalité (Hannoun, 1996). On peut agir rationnellement au regard d'une valeur à laquelle on adhère. Troisièmement, concevoir le savoir en lien avec l'argumentation nous permet d'éviter l'élargissement de ce concept de manière telle qu'il en vienne à ne plus rien dire du tout.

## Classification des types de savoirs des enseignants

Afin de rendre compte de cette problématique des savoirs, nous nous référons à certaines composantes de la typologie construite par Gauthier et ses collaborateurs en 1997. Nous nous sommes également appuyés sur les travaux de Tardif, Lessard et Lahaye (1991), qui ont avancé l'hypothèse que l'enseignant ne possède pas un savoir unique mais qu'il exploite plutôt plusieurs savoirs en même temps dans sa classe. En effet, il est possible de concevoir l'enseignement comme la mise en action de nombreux savoirs qui composent une sorte de réservoir dans lequel l'enseignant puise – bien que souvent de manière routinière et automatisée – pour répondre à des demandes précises relatives à sa situation concrète d'enseignement (Martineau, 1997). Dans ce chapitre, nous avons retenu cinq principaux types de savoirs : le savoir issu de la tradition pédagogique ; le savoir issu d'expériences ; le savoir issu des sciences de l'éducation ; le savoir disciplinaire ; et, enfin, le savoir curriculaire. Nous les examinerons brièvement, tour à tour.

## Le savoir issu de la tradition pédagogique

Gauthier (1993a et 1993b) a montré qu'une tradition pédagogique s'était développée à partir du XVIIe siècle. En fait, dès cette époque, une façon nouvelle de faire l'école se structure. Le maître cesse de faire l'école au singulier, c'est-à-dire d'enseigner en recevant les élèves à tour de rôle à son bureau. Désormais, il pratique davantage l'enseignement simultané en s'adressant à l'ensemble des élèves en même temps. Un tout nouvel ordre pédagogique se répand par la suite sous l'impulsion, entre autres, des communautés religieuses (les Frères des écoles chrétiennes et les jésuites, par exemple). Cette manière de faire la classe finit par se cristalliser en ce qu'on pourrait appeler une tradition pédagogique. Cette tradition s'est perpétuée jusqu'à nous et habite encore non seulement nos souvenirs d'enfance, mais aussi une bonne part du quotidien des écoles actuelles. Cette tradition pédagogique est une façon de faire l'école qui transparaît dans une sorte d'entre-deux de la conscience. Cette représentation du métier sert de matrice aux attitudes et aux comportements des enseignants.

## Le savoir tiré d'expériences

Au-delà du savoir issu de la tradition pédagogique qui « habite » la personne qui enseigne avant même qu'elle ne débute dans son métier, il y a une autre forme de savoir qui s'acquiert dans l'expérience quotidienne de l'enseignement en classe. Chaque jour, l'enseignant crée une sorte de « jurisprudence » faite d'astuces, de stratagèmes et de manières de faire dont il éprouve progressivement la validité.

Nous nous référons ici à la définition de Tardif et Lessard (1999), pour qui le savoir tiré d'expériences est un « savoir ouvragé », soit un savoir lié aux tâches de travail, exploité dans la pratique et acquis dans l'action à l'école en général et dans la classe en particulier. C'est un « savoir pratique » en ceci que son utilisation est fonction de son adéquation aux tâches concrètes que requiert l'enseignement, aux problèmes que l'enseignant rencontre et aux situations qu'il vit. C'est aussi un « savoir interactif » en ce sens qu'il est exploité et façonné dans le cadre des interactions entre l'enseignant et les autres acteurs du monde de l'éducation (élèves, collègues, membres de la direction, parents, etc.). Le savoir tiré d'expériences est, par ailleurs, un « savoir syncrétique, pluriel et hétérogène » qui ne repose pas sur une base de connaissances unifiée et cohérente. Donc, c'est un savoir « faiblement formalisé » qui est moins une connaissance sur le travail qu'une connaissance relative au travail de l'enseignant. Il peut aussi être qualifié de « complexe et non analytique » : il imprègne tout autant les conduites du praticien que sa conscience discursive. C'est un savoir « ouvert, dynamique, personnalisé et existentiel », car il permet l'intégration d'expériences nouvelles, il se transforme en fonction de la socialisation au métier, il porte la marque de la personnalité de l'enseignant et il est lié non seulement à l'expérience de travail mais également à l'histoire de vie du sujet. Enfin, le savoir tiré d'expériences est un « savoir social » en ce sens qu'il conduit l'enseignant, d'une part, à prendre position au regard des autres types de savoirs et de ceux qui en sont les porteurs et, d'autre part, à établir une hiérarchie des savoirs selon l'analyse du travail qu'il effectue.

## Le savoir issu des sciences de l'éducation

Tout enseignant a acquis dans sa formation ou au cours de son travail certaines connaissances professionnelles qui ne l'aident pas directement à enseigner, mais qui l'informent sur plusieurs facettes de son métier ou sur l'éducation en général. Par exemple, l'enseignant possède des notions relatives au système scolaire, il sait ce qu'est un comité d'école, un syndicat, un régime pédagogique. Il a peut-être aussi une idée de l'évolution de sa profession, et il maîtrise certaines notions portant sur le développement de l'enfant ou de l'adolescent, sur les classes sociales, sur les stéréotypes, sur la violence chez les jeunes, sur la diversité culturelle, etc. Bref, il est en possession d'un corpus de savoirs relatif à l'école que la plupart des citoyens ordinaires et des membres des autres professions ne connaissent pas. C'est un savoir professionnel spécifique qui peut ne pas concerner directement l'action pédagogique mais qui lui sert, comme aux autres membres de son métier qui ont été socialisés de la même manière, de toile de fond ou de cadre interprétatif. Ce savoir des sciences de l'éducation renvoie aussi aux théories, aux concepts et aux stratégies d'intervention proposés dans les recherches en didactique et en psychopédagogie. L'enseignant trouve dans ces recherches des éléments de réflexion pertinents quant à sa pratique éducative. C'est ainsi que les recherches en psychologie cognitive et en psychologie sociocognitive apportent un éclairage sur de nombreux thèmes tels que la motivation dans le travail scolaire, le transfert des apprentissages et les stratégies d'études, et aussi sur des thématiques complémentaires comme la différenciation pédagogique, l'utilisation des technologies de l'information et de la communication en enseignement, et l'approche par projet.

## Le savoir disciplinaire

Le savoir disciplinaire réfère aux savoirs produits par les chercheurs dans les diverses disciplines scientifiques, à leur production de connaissances sur le monde. L'enseignant ne produit pas du savoir disciplinaire, mais, pour enseigner, il extrait du savoir de celui qui est produit par ces chercheurs. En effet, enseigner nécessite une connaissance du contenu à faire apprendre puisqu'on ne peut évidemment enseigner une matière si l'on n'en maîtrise pas le contenu.

## Le savoir curriculaire

Une discipline n'est jamais enseignée telle quelle ; elle fait l'objet de nombreuses transformations pour devenir un curriculum. En effet, dans les écoles, on sélectionne et on organise certains savoirs produits par les sciences, et on en fait un corpus qui sera enseigné dans les programmes scolaires. Ces derniers sont produits par d'autres acteurs que les enseignants, souvent des fonctionnaires de l'État ou des spécialistes des diverses disciplines. L'enseignant connaît évidemment son ou ses programmes, qui constituent un autre savoir dans son réservoir de connaissances. C'est le programme, en effet, qui le guide dans la planification de son enseignement, dans sa façon d'évaluer, etc.

Il est temps maintenant de décrire les rôles qui sont proposés à la personne qui enseigne dans le cadre de l'enseignement stratégique. Une fois cela fait, nous établirons des liens entre ces rôles et les différents savoirs que nous venons de définir.

## Les rôles de l'enseignant dans le cadre de l'enseignement stratégique

L'enseignement stratégique, nous l'avons vu ailleurs, se veut un modèle d'intervention pédagogique où l'ensemble des actions menées par l'enseignant vise à soutenir l'apprentissage de l'élève. Dans ce cadre, et par rapport à une pratique traditionnelle, l'enseignant voit ses rôles se modifier substantiellement. En 1992, Jacques Tardif a défini six rôles différents qui doivent être assumés en enseignement stratégique. Il va sans dire que cette liste des rôles et des fonctions qui leur sont sous-jacentes n'est pas exhaustive. L'enseignement stratégique ne règle pas tous les problèmes et, conséquemment, un « bon enseignant » doit aussi assumer d'autres rôles et fonctions (par exemple, mettre en place des routines et assurer une certaine gestion de classe). Les rôles que propose Tardif ont cependant une portée suffisante pour entraîner une amélioration significative des apprentissages des élèves si l'enseignant les intègre à ses interventions pédagogiques actuelles. Avant de présenter ces rôles, soulignons qu'ils ne concernent essentiellement que les interventions auprès des élèves, interventions qui visent l'apprentissage. On ne trouvera pas, par exemple, de réflexion sur les manières de faire et les attitudes à prendre lors des rencontres avec les parents. Il importe également de spécifier que cette section est très largement inspirée de la première partie du cinquième chapitre (p. 295-323) de l'ouvrage de Tardif, *Pour un enseignement stratégique. L'apport de la psychologie cognitive* (1992). Nous avons toutefois orienté ces rôles de manière à accorder une grande importance aux élèves en difficulté qui sont intégrés dans les classes régulières, comme c'est le cas actuellement au Québec. Bien qu'à la base les rôles en enseignement stratégique n'aient pas été élaborés dans cette optique, ils peuvent facilement s'adapter à cette réalité.

### Le rôle de penseur

La personne qui enseigne s'interroge sur la pertinence des activités qu'elle propose en tenant compte du bagage de connaissances des élèves, dont celui des élèves en difficulté, et des compétences visées dans les programmes. Elle s'interroge aussi sur les exigences associées aux tâches demandées. Elle doit trouver un équilibre entre les tâches trop difficiles et les tâches trop faciles de manière qu'elles représentent un défi pour les élèves. Elle tient également compte des écarts qui existent entre les élèves d'un même groupe. Elle s'interroge sur les stratégies qui sont exploitées lors de la réalisation des tâches, ainsi que sur l'adéquation du matériel qu'elle met à la disposition de ses élèves, dont ceux en difficulté et ceux présentant de bonnes aptitudes. Elle se questionne sur la séquence de présentation des activités et décide de la modifier si, par exemple, ce qui est proposé dans le matériel est inadéquat. Elle va même jusqu'à proposer de nouvelles tâches si celles qui sont prévues dans le matériel ne sont pas appropriées.

## Le rôle de preneur de décisions

La personne qui enseigne prévoit les erreurs éventuelles que pourraient faire les élèves, particulièrement ceux en difficulté. Elle fournit des exemples et des contre-exemples pour contrecarrer l'édification des règles erronées mises en mémoire à long terme, sachant que ces dernières sont très difficiles à « déconstruire ». Elle discute explicitement des règles qui gèrent les comportements cognitifs des élèves, particulièrement avec les élèves en difficulté. Elle décide du type de fonctionnement (collectif, coopératif, individuel) qu'elle privilégiera lors de la réalisation des activités et de la manière de rendre évidente aux élèves, et notamment aux élèves moins motivés, la pertinence des tâches demandées.

## Le rôle de modèle

La personne qui enseigne assume l'entière responsabilité, dans un premier temps, d'illustrer aux élèves, particulièrement aux élèves en difficulté, toutes les phases de réalisation d'une tâche demandée. Elle démontre explicitement toutes les étapes qui doivent être suivies pour mener à terme la tâche. Elle fait état des principales interrogations soulevées, des connaissances antérieures nécessaires et de la manière de réutiliser ces connaissances. Elle illustre les stratégies à employer et, dans la foulée, le moment où il faut utiliser telle ou telle stratégie, et la raison de son utilisation. Elle insiste particulièrement sur cet aspect auprès des élèves en difficulté. Elle discute de ce qu'il faut faire quand on ne sait plus trop quoi faire. Et, encore une fois, elle insiste particulièrement sur cet aspect auprès des élèves en difficulté.

## Le rôle de médiateur

La personne qui enseigne assure le passage de la dépendance (par l'entremise du modèle explicite) à la pratique guidée (par une atténuation du soutien apporté). Elle assure ensuite le passage de la pratique guidée à la pratique autonome (absence presque totale de soutien). Elle incite les élèves à interpréter les exigences de la tâche. Elle discute avec les élèves des perceptions qu'ils ont de leurs chances de réussir et des facteurs qui sont susceptibles de les conduire à la réussite, particulièrement avec les élèves en difficulté. Elle incite les élèves, et principalement les élèves en difficulté, à rappeler dans leur mémoire de travail les connaissances qu'ils ont emmagasinées dans leur mémoire à long terme, et elle rend explicites, plus particulièrement aux élèves en difficulté, l'efficacité et le caractère économique des stratégies auxquelles les élèves recourent. Elle fournit une rétroaction précise et fréquente au regard des points forts et des points faibles ; il est crucial de souligner aux élèves en difficulté les points forts relevés dans leur démarche. Après avoir observé des erreurs, elle propose des correctifs appropriés, notamment aux élèves en difficulté ; en ce qui a trait à ces derniers, elle n'attend pas d'être sollicitée mais prend plutôt les devants. Le rôle de médiateur peut aussi être assumé par des élèves.

## Le rôle d'entraîneur

La personne qui enseigne présente des activités complètes et réelles aux élèves (les contenus sont intégrés dans un ensemble signifiant). Si des exercices sont proposés, ils le sont pour automatiser une connaissance, et ils sont « commandés » par une tâche plus signifiante. Bref, ils répondent à un besoin ressenti par les élèves. À la suite d'un exercice, la personne qui enseigne donne tout de suite, notamment aux élèves en difficulté, une tâche qui nécessitera la réutilisation des connaissances construites au moyen de l'exercice dans un contexte signifiant. Elle assure ainsi la coordination entre les nouvelles connaissances et les autres connaissances sollicitées pour accomplir la tâche globale. Elle place les élèves en situation de coordination obligatoire de plusieurs types de connaissances. Elle n'enseigne pas du simple au complexe, et ce, même en présence d'élèves en difficulté. Elle n'enseigne pas non plus du complexe au simple. C'est dans le cadre de situations complexes qu'elle propose ponctuellement des tâches plus simples, et seulement parce qu'elles sont nécessaires à l'accomplissement de la tâche globale complexe. Elle adapte cependant son soutien, comme nous l'avons précisé précédemment, en fonction de l'expertise des élèves.

### Le rôle de motivateur

La personne qui enseigne précise explicitement les retombées des activités sur les compétences attendues d'un citoyen critique et autonome. Elle agit directement sur le sentiment de compétence des élèves, incluant les élèves en difficulté, en leur présentant des activités susceptibles d'influer sur ce sentiment parce qu'elles reposent sur leurs connaissances antérieures. Elle insiste fréquemment sur le fait que les buts poursuivis sont des buts d'apprentissage plutôt que des buts d'évaluation. Elle fait prendre conscience aux élèves, et particulièrement aux élèves les plus faibles, que l'erreur est informative et qu'elle permet l'apprentissage. Elle insiste sur le fait que les activités qu'elle présente aux élèves sont réalisables si l'on emploie les stratégies appropriées et si l'on fait les efforts qu'il est nécessaire de déployer, ainsi que sur le fait qu'elle est prête à aider les élèves à développer ces stratégies et à déployer ces efforts. Elle intervient explicitement de façon à rendre les élèves responsables de ce qu'il leur arrive en classe, dont leurs réussites et leurs échecs.

## Des savoirs liés à des rôles

Si l'on se reporte aux types de savoirs présentés précédemment, on peut constater que les rôles en enseignement stratégique renvoient plus particulièrement à certains types de savoirs. Le savoir tiré d'expériences – souvent basé, en partie, sur le savoir issu de la tradition pédagogique – est sans contredit l'un des savoirs qui seront les plus exploités dans l'exercice de l'enseignement stratégique, à condition d'amorcer une analyse réflexive sur la pertinence et l'efficacité des interventions menées, entre autres, auprès des élèves dans le but de leur permettre de maîtriser des apprentissages transférables.

Si le savoir tiré d'expériences joue un rôle majeur dans l'enseignement stratégique, il n'est certes pas le seul à être exploité dans la pratique professionnelle. Par exemple, lors de la planification des leçons, non seulement l'enseignant recourt-il à sa connaissance de ses élèves, mais il se réfère aussi, par exemple, à ses connaissances sur le programme (savoir curriculaire), à ses connaissances sur la matière (savoir disciplinaire) et à ce qu'il connaît des principes de gestion de classe (savoirs des sciences de l'éducation). Voyons cet aspect plus en détail.

Pour que la réflexion engagée soit le plus bénéfique possible, il est souhaitable qu'elle s'appuie non seulement sur la propre expérience de l'enseignant ou sur celle de ses

proches collègues, mais aussi sur des savoirs plus formalisés dont, entre autres, ceux émanant des **sciences de l'éducation**. Ce vaste domaine qu'on nomme sciences de l'éducation traite, comme nous l'avons déjà vu, d'une grande variété de thématiques, dont plusieurs sont étroitement liées à l'enseignement stratégique. On pense, par exemple, aux travaux qui portent sur la motivation scolaire, sur le fonctionnement de la mémoire, sur les tâches scolaires et sur le transfert des apprentissages. Si certains de ces travaux ne mènent pas à des conclusions intéressantes pour le praticien de l'enseignement, beaucoup d'autres, par contre, prennent appui sur les pratiques des enseignants et sont réalisés conjointement avec des enseignants, comme c'est le cas des recherches-actions et des recherches collaboratives entreprises dans plusieurs milieux scolaires. Ces recherches permettent de dégager plusieurs éléments profitables à l'enseignant désireux d'améliorer sa pratique. En fait, en enseignement stratégique, nous devons constamment nous demander ce que peuvent nous apporter les savoirs développés par les recherches en sciences de l'éducation et, ainsi, nous tenir le plus possible « à jour » quant aux derniers développements en matière d'application pédagogique des résultats de recherches.

Même si Tardif (1992) ne reconnaît pas à la maîtrise de contenu un rôle dans l'enseignement stratégique, il n'en demeure pas moins que d'autres auteurs, comme Jones et ses collaborateurs (1987), notamment, aussi spécialistes de l'enseignement stratégique, insistent sur l'importance de la maîtrise du contenu disciplinaire par l'enseignant et, de ce fait, valorisent le **savoir disciplinaire** dans l'exercice de l'enseignement stratégique. Il nous apparaît essentiel que, d'une part, l'enseignant maîtrise la discipline qu'il enseigne et que, d'autre part, sa connaissance de cette discipline soit suffisamment grande et sa culture suffisamment vaste pour qu'il puisse soutenir ses élèves dans l'établissement de liens interdisciplinaires et dans la résolution de problèmes ou la réalisation de projets d'envergure (Martineau et Gauthier, 1999). Ici, quelques précisions s'imposent.

Prenons l'exemple d'un enseignant du primaire qui propose à ses élèves de réaliser une recherche sur une thématique de leur choix, en lien avec un problème social déjà discuté et étudié en classe. Si l'une des compétences visées par cette recherche est la sélection des informations et leur présentation de façon structurée à l'aide de diverses méthodes, dont des outils technologiques, il importe que l'enseignant possède une grande compétence en recherche, en sélection et en traitement de l'information, et qu'il puisse utiliser fonctionnellement les divers outils de collecte de données accessibles aux élèves, mais il n'a pas à être aussi un spécialiste de l'ensemble des thématiques choisies par les élèves. Le savoir disciplinaire nécessaire dans ce cas-ci est d'abord lié à la discipline du français, puis à certains autres savoirs exploités dans des compétences transversales, comme l'utilisation des TIC; mais il n'a pas à être lié à l'histoire ou à l'anthropologie, bien que la connaissance de ces domaines puisse être d'une grande utilité pour comprendre certains phénomènes sociaux. Si, à la base, par le projet d'apprentissage proposé aux élèves, la compétence visée avait été liée au développement de la pensée historique chez les élèves, le principal savoir disciplinaire qui aurait alors été en jeu aurait été celui issu du domaine de l'histoire.

Prenons maintenant un second exemple, la situation se déroulant cette fois au secondaire. Une équipe d'enseignants de la première année du secondaire propose aux élèves la réalisation d'un projet interdisciplinaire. Les travaux sont réalisés en équipe de trois, et chaque membre de l'équipe devient spécialiste de l'un des domaines suivants: géographie, écologie ou économie. L'équipe doit remettre un rapport écrit de son travail. Dans ce cadre, les enseignants de français, de géographie, d'écologie et de mathématiques se concertent afin que les élèves exploitent des compétences et des savoirs acquis dans chacune de ces disciplines et qu'ils en développent de nouveaux. L'évaluation du rapport de l'équipe sera d'ailleurs effectuée par ces quatre enseignants. Si, pour les élèves, la réalisation de ce projet est l'occasion de maîtriser des compétences et des savoirs relatifs à ces quatre disciplines, en plus de certaines compétences transversales, les enseignants, eux, n'ont à maîtriser que leur champ de spécialité respectif, et non pas les champs de spécialité de leurs collègues. Il s'agit plutôt de voir à ce que l'épistémologie de chacune des disciplines ainsi que les approches particulières qui leur sont inhérentes (démarche historique, démarche scientifique, etc.) soient respectées à l'intérieur du projet. En somme, en enseignement stratégique, on sera toujours conscient du fait qu'une excellente maîtrise des contenus de la matière à enseigner et, plus généralement, des savoirs disciplinaires contribuera à la qualité de l'intervention professionnelle auprès des élèves.

Le **savoir curriculaire** intervient aussi considérablement dans l'exercice des rôles de l'enseignement stratégique, même s'il ne se rapporte pas de façon particulière à un ou à quelques rôles. Même si, en enseignement stratégique, la personne enseignante a la responsabilité de motiver ses élèves ou encore de fonder son travail sur les connaissances antérieures de ses élèves, elle a aussi, en tant que professionnelle au service du public, la responsabilité de permettre aux élèves de maîtriser les compétences et d'acquérir les savoirs prescrits, insérés dans un curriculum de formation. La connaissance approfondie des programmes qu'elle enseigne lui donne la possibilité d'être considérablement plus ouverte aux propositions des jeunes et de les orienter vers des apprentissages, inscrits au programme, qu'ils perçoivent comme étant significatifs. De même, il est nettement plus facile de soutenir les élèves dans le transfert de leurs apprentissages d'un domaine à un autre quand on sait ce qu'ils avaient à apprendre l'année précédente, par exemple, ou ce qui les attend l'année suivante. Par ces propos, nous ne voulons aucunement encourager la «couverturite aiguë» chez les enseignants (Tardif et Presseau, 1998), c'est-à-dire l'obsession de couvrir le programme de A à Z sans considération pour les connaissances et les compétences antérieures des élèves, et au détriment des apprentissages. La priorité doit rester l'apprentissage des élèves. À l'inverse, à trop vouloir se centrer sur les intérêts spontanés des élèves, on risque de les amener à ne pas développer d'autres champs d'intérêt provenant de diverses disciplines. En réalité, en enseignement stratégique, une saine maîtrise des programmes à enseigner permet une intervention plus nuancée et plus efficace qu'en enseignement traditionnel.

## Pistes de réflexion

Dans cette section, nous vous proposons de réfléchir sur les liens qu'il vous est possible d'établir entre les pratiques que vous mettez déjà en place et les différents rôles de l'enseignement stratégique décrits par Tardif. D'ailleurs, nous vous suggérons de vous livrer à cet exercice à divers moments de votre processus de formation continue afin de bien prendre conscience des changements que vous avez apportés à votre pratique professionnelle. Pour ce faire, à l'aide de la liste des fonctions rattachées à chacun des six rôles présentés dans le matériel reproductible (feuille reproductible 4, p. 37), nous vous proposons de déterminer celles que vous avez l'habitude d'exploiter fréquemment, celles que vous exploitez parfois et celles que vous n'exploitez que très rarement ou jamais. En attribuant une cote de 0 à 3 aux différentes fonctions, selon que vous les exploitez « la plupart du temps », « parfois », « très rarement » ou « jamais » (feuille reproductible 5, p. 40), il vous est possible de vous situer sur un continuum et de prendre conscience des rôles que vous avez davantage tendance à assumer. Il est important de comprendre que les fonctions associées aux rôles ne sont que des indicateurs, et que la somme de ces parties ne garantit pas pour autant une pratique « parfaite » en enseignement stratégique. Par contre, ces fonctions fournissent des points de repère auxquels vous pouvez vous référer pour modifier certaines pratiques qui vous paraissent peu pertinentes.

Nous concevons l'enseignement stratégique dans une perspective systémique et, en ce sens, nous pensons qu'en intervenant sur un rôle, par exemple, il en résultera des répercussions sur les autres rôles et fonctions de l'enseignement. En revanche, il nous importe de vous encourager à vous engager dans une démarche visant la transformation de votre pratique de manière à la rendre davantage conforme à celle privilégiée dans le cadre de l'enseignement stratégique et, conséquemment, à en venir à assumer, à divers moments, l'ensemble des rôles et fonctions s'y rapportant.

## Feuille reproductible 1

Nom : ______________________ Matière : ______________ Date : ____________

Période : ______________________ Niveau : ______________

**OBSERVATION EN CLASSE**

Compétence visée :

Est-elle précisée ? __________ Oralement ? __________ Par écrit ? __________

**DÉROULEMENT DE LA LEÇON (principales étapes)**

| Durée | Étapes | Durée | Étapes |
|---|---|---|---|
| | | | |

**LA DISCIPLINE ENSEIGNÉE**

| Savoirs scolaires (connaissances) | Savoir-vivre (attitudes, comportements, etc.) |
|---|---|
| Nature des savoirs visés :<br>• Organisation du contenu (clarté des étapes, routine)<br>• Liens avec les autres disciplines enseignées<br>• Liens avec la vie personnelle des élèves, de l'enseignant ou d'une personne connue<br>• Liens avec la vie professionnelle<br>• Liens avec d'autres notions de la même discipline | Nature des savoirs visés :<br>• Organisation du contenu (clarté des étapes, routine)<br>• Liens avec les autres disciplines enseignées<br>• Liens avec la vie personnelle des élèves, de l'enseignant ou d'une personne connue<br>• Liens avec la vie professionnelle<br>• Liens avec d'autres notions de la même discipline |

## Feuille reproductible 2

| L'intervention pédagogique (structure du cours) | L'intervention pédagogique (habiletés) |
|---|---|
| **Mise en situation signifiante** | Sensibilisation<br>Activation des connaissances antérieures ? |
| **Déroulement de la leçon**<br>**TYPES D'ENSEIGNEMENT**<br>❑ Magistral<br>❑ Interactif<br>❑ Travail en équipe<br>❑ Travail individuel<br>❑ Autres :<br>• Nature des tâches<br>• Variété des tâches<br>• Durée des tâches<br>• Matériel utilisé | Activation des connaissances antérieures durant les explications ?<br>Clarté des explications<br>Types de questions posées (ouvertes, fermées, etc.)<br>Sollicitation de questions ? Réinvestissement des réponses et des questions des élèves ?<br>Renforcement<br>Consignes claires (lors d'une tâche, quant au comportement attendu, etc.)<br>Langage non verbal |
| **Clôture** | Résumé<br>Points importants à retenir<br>Annonce du prochain cours |

**INFORMATIONS SUPPLÉMENTAIRES SUR LES TÂCHES PROPOSÉES OU EFFECTUÉES**

Type de soutien fourni ?

## Feuille reproductible 3

| Gestion de classe | Relations avec les élèves |
|---|---|
| Déroulement des moments de transition ? | Interventions respectueuses ? |
| Gestion des comportements dérangeants ? | Interventions encourageantes au plan de l'apprentissage ? |
| Rappel des règles ? des conséquences ? | Interventions particulières auprès de certains élèves ? |
| Application des conséquences prévues ? | Interventions au sein de relations entre les élèves (irrespect, moquerie, etc.) ? |
| Climat propice à l'apprentissage ? | Autres ? |
| Ajustements dans l'action ? | |

**AUTRES COMPÉTENCES**

- Maîtrise de la langue orale et écrite
- Ton de voix
- Tenue
- Orientation spatiale
- Gestion du matériel
- Empathie
- Dynamique de la leçon
- Sens de l'humour
- Autres :

## Feuille reproductible 4

| | RÔLES ET FONCTIONS | | | |
|---|---|---|---|---|
| | La plupart du temps (3) | Parfois (2) | Très rarement (1) | Jamais (0) |
| **Rôle de penseur** | | | | |
| Il s'interroge sur la pertinence des activités qu'il propose en tenant compte du bagage de connaissances des élèves, dont celui des élèves en difficulté, et des compétences visées dans les programmes. | | | | |
| Il s'interroge sur les exigences associées aux tâches demandées. Il doit trouver un équilibre entre les tâches trop difficiles et les tâches trop faciles de manière qu'elles représentent un défi pour les élèves. Il tient compte également des écarts entre les élèves d'un même groupe. | | | | |
| Il s'interroge sur les stratégies qui sont sollicitées lors de la réalisation des tâches. | | | | |
| Il s'interroge sur l'adéquation du matériel qu'il met à la disposition de ses élèves, dont ceux en difficulté et ceux présentant de bonnes aptitudes. | | | | |
| Il s'interroge sur la séquence de présentation des activités et décide de la modifier, dans le cas où ce qui est proposé dans le matériel, par exemple, est inadéquat. Il va même jusqu'à proposer de nouvelles tâches si celles qui sont prévues dans le matériel ne sont pas appropriées. | | | | |
| **Bilan quant au rôle de penseur (nombre de points)** | | | | |
| **Rôle de preneur de décisions** | | | | |
| Il prévoit les erreurs éventuelles que pourraient faire les élèves, particulièrement ceux en difficulté. | | | | |
| Il fournit des exemples et des contre-exemples pour contrecarrer l'édification des règles erronées mises en mémoire à long terme, sachant que ces dernières sont très difficiles à « déconstruire ». | | | | |
| Il discute explicitement des règles qui gèrent les comportements cognitifs des élèves, particulièrement avec les élèves en difficulté. | | | | |
| Il décide du type de fonctionnement (collectif, coopératif, individuel) qu'il privilégiera lors de la réalisation des activités. | | | | |
| Il décide de quelle manière il rendra évidente aux élèves, et notamment aux élèves moins motivés, la pertinence des tâches demandées. | | | | |
| **Bilan quant au rôle de preneur de décisions (nombre de points)** | | | | |
| **Rôle de modèle** | | | | |
| Il assume l'entière responsabilité, dans un premier temps, d'illustrer aux élèves, particulièrement à ceux en difficulté, toutes les phases de réalisation d'une tâche demandée. | | | | |
| Il démontre explicitement toutes les étapes qui doivent être suivies pour mener à terme la tâche. | | | | |

| | RÔLES ET FONCTIONS | | | |
|---|---|---|---|---|
| | **La plupart du temps (3)** | **Parfois (2)** | **Très rarement (1)** | **Jamais (0)** |
| Il fait état des principales interrogations soulevées ; des connaissances antérieures nécessaires ; de la manière de réutiliser ces connaissances antérieures. | | | | |
| Il illustre les stratégies à employer. | | | | |
| Il illustre le moment où il faut utiliser telle ou telle stratégie et la raison de son utilisation. Il insiste particulièrement sur cet aspect auprès des élèves en difficulté. | | | | |
| Il discute de ce qu'il faut faire quand on ne sait plus trop quoi faire. Il insiste particulièrement sur cet aspect auprès des élèves en difficulté. | | | | |
| **Bilan quant au rôle de modèle (nombre de points)** | | | | |
| **Rôle de médiateur** | | | | |
| Il assure le passage de la dépendance (par l'entremise du modèle explicite) à la pratique guidée (par une atténuation du soutien apporté). | | | | |
| Il assure ensuite le passage de la pratique guidée à la pratique autonome (absence presque totale de soutien). | | | | |
| Il incite les élèves à interpréter les exigences de la tâche. | | | | |
| Il discute avec les élèves des perceptions qu'ils ont de leurs chances de réussir et des facteurs qui sont susceptibles de les conduire à la réussite, particulièrement avec les élèves en difficulté. | | | | |
| Il incite les élèves, et principalement les élèves en difficulté, à rappeler dans leur mémoire de travail les connaissances qu'ils ont emmagasinées dans leur mémoire à long terme. | | | | |
| Il rend explicites, plus particulièrement aux élèves en difficulté, l'efficacité et le caractère économique des stratégies auxquelles les élèves recourent. | | | | |
| Il fournit une rétroaction précise et fréquente au regard des points forts et des points faibles. Il sait qu'il est crucial de souligner aux élèves en difficulté les points forts relevés dans leur démarche. | | | | |
| Après avoir observé des erreurs, il propose des correctifs appropriés, notamment aux élèves en difficulté. | | | | |
| Avec les élèves en difficulté, il n'attend pas d'être sollicité mais prend plutôt les devants. | | | | |
| Le rôle de médiateur peut aussi être assumé par des élèves. | | | | |
| **Bilan quant au rôle de médiateur (nombre de points)** | | | | |

## Feuille reproductible 4 *(suite)*

| | RÔLES ET FONCTIONS | | | |
|---|---|---|---|---|
| | La plupart du temps (3) | Parfois (2) | Très rarement (1) | Jamais (0) |
| **Rôle d'entraîneur** | | | | |
| Il présente des tâches complètes et réelles aux élèves (les contenus sont intégrés dans un ensemble signifiant). | | | | |
| Si des exercices sont proposés, ils le sont pour automatiser une connaissance et ils sont «commandés» par une tâche plus signifiante. Bref, ils répondent à un besoin ressenti par les élèves. | | | | |
| À la suite d'un exercice, il donne tout de suite, notamment aux élèves en difficulté, une tâche qui nécessitera la réutilisation des connaissances construites au moyen de l'exercice dans un contexte signifiant. Il assure ainsi la coordination entre les nouvelles connaissances et les autres connaissances sollicitées pour accomplir la tâche globale. | | | | |
| Il place les élèves en situation de coordination obligatoire de plusieurs types de connaissances. | | | | |
| Il n'enseigne pas du simple au complexe, et ce, même en présence d'élèves en difficulté. | | | | |
| Il n'enseigne pas non plus du complexe au simple. C'est dans le cadre de situations complexes qu'il propose ponctuellement des tâches plus simples, et seulement parce qu'elles sont nécessaires à l'accomplissement de la tâche globale complexe. C'est le soutien qu'il fournit qui est ajusté en fonction de la maîtrise des compétences de ses élèves. | | | | |
| **Bilan quant au rôle d'entraîneur (nombre de points)** | | | | |
| **Rôle de motivateur** | | | | |
| Il précise explicitement les retombées des activités sur les compétences attendues d'un citoyen critique et autonome. | | | | |
| Il agit directement sur le sentiment de compétence des élèves, incluant les élèves en difficulté, en leur présentant des activités susceptibles d'influer sur ce sentiment parce qu'elles reposent sur leurs connaissances antérieures. | | | | |
| Il insiste sur le fait que les activités qu'il présente aux élèves sont réalisables si l'on emploie les stratégies appropriées et si l'on fait les efforts qu'il est nécessaire de déployer, ainsi que sur le fait qu'il est prêt à aider les élèves à développer ces stratégies et à déployer ces efforts. | | | | |
| Il intervient explicitement de façon à rendre les élèves responsables de ce qu'il leur arrive en classe, dont leurs réussites et leurs échecs. | | | | |
| Il insiste fréquemment sur le fait que les buts poursuivis sont des buts d'apprentissage plutôt que des buts d'évaluation. | | | | |
| Il fait prendre conscience aux élèves, et particulièrement aux élèves les plus faibles, que l'erreur est informative et qu'elle permet l'apprentissage. | | | | |
| **Bilan quant au rôle de motivateur (nombre de points)** | | | | |

## Feuille reproductible 5

**À partir du bilan de chacun des rôles, je détermine, sur un continuum, où je me situe présentement comme enseignant pratiquant l'enseignement stratégique.**

Rôle de penseur

*Pas stratégique* — *Tout à fait stratégique*

Rôle de preneur de décisions

*Pas stratégique* — *Tout à fait stratégique*

Rôle de modèle

*Pas stratégique* — *Tout à fait stratégique*

Rôle de médiateur

*Pas stratégique* — *Tout à fait stratégique*

Rôle d'entraîneur

*Pas stratégique* — *Tout à fait stratégique*

Rôle de motivateur

*Pas stratégique* — *Tout à fait stratégique*

Quels rôles m'apparaît-il crucial de développer dans un premier temps, compte tenu du contexte particulier dans lequel j'interviens actuellement (groupe, niveau, matière, expérience acquise, sentiment de compétence actuel, etc.) ?

Quels savoirs sont en jeu dans ces différents rôles que je veux assumer ?

Comment est-ce que je prévois acquérir ces savoirs et développer les compétences nécessaires à l'exercice de ces différents rôles ?

- ❑ Participation à un colloque
- ❑ Participation à un atelier animé par un conseiller pédagogique, un consultant ou un collègue
- ❑ Participation à une recherche-action
- ❑ Accompagnement par un conseiller pédagogique
- ❑ Lecture individuelle d'ouvrages
- ❑ Consultation de sites dans Internet
- ❑ Groupes de discussion entre collègues relativement aux lectures effectuées
- ❑ Forum de discussion
- ❑ Cours universitaires
- ❑ Autres

Remarque : Il vous est également suggéré de demander à une ou à un de vos collègues de vous observer lorsque vous enseignez ou encore de vous filmer à l'aide d'une caméra vidéo. La feuille reproductible 1 fournit des repères pour l'observation et l'analyse de sa pratique.

## Références


Barlow, M. (1999). *Le métier d'enseignant: Essai de définition,* Paris, Anthropos.

Durand, M. (1996). *L'enseignement en milieu scolaire,* Paris, PUF.

Felouzis, G. (1997). *L'efficacité des enseignants,* Paris, PUF.

Gadamer, H.-G. (1996). *La philosophie herméneutique,* Paris, PUF.

Gauthier, C. (1993a). *Tranches de savoir: L'insoutenable légèreté de la pédagogie,* Montréal, Logiques.

Gauthier, C. (1993b). «La raison du pédagogue», dans C. Gauthier, M. Mellouki et M. Tardif, éd., *Le savoir des enseignants: Que savent-ils?,* Montréal, Éditions Logiques, p. 187-206.

Gauthier, C., J.-F. Desbiens, A. Malo, S. Martineau et D. Simard (1997). *Pour une théorie de la pédagogie: Recherches contemporaines sur le savoir des enseignants,* Québec, Les Presses de l'Université Laval (Collection Formation et Profession).

Gauthier, C., et S. Martineau (2001). «Triângulo didático-pedagógico. O triângulo que pode ser visto como um quadrado», *Educação nas Ciências, Revista do programa de pós-graduação em educação nas ciências,* vol. 1, n° 1, p. 45-77.

Gauthier, C., M. Mellouki et M. Tardif, éd. (1993). *Le savoir des enseignants: Que savent-ils?,* Montréal, Éditions Logiques.

Hannoun, H. (1996). *Les paris de l'éducation,* Paris, PUF.

Jones, B. F., A. S. Palincsar, D. S. Ogle et E. G. Carr (1987). *Strategic Teaching and Learning: Cognitive Instruction in the Content Areas,* Alexandria (Virginie), ASCD.

Ladrière, P. (1990). «La sagesse pratique», dans P. Pharo et L. Quéré, éd., *Les formes de l'action,* Paris, Éditions de l'École des Hautes Études en Sciences Sociales, p. 15-37.

Martineau, S. (1997). *De la base de connaissances en enseignement au savoir d'action pédagogique: construction d'un objet théorique,* Thèse de doctorat, Faculté des sciences de l'éducation, Université Laval.

Martineau, S., et C. Gauthier (1999). «Vers une meilleure compréhension des savoirs disciplinaires et curriculaires des enseignants ou le paradigme retrouvé», *Brock Education,* vol. 9, n° 1, p. 1-12.

Perelman, C. (1970a). *Le Traité de l'argumentation,* Bruxelles, Institut de sociologie, Université de Bruxelles.

Perelman, C. (1970b). *Le champ de l'argumentation,* Bruxelles, Presses Universitaires de Bruxelles.

Racine, G. (2000). *La production de savoirs d'expérience chez les intervenants sociaux,* Montréal; Paris, L'Harmattan.

Tardif, J. (1992). *Pour un enseignement stratégique. L'apport de la psychologie cognitive,* Montréal, Éditions Logiques.

Tardif, J., et A. Presseau (1998). «Quelques contributions de la recherche pour favoriser le transfert des apprentissages», *Vie pédagogique,* n° 108, p. 39-44.

Tardif, M., et C. Gauthier (1996). «L'enseignant comme "acteur rationnel": quelle rationalité, quel savoir, quel jugement?», dans L. Paquay, M. Altet, É. Charlier et P. Perrenoud, éd., *Former des enseignants professionnels: Quelles stratégies? Quelles compétences?,* Bruxelles, De Boeck, p. 209-237.

Tardif, M., et C. Lessard (1999). *Le travail enseignant au quotidien: Contribution à l'étude du travail dans les métiers et les professions d'interactions humaines,* Québec, Les Presses de l'Université Laval.

Tardif, M., C. Lessard et L. Lahaye (1991). «Les enseignants des ordres d'enseignement primaire et secondaire face aux savoirs: Esquisse d'une problématique du savoir enseignant», *Sociologie et Sociétés,* vol. 23, n° 1, p. 55-69.

Weber, M. (1995). *Le savant et le politique,* Paris, Plon.

# DEUXIÈME PARTIE
# L'ENSEIGNEMENT STRATÉGIQUE INCARNÉ PAR DES PRATIQUES DIVERSIFIÉES

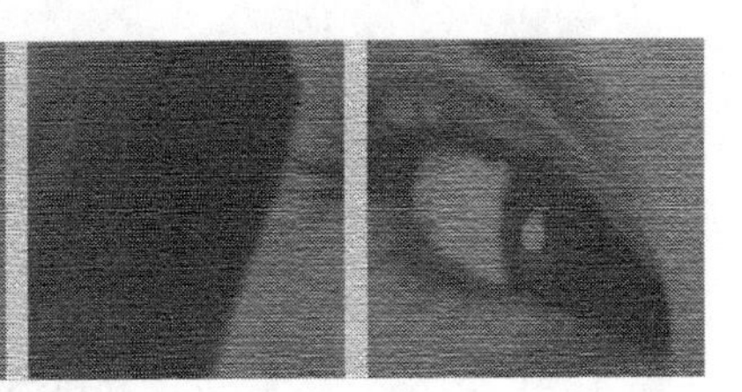

# CHAPITRE 3
# LA MÉTACOGNITION POUR DÉVELOPPER L'AUTONOMIE COGNITIVE ET LA RESPONSABILISATION DE L'ÉLÈVE

*Liliane Portelance*

Qu'entend-on par métacognition ? Comment aider les élèves à inclure la métacognition dans le bagage des ressources qu'ils peuvent mobiliser et utiliser pour acquérir des connaissances et développer des compétences ? Dans ce chapitre, nous tentons d'aider l'enseignant à se familiariser avec le concept de métacognition pour qu'il puisse l'actualiser de façon pertinente dans ses interventions pédagogiques.

Nous présentons la métacognition en relation avec les aspects affectifs et motivationnels de l'apprentissage et avec le développement de l'autonomie cognitive de l'élève. Après que nous aurons mentionné quelques-unes des nombreuses recherches qui démontrent les retombées positives de la métacognition, nous préciserons brièvement le sens à donner au terme métacognition en mettant l'enseignant en garde contre une utilisation abusive de ce terme. Le lecteur sera ensuite invité à se pencher sur un cas et à l'analyser, puis à prendre connaissance de l'analyse d'un second cas, faite par une enseignante. Les deux situations sont traitées selon le même point de vue : le soutien que l'enseignant peut apporter au développement métacognitif de l'élève. Nous enchaînerons en formulant des suggestions aux enseignants désireux d'intégrer la métacognition dans l'ensemble de leurs interventions pédagogiques. Le chapitre se terminera par quelques références à l'intention des personnes qui souhaitent approfondir leur compréhension de la métacognition et améliorer leur façon d'en tenir compte dans leur enseignement.

La figure 3.1 présente la métacognition en lien avec deux composantes dont elle ne peut être dissociée : les dispositions affectives et la motivation à apprendre, d'une part, et l'autonomie et la responsabilisation, d'autre part. La métacognition

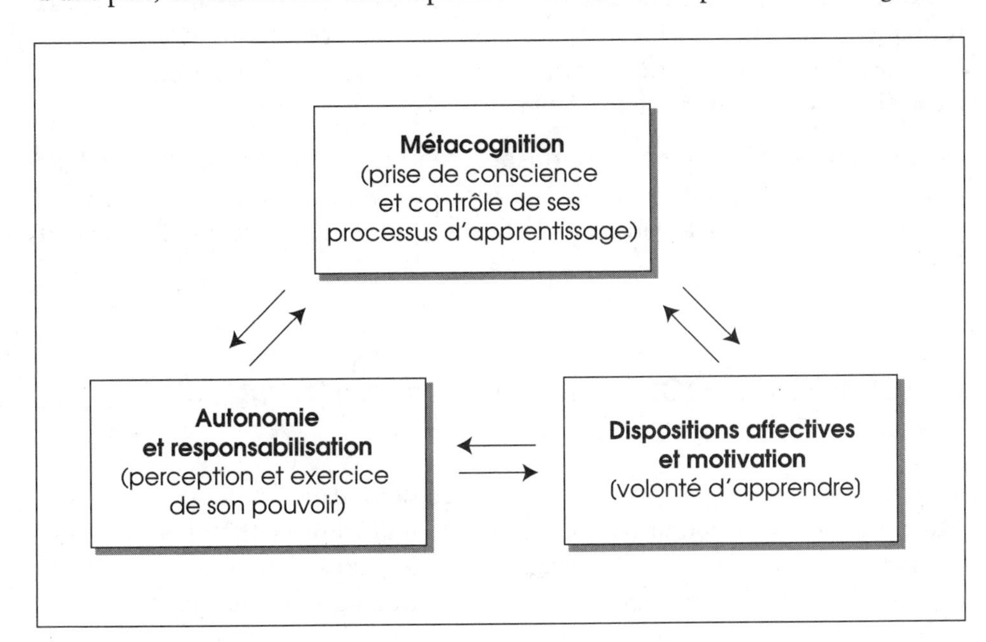


**Figure 3.1**
L'apprentissage stratégique

se trouve à l'avant-plan de la figure, signifiant ainsi que l'apprentissage est stratégique dans la mesure où les stratégies, choisies ou construites par l'apprenant, sont reliées à une intention de contrôle des processus cognitifs qui interviennent dans l'apprentissage. Cette allusion directe au contrôle, par l'élève, de ses activités mentales tient compte du fait que l'apprentissage ne relève pas uniquement de processus mentaux qui se dérouleraient indépendamment de l'état affectif et motivationnel de l'apprenant. En plus de stratégies cognitives et métacognitives, l'apprentissage stratégique fait appel à des stratégies associées aux émotions et à la motivation, et à la responsabilisation de l'apprenant par rapport à ses apprentissages.

## Quelques points de repère pour bien se comprendre

Les recherches démontrent, et la figure 3.1 l'illustre, qu'il existe une interdépendance entre la motivation qui incite l'élève à faire des efforts pour réaliser des apprentissages et le recours aux stratégies métacognitives. D'une part, l'implication métacognitive est exigeante et l'élève peu motivé n'est pas porté à adhérer à cette forme d'engagement cognitif. À cet égard, les sentiments négatifs associés aux difficultés scolaires peuvent affecter le niveau de motivation et empêcher le développement métacognitif. D'autre part, l'exercice d'un contrôle métacognitif contribue au maintien et à l'accroissement de la volonté d'apprendre.

La figure met aussi en lien les résultats de plusieurs recherches quant à la perception que l'élève a de son pouvoir d'apprendre et de réussir, et de ses compétences métacognitives. Le jugement que l'élève porte sur sa capacité d'accomplir une activité d'apprentissage a des incidences sur l'utilisation de stratégies métacognitives et, inversement, l'adoption de comportements métacognitifs peut permettre à l'élève de contrôler ses états émotifs et de conserver une perception positive de soi.

De plus, *volonté* et *pouvoir d'apprendre* sont étroitement associés. Selon Viau (1994), la perception qu'a l'élève de son pouvoir sur ses apprentissages est un indicateur de sa motivation à fournir l'investissement cognitif nécessaire à la réalisation des tâches scolaires. De plus, les émotions et les attitudes influencent la perception de soi de l'élève et sa perception de sa capacité d'accomplir une tâche (Lafortune et Saint-Pierre, 1994).

Ajoutons, finalement, que la performance, considérée comme l'atteinte de buts à la mesure de l'élève, est à la fois une conséquence de la compétence métacognitive et un incitatif à percevoir de façon positive son pouvoir d'apprenant (Romainville, 1993).

## Quelques précisions sur la métacognition

Voyons brièvement le concept de métacognition, dans la perspective de la figure 3.2. Il a été introduit par Flavell au milieu des années 1970 pour désigner la connaissance qu'un individu possède de ses processus cognitifs et du contrôle qu'il peut exercer sur ces processus. Cette définition signifie donc que l'élève agit

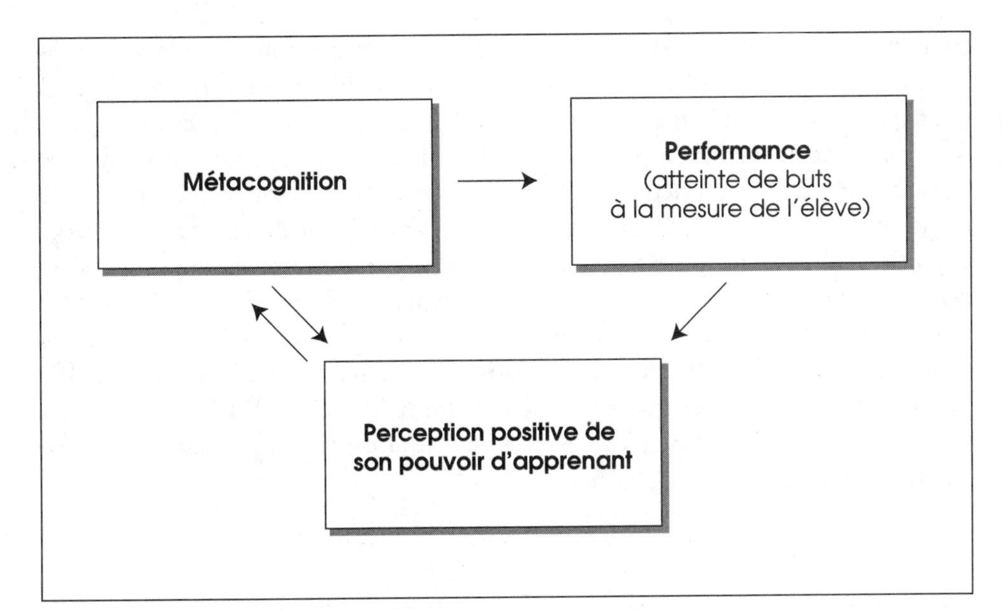


**Figure 3.2**
Les effets de l'utilisation de stratégies métacognitives

de façon métacognitive lorsqu'il prend *conscience* de sa façon d'apprendre et qu'il exerce un contrôle sur celle-ci. Par exemple, un élève qui doit réaliser une tâche d'expression orale tente consciemment d'utiliser ses connaissances pour structurer son exposé. S'il constate qu'il y a des lacunes dans sa façon d'établir cette structure, il peut décider de se référer aux ressources dont il dispose pour l'améliorer. En prenant conscience de ses processus cognitifs et en tentant de les contrôler, l'élève acquiert des connaissances sur sa façon d'apprendre ; ces connaissances constituent son savoir métacognitif. Les stratégies métacognitives de planification, de contrôle et de régulation en font partie.

Notons qu'aujourd'hui on utilise souvent le terme relativement nouveau de métacognition sans en comprendre la nature et la portée, d'où la nécessité d'en préciser le sens. D'abord, la métacognition, ou la « cognition de sa cognition », est une activité mentale qui porte sur des opérations mentales, ce qui la distingue de la réflexion. En effet, mes élèves peuvent réfléchir à leurs attitudes et comportements en classe ou réfléchir à leur futur sans pour autant agir de façon métacognitive. D'autre part, l'agir métacognitif ne peut être réduit à l'utilisation d'une procédure, encore moins à celle de techniques et de trucs. Certaines pratiques pédagogiques qui encouragent l'élève à utiliser de tels moyens pour apprendre peuvent lui nuire plus que l'aider. Les interventions susceptibles de contribuer au développement de la métacognition s'inscrivent dans la perspective cognitiviste de l'apprentissage. Elles ont peu à voir avec la simple transmission de savoir-faire de l'enseignant à l'élève. En outre, la métacognition réfère à l'autonomie cognitive, qu'il faut éviter de confondre avec l'autonomie de la personne. En effet, l'élève autonome à l'école et à la maison est généralement capable d'agir avec sérieux en l'absence d'adultes, de se débrouiller sans recourir à une assistance soutenue et de prendre des décisions dans certaines circonstances. Cet élève peut, par ailleurs, ne pas disposer des outils intellectuels le rendant capable d'autonomie par rapport à son fonctionnement cognitif. L'apprentissage, considéré comme un processus de traitement de l'information, impose à l'élève un grand engagement cognitif. Son rôle d'acteur principal exige qu'il contrôle ses activités mentales.

Mais l'engagement attendu de l'élève n'est pas que cognitif. Affectivité et cognition sont indissociables. À l'école et ailleurs, des émotions, des sentiments et des passions de toutes sortes habitent l'élève. Il peut certes éprouver de la joie et de la satisfaction à apprendre, mais parfois, ou fréquemment, ce sont l'anxiété, la peur, l'angoisse, la déception et même le découragement qui l'accablent. S'il n'est pas dans un « état d'esprit » approprié, s'il se sent incapable d'atteindre les buts scolaires établis ou peu apte à y arriver, s'il n'est pas motivé à apprendre, il est utopique de croire à un investissement métacognitif de sa part. La métacognition suppose que l'élève prend conscience de ses propres activités mentales, porte un jugement sur leur qualité, prend les décisions qui s'imposent pour les améliorer, au besoin, et exécute ces décisions. *Des dispositions affectives favorables l'inciteront à faire l'effort exigé.* Une motivation de nature extrinsèque ne suffit pas pour satisfaire aux exigences d'une activité métacognitive. C'est d'abord en lui-même que l'élève trouve les sources de la motivation nécessaire à ce type d'activité mentale.

## Le cas de Laurier : « J'suis capable ! »

### Le problème

Julie enseigne les mathématiques en troisième année du secondaire dans une école établie dans un milieu passablement défavorisé à la suite de la fermeture de l'usine où travaillaient la plupart des parents. L'un de ses élèves, Laurier, l'incite à se poser de nombreuses questions. Elle se demande si son évaluation de ses compétences est juste, surtout depuis que le père de l'élève a mis en doute sa capacité d'évaluer son fils en mathématiques et qu'il l'a accusée, sans détour, de nuire à la réalisation de ses ambitions.

Laurier, qui, au cours des années antérieures, avait de très bons résultats, se montre incapable de suivre le groupe cette année. Cela ne l'empêche pas d'afficher une grande confiance en lui-même et de se considérer comme l'un des meilleurs de la classe. Il lève toujours la main pour répondre aux questions, même si, la plupart du temps, ses réponses sont erronées. Dès qu'un problème est un peu différent des problèmes qu'il a déjà faits, il ne réussit pas à structurer sa démarche. L'enseignante note régulièrement ses observations. Laurier réagit fortement lorsqu'il ne donne pas une réponse acceptable à une question : il met en doute la manière dont la question est posée ou, encore, son contenu. Comme il aime se faire valoir, il saisit les occasions de résoudre des problèmes au tableau. Il éprouve pourtant de la difficulté à développer une solution. Lorsque Julie lui indique qu'il a fait une erreur de procédure ou de calcul, il discute avec elle et se justifie en invoquant le peu d'importance de ses erreurs. La plupart des élèves sont réticents à faire partie de la même équipe que lui lorsque Julie organise des joutes orales. Il choisit systématiquement de répondre aux questions de niveau très difficile et ses réponses, toujours erronées, se traduisent par un mauvais pointage pour l'équipe. Il ne s'en fait pas pour ça. Pour expliquer ses résultats médiocres aux examens, Laurier dispose d'un large éventail de raisons : il n'était pas en forme le jour de l'examen, l'examen ne portait pas sur ce qu'il avait préparé, la forme des questions ne convenait pas à son style et ne lui a pas permis de prouver qu'il est intelligent. D'ailleurs, il affirme vouloir devenir médecin ou faire une carrière scientifique.

Julie consulte les autres enseignants de l'élève. L'un mentionne les efforts hors du commun que fait Laurier. Un autre parle de ses difficultés à réussir aux examens, mais aussi de son aisance à faire des travaux à la maison. Une troisième attire l'attention de Julie sur ses aspirations professionnelles, à la fois exceptionnelles et peu réalistes. L'enseignante maintient son jugement : Laurier éprouve des problèmes de compréhension en mathématiques. Elle se demande comment l'aider.

## La recherche d'une solution au problème

- Selon la description des faits, formulez, en une phrase, le problème d'apprentissage de Laurier.
- Quels aspects de ce problème retiennent votre attention ?
- À la lumière de vos connaissances sur la métacognition, la motivation et la responsabilisation, exprimez votre compréhension des aspects du problème.
- Quelle démarche suggéreriez-vous à Julie pour qu'elle puisse aider Laurier ?

# Une analyse du problème

## Le problème

Laurier paraît motivé à l'école, mais il surévalue ses capacités d'apprendre et il ne semble pas à la recherche de moyens d'améliorer sa compréhension en mathématiques.

## Les aspects du problème

Son problème relève de trois aspects interreliés : la volonté d'apprendre ; la perception de son pouvoir d'apprendre ; la conscience de sa façon d'apprendre et l'exercice d'un contrôle sur ses démarches d'apprentissage.

Sans doute stimulé par son milieu familial, vivant dans une ville où les réussites professionnelles sont rares, Laurier manifeste sa volonté de bien faire à l'école. Encouragé par ses enseignants de mathématiques des années antérieures, il a développé une perception de ses capacités supérieure à ce qu'elles sont en réalité. Mais cette perception est superficielle : Laurier ne se donne pas la peine de s'interroger sur les causes de ses difficultés. Il préfère rejeter le blâme sur des facteurs dont il n'a pas la responsabilité. De plus, il ne semble pas disposer des outils intellectuels nécessaires à un engagement réfléchi et autonome dans ses démarches d'apprentissage. Il semble que sa motivation ne produit pas les fruits escomptés, entravée par son incapacité à exercer un pouvoir sur ses apprentissages.

## L'approfondissement des principaux aspects du problème

La métacognition a trait à la connaissance de son fonctionnement cognitif personnel et au contrôle de ses démarches d'apprentissage. Laurier ne semble pas se demander s'il a vraiment compris, ni si ses stratégies pour répondre aux questions et faire les problèmes sont appropriées. S'il était engagé dans une démarche métacognitive, il aurait une conscience plus juste de ses compétences et de ses capacités et, bien sûr, de ses faiblesses; il pourrait davantage réutiliser sciemment ses connaissances et ses habiletés, et modifier ses comportements cognitifs au cours de la résolution d'un problème, par exemple. On peut comprendre pourquoi Laurier n'a pas atteint ce niveau de développement mental: l'activité métacognitive n'est accessible qu'à l'élève qui a atteint un certain degré d'autonomie et de responsabilisation au regard de ses apprentissages. Un élève autonome sur le plan cognitif est plus enclin à évaluer sa compréhension, à se questionner sur l'utilisation de stratégies, à ajuster son plan de travail. Il évite généralement de recourir à des causes externes pour justifier ses difficultés et ses échecs, ce que Laurier ne fait pas.

Parmi les facteurs influençant le plus les résultats scolaires, la métacognition arrive au premier rang. Les apprenants les plus efficaces sont les élèves qui sont conscients de leurs processus d'apprentissage et qui ont développé un bagage de stratégies qu'ils peuvent adapter à diverses situations. Les élèves dits faibles sont souvent incapables de prendre conscience de ce qu'ils savent et comprennent et de ce qu'ils ne savent pas et ne comprennent pas. Ils ont besoin de l'enseignant pour y arriver. Pour parvenir à mobiliser leurs connaissances et leurs compétences, ils doivent bénéficier d'un enseignement formel de stratégies métacognitives. Examinons sommairement ces stratégies.

En premier lieu, mentionnons que ce sont des opérations mentales conscientes. Les stratégies de planification, qui exigent des habiletés d'anticipation, permettent à l'élève de planifier consciemment le déroulement d'une activité qu'il a à exécuter. Il s'assure d'abord qu'il a bien compris le but à atteindre et qu'il est capable de formuler dans ses propres mots ce qu'il a à faire. Il se prépare mentalement à exécuter la tâche en décidant de l'étape par laquelle il devrait commencer et en établissant les autres étapes à suivre pour atteindre le but fixé. Il prête attention aux ressources internes et externes dont il dispose, et aux conditions matérielles qui l'aideront à persister jusqu'à la fin. L'élève qui ne prend pas la peine de bien planifier mentalement sa démarche est un peu comme Laurier, qui lève la main pour répondre à une question avant même d'avoir pensé à la façon de s'y prendre pour trouver la solution. Les stratégies de contrôle, qui exigent des habiletés de supervision, permettent à l'élève de «jeter un regard continuel» sur son propre travail tout le long de son déroulement. L'élève vérifie s'il met son plan à exécution, s'il procède correctement, s'il utilise les bons moyens, s'il se dirige bien vers le but fixé. S'il se rend compte qu'il a fait une erreur, il en cherche les raisons et il tente de la corriger. Laurier, lorsqu'il résout un problème au tableau, pourrait vérifier lui-même si sa démarche est valable en vue de corriger le tir, au besoin. À tout le moins, il devrait, lorsque Julie lui signale une erreur, se demander pourquoi il s'est trompé. Les stratégies de régulation, qui exigent des habiletés de prise de décision, sont directement associées aux précédentes, et elles sont utilisées simultanément. La supervision de son activité conduit l'élève à la décision de poursuivre sa démarche sans y apporter de modifications ou à celle de faire les ajustements nécessaires à l'atteinte du but fixé. Si l'élève qui se rend compte d'une erreur ne prend pas la décision de la corriger, il ne progressera pas dans ses apprentissages. Les décisions débouchent fréquemment sur des actions ou des interventions dites régulatrices. Si Laurier était conscient de ses lacunes dans sa façon de faire un examen, il pourrait décider d'apporter les ajustements requis dans la préparation ou l'exécution de l'examen, dans ses stratégies d'étude, dans la planification de sa démarche, et même dans sa conception d'un examen de mathématiques.

## La démarche d'intervention suggérée

Deux recherches permettent de mieux comprendre le rôle possible d'un enseignant dans le parcours scolaire d'un élève comme Laurier, l'une menée par Doly (1997), l'autre, par Yanni-Plantevin (1997). Lorsque l'enseignant amène un élève à dépasser consciemment un obstacle intellectuel à l'aide d'outils métacognitifs, cet élève peut en venir à se rendre compte de son pouvoir sur sa compréhension et, de plus, à développer le plaisir de comprendre (Doly, 1997). Des élèves auxquels l'enseignant a consacré des moments d'écoute et d'échange ont réussi à dégager, dans leur esprit, l'espace mental nécessaire à l'instauration de la réflexion sur leurs activités d'apprentissage. Ils ont pu franchir les obstacles cognitifs qui les séparaient de la compréhension, habitués qu'ils étaient à tenter de répondre de manière automatique aux attentes de l'enseignant (Yanni-Plantevin, 1997).

Julie pourrait rencontrer Laurier pour s'entretenir avec lui. D'une part, il importe qu'elle l'aide à se percevoir de façon plus réaliste et à se rendre compte qu'il a des lacunes en mathématiques. Elle devra faire attention de ne pas diminuer sa motivation à apprendre, puisqu'il semble dans de bonnes dispositions affectives à cet égard. Julie devra faire en sorte que Laurier préserve cet acquis motivationnel. D'autre part, elle pourrait l'amener à comprendre que l'exercice d'un pouvoir sur ses apprentissages est possible dans la mesure où il se perçoit comme le premier responsable de ses apprentissages. Cette responsabilisation est essentielle à la prise de conscience de ses processus d'apprentissage et au contrôle qu'il peut exercer sur ces processus. Le but est que Laurier en vienne à se questionner sur son niveau de compréhension, sur ses lacunes et ses forces, et sur ses stratégies habituelles d'apprentissage. Julie pourrait rencontrer régulièrement Laurier pour l'aider à mieux comprendre en exploitant des stratégies métacognitives. Il est préférable qu'elle fasse la modélisation de l'« autoquestionnement ». Elle doit questionner Laurier sur ses processus mentaux et lui laisser le temps de réfléchir. Elle doit orienter ses interventions de façon à amener Laurier à prendre en charge ce questionnement.

Des telles interventions de la part de Julie seraient sûrement profitables à toute la classe. Julie pourrait prendre l'habitude d'ajouter le développement métacognitif de ses élèves à l'ensemble de ses intentions d'enseignement. Ainsi, à tout moment approprié, elle pourrait suggérer à ses élèves des moyens de prendre conscience de leurs processus cognitifs, et les encourager à se poser des questions pendant qu'ils accomplissent des tâches et à vérifier leur compréhension. Mentionnons que les élèves doués, quoiqu'ils structurent plus aisément leur savoir, bénéficient également d'un enseignement qui les incite à réfléchir sur leurs démarches d'apprentissage et leur permet, conséquemment, d'accomplir des tâches exigeantes et stimulantes. Les élèves performants possèdent généralement un bagage de connaissances plus considérable que celui des autres élèves, mais encore faut-il qu'ils soient conscients de ce qu'ils savent et des possibilités qu'ils ont de réinvestir leurs connaissances dans des situations diversifiées.

## Suggestions aux enseignants

Julie pourrait s'inspirer du tableau 3.1 pour aider Laurier à développer des compétences métacognitives.

**Tableau 3.1 Des exigences quant au rôle de l'enseignant**
L'enseignant est invité à enseigner à ses élèves l'« autoquestionnement » sur leur fonctionnement cognitif pour ainsi les inciter à utiliser davantage de stratégies métacognitives.

| Comportements métacognitifs de l'élève (suggérés par l'enseignant) | |
|---|---|
| **Prise de conscience** | **Exercice d'un contrôle en collaboration avec les autres élèves** |
| Je prends conscience du sens que je donne à un mot ou à une expression ; je prends conscience de l'idée que je me fais d'une tâche à accomplir. Exemples : Quel est le sens que j'accorde à ce mot ? Qu'est-ce que j'ai à faire ? | J'enrichis, je complète, je modifie, je corrige mes représentations (ma compréhension), je cherche à connaître celles des autres élèves. |
| Je prends conscience de ce que je connais bien et de ce que je ne connais pas. Exemple : Quelles sont mes connaissances sur ce sujet ? | Je tente d'en savoir davantage en participant en classe, en posant des questions (à l'enseignant *ou à un autre élève*), en étudiant mieux, etc. |
| Je prends conscience de ce que je comprends et de ce que je ne comprends pas tout à fait. Exemple : Qu'est-ce que je ne comprends pas au juste ? | Je cherche à comprendre en relisant, en établissant des liens, en me faisant expliquer certaines choses, en m'impliquant davantage en classe et à la maison, etc. |
| Je prends conscience de mes stratégies d'étude, de lecture, d'écriture, de résolution de problème, etc. Exemple : Quelle est la méthode que j'utilise habituellement pour bien comprendre ? | Je compare mes stratégies à celles des autres élèves, je suis capable de les justifier, j'en ajoute de nouvelles, j'en modifie quelques-unes pour les améliorer, etc. |
| Je prends conscience de ma façon d'aborder une tâche et de l'accomplir. Exemples : Est-ce que j'ai bien compris ce que j'ai à faire ? Est-ce que je peux le reformuler dans mes propres mots ? Est-ce que je procède de la bonne façon ? | Je prends le temps de bien écouter, de m'assurer que j'ai compris ce que j'ai à faire, de me fixer un but, de planifier les étapes de mon travail, de les exécuter une à une, de vérifier en cours de route si je me dirige bien vers le but fixé, etc. |
| Je prends conscience des erreurs que je fais dans l'accomplissement d'une tâche. Exemples : Ce que j'ai fait jusqu'ici est-il correct ? Que devrais-je corriger ? | Je me demande d'où vient l'erreur, quelle règle j'ai mal appliquée, quel mot j'ai mal compris, comment je pourrais corriger moi-même mon erreur avant de recourir à l'enseignant ou à d'autres élèves. |

**Tableau 3.1 Des exigences quant au rôle de l'enseignant *(suite)***

| Comportements métacognitifs de l'élève (suggérés par l'enseignant) | |
|---|---|
| **Prise de conscience** | **Exercice d'un contrôle en collaboration avec les autres élèves** |
| Je prends conscience de mes compétences, de mes forces, de mes faiblesses, de mes difficultés. Exemples : Qu'est-ce que je réussis le mieux ? Quelle est ma principale habileté ? Quelle est ma plus grande difficulté ? | J'exploite mes forces (mon habileté à établir des liens, mon aisance à parler, mes compétences en lecture, etc.), j'améliore mes compétences, j'en fais profiter les autres. Je cherche des moyens de remédier à mes faiblesses (concentration, écriture, etc.) et je les exploite. |
| Je prends conscience de mon niveau d'attention, de concentration et de participation en classe. Exemple : Est-ce que je suis souvent distrait en classe ? | Je cherche les raisons de mon manque d'attention, je trouve des moyens d'être plus attentif, j'élimine ce qui nuit à ma concentration ou, sinon, je détermine les moyens que j'ai de maintenir un bon niveau d'attention et de participation. |
| Je prends conscience de mon rôle dans le maintien d'un bon climat en classe. Exemple : Est-ce que mon comportement peut déranger ceux qui veulent bien travailler ? | Je trouve des moyens de mieux coopérer ou de maintenir la qualité de ma coopération, de *favoriser l'engagement d'un autre élève.* |
| Je prends conscience du pouvoir que j'ai sur ma réussite. Exemple : Je pense que si je fais des efforts pour écrire sans erreur le plus souvent possible, je parviendrai beaucoup plus vite à maîtriser les règles. | Je continue de faire des efforts, je me fixe des objectifs précis et atteignables, j'améliore mes stratégies, etc. |

Dans ce tableau, les interactions intellectuelles avec les pairs sont mises en valeur. Les élèves retirent généralement un avantage de leur engagement dans des situations d'interaction cognitive. En instaurant dans la classe des moments de réflexion et d'échange sur les processus intellectuels, l'enseignant incite les élèves à prendre conscience de leurs conceptions et de leurs stratégies, à les exprimer et à les justifier, à les remettre en question et à les nuancer, à les modifier et à les améliorer. En fait, une approche pédagogique qui s'inscrit dans une perspective de rencontre interindividuelle et de coopération pour améliorer les apprentissages permet aux élèves de coordonner leurs conceptions avec celles d'autrui et d'enrichir leur répertoire intellectuel (Grangeat, 1997).

## Un cas analysé par une enseignante : « J'suis pas bonne à l'école ! »

Dans cette section, nous présentons une situation problématique analysée par une enseignante, Émilie, dans le cadre d'une session de formation sur la relation éducative. À défaut de rendre compte de tous les éléments constitutifs de sa description du problème et de la profondeur de son analyse, nous résumons l'essentiel de ses propos. Le texte comprend deux parties, correspondant aux deux démarches consécutives suivies dans son analyse.

### Première démarche de l'analyse du cas

J'enseigne le français au secondaire à des élèves dont la majorité connaît des difficultés d'apprentissage. J'ai une formation universitaire en adaptation scolaire. Mon premier souci est de respecter les différences individuelles et de permettre à chaque élève d'actualiser le plus possible son potentiel. Je me désole de ne pas réussir à créer en classe le climat éducationnel qui satisferait mes attentes professionnelles. Plusieurs élèves éprouvent du dégoût pour le français. Christine, en particulier, une leader dans le groupe, manifeste un manque de motivation flagrant par ses bougonnements, ses questions sur la nécessité d'apprendre les règles de grammaire, son manque d'intérêt, ses troubles de concentration et de la conduite. Encore pire, elle semble malheureuse à l'école. J'ai tenté de l'intéresser par du travail d'équipe, mais elle en a profité pour rigoler et parler de tout et de rien. De plus, j'ai pris soin d'inclure des amorces captivantes à mes leçons, de soulever des interrogations, de créer des stimuli variés, d'imaginer des renforcements, ce qui a amélioré la participation de Christine, mais non sa capacité à faire ensuite le travail individuel. Au contraire, elle se révèle paresseuse et passive, évite de se mettre au travail et cherche toutes les occasions de l'interrompre ; par exemple, elle se lève pour aiguiser son crayon ou pour aller chercher un livre, elle me fait répéter les consignes et demande des explications inutiles. En plus, son discours suscite en moi un doute réel quant à ses capacités intellectuelles : « J'ai essayé bien des fois, mais ça ne me rentre pas dans la tête. » Ou encore : « Je n'ai jamais de bonnes notes. » Ses échecs et ses difficultés lui ont fait perdre confiance en elle. Elle n'ose plus fournir d'efforts. Je l'ai rencontrée pour mieux comprendre son attitude. Christine n'a pas de projet d'avenir. À ses yeux, l'école a peu d'importance. Elle n'étudie pas et n'utilise d'ailleurs aucun moyen pour comprendre les notions enseignées et s'en rappeler.

J'ai décidé de favoriser chez cette élève une amélioration de l'évaluation qu'elle fait de ses capacités de réussir. Ma lecture d'un livre de Viau (1994) sur la motivation scolaire m'a incitée à agir sur la perception que Christine a de sa compétence et j'ai entrepris de favoriser le développement d'un sentiment d'identité et de sécurité chez elle. J'ai profité de moments appropriés pour amener progressivement Christine à prendre conscience de certaines réalités :

- ses résultats scolaires ne remettent pas en cause sa valeur personnelle ;
- tout élève est unique et ce qui le différencie des autres peut être une source de fierté personnelle ;

- les pensées négatives par rapport à ses capacités personnelles ne peuvent que nuire à sa réussite;
- les pensées positives ont au contraire un effet bénéfique;
- les erreurs à l'école sont normales et elles peuvent servir à mieux comprendre.

Mes efforts se sont avérés fructueux, mais insuffisants. Christine semble détendue en classe, elle est souriante et exerce un leadership plus positif. Par ailleurs, elle entretient toujours des doutes quant à sa capacité de réussir.

## La recherche d'une solution au problème

À ce stade, si vous étiez Émilie:

- quelle nouvelle lecture du problème de Christine feriez-vous?
- quelle orientation donneriez-vous à votre intervention pour venir en aide à l'élève?

## Deuxième démarche de l'analyse du cas

À la suite de mes interventions, je constate que Christine se sent plus appréciée des autres élèves et qu'elle démontre de la confiance en elle. Mais, même si elle est plus contente d'elle-même, et bien qu'elle meuble son esprit de pensées positives, elle n'a pas modifié sa perception de sa compétence à réussir en français. L'amélioration de la motivation par le développement de l'estime de soi ne s'est pas manifestée comme je le souhaitais. Christine n'effectue pas les travaux de façon satisfaisante. En m'inspirant d'un texte que j'ai lu dans la revue *Vie pédagogique,* j'en suis venue à penser qu'elle manque de stratégies pour comprendre et réussir. Je crois que l'utilisation de stratégies métacognitives pourrait l'inciter à s'engager et à persévérer dans l'exécution des tâches. Au fil de mes conversations avec Christine, je l'ai amenée à prendre conscience de certaines de ses lacunes: elle n'utilise aucune stratégie pour apprendre, elle n'a jamais essayé de comprendre les régularités dans les conjugaisons des verbes, elle n'a jamais fait le point sur les règles de grammaire qu'elle maîtrise, elle a toujours pris n'importe quel moyen pour retenir des notions, sans vérifier s'il était efficace. Je lui ai proposé des façons de travailler. Plus précisément, je lui ai fait faire une activité sur l'emploi du féminin et je lui ai suggéré des stratégies: s'assurer de bien comprendre les consignes avant de commencer, exprimer dans ses mots ce qui est demandé, faire le point sur ce qu'elle connaît déjà sur la notion du féminin, vérifier au fur et à mesure la justesse de l'exécution de la tâche, se donner des règles claires pour vérifier son travail, se demander si le but est atteint. Je lui ai dit de se poser des questions mentalement et d'y répondre avec honnêteté. Je lui ai expliqué qu'à partir de ce questionnement, il est possible de reconnaître les stratégies les plus efficaces et les meilleurs contextes pour les utiliser. En sa présence, je me suis posé des questions à voix haute tout en faisant un exercice. J'ai également tenté de la convaincre de le faire elle aussi et de procéder par étapes.

Au bout de quelques semaines, Christine s'est portée volontaire pour montrer à ses camarades comment répondre à une question en s'interrogeant à voix haute, ce qui permet d'expliquer les étapes à franchir. Elle semble avoir amélioré l'image qu'elle a de ses compétences intellectuelles puisqu'elle accepte que les autres soient témoins de ses démarches d'apprentissage. Elle se met au travail plus rapidement, comprend les consignes du premier coup, pose des questions pertinentes. Ses résultats se sont améliorés. Mais dès qu'elle échoue, sa motivation diminue et je dois alors reprendre mes interventions pour qu'elle perçoive le pouvoir qu'elle peut exercer sur ses apprentissages. Je pense que la motivation et le contrôle conscient de ses processus d'apprentissage sont intimement liés. Les progrès qu'elle a faits sont encourageants pour elle comme pour moi. Je veux continuer de lui accorder mon aide.

## Pistes de réflexion

Personne ne prétend que la métacognition est une panacée à tous les problèmes d'apprentissage. Par ailleurs, les résultats des recherches sont suffisamment clairs pour encourager les enseignants à en tenir compte dans leurs interventions pédagogiques.

À la suite de la lecture du chapitre, il serait pertinent de prendre le temps de s'interroger sur ses propres interventions pédagogiques. Si l'on reconnaît que la prise de conscience de son fonctionnement cognitif et l'exercice d'un contrôle sur ce fonctionnement peuvent avoir des retombées positives sur la qualité des apprentissages, il faut aussi admettre que l'élève n'est pas nécessairement enclin à acquérir de lui-même des habitudes de type métacognitif. Le soutien des enseignants lui est essentiel. Ce soutien comprend des interventions précises et explicites en classe, auprès d'un ou de plusieurs élèves. Il suppose l'« enseignement » de stratégies métacognitives par la démonstration de leur utilisation. Il exige aussi un rappel constant à l'élève de l'importance de son engagement métacognitif pour exercer un réel pouvoir sur sa réussite à l'école.

Voici quelques axes de réinvestissement relatifs à la lecture de ce chapitre sous forme d'autoquestionnement et de pistes d'actions concrètes.

### *Autoquestionnement*

- Est-ce que j'oriente mes élèves vers une véritable autonomie cognitive, celle qui va au-delà de la débrouillardise dans l'utilisation de ressources et au-delà de l'application de méthodes de travail efficaces ? Comment ?
- Est-ce que j'incite mes élèves à mener une réflexion sur leurs processus cognitifs, une réflexion qui va au-delà de la réflexion sur leurs comportements observables ? Comment ?
- Est-ce que j'accorde du temps à mes élèves en classe pour qu'ils prennent conscience de leur niveau de compréhension, de leurs stratégies d'apprentissage et de leur capacité de contrôler leur démarche d'apprentissage ? Comment ?
- Ai-je déjà aidé un élève en difficulté d'apprentissage en l'amenant à prendre conscience du pouvoir qu'il pourrait exercer sur ses apprentissages et en lui montrant comment il peut se questionner au cours de l'exécution d'une activité ? De quelle manière ?

### *Pistes d'action*

- Relever des lacunes communes à plusieurs élèves en ce qui a trait aux processus cognitifs. Préparer une activité comprenant un moment pour faire le bilan collectif des stratégies d'apprentissage utilisées par chacun et pour encourager les élèves à se constituer un plus gros bagage de stratégies.
- Prévoir un plan d'intervention, auprès d'un petit groupe d'élèves ou d'un élève en difficulté, dont une partie portera sur l'identification de ses forces et de ses faiblesses, sur l'établissement d'objectifs atteignables et sur l'élaboration d'une brève liste de stratégies métacognitives susceptibles de permettre l'atteinte de ces objectifs.
- Analyser les échecs d'un élève à la lumière de ses lacunes métacognitives.
- Accorder du temps en classe pour le déroulement d'une activité qui permet aux élèves de prendre conscience de leur façon d'apprendre et de contrôler cette façon d'apprendre. Le tableau 3.2 présente un exemple dont les enseignants peuvent s'inspirer.

**Tableau 3.2 Un exemple de planification**

| | |
|---|---|
| Domaine d'apprentissage | L'exemple donné ici concerne le français, langue d'enseignement. |
| Disciplines | L'activité peut être associée à n'importe quelle discipline, et même à plus d'une discipline à la fois. |
| Productions attendues | Un rapport d'équipe (à remettre à l'enseignant) et une liste individuelle de stratégies (à conserver par l'élève). |
| Compétences visées | Surtout les compétences transversales intellectuelles et méthodologiques, et aussi les compétences sociales.<br>Note : l'activité présentée ici est davantage liée aux compétences relatives à la communication. |
| Activation des acquis | Par un questionnement oral à la cantonade ou individuel, l'enseignant :<br>• rappelle l'activité en communication orale dont il est question, fait des commentaires généraux sur les compétences en communication orale manifestées par les élèves ;<br>• active les connaissances des élèves sur les stratégies d'apprentissage ;<br>• rappelle les règles d'un fonctionnement efficace en groupe. |
| Prévisions quant aux retombées de l'activité | • L'enseignant indique aux élèves les compétences transversales que l'activité leur permet de développer.<br>• L'enseignant expose les buts de l'activité. Il insiste sur son intention d'aider les élèves à prendre conscience des stratégies qu'ils ont utilisées pour réaliser la communication orale dont il est question, de la nécessité d'utiliser des stratégies efficaces et adaptées à leurs caractéristiques d'apprenants, et de l'utilité de connaître les stratégies des autres élèves. |

**Tableau 3.2 Un exemple de planification *(suite)***

| | |
|---|---|
| Description de l'activité | En équipe de quatre ou de cinq, les élèves font la liste des stratégies qu'ils ont utilisées pour préparer et faire la communication orale. Chaque élève dresse d'abord sa liste de stratégies avant de les expliquer à ses coéquipiers. L'enseignant circule d'une équipe à l'autre pour s'assurer que les élèves ont compris et exécutent le travail demandé.<br>En plénière, un membre de chaque équipe énumère les stratégies exploitées. L'enseignant prend des notes au tableau, et il invite les élèves à préciser la façon dont ils ont utilisé les stratégies, et à décrire les avantages de ces stratégies et les conditions qui les rendent efficaces. Les élèves sont appelés à argumenter et à faire valoir la pertinence de leurs stratégies.<br>L'enseignant demande à chaque élève de revenir à sa liste personnelle de stratégies, pour modifier, retrancher et ajouter des éléments.<br>Ensuite, chaque élève coche sur sa liste les stratégies qu'il se propose d'utiliser lors d'une prochaine activité de communication orale. |
| Transfert des acquis | En vue du transfert des acquis, l'enseignant :<br>• demande aux élèves d'établir une liste des stratégies utiles à la réalisation d'une activité de communication orale ;<br>• demande à chacun de dresser sa propre liste et de choisir les stratégies auxquelles il se propose de prêter une attention particulière lorsqu'il fera une nouvelle communication orale ;<br>• explique comment utiliser certaines des stratégies décrites par les élèves dans d'autres contextes disciplinaires, en particulier en communication orale en langue seconde ;<br>• annonce la date de la prochaine communication orale et invite les élèves à la préparer en utilisant les stratégies qui ont été décrites ;<br>• mentionne aux élèves qu'ils seront invités à autoévaluer leur utilisation de ces stratégies après leur prochaine communication orale ;<br>• signale aux élèves qu'il les invitera à s'exprimer sur l'utilisation desdites stratégies dans d'autres contextes disciplinaires. |
| Prise de conscience des acquis | Pour terminer l'activité, l'enseignant :<br>• demande aux élèves de mentionner les apprentissages que l'activité leur a permis de faire eu égard à leur compréhension du concept de stratégie d'apprentissage ;<br>• demande aux élèves de s'exprimer sur les apprentissages que l'activité leur a permis de faire eu égard à la prise de conscience de leurs propres stratégies et à la connaissance des stratégies utiles pour préparer et faire une communication orale ;<br>• fait ressortir les liens entre l'utilisation de stratégies et les compétences intellectuelles et méthodologiques ;<br>• demande aux élèves de s'exprimer sur le développement des compétences de type personnel et social, en se référant à l'efficacité du travail de leur équipe. |

## Références


Bazin, A., et R. Girerd (1997). «La métacognition, une aide à la réussite des élèves du primaire», dans P. Meirieu, dir., *La métacognition, une aide au travail des élèves,* Paris, ESF, p. 63-93.

Bouffard, T. (1998). «Système de soi et métacognition», dans L. Lafortune, P. Mongeau et R. Pallascio, dir., *Métacognition et compétences réflexives,* Montréal, Éditions Logiques, p. 203-222.

Doly, A. M. (1997). «Métacognition et médiation à l'école», dans P. Meirieu, dir., *La métacognition, une aide au travail des élèves,* Paris, ESF, p. 17-61.

Flavell, J. H. (1985). *Cognitive Development,* Englewood Cliffs, N. J., Prentice-Hall (2e édition).

Grangeat, M. (1997). «La métacognition, une clé pour des apprentissages scolaires réussis», dans P. Meirieu, dir., *La métacognition, une aide au travail des élèves,* Paris, ESF, p. 153-172.

Lafortune, L., et L. St-Pierre (1994). *La pensée et les émotions en mathématiques – métacognition et affectivité,* Montréal, Éditions Logiques.

Lancelot, C. (1999). «Métacognition, interaction entre les élèves, création collective d'outils: quelques passerelles vers la pédagogie de demain», *Vie pédagogique,* n° 110, p. 8-11.

Martin, D., et P. A. Doudin (1998). «Métacognition et formation des enseignants», dans L. Lafortune, P. Mongeau et R. Pallascio, dir., *Métacognition et compétences réflexives,* Montréal, Éditions Logiques, p. 23-46.

Minier, P. (1998). «La métacognition selon une approche constructiviste sociale de l'apprentissage», dans L. Lafortune, P. Mongeau et R. Pallascio, dir., *Métacognition et compétences réflexives,* Montréal, Éditions Logiques, p. 261-280.

Pinard, A. (1991). «Recherches sur le développement cognitif et métacognitif: variations sur un vieux thème», *Tirés à part,* n° 11, p. 16-24.

Portelance, L. (2000). «Soutenir le développement des compétences métacognitives», *La revue de l'AQEFLS,* n° 22, p. 22-32.

Portelance, L. (2002). «Intégrer la métacognition dans l'ensemble de ses interventions pédagogiques», *Vie pédagogique,* n° 122, p. 20-23.

Romainville, M. (2000). «Savoir comment apprendre suffit-il à mieux apprendre? Métacognition et amélioration des performances», dans R. Pallascio et L. Lafortune, dir., *Pour une pensée réflexive en éducation,* Sainte-Foy, Presses de l'Université du Québec, p. 71-86.

Viau, R. (1994). *La motivation en contexte scolaire.* Saint-Laurent (Québec), ERPI.

Yanni-Plantevin, E. (1997). «Métacognition et rapport au savoir», dans P. Meirieu, dir., *La métacognition, une aide au travail des élèves,* Paris, ESF, p. 131-152.

# CHAPITRE 4
# INTERDISCIPLINARITÉ, TRANSDISCIPLINARITÉ ET ENSEIGNEMENT STRATÉGIQUE

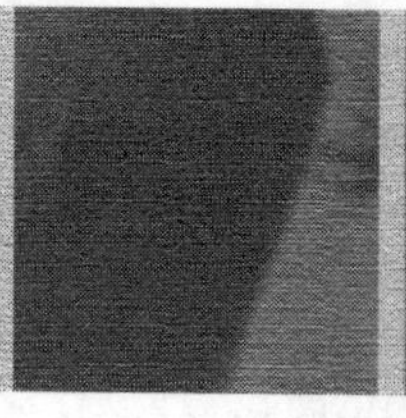
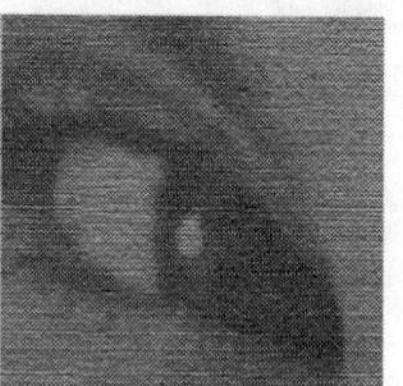

*Nancy Brouillette*

En tout premier lieu, nous présentons dans ce chapitre une définition des concepts d'interdisciplinarité et de transdisciplinarité ; le lecteur pourra ainsi mieux comprendre ce qu'ils signifient sur le plan de l'enseignement. Une liste de références est fournie (voir page 84) pour les personnes qui désireraient approfondir les éléments traités ici. Ces éléments sont d'ailleurs présentés dans la figure **4.1**, à la page 62. Puis, l'application de l'enseignement interdisciplinaire est illustrée par un cas concret, celui de Rose-Marie. Une réflexion sur les conséquences de ce type de pratique est ensuite proposée.

Le développement des apprentissages interdisciplinaires comporte plusieurs aspects, comme le travail en équipe et l'élaboration d'une méthode de travail qui comprend les phases d'analyse, de planification, d'implantation et d'évaluation liées à la situation d'apprentissage, en plus de l'aménagement de l'environnement pédagogique, lequel permet la réalisation de l'activité. Des pistes sont donc suggérées à l'enseignant qui désire s'engager dans l'élaboration de situations d'apprentissage interdisciplinaires, et un exemple de planification d'une activité est incluse dans le chapitre. Vient ensuite un rappel des principaux éléments de la situation d'apprentissage, ce qui permet l'établissement de liens entre cette situation et les concepts sous-jacents à l'interdisciplinarité, à la transdisciplinarité et à l'enseignement stratégique. Enfin, une révision des éléments importants clôt le chapitre.

## Quelques points de repère pour bien se comprendre

Prise dans son sens large, l'*interdisciplinarité* réfère « à toute pratique éducative faisant appel à plus d'une perspective disciplinaire » (Klein, 1998, p. 52). Plusieurs autres concepts, tels que la transdisciplinarité, la pluridisciplinarité[1] et la multidisciplinarité, font partie de cette grande famille. Toutefois, lorsqu'on parle d'interdisciplinarité dans un sens strict, il est question d'une démarche visant à intégrer différents points de vue dans la perception d'une situation ou d'une problématique dans le but d'en élaborer une représentation globale. La *transdisciplinarité,* quant à elle, est la réutilisation dans une seconde discipline d'apprentissages effectués dans une première discipline (Maingain, Dufour et Fourez, 2002). En ce sens, elle est fortement liée au transfert des apprentissages.

L'interdisciplinarité, dans son sens large, est un concept qui est apparu il n'y a pas si longtemps, en réaction au cloisonnement et à la parcellisation des disciplines

1. Selon Maingain, Dufour et Fourez (2002), la multidisciplinarité et la pluridisciplinarité consisteraient en une simple juxtaposition d'apports disciplinaires, n'impliquant pas de véritables interactions entres des disciplines. Une démarche multidisciplinaire serait mise en branle sans que les partenaires aient précisé des objectifs communs au préalable, tandis qu'une démarche pluridisciplinaire supposerait l'établissement par les partenaires d'objectifs communs.

(Lenoir, 1995; Lenoir et Sauvé, 1998; Maingain, Dufour et Fourez, 2002). En effet, compte tenu de la spécialisation de plus en plus grande des diverses disciplines qui, toutes, jettent une lumière particulière sur le monde qui nous entoure, il devient de plus en plus difficile pour le citoyen de se faire une représentation globale de son milieu. Prises isolément, les disciplines apportent des réponses insatisfaisantes aux questions qu'on se pose actuellement dans la société. Or, la complexité des problèmes que nous affrontons rend nécessaire l'établissement de relations entre les disciplines (Maingain, Dufour et Fourez, 2002; Wood, 2001). Les préoccupations liées à l'interdisciplinarité se trouvent dans différents secteurs de l'activité humaine, scientifique, pratique, professionnelle et scolaire (Lenoir, 1995). C'est évidemment à ce dernier secteur d'activité que nous nous intéresserons ici.

Dans les milieux scolaires, le découpage de l'horaire en temps disciplinaires présente aux apprenants des savoirs qui leur paraissent segmentés. Voici ce que disent Cassie et Haché (1998, p. 75) à ce propos: « Étant donné le bagage peu signifiant et souvent artificiel des connaissances imposées par les disciplines scolaires, la rareté de collaboration entre professeurs de différentes disciplines dans la planification du travail d'équipe, la carence de liens conceptuels entre les matières, [...] et des redondances dans et entre les matières scolaires [...], il devient nécessaire de s'interroger sur le degré d'interaction, d'intégration et de compréhension que les écoles primaires et secondaires adoptent au regard du curriculum qu'elles enseignent. »

En réponse à de tels constats, l'approche interdisciplinaire tente de tisser des liens entre les savoirs disciplinaires pour résoudre des problèmes complexes issus de la réalité d'aujourd'hui (Cassie et Haché, 1998; Lenoir et Sauvé, 1998). Toutefois, dans la pratique enseignante, il semble que ce soit souvent la logique disciplinaire qui prédomine encore. Il faut dire que le passage de la logique disciplinaire à la logique interdisciplinaire ne semble pas être chose facile. Il requiert un changement de paradigme, ce qui suppose, entre autres, une nouvelle manière d'organiser les tâches proposées aux élèves, un fonctionnement institutionnel adapté à cette logique et une façon d'entrevoir les disciplines comme des éléments interreliés. L'interdisciplinarité nous force à revoir les structures des curricula enseignés dans les établissements scolaires et remet en question nos façons de faire en ce qui a trait à nos approches pédagogiques et à nos modèles didactiques (Lenoir, 1995). Nombre d'auteurs rapportent néanmoins des initiatives allant dans ce sens dans nos écoles québécoises et dans des établissements scolaires d'autres pays (Cassie et Haché, 1998; Delisle et Bégin, 1992; Klein, 1998; Lebrun et Roussel, 2002). Les efforts consentis pour passer à une logique interdisciplinaire semblent pourtant en valoir la peine, car « à tous les ordres du système éducatif, les approches interdisciplinaires se révèlent des moyens flexibles pour faire face aux problèmes et aux thèmes abordés et pour favoriser la pensée intégratrice et la résolution de problèmes dans un monde de plus en plus diversifié et complexe » (Klein, 1998, p. 61).

Il faut toutefois souligner que les tenants de l'interdisciplinarité ne cherchent pas à occulter la pertinence des savoirs disciplinaires. Au contraire, ces savoirs sont essentiels au bon fonctionnement d'une approche interdisciplinaire (Fourez, 2001; Klein, 1998; Hasni et Lenoir, 2001; Maingain, Dufour et Fourez, 2002). En effet, comment percevoir des liens entre les disciplines si l'on ne connaît pas bien les attributs propres à chacune?

**Figure 4.1 Réseau des principales notions abordées dans ce chapitre**

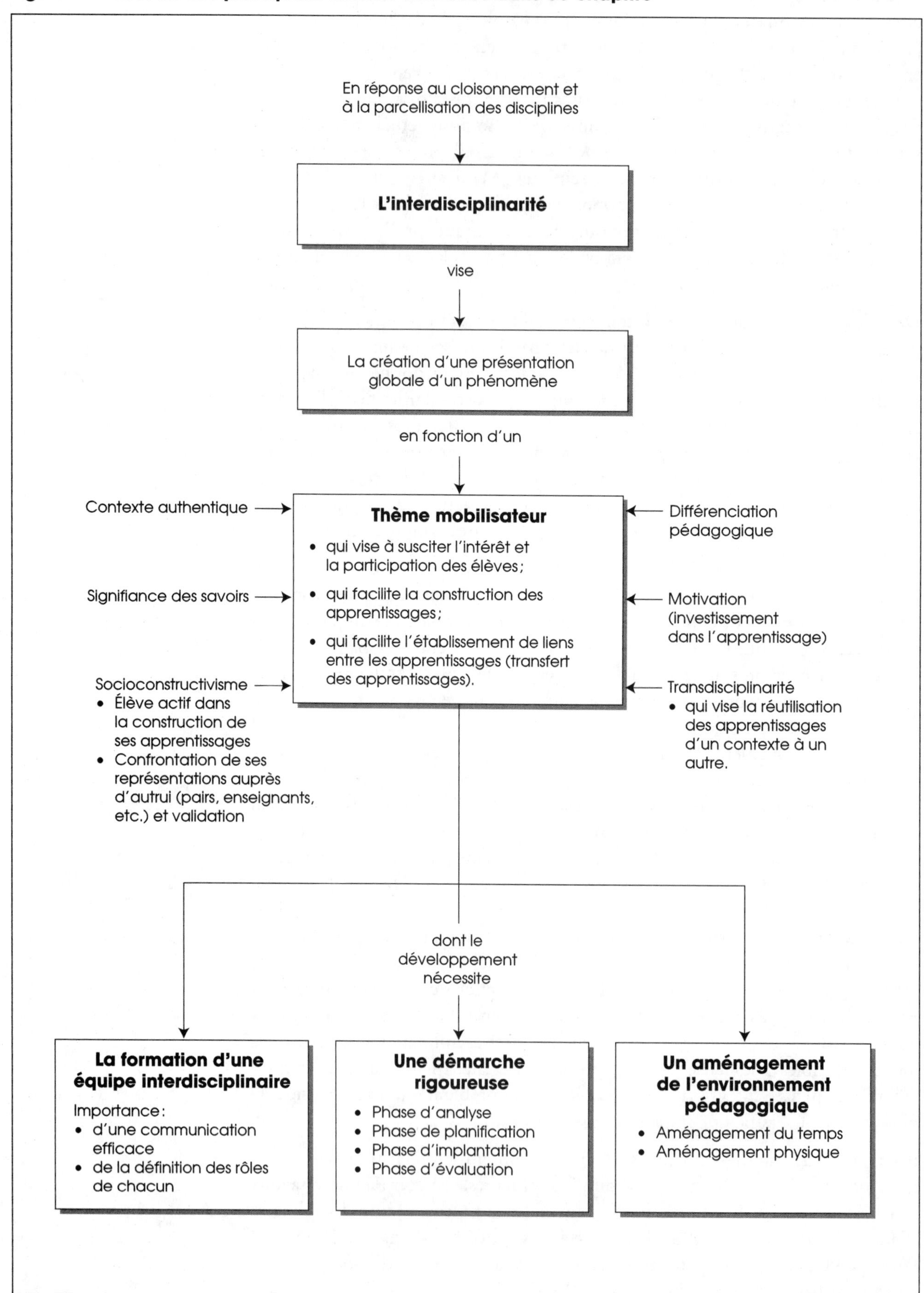

## Le cas de Rose-Marie et de ses collègues[2]

Un élève de la classe de Rose-Marie lui dit qu'il a lu un article qui l'a laissé perplexe. Cet article[3] mentionne que des recherches démontrent que le réchauffement climatique se produit réellement, ce qui amènera des conséquences catastrophiques pour notre planète au cours du siècle à venir. Voyant que cette problématique peut être une bonne source d'échanges, d'autant plus que le texte descriptif est présentement à l'étude, Rose-Marie décide d'exploiter ce texte en classe. Elle demande donc aux élèves de prendre connaissance du contenu de l'article. Ils analysent sa structure pour mieux en comprendre le sens, puis discutent de son propos. Rose-Marie note au tableau les mots clés des échanges entre les élèves, auxquels elle participe de temps à autre pour relancer certaines réflexions. À la fin de la période, les élèves, soutenus par leur enseignante, formulent quelques questions qui les préoccupent plus particulièrement : Quelles sont les causes du réchauffement climatique ? Dans quelle mesure nos habitudes de vie contemporaines influencent-elles ce phénomène ? Quelles conséquences le réchauffement de la planète et la pollution de l'air en général peuvent-ils avoir sur les êtres vivants et l'environnement ? Quelles mesures peut-on prendre, concrètement, pour contribuer à améliorer la situation ?

La curiosité des élèves semble éveillée par cette problématique, et plusieurs mentionnent qu'ils aimeraient poser des gestes concrets afin d'améliorer la situation. Certains se demandent si leur contribution peut réellement aider... D'autres élèves soutiennent qu'il faut faire quelque chose. Rose-Marie souligne aux élèves qu'effectivement leur questionnement est complexe, mais que cela le rend d'autant plus intéressant. Elle leur dit qu'il serait judicieux qu'ils traitent de ces questions à la lumière de plusieurs disciplines. « Si vous êtes d'accord, je vais en parler à vos autres enseignants et nous pourrions aborder ces questions dans plusieurs cours. » Ce projet semble enthousiasmer les élèves.

Rose-Marie parle alors à ses collègues de l'idée d'exploiter l'approche interdisciplinaire avec leurs élèves. Certains expriment des réticences à l'égard de cette idée, tandis que d'autres sont très intéressés. Finalement, plusieurs enseignants décident de participer à cette aventure. Avant de s'engager dans cette situation d'apprentissage interdisciplinaire, les enseignants se rencontrent à quelques reprises. D'abord, ils discutent de ce que signifie pour eux une approche interdisciplinaire et de la nature de leur participation dans le cadre de cette démarche. Ils lisent, individuellement, certains textes traitant de l'interdisciplinarité (définition, mise sur pied, etc.) puis en discutent en groupe. Une conseillère pédagogique assiste à plusieurs rencontres ; les enseignants l'ont invitée à les accompagner dans leur démarche.

Par la suite, les enseignants tentent de voir l'éclairage que leur discipline peut jeter sur les questions que se sont posées les élèves. Les compétences et les contenus disciplinaires ciblés ont d'ailleurs été soigneusement choisis et sont liés, par leur nature, à une meilleure compréhension du réchauffement planétaire. L'équipe interdisciplinaire passe aussi beaucoup de temps à préparer les trois

2. La planification de cette situation d'apprentissage est décrite dans la dernière section de ce chapitre.

3. Deléglise, A. (2003). *L'urgence d'agir*, tiré de www.cybersciences.com.

tâches qui seront présentées aux élèves. Celles-ci ont été élaborées en relation avec les questionnements des élèves, mais aussi dans le souci de permettre aux apprenants de se faire une représentation globale des éléments en jeu dans la problématique étudiée (grâce aux diverses lunettes disciplinaires utilisées). En outre, les enseignants souhaitent que les élèves aient des actions concrètes à faire (recherche d'informations, synthèse de données, débat, collaboration en sous-groupes, etc.) dans la réalisation des tâches. De plus, ils désirent que leurs élèves fassent preuve de créativité dans les solutions apportées ; ils sont donc conscients qu'une certaine latitude devra être laissée aux apprenants dans la menée de leurs travaux. L'équipe souhaite aussi que les élèves intègrent véritablement des savoirs disciplinaires (et non qu'ils les apprennent par cœur uniquement pour passer un examen) afin de pouvoir les réutiliser dans d'autres contextes. Ils planifient donc des interventions qui favorisent le transfert des apprentissages. Qui plus est, ils discutent de l'évaluation formative et sommative qui sera faite tout le long du projet. Les élèves auront à réaliser, entre autres, un portfolio dans lequel seront insérées des grilles d'autoévaluation, des grilles d'évaluation par les pairs et par les enseignants ainsi que des listes de vérification. Les enseignants évalueront conjointement les compétences transversales ciblées ; toutefois, chacun d'eux sera responsable d'évaluer les compétences disciplinaires du curriculum qu'il enseigne.

Durant le développement de la démarche interdisciplinaire, les enseignants poursuivent leurs rencontres. Dans leurs moments libres, ils passent dans la classe d'un collègue membre de l'équipe interdisciplinaire pour voir comment les activités se déroulent dans son cours.

Quelques enseignants ont même la chance de vivre une expérience de coenseignement durant certaines périodes où les questions étudiées se prêtent particulièrement bien à ce genre d'activité. Les membres de l'équipe communiquent aussi fréquemment entre eux, de façon informelle, pour discuter de la mise sur pied des tâches et, aussi, de l'évaluation authentique menée au cours de la situation d'apprentissage.

À la fin de la démarche, les enseignants font le point sur les apprentissages réalisés par les élèves. Ceux-ci sont aussi invités à évaluer la qualité de leurs apprentissages. De plus, les enseignants prennent le temps de dresser le bilan de leur démarche par rapport au développement de la situation d'apprentissage et à l'atteinte des objectifs ciblés au départ. Ils discutent de ce qui a semblé bien fonctionner et de ce qui reste à améliorer. Les leçons tirées de cette expérience seront réinvesties dans la prochaine situation d'apprentissage interdisciplinaire.

## À propos du cas de Rose-Marie et de ses collègues

### *Pour quelles raisons des enseignants pourraient-ils avoir des réticences à s'engager dans un projet d'enseignement interdisciplinaire ?*

Alors que la pédagogie interdisciplinaire devrait être vue comme un moyen de consolider les apprentissages disciplinaires dans un contexte authentique, certains enseignants craignent de manquer de temps pour couvrir leur contenu disciplinaire. Notons qu'il peut être difficile de sortir de la logique disciplinaire, qui prévaut depuis fort longtemps, notamment au secondaire. Souvent, aussi, les enseignants croient qu'il sera difficile de trouver du temps pour tenir les rencontres entre les membres de l'équipe interdisciplinaire. De plus, puisque la pédagogie interdisciplinaire suppose un véritable travail en collégialité, il peut être déstabilisant pour certains enseignants de ne plus être les seuls maîtres à bord dans leur classe. Enfin, il est possible que des enseignants ne sachent pas véritablement par où commencer pour développer des situations d'apprentissage interdisciplinaire.

### *Que dire au sujet de la dynamique qui s'est installée dans cette équipe d'enseignants ?*

La communication et la collaboration sont des éléments essentiels au succès d'un enseignement interdisciplinaire. L'interdisciplinarité n'est pas une simple juxtaposition d'éléments issus de différentes disciplines, elle est le résultat d'une véritable symbiose de ces disciplines. Ainsi, chaque enseignant a un rôle à jouer et apporte sa vision disciplinaire du phénomène étudié.

### *Quelle est la place des contenus disciplinaires dans une telle démarche ?*

Contrairement à ce que certains pourraient penser, la pédagogie interdisciplinaire ne néglige pas les savoirs disciplinaires, au contraire. Dans une telle approche, les savoirs disciplinaires ont une grande valeur, et l'élève doit les maîtriser pour être en mesure de tisser des liens entre eux afin d'avoir une meilleure vue d'ensemble d'une problématique ou d'une question.

### *Quel est l'intérêt d'étudier une situation problème dans le cadre d'une démarche interdisciplinaire ?*

Comme nous venons de le souligner, un enseignement interdisciplinaire permet de jeter un regard plus global sur le phénomène étudié en tissant des liens de complémentarité entre les disciplines. Qui plus est, ce type de pédagogie offre une très grande signifiance aux savoirs disciplinaires en les insérant dans un contexte authentique.

### *Qu'est-ce qui est susceptible de favoriser l'investissement des élèves dans la résolution du problème de cette situation d'apprentissage ?*

Tout d'abord, la situation d'apprentissage est fondée sur un questionnement qui provient des élèves. La problématique soulevée est signifiante pour eux, car il s'agit d'une situation qui les préoccupe. C'est d'ailleurs une situation authentique, car elle est traitée globalement, c'est-à-dire de la façon dont est traité un problème ou un questionnement dans le quotidien. De plus, les tâches proposées aux élèves les mettent dans un contexte où ils sont actifs dans la construction de leurs apprentissages. Pour les aider dans cette voie, on leur offre la possibilité de confronter leurs représentations à celles des autres élèves et de leurs enseignants et, ainsi, de les valider, ce qui peut aussi contribuer à un investissement véritable de leur part.

# Un éclairage théorique pour aider au développement d'un apprentissage interdisciplinaire

Maingain, Dufour et Fourez (2002) mentionnent que, malgré un bilan souvent positif à la suite de la mise en œuvre d'une situation interdisciplinaire, certains enseignants ne souhaitent pas répéter l'exercice, du moins à court terme. Les enseignants désireux de bâtir des scénarios interdisciplinaires doivent donc, dès le départ, tenir compte d'un certain nombre d'éléments qui détermineront le succès des situations d'apprentissage développées, mais aussi du plaisir et de la satisfaction qu'ils tireront de leur expérience.

## L'équipe enseignante

Bien qu'un enseignant puisse, individuellement, orchestrer une pédagogie interdisciplinaire, une telle pédagogie ne peut qu'être enrichie par la participation de plusieurs personnes-ressources formant une équipe interdisciplinaire (Hasni et Lenoir, 2001). Pourtant, selon Rege Colet (2002), le principal obstacle à l'enseignement interdisciplinaire serait souvent lié au travail en équipe. Il est vrai que, dans les faits, à cause de la surcharge de travail, il est parfois difficile aux membres d'une équipe interdisciplinaire de trouver du temps pour se rencontrer. Néanmoins, il semble que les équipes qui ont acquis une certaine expérience réussissent à développer des stratégies qui leur permettent de régler ce problème (Maingain, Dufour et Fourez, 2002). Il convient, entre autres, d'aménager des structures facilitantes afin de favoriser les échanges entres les membres de l'équipe, car une démarche interdisciplinaire exige partenariat et négociation (Maingain, Dufour et Fourez, 2002). Des rencontres plus fréquentes peuvent être prévues, au départ, pour planifier et mettre en marche l'enseignement interdisciplinaire, puis d'autres moments d'échange peuvent être fixés par la suite pour faciliter le suivi. Toutefois, il y aurait plus qu'un manque de temps derrière les difficultés rattachées au travail de collaboration. En effet, il peut s'avérer difficile pour un enseignant de passer de la position de seul leader pédagogique dans sa classe à celle de membre d'une équipe interdisciplinaire au sein de laquelle il doit apporter son expertise tout en tenant compte des représentations des autres (Rege Colet, 2002). De plus, la mise en place d'une pédagogie interdisciplinaire « oblige aussi chaque membre à quitter le territoire familier des disciplines académiques et à prendre le risque de s'aventurer dans des visions d'ensemble que ces disciplines ne fournissent pas et dans l'établissement de connexions auxquelles il n'est pas habitué » (Hasni et Lenoir, 2001, p. 197).

Évidemment, les enseignants des disciplines concernées devraient faire partie de cette équipe, mais d'autres membres du personnel des écoles, tels les conseillers en innovation pédagogique, les conseillers en orientation, les animateurs à la vie spirituelle et à l'engagement communautaire, les psychoéducateurs, les techniciens en éducation spécialisée, les intervenants en toxicomanie, pour ne nommer qu'eux, peuvent aussi s'y greffer. Afin de bonifier l'efficacité de l'équipe interdisciplinaire et faire en sorte que chaque membre y trouve sa juste place, Rege Colet (2002), s'inspirant de Davis (1995), propose certains repères utiles :

- bâtir l'équipe en fonction des besoins de la situation d'apprentissage interdisciplinaire et du thème choisi ;
- déterminer le rôle de chaque membre et faire en sorte que les membres prennent en charge certaines portions du travail en fonction de leurs compétences disciplinaires et pédagogiques ;
- choisir un *coordonnateur de projet* qui veillera à ce que les lignes directrices définies par l'équipe soient respectées ;
- favoriser un enseignement collectif (coanimation) lorsque c'est possible ;
- élaborer et exploiter conjointement un dispositif d'évaluation.

## Une démarche rigoureuse

Selon Maingain, Dufour et Fourez (2002), une autre raison majeure explique que les enseignants ne s'engagent pas dans une expérience interdisciplinaire : l'absence de méthodes bien établies. Ces auteurs insistent sur l'importance de se doter d'une méthodologie rigoureuse afin d'éviter que la démarche interdisciplinaire mise en place soit superficielle. Il faut aussi savoir, comme le soulignent Cassie et Haché (1998), qu'une pédagogie interdisciplinaire peut commencer par l'établissement de liens entre deux ou trois disciplines avant d'atteindre un haut degré de complexité.

Rege Colet (2002), s'inspirant de deux autres auteurs[4], décrit ce qu'elle nomme *la planification pédagogique interdisciplinaire* en quatre phases, soit l'analyse, la planification, l'implantation et l'évaluation. Malgré l'apparence de linéarité, la préparation d'un tel scénario constitue une démarche systémique permettant les retours en arrière.

## La phase d'analyse

La phase d'analyse est le moment où l'équipe interdisciplinaire considère les éléments susceptibles d'influencer la situation d'apprentissage. Avant toute chose, il importe que les membres de l'équipe se demandent pourquoi ils désirent développer une situation d'apprentissage interdisciplinaire. Il peut être alors pertinent de s'interroger sur les motifs, pédagogiques ou autres, qui incitent les membres de l'équipe à s'engager dans une telle démarche (Maingain, Dufour et Fourez, 2002).

- La démarche est-elle suscitée par une occasion fournie par le contexte scolaire ou par un contexte extérieur à l'école ?
- Répond-elle à des préoccupations communes ?
- Dépend-elle du profil des élèves de la classe, de demandes provenant des élèves, etc. ?

Ensuite, il est nécessaire de déterminer les contextes et les objectifs de la situation d'apprentissage qui sera proposée aux élèves (Maingain, Dufour et Fourez, 2002).

4. J. Houssaye (1993). « Le triangle pédagogique, ou comment comprendre la situation pédagogique », dans J. Houssaye, dir., *La pédagogie : une encyclopédie pour aujourd'hui*, Paris, ESF ; R. Prégent (1990). *La préparation d'un cours*, Montréal, Éditions de l'École de Polytechnique de Montréal.

- Quels sont les compétences disciplinaires et transversales ainsi que les savoirs que l'on désire que les apprenants mobilisent, développent et intègrent ?
- Quel est le contexte qui servira de trame à l'apprentissage interdisciplinaire ?

L'équipe doit donc s'interroger sur les finalités poursuivies, et aussi sur les contraintes qu'elle est susceptible de subir, sur le temps qui lui est alloué et sur les ressources dont elle dispose, tout en ciblant les besoins des élèves et en tenant compte de leurs caractéristiques (Maingain, Dufour et Fourez, 2002 ; Rege Colet, 2002).

Plusieurs auteurs (Klein, 1998 ; Maingain, Dufour et Fourez, 2002 ; Rege Colet, 2002 ; Wood, 2001) traitent justement de l'importance de dégager un fil conducteur qui relie les disciplines dans le cadre de la situation d'apprentissage interdisciplinaire. Le thème mobilisateur joue ce rôle. Ce thème offre, de façon naturelle, la possibilité d'étudier des relations entre les disciplines (Wood, 2001). De plus, comme il peut mener à une foule de questionnements, c'est par le choix de la situation (rattachée à ce thème) qu'on décide des contenus abordés et des compétences visées. Le choix de ce thème est d'une grande importance, car il a comme rôle de susciter l'intérêt ainsi que la participation des élèves. Il tend aussi à faciliter l'établissement de liens entre les disciplines, donc, par le fait même, la construction de savoirs intégrés.

Bien qu'il semble que le choix du thème revienne souvent aux enseignants (Maingain, Dufour et Fourez, 2002 ; Rege Colet, 2002), l'équipe d'enseignants doit prendre garde de ne pas le délimiter trop précisément, car il se pourrait alors que la situation proposée perde de son sens pour les apprenants. Cassie et Haché (1998) soulignent d'ailleurs qu'il est primordial que les apprenants perçoivent une signifiance dans les apprentissages qu'ils peuvent construire à l'école afin d'être en mesure de créer véritablement des liens entre ces apprentissages. Si le thème est sélectionné par l'équipe, il doit absolument être adapté aux intérêts, aux besoins et aux caractéristiques des apprenants ; l'équipe doit aussi prendre en considération les connaissances et les compétences antérieures des élèves. Il est donc nécessaire de tenir compte de la diversité des apprenants dans le développement d'une situation d'apprentissage interdisciplinaire. À ce sujet, le lecteur pourra se référer au chapitre 10, qui porte sur la différenciation pédagogique. Soulignons tout de même que, dans le cadre d'une pédagogie interdisciplinaire, le fait de varier les dispositifs d'enseignement favorise la prise en compte des différentes caractéristiques des élèves. Cette gestion de la diversité serait mieux assurée par une équipe d'enseignants que par une seule personne (Maingain, Dufour et Fourez, 2002).

## La phase de planification

La phase de planification consiste en la construction et en la préparation de la situation d'apprentissage. Il est judicieux de proposer aux apprenants plusieurs tâches variées tout le long de la situation d'apprentissage interdisciplinaire. Ces tâches devraient, entre autres, favoriser l'établissement de liens entre les disciplines. De plus, elles devraient mettre les apprenants en situation d'exploiter des ressources. Ces ressources peuvent se trouver à l'intérieur de la classe ou de l'école, ou être offertes par la communauté (Martinello et Cook, 1994).

Selon Rege Colet (2002, p. 102), « la planification d'un enseignement interdisciplinaire requiert de choisir des méthodes qui permettent d'atteindre les objectifs retenus et surtout celles qui favorisent la construction des savoirs intégrés ». Pour ce faire, cette auteure propose de limiter la pédagogie de type magistral (ce qui ne signifie toutefois pas de l'éliminer) pour faire plus de place à des modalités de travail individuel et collectif. Le travail individuel permet à l'apprenant de construire sa propre représentation de la problématique étudiée et d'intégrer les compétences et les savoirs qu'il a construits. Quant au travail collectif, il permet à l'apprenant de coconstruire ses apprentissages en les confrontant, grâce à des échanges, à ceux de ses pairs et des enseignants.

L'*apprentissage par problème* (Rege Collet, 2002), ou *par situation problématique* (Maingain, Dufour et Fourez, 2002), est une méthode d'apprentissage privilégiée en enseignement interdisciplinaire. Maingain, Dufour et Fourez (2002) suggèrent d'ailleurs de traiter le thème dans le cadre d'une situation problématique pour éviter de l'aborder de façon générale, comme on pourrait le faire dans une démarche pluridisciplinaire ou multidisciplinaire. Devant une situation problématique, les élèves mobilisent des savoirs et des compétences dans un contexte signifiant qui leur pose véritablement problème, ce qui suscite leur engagement (Barbeau, Montini et Roy, 1997). Néanmoins, Rege Colet (2002) spécifie que la démarche d'apprentissage par problème peut prendre diverses formes. Plusieurs autres points d'ancrage à la situation interdisciplinaire sont possibles : situations de vie (par exemple, la problématique du choix de carrière), recherche, projet, débat, étude de cas, préparation d'un voyage, etc. (Maingain, Dufour et Fourez, 2002 ; Rege Colet, 2002). De plus, grâce à l'apport des différentes disciplines mises à contribution, ces méthodes facilitent l'intégration de savoirs issus de diverses disciplines dans la solution proposée pour régler la situation problématique.

Il est pertinent de conclure la situation d'apprentissage interdisciplinaire par une *activité culminante signifiante* (Martinello et Cook, 1994). Il peut s'agir d'une présentation à un auditoire choisi, d'un rapport synthèse, d'une exposition, etc. Cette tâche permet à l'apprenant de faire le point sur ses apprentissages et sur la démarche qu'il a exploitée, et de partager ses découvertes avec ses pairs et le public visé. Évidemment, il faut prévoir des modalités en vue d'évaluer cette activité, et aussi afin de fournir une rétroaction aux élèves tout le long de la situation d'apprentissage.

Peu importe les choix faits par l'équipe interdisciplinaire, il faut que les savoirs et les compétences construites par les élèves soient suffisamment intégrés pour qu'ils puissent être transférés dans d'autres contextes. Le *transfert* est défini par Presseau (2002, p. 53) comme « un processus par lequel des connaissances construites dans un contexte particulier (tâche source) sont réutilisées dans un contexte différent (tâche cible) après avoir été mobilisées, combinées différemment puis adaptées ».

Toutefois, bien que le transfert soit perçu comme une finalité dans tout enseignement (Haskell, 2001 ; Laliberté, 1995 ; Maingain, Dufour et Fourez, 2002), celui-ci est peu observé dans les faits. Pourtant, ne pas être en mesure d'effectuer des transferts se traduit par l'obligation de réapprendre sans cesse ce qui a déjà été vu, ce qui n'est guère économique sur le plan cognitif. Le cloisonnement des disciplines, dont il a été question précédemment, nuit au transfert des apprentissages.

Tardif (1999) mentionne à ce propos que les divisions disciplinaires induisent un morcellement des apprentissages. De plus, bien souvent, les enseignants introduisent une séquentialité à l'intérieur même des disciplines qu'ils enseignent. Il y aurait donc *empilement* des apprentissages plutôt que *création de liens* entre ces apprentissages, ce qui rendrait leur transfert plus difficile, selon cet auteur. Ainsi, bien que certaines causes de la rareté des transferts observés soient liées aux apprenants, il semblerait que les interventions des enseignants soient déterminantes. À ce sujet, un des facteurs les plus décisifs pour expliquer la rareté des transferts observés serait, selon Marini et Genereux (1995), un enseignement non approprié. Tardif (1999) poursuit dans cette voie en ajoutant que, bien souvent, les enseignants ne font pas d'interventions spécifiques en faveur du transfert par manque de connaissances. Certains auteurs (Barth, 1993 ; Haskell, 2001 ; Tardif, 1999 ; Tardif et autres, 1995) rapportent qu'une croyance erronée répandue chez les enseignants serait que n'importe quel apprentissage peut être automatiquement transféré dans un nouveau contexte, sans que l'enseignant ait à guider les apprenants. Qui plus est, le fait que certains enseignants soient plus préoccupés par la couverture de l'ensemble de leur contenu disciplinaire que par la présentation d'activités qui permettraient à leurs élèves de réaliser de véritables apprentissages sur lesquels pourrait s'appuyer le transfert constitue une autre entrave au transfert (Barth, 1993 ; Tardif, 1999).

Comme le transfert doit être vu comme un phénomène qui se produit tout le long d'une séquence d'enseignement, et pas seulement à la fin, il convient de planifier les situations d'apprentissage en tenant compte, dès le départ, des interventions visant à favoriser le transfert des apprentissages. Le soutien au transfert serait organisé en fonction de trois grands temps (Tardif et Meirieu, 1996 ; Tardif et Presseau, 1998). D'abord, les apprentissages initiaux se font dans un contexte authentique et complexe ; il est alors question de la contextualisation. Ce moment permet d'attribuer un sens aux apprentissages faits, mais, paradoxalement, cet ancrage peut rendre plus ardu le transfert (Tardif et Meirieu, 1996). Il est donc primordial d'accorder de l'importance, par la suite, à la décontextualisation et à la recontextualisation des apprentissages. La décontextualisation se produit lorsqu'il y a abstraction des caractéristiques qui sont transférables vers un autre contexte. À ce moment, l'apprentissage est détaché de son contexte particulier d'acquisition. Quant à la recontextualisation, elle a lieu lors de la réutilisation des apprentissages dans un contexte inédit. Pour que l'apprenant effectue un transfert, l'enseignant devra l'aider à percevoir les similitudes et les différences entre les tâches proposées, tout en le rendant sensible au fait que les apprentissages doivent être adaptés d'un contexte à l'autre. Notons que l'ordre dans lequel la décontextualisation et la recontextualisation sont présentées peut être interverti (Tardif, 1999). D'ailleurs, Tardif et Meirieu (1996) voient ces deux derniers moments beaucoup plus de façon simultanée que de façon séquentielle.

Les tâches planifiées, particulièrement celles qui offrent des situations signifiantes et authentiques, ainsi que celles qui favorisent l'apprentissage en profondeur plutôt qu'en quantité sont susceptibles d'influencer positivement les possibilités de transferts (Barbeau, Montini et Roy, 1997 ; Haskell, 2001 ; Tardif, 1999). Ainsi, les enseignants ont avantage à planifier conjointement la situation d'apprentissage interdisciplinaire afin d'établir des ponts entre les disciplines et de transformer les redondances parallèles en liens solides (Cassie et Haché, 1998).

## La phase d'implantation

La phase d'implantation correspond au déroulement de la situation d'apprentissage. Cette situation d'apprentissage est divisée en diverses tâches qui peuvent être réalisées dans un cours particulier, en fonction des compétences et savoirs ciblés, ou lors de périodes décloisonnées, notamment si la tâche nécessite l'apport de plusieurs disciplines. Les interventions disciplinaires devront alors être menées en lien avec la problématique choisie et devront souligner, dans ce contexte, les liens possibles avec les autres disciplines (Maingain, Dufour et Fourez, 2002). Un exemple de situation d'apprentissage est décrit à la fin de ce chapitre (tableaux **4.1** à **4.4**, p. 75-78).

Soulignons dès maintenant qu'il est vital de vérifier les connaissances initiales des élèves et d'en tenir compte, car elles peuvent être autant le point de départ que le point de blocage de l'apprentissage. L'émergence des représentations initiales permet aux enseignants de pouvoir mieux situer où en sont les élèves par rapport au thème traité, mais aussi relativement aux compétences et aux savoirs ciblés. De plus, cette opération permet de plonger l'apprenant dans un conflit cognitif, en le plaçant dans une situation où il a un problème à résoudre, et aussi dans un conflit sociocognitif, puisqu'il doit confronter ses représentations à celles de ses pairs ou de ses enseignants (Maingain, Dufour et Fourez, 2002). Il est intéressant de demander aux apprenants de garder des traces de leurs connaissances initiales afin de pouvoir mesurer le chemin qu'ils auront parcouru à la fin de la situation d'apprentissage.

Comme nous le mentionnions précédemment, il est aussi primordial, après avoir contextualisé les apprentissages, que les apprenants les décontextualisent et les recontextualisent afin de les intégrer véritablement et d'être en mesure de les transférer dans d'autres contextes.

Enfin, il faut souligner que les formules pédagogiques qui mettent l'accent sur un processus de recherche en collaboration modifient les traditionnelles relations entre les élèves et les enseignants, ce qui peut être très stimulant pour les enseignants, mais aussi devenir une source d'anxiété (Klein, 1998). Dans cette perspective, le travail en collégialité de l'ensemble des membres de l'équipe interdisciplinaire peut être un élément rassurant.

## La phase d'évaluation

Enfin, la phase d'évaluation concerne l'évaluation des apprentissages des élèves, et aussi celle du déroulement de la situation d'apprentissage elle-même et de l'atteinte des objectifs ciblés au départ. Elle constitue une démarche très riche, car « [...] par les défis qu'elle pose, l'interdisciplinarité offre aux enseignants l'occasion d'une réflexion collégiale sur leurs pratiques évaluatives. D'autre part, en rendant les élèves acteurs de leurs apprentissages et de leur évaluation, elle leur demande de pratiquer la métacognition et la régulation de leurs actions » (Maingain, Dufour et Fourez, 2002, p. 149).

D'abord, précisons que l'enseignement interdisciplinaire amène une *évaluation authentique* qui s'effectue tout le long de la situation d'apprentissage (Maingain, Dufour et Fourez, 2002 ; Martinello et Cook, 1994 ; Rege Colet, 2002). Par la procédure suivie, on devrait chercher à évaluer l'évolution et l'intégration des apprentissages ainsi que leur transférabilité dans de nouveaux contextes (Rege Colet, 2002). Soulignons que les apprentissages effectués peuvent autant toucher les contenus (disciplinaires ou transversaux), que les procédures mises en place pour effectuer ces apprentissages (Wood, 2001). En ce qui a trait au référentiel de compétences, il peut être élaboré par l'équipe interdisciplinaire, mais aussi être négocié avec les élèves en fonction de la situation d'apprentissage. Dans l'un ou l'autre de ces cas, les enseignants doivent s'assurer que les élèves connaissent clairement les critères d'évaluation. Maingain, Dufour et Fourez (2002) parlent de *pauses réflexives* pour qualifier les moments où l'apprenant porte un regard métacognitif sur ses apprentissages et exécute une action régulatrice, ainsi que ceux au cours desquels l'apprenant et son enseignant communiquent ensemble. (Le lecteur trouvera plus de détails à propos de la métacognition dans le chapitre 3.) Il va sans dire que, dans le cadre d'une pédagogie interdisciplinaire développée par une équipe d'enseignants, les éléments interdisciplinaires (ou transdisciplinaires) doivent être évalués collectivement, de manière que chaque enseignant participant à cette pédagogie puisse fournir ses rétroactions à l'apprenant. Ce travail requiert que les enseignants confrontent leur représentation des savoirs et des compétences à évaluer et qu'ils s'en forgent une représentation commune.

Plusieurs outils peuvent être exploités afin d'évaluer les apprenants dans le contexte véritable dans lequel ils développent et mettent en œuvre leurs apprentissages. Le portfolio apparaît comme un instrument de choix pour évaluer la progression des apprentissages de l'apprenant. Étant le principal maître d'œuvre de son portfolio, ce dernier doit donc décider de l'organisation de son contenu, tâche toutefois à laquelle l'enseignant peut apporter son soutien, lors d'entretiens formels ou informels, par exemple. Il y a une démarche réflexive implicite dans la réalisation du portfolio, puisque l'apprenant porte un jugement sur ses productions et prend conscience du degré de sa compréhension de ses apprentissages. La démarche d'évaluation peut aussi s'effectuer à l'aide de grilles d'évaluation employées seules ou comme éléments du portfolio. Des informations sur l'état des apprentissages de l'apprenant ainsi que sur son engagement dans la situation d'apprentissage sont recueillies par ces grilles, qui peuvent être remplies par l'apprenant lui-même (autoévaluation), par un de ses pairs ou par son enseignant. Les listes de vérification s'avèrent aussi précieuses pour l'apprenant au cours de la réalisation de la situation d'apprentissage. Ce type d'outil contient certains repères qui, sans être exhaustifs, aident l'apprenant à s'y retrouver dans les apprentissages qui sont ciblés.

Il importe aussi que l'équipe interdisciplinaire prenne un moment pour analyser la qualité de la planification pédagogique de la situation d'apprentissage ainsi que les points forts et les points à améliorer dans la mise en œuvre de cette séquence d'apprentissage. Les discussions pourront porter sur les contenus abordés, sur l'environnement pédagogique et sur l'efficacité de l'enseignement (Rege Colet, 2002). Ainsi, il est possible pour les enseignants de discuter des contenus abordés et de leurs liens avec les compétences disciplinaires et transversales ciblées, ainsi que des façons dont ces contenus ont été exploités. Il peut aussi être question de l'environnement pédagogique développé à l'aide des méthodes d'enseignement et d'apprentissage exploitées, de l'animation des cours (par un enseignant ou par plusieurs, simultanément) en relation avec les objectifs fixés au départ, du soutien offert aux apprenants, des procédures suivies pour offrir une rétroaction aux apprenants, etc. En ce qui a trait à l'efficacité de l'enseignement, il convient de se questionner sur le degré de maîtrise des compétences des élèves au regard des apprentissages ciblés. Un exemple de grille d'autoévaluation que l'équipe peut utiliser est présenté à la page 82. Elle peut être remplie, dans un premier temps, individuellement, puis, dans un deuxième temps, collectivement, à la suite d'une discussion entre les enseignants. Cette évaluation sera facilitée si les enseignants prennent des notes en cours de route sur la façon dont la situation d'apprentissage interdisciplinaire est vécue avec les élèves. Même si l'évaluation finale de la séquence d'enseignement ne se fait que lorsque cette séquence est complétée, il n'en reste pas moins que les enseignants ont avantage à voir l'évaluation de la situation d'apprentissage comme un processus continu qui leur permet d'effectuer des ajustements en cours de route, si cela est jugé nécessaire.

### L'aménagement de l'environnement pédagogique

Bien sûr, certaines contraintes organisationnelles et temporelles sont aussi à considérer (Maingain, Dufour et Fourez, 2002; Wood, 2001). Ainsi, au secondaire, la structure compartimentée des cours ne facilite guère l'enseignement interdisciplinaire, l'horaire imposé créant des problèmes de coordination aux enseignants. Toutefois, l'arrivée prochaine du nouveau programme d'études aidant, des expériences de réaménagement des horaires sont en cours. Par exemple, dans certaines écoles, les cours de l'après-midi sont décloisonnés pour permettre la réalisation de projets interdisciplinaires. Il est aussi possible de mettre de côté, pendant un moment, l'horaire habituel afin d'avoir une certaine souplesse qui permet la répartition des apprenants dans différentes situations d'apprentissage interdisciplinaires. Mentionnons qu'au primaire le problème est moins complexe (le titulaire étant avec son groupe une grande partie du temps); mais si des spécialistes font partie de l'équipe, des aménagements devront aussi être effectués.

Quel que soit le niveau d'enseignement, il reste que l'enseignement interdisciplinaire est favorisé par le travail en petits groupes d'apprenants (Rege Colet, 2002). Ainsi, en vue d'encadrer efficacement les élèves, il peut être pertinent de fusionner des classes pour former des sous-groupes composés en fonction des besoins ou des affinités des apprenants. Les enseignants peuvent alors effectuer un coenseignement. Il importe aussi de s'assurer que les apprenants disposent d'espaces propices au travail d'équipe. De plus, les enseignants doivent veiller à ce que les apprenants aient l'occasion de consulter les ressources humaines (personnes-ressources, enseignants, pairs, etc.) et matérielles (documentation sur papier et sur support informatique, matériel et outils divers, etc.) dont ils ont besoin pour mener leur travail à terme.

## Pistes de réflexion

Avant de se lancer dans cette aventure, il serait souhaitable, pour l'enseignant qui n'est pas familier avec la pédagogie interdisciplinaire, de se construire ou de complexifier sa propre représentation de cette pédagogie. Comme le souligne Fourez (1998), pour mettre en œuvre une pédagogie interdisciplinaire, les enseignants doivent comprendre ce que ce type de pédagogie signifie et ce qu'il implique. Pour ce faire, l'enseignant qui désire s'investir dans une telle démarche doit:

- se documenter sur la question ;
- consigner par écrit ce qu'il lui semble être des pistes intéressantes ;
- discuter de ses représentations relatives à ce type d'enseignement avec ses collègues ou avec d'autres professionnels travaillant dans le domaine de la pédagogie.

Par la suite, il peut passer à l'action afin de réinvestir cette représentation de la pédagogie interdisciplinaire qu'il vient de se forger ou de bonifier. Comme le mentionne Vars (1993, dans Klein, 1998, p. 68), « l'une des meilleures façons de préparer les enseignants à l'enseignement interdisciplinaire est tout simplement de les inciter à le faire ». Il importe toutefois d'accompagner l'action d'un regard réflexif. Certaines actions peuvent être menées en ce sens.

- Se faire confiance et se donner le droit à l'erreur.
- Idéalement, entreprendre la démarche en collégialité avec d'autres enseignants.
- Conserver des traces de la mise en œuvre de ses interventions, à l'aide d'un journal de bord ou d'un enregistrement vidéo, par exemple.
- S'encourager entre membres de l'équipe interdisciplinaire à s'observer dans l'action.
- Se garder du temps pour effectuer un retour réflexif, sur une base individuelle et, aussi, au sein de l'équipe interdisciplinaire, sur ce qui a été vécu dans l'action[5]. Dans ce contexte, faire preuve d'un très grand respect afin de pouvoir effectuer un retour efficace sur l'action. Chaque membre doit exprimer son point de vue sur les actions potentielles qui pourraient amener un meilleur fonctionnement lors d'une prochaine intervention.
- Discuter aussi des raisons pour lesquelles des interventions ont bien réussi. La mise en évidence des *pourquoi* et des *comment* (décontextualisation) qui ont mené à une réussite pourra entraîner leur réutilisation lors d'une prochaine expérience (recontextualisation).
- Dans l'ensemble de la mise sur pied d'une pédagogie interdisciplinaire, il est aussi bon d'être accompagné par des collègues ou d'autres professionnels plus expérimentés dans ce type d'enseignement.

## Un exemple de planification

Le réchauffement de la planète : mieux comprendre pour respecter davantage l'environnement (1er cycle du secondaire)[6]

5. Des outils, comme celui présenté à la page 80, peuvent aider à mener cette réflexion. Toutefois, l'équipe peut construire ses propres outils en fonction de ses besoins et de ses préoccupations particulières.
6. L'exemple donné vise à illustrer la richesse d'une situation d'apprentissage interdisciplinaire. Il n'est toutefois pas obligatoire d'aborder un champ aussi vaste, particulièrement lors d'une première expérience. De plus, les choix présentés ne sont pas les seuls valables : en effet, le programme de formation offre de multiples possibilités.

## Rappel du questionnement des élèves

*Quelles sont les causes du réchauffement climatique? Dans quelle mesure nos habitudes de vie contemporaines influencent-elles ce phénomène? Quelles conséquences le réchauffement de la planète et la pollution de l'air en général peuvent-ils avoir sur les êtres vivants et l'environnement? Quelles mesures peut-on prendre concrètement pour contribuer à améliorer la situation?*

**Tableau 4.1 Planification d'une situation d'apprentissage interdisciplinaire**

<table>
<tr><th colspan="3">Domaine général de formation</th></tr>
<tr><td colspan="3">Environnement et consommation</td></tr>
<tr><th colspan="3">Compétences transversales ciblées dans l'ensemble des disciplines</th></tr>
<tr><td>Exploiter l'information</td><td>Exercer son jugement critique</td><td>Communiquer de façon appropriée</td></tr>
<tr><th colspan="3">Compétences disciplinaires exploitées</th></tr>
<tr><td>Français</td><td colspan="2">• Lire des textes variés<br>• Écrire des textes variés<br>• Communiquer oralement dans des pratiques variées</td></tr>
<tr><td>Science et technologie</td><td colspan="2">• Mettre à profit des connaissances scientifiques et technologiques<br>• Communiquer à l'aide des langages utilisés en science et technologie</td></tr>
<tr><td>Mathématique</td><td colspan="2">Communiquer à l'aide du langage mathématique</td></tr>
<tr><td>Géographie</td><td colspan="2">Construire sa conscience planétaire</td></tr>
<tr><td>Enseignement moral</td><td colspan="2">Se situer, de façon réfléchie, en fonction d'enjeux d'ordre éthique</td></tr>
<tr><th colspan="3">Contenu étudié[7]</th></tr>
<tr><td>Français</td><td colspan="2">Lecture – Stratégies : de planification ; de compréhension et d'interprétation ; pour surmonter les difficultés lexicales ou syntaxiques<br>Écriture – Stratégies : de planification ; de mise en texte ; de révision ; de détection et de correction<br>Communication orale – Stratégies : de planification ; de prise de parole individuelle et interactive ; d'écoute</td></tr>
<tr><td>Science et technologie</td><td colspan="2">Composition de l'atmosphère, effet de serre, systèmes antipollution, besoins des végétaux et des animaux</td></tr>
<tr><td>Mathématique</td><td colspan="2">Proportionnalité ; statistiques</td></tr>
<tr><td>Géographie</td><td colspan="2">Enjeux territoriaux – Enjeux environnementaux et enjeux relatifs à la qualité de vie. Questions d'ordre planétaire (Pourquoi contrer le réchauffement de la planète ?)</td></tr>
<tr><td>Enseignement moral</td><td colspan="2">Relations – Relations entre le mode de consommation et l'environnement ; problèmes du quotidien associés à la consommation et à l'environnement ; problématiques mondiales associées à la consommation et à l'environnement</td></tr>
</table>

7. Les éléments inclus dans cet exemple proviennent de la version provisoire du *Programme de formation de l'école québécoise, Enseignement secondaire, 1er cycle* (2002). Comme la présentation du contenu de formation n'est pas uniforme d'une discipline à l'autre, nous regroupons des termes tels que notions, concepts, stratégies, etc., sous l'expression « contenu étudié ».

**ableau 4.2 Première tâche**

<table>
<tr><th colspan="2">Description de la tâche</th></tr>
<tr><td colspan="2">Préparer une présentation orale ainsi qu'un résumé scientifique destinés aux élèves de la classe dans le but de leur faire mieux comprendre le phénomène du réchauffement climatique (définition, causes, conséquences sur les êtres vivants, etc.) et de leur faire connaître les systèmes technologiques développés pour contrer ce problème.</td></tr>
<tr><th colspan="2">Planification de la tâche</th></tr>
<tr><td>Préparation</td><td>• Discussion sur la tâche : buts, valeur de cette tâche, contrôle, exigences<br>• Activation des connaissances initiales<br>• Formation des groupes de travail et répartition des aspects exploités en fonction des intérêts des élèves</td></tr>
<tr><td rowspan="3">Réalisation</td><td>• Méthode d'apprentissage : recherche<br>• Types d'enseignement : enseignement par les pairs, travail coopératif<br>• Disciplines exploitées : français*, science et technologie**, mathématique***</td></tr>
<tr><td>• Traitement de l'information et préparation d'un résumé<br>– Lire des textes variés*<br>– Écrire des textes variés*<br>• Préparation de la présentation<br>– Mettre à profit des connaissances scientifiques et technologiques**<br>– Communiquer à l'aide du langage mathématique*** (exigence : présenter au moins un graphique pour illustrer l'aspect exploité)<br>• Présentation aux autres élèves de la classe (et remise du résumé)<br>– Communiquer oralement dans des pratiques variées*<br>– Communiquer à l'aide des langages utilisés en science et technologie**<br>– Communiquer à l'aide du langage mathématique***</td></tr>
<tr><td>Les enseignants fournissent de fréquentes rétroactions aux apprenants tout le long de la démarche. De plus, les apprenants ont à leur disposition une liste de vérification qui les oriente au regard des apprentissages ciblés.</td></tr>
<tr><td>Réinvestissement et transfert</td><td>• Organisation des apprentissages<br>À la suite de chaque présentation, les élèves doivent réaliser individuellement un réseau conceptuel des éléments abordés. Lors de la réalisation du premier réseau conceptuel, l'enseignant peut d'abord agir comme modèle pour les apprenants. Par la suite, il les soutient grâce à une pratique guidée pour les amener à une pratique autonome au moment de la réalisation des derniers réseaux.<br>• Exemple de décontextualisation et de recontextualisation<br>Compétence « écrire des textes variés » ; après l'écriture du résumé d'un texte traitant de concepts scientifiques ou technologiques<br>– Décontextualisation/organisation des apprentissages : demander aux élèves de décrire les éléments essentiels d'un bon résumé ; réalisation d'un tableau synthèse.<br>– Recontextualisation : afin de préparer la prochaine tâche, les apprenants doivent résumer en équipe de quatre un texte relatif à l'enseignement moral.<br>• Évaluation des apprentissages : rétroaction sur les apprentissages, la démarche et les stratégies utilisées<br>– Autoévaluation, évaluation par les pairs, évaluation par les enseignants<br>– Compétences transversales : évaluées par les enseignants des trois disciplines concernées ; compétences disciplinaires : évaluées par l'enseignant de la discipline<br>• Clôture : rappel en grand groupe des contenus étudiés</td></tr>
</table>

**Tableau 4.3 Deuxième tâche**

| Description de la tâche | |
|---|---|
| Préparer et réaliser un débat sur les moyens à prendre pour combattre le réchauffement climatique. Présenter des arguments tenant compte de critères écologiques, éthiques, économiques, liés au confort, etc. | |
| **Planification de la tâche** | |
| Préparation | • Discussion sur la tâche : buts, valeur de cette tâche, contrôle, exigences<br>• Activation des connaissances initiales<br>• Formation des équipes au hasard. Les équipes personnifieront des membres de différents groupes sociaux ayant des intérêts divers[8]. Groupes sociaux représentés : Green Peace, dirigeants d'une entreprise qui fabrique des voitures fonctionnant à l'essence, dirigeants d'une compagnie qui produit de l'énergie éolienne, regroupement de citoyens. |
| Réalisation | • Méthode d'apprentissage : étude de cas<br>• Types d'enseignement : débat, jeu de rôle<br>• Disciplines exploitées : français*, science et technologie**, mathématique***, géographie****, enseignement moral***** |
| | • Phase préliminaire à la préparation du débat : réaliser un sondage en lien avec le questionnement potentiel du groupe social représenté<br>– Communiquer à l'aide du langage mathématique***<br>– Écrire des textes variés* (introduction du sondage, questions, synthèse des résultats)<br>• Préparation et réalisation du débat<br>– Lire des textes variés*<br>– Mettre à profit des connaissances scientifiques et technologiques**<br>– Construire sa conscience planétaire****<br>– Se situer, de façon réfléchie, en fonction d'enjeux d'ordre éthique*****<br>– Communiquer oralement dans des pratiques variées*<br>– Communiquer à l'aide des langages utilisés en science et technologie**<br>– Communiquer à l'aide du langage mathématique***<br>• Réflexion personnelle à la suite du débat : se situer personnellement à la lumière des points de vue entendus<br>– Construire sa conscience planétaire****<br>– Se situer, de façon réfléchie, en fonction d'enjeux d'ordre éthique*****<br>– Mettre à profit des connaissances scientifiques et technologiques**<br>– Écrire des textes variés* |
| | Les enseignants fournissent fréquemment une rétroaction aux apprenants tout le long de la démarche. De plus, les apprenants ont à leur disposition une liste de vérification qui les oriente dans les apprentissages ciblés. |
| Réinvestissement et transfert | • Exemple de décontextualisation et de recontextualisation<br>Se situer, de façon réfléchie, en fonction d'enjeux d'ordre éthique<br>– Décontextualisation/organisation des apprentissages : demander aux élèves de discuter des aspects sur lesquels ils ont fondé leur position ; dresser une liste de mots clés.<br>– Recontextualisation : soumettre une étude de cas sur un thème différent portant, par exemple, sur les paradoxes liés aux relations interpersonnelles (la morale individuelle qui s'oppose à une morale de groupe), et demander aux élèves de prendre position individuellement (réflexion écrite), puis en discuter en grand groupe.<br>• Évaluation des apprentissages : rétroaction sur les apprentissages, la démarche et les stratégies utilisées<br>– Autoévaluation, évaluation par les pairs, évaluation par les enseignants<br>• Clôture : rappel en grand groupe des contenus étudiés |

8. Pour obtenir un exemple d'un tel type de débat, vous pouvez écrire à l'adresse suivante : projets@québec-ere.org.

**Tableau 4.4 Troisième tâche**

| **Description de la tâche** | |
|---|---|
| Préparer une exposition où les élèves présenteront la synthèse de leurs recherches et de leur prise de position. Le public visé est constitué des élèves de l'école et des parents des élèves. | |
| **Planification de la tâche** | |
| Préparation | • Les apprentissages construits lors des deux premières tâches sont ici mis à profit. Les élèves doivent préparer une exposition où ils présentent ce qu'est maintenant pour eux le réchauffement climatique et les actions concrètes qu'ils proposent pour améliorer la situation. Dans leurs propositions d'action, ils tiendront compte des points de vue issus de différentes disciplines : science et technologie, géographie et enseignement moral.<br>• Discussion sur la tâche : buts, valeur de cette tâche, contrôle, exigences<br>• Activation des connaissances initiales : types d'actions concrètes que les élèves suggèrent de faire afin de combattre le problème ciblé ; le regroupement des équipes sera effectué en fonction des types d'actions préconisées. |
| Réalisation | • Méthode d'apprentissage : résolution de problème, projet (la collecte d'informations a débuté lors des tâches précédentes)<br>• Types d'enseignement : travail coopératif<br>• Disciplines exploitées : français*, science et technologie**, mathématique***, géographie****, enseignement moral***** |
| | • Traitement de l'information : finalisation de la collecte des informations et synthèse<br>– Lire des textes variés*<br>– Écrire des textes variés* (présentation d'affiches ; d'autres supports visuels peuvent aussi être exploités, comme des maquettes, des bandes vidéo, etc.).<br>• Présentation<br>– Communiquer oralement dans des pratiques variées*<br>– Mettre à profit des connaissances scientifiques et technologiques**<br>– Communiquer à l'aide des langages utilisés en science et technologie**<br>– Communiquer à l'aide du langage mathématique*** (exigence : présenter au moins un graphique pour illustrer l'aspect exploité et interpréter des statistiques pertinentes par rapport aux types d'actions choisies par l'équipe)<br>– Construire sa conscience planétaire****<br>– Se situer, de façon réfléchie, en fonction d'enjeux d'ordre éthique***** |
| | Les enseignants fournissent fréquemment de la rétroaction aux apprenants tout le long de la démarche. De plus, les apprenants ont à leur disposition une liste de vérification qui les oriente dans les apprentissages ciblés. |
| Réinvestissement et transfert | • Transfert<br>Dans le cadre de cette tâche, toutes les compétences disciplinaires ciblées dans cette situation d'apprentissage sont réutilisées.<br>À cette étape-ci, il pourrait être intéressant d'encourager le transfert de certains des apprentissages dans le quotidien des élèves. Par exemple, les élèves pourraient prendre le temps, à la fin de la situation d'apprentissage, d'indiquer sur un document à insérer dans leur portfolio s'ils ont fait concrètement certaines des actions qu'ils préconisaient lors de leur présentation finale.<br>• Évaluation des apprentissages : rétroaction sur les apprentissages, la démarche et les stratégies utilisées<br>• Clôture : synthèse, en grand groupe, des contenus étudiés |

## Zoom sur certains éléments de la situation d'apprentissage

- **Rôles particulièrement importants de l'enseignant qui pratique l'enseignement stratégique dans le cadre d'un enseignement interdisciplinaire**

  Bien que tous les rôles de l'enseignant qui pratique l'enseignement stratégique soient utiles dans la mise sur pied d'un enseignement interdisciplinaire, ceux de *penseur* et de *preneur de décisions* semblent avoir une grande importance. En effet, la planification d'une situation d'apprentissage interdisciplinaire, bien qu'elle permette une flexibilité certaine, ne peut être laissée au hasard. C'est pour cette raison, entre autres, que les rencontres entre les membres de l'équipe interdisciplinaire sont si importantes avant la séquence d'enseignement, pour jeter les bases de la planification, et aussi en cours de route, afin d'effectuer les ajustements qui s'imposent.

- **Rôles particulièrement importants de l'enseignant qui pratique l'enseignement stratégique dans le cadre d'un enseignement transdisciplinaire**

  En ce qui a trait plus spécifiquement au transfert, il faut dire, encore une fois, que tous les rôles sont importants. Toutefois, en plus des deux rôles mentionnés précédemment, soulignons la grande importance des rôles de *modèle* et de *médiateur* que peut jouer l'enseignant. En tant que modèle, comme lorsqu'il se donne en exemple lors de la réalisation du premier réseau conceptuel (première tâche), il est explicite sur les étapes à suivre pour réaliser ce travail et il insiste sur les conditions de réutilisation (*quand?* et *pourquoi?*) des stratégies exploitées. Comme enseignant médiateur, il mène les apprenants vers une pratique autonome en leur apportant un soutien qui s'estompe graduellement; par exemple, il insistera auprès des élèves pour qu'ils activent leurs connaissances antérieures, il leur fournira fréquemment une rétroaction et il leur proposera les correctifs appropriés en fonction des erreurs détectées.

- **L'importance de l'activation des apprentissages antérieurs**

  Il a été abondamment question de l'importance d'avoir de solides apprentissages disciplinaires pour pouvoir se construire une représentation interdisciplinaire. En effet, comme Resnick (1987) l'a mentionné il y a déjà plusieurs années, les élèves ne sont en mesure d'effectuer des apprentissages en profondeur que s'ils ont la possibilité d'intégrer ce qu'ils apprennent à leur propre compréhension du monde. Or, dans chacune des tâches proposées, bien que l'activation des connaissances initiales soit peu explicitée, elle n'en demeure pas moins vitale. Celle-ci peut être effectuée en grand groupe, l'enseignant notant, par exemple, des mots clés au tableau. L'opération peut aussi s'effectuer en petits groupes de travail, ce qui permet aux apprenants de valider leurs connaissances initiales et de les confronter à celles de leurs pairs dans un processus plus interactif. Elle peut également être faite individuellement. Dans les deux cas, il convient toutefois de valider ensuite ces représentations en grand groupe, pour éviter que des conceptions erronées subsistent. Il faut ajouter que l'activation des connaissances initiales peut s'effectuer de bien des façons. L'étude d'un cas, le questionnement et le jeu ne sont que quelques exemples d'activations.

- **L'organisation des connaissances**

  Dans les tâches présentées, les enseignants, entre autres, mettent l'accent sur l'organisation des apprentissages. Ce n'est pas dû au hasard : c'est que l'organisation des apprentissages est une stratégie qui facilitera, par la suite, le repêchage, ou le rappel, des apprentissages lorsque viendra le temps de les réutiliser. L'organisation des apprentissages favorise donc, d'une part, le transfert des apprentissages (par exemple, dans le cadre de situations d'apprentissage transdisciplinaires) et, d'autre part, l'intégration des apprentissages dans une perspective interdisciplinaire.

- **L'interdisciplinarité et la transdisciplinarité**

  Relativement à la distinction subtile entre ces deux concepts, qui sont en fait de proches parents, il convient de préciser que la situation d'apprentissage présentée dans ce chapitre inclut à la fois des aspects interdisciplinaires et des aspects transdisciplinaires. Lorsque différents angles initiaux sont exploités pour mieux comprendre la complexité de la situation, il est question d'interdisciplinarité. C'est le cas, par exemple, lorsqu'on demande aux apprenants, à la suite du débat (tâche 2), de se situer personnellement à la lumière des points de vue issus des différentes disciplines (science et technologie, géographie et enseignement moral). Toutefois, lorsque les apprenants sont invités à réutiliser des stratégies apprises, initialement, dans le cours de français, pour élaborer le résumé d'un texte à contenu scientifique, puis celui d'un texte portant sur un thème lié à l'enseignement moral, il s'agit d'une situation transdisciplinaire. Il y a transfert de stratégies apprises dans un contexte initial (français) vers des contextes originaux (science et enseignement moral). Pour ce faire, comme nous l'avons mentionné précédemment, il est important de décontextualiser les apprentissages du contexte initial afin de les recontextualiser dans le cadre d'une tâche inédite.

- **La participation de membres du personnel qui ne sont pas des enseignants**

  La situation d'apprentissage présentée pourrait aussi être bonifiée par la participation de membres du personnel de l'école qui ne sont pas des enseignants. Par exemple, un conseiller en orientation responsable de l'approche orientante pourrait suggérer de faire, à l'étape précédant le débat (tâche 2), une recherche sur les compétences, les valeurs et les intérêts relatifs à des carrières liées à la problématique du réchauffement de la planète. Une introspection peut ensuite suivre dans le but de faire réfléchir les élèves sur les intérêts, les compétences et les valeurs qu'ils possèdent en vue de les outiller pour le moment où un choix de carrière devra réellement être fait. De la même manière, un animateur de l'engagement à la vie spirituelle, un psychoéducateur, un technicien en éducation spécialisée ou un intervenant en toxicomanie peut proposer, lors de la recontextualisation de la compétence « se situer, de façon réfléchie, en fonction d'enjeux d'ordre éthique » (tâche 2), une étude de cas qui permettrait de réinvestir ce qui vient d'être étudié. De telles démarches sont caractérisées par un haut degré de signifiance pour les élèves.

## Principaux éléments à retenir

La mise sur pied d'un enseignement interdisciplinaire repose sur plusieurs éléments essentiels. Parmi ceux-ci, retenons d'abord la nécessité du choix d'un thème mobilisateur autour duquel une démarche rigoureuse est amorcée, démarche dont il a été longuement question dans ce chapitre. De plus, il importe de rappeler la richesse qui émerge d'un travail réalisé dans le cadre d'une véritable collégialité réunissant les enseignants et les autres personnes-ressources travaillant à la mise en branle de la situation interdisciplinaire. Dans cette perspective, la formation d'une équipe interdisciplinaire est à encourager. La réussite d'un enseignement interdisciplinaire étant tributaire de l'engagement des apprenants, c'est donc dire qu'il est fondamental de tenir compte des intérêts, des besoins et des caractéristiques des apprenants dans cette démarche. Qui plus est, il est essentiel de prévoir des tâches intégrant des méthodes d'apprentissage et des types d'enseignement variés qui sont susceptibles de rendre les apprenants actifs dans la construction de leurs apprentissages, tout en leur donnant l'occasion de valider leurs représentations en les confrontant à celles de leurs pairs, de leurs enseignants ou de toute autre personne qui pourra les aider dans cette opération. Enfin, l'enseignement interdisciplinaire est une démarche signifiante, car il permet d'aborder les problèmes ou les situations à traiter comme ils se présentent dans le quotidien, c'est-à-dire dans toute leur complexité et leur authenticité. Quoi de mieux pour inciter les jeunes à exploiter judicieusement leurs apprentissages et parvenir ainsi à des prises de décisions éclairées ?

# Grille d'autoévaluation de l'équipe enseignante interdisciplinaire (inspirée par Rege Colet, 2002)

## À PROPOS DES CONTENUS ABORDÉS

| Aspects évalués | Degré de satisfaction | | | |
|---|---|---|---|---|
| | Très satisfaisant | Satisfaisant | Peu satisfaisant | À retravailler |
| Qualité des contenus abordés (globalement) | | | | |
| Liens des contenus abordés avec les compétences disciplinaires ciblées | | | | |
| Liens des contenus abordés avec les compétences transversales ciblées | | | | |
| Façons dont les contenus ont été exploités pour les rendre accessibles aux élèves | | | | |
| Autre : | | | | |

Commentaires à propos des contenus abordés : ______________________________

______________________________

______________________________

## À PROPOS DE L'ENVIRONNEMENT PÉDAGOGIQUE

| Aspects évalués | Degré de satisfaction | | | |
|---|---|---|---|---|
| | Très satisfaisant | Satisfaisant | Peu satisfaisant | À retravailler |
| Qualité de l'environnement pédagogique (globalement) | | | | |
| Pertinence des méthodes d'apprentissage | | | | |
| Efficacité des méthodes d'apprentissage | | | | |
| Pertinence du type d'enseignement | | | | |
| Efficacité du type d'enseignement | | | | |
| Qualité de l'animation des cours | | | | |
| Qualité du soutien offert aux apprenants | | | | |
| Efficacité des procédures développées pour offrir de la rétroaction aux apprenants | | | | |
| Autre : | | | | |

Commentaires à propos de l'environnement pédagogique : ______________________________

______________________________

______________________________

**Feuille reproductible 1 *(suite)***

# Grille d'autoévaluation de l'équipe enseignante interdisciplinaire (inspirée par Rege Colet, 2002) *(suite)*

## À PROPOS DE L'EFFICACITÉ DE L'ENSEIGNEMENT

| Aspects évalués | Degré de satisfaction | | | |
|---|---|---|---|---|
| | Très satisfaisant | Satisfaisant | Peu satisfaisant | À retravailler |
| Efficacité de l'enseignement (globalement) | | | | |
| Degré de maîtrise des compétences des élèves au regard des apprentissages ciblés | | | | |
| Autre : | | | | |

Commentaires à propos de l'efficacité de l'enseignement : ____________________

____________________

____________________

____________________

____________________

____________________

____________________

## Références


Barth, B.-M. (1993). *Le savoir en construction,* Paris, Retz.

Barbeau, D., A. Montini et C. Roy (1997). *Tracer les chemins de la connaissance,* Montréal, Association québécoise de pédagogie collégiale.

Cassie, J. R., et D. Haché (1998). « L'utilisation d'une heuristique curriculaire pour créer un apprentissage adapté à la vie », *Revue des sciences de l'éducation,* vol. XXIV, n° 1, p. 75-93.

Delisle, R., et P. Bégin (1992). « L'interdisciplinarité au primaire : une voie d'avenir ? », *Actes du colloque de la Commission professionnelle de l'enseignement primaire tenu à Québec les 22, 23 et 24 janvier 1992 sous l'égide de l'Association des cadres scolaires du Québec,* Les Éditions du CRP, Faculté d'éducation, Université de Sherbrooke, p. 17-57.

Fogarty, R. (1991). *How To Integrate the Curricula,* Palantine, SkyLight Publishing.

Fourez, G. (1998). « Se représenter et mettre en œuvre l'interdisciplinarité à l'école », *Revue des sciences de l'éducation,* vol. XXIV, n° 1, p. 31-51.

Fourez, G. (2001). « Fondements épistémologiques pour l'interdisciplinarité », dans Y. Lenoir, B. Rey et I. Fazenda, dir., *Les fondements de l'interdisciplinarité dans la formation à l'enseignement,* Montréal, Les Éditions du CRP, p. 67-84.

Haskell, R. (2001). *Transfer of Learning: Cognition, Instruction and Reasoning,* San Diego, Academic Press (Educational Psychology Series).

Hasni, A., et Y. Lenoir (2001). « La place de la dimension organisationnelle dans l'interdisciplinarité : les facteurs influençant les pratiques de recherche et d'enseignement », dans Y. Lenoir, B. Rey et I. Fazenda, dir., *Les fondements de l'interdisciplinarité dans la formation à l'enseignement,* Montréal, Les Éditions du CRP, p. 179-204.

Klein, J. T. (1998). « L'éducation primaire, secondaire et postsecondaire aux États-Unis : Vers l'unification du discours sur l'interdisciplinarité », *Revue des sciences de l'éducation,* vol. XXIV, n° 1, p. 51-74.

Lebrun, M., et M. Roussel (2002). « Une expérience interdisciplinaire – Autour de Vendredi ou la vie sauvage », *Québec français,* n° 126, p. 76-79.

Leclerc, M. (1998). *Par quatre chemins : L'intégration des matières au cœur des apprentissages,* Montréal, Chenelière/McGraw-Hill.

Lenoir, Y. (1995). « L'interdisciplinarité : aperçu historique de la genèse d'un concept », *Cahiers de la recherche en éducation,* vol. 2, n° 2, p. 227-265.

Lenoir, Y., et L. Sauvé (1998a). « De l'interdisciplinarité scolaire à l'interdisciplinarité dans la formation à l'enseignement : Un état de la question », *Revue française de Pédagogie,* n° 124, p. 121-153.

Lenoir, Y., et L. Sauvé (1998b). « De l'interdisciplinarité scolaire à l'interdisciplinarité dans la formation à l'enseignement : Un état de la question », *Revue française de Pédagogie,* n° 125, p. 109-146.

Maingain, A., B. Dufour et G. Fourez (2002). *Approches didactiques de l'interdisciplinarité,* Bruxelles, De Boeck Université.

Marini, A., et R. Genereux (1995). « The Challenge of Teaching for Transfer », dans A. Mckeough, J. Lupart et A. Marini, dir., *Fostering Generalisation in Learning,* Mahway, NJ, Lawrence Erlbaum, p. 1-19.

Martinello, M., et G. Cook (1994). *Interdisciplinarity Inquiry in Teaching and Learning,* New York, Maxwell Macmillan International.

Presseau, A. (2002). « Des compétences professionnelles pour favoriser le transfert chez des élèves en difficulté d'apprentissage », *Revue de l'AQEFLS,* vol. XXIV, n° 1, p. 52-63.

Rege Colet, N. (2002). *Enseignement universitaire et interdisciplinarité : Un cadre pour analyser, agir et évaluer,* Bruxelles, De Boeck Université.

Tardif, J. (1999). *Le transfert des apprentissages,* Montréal, Éditions Logiques.

Tardif, J., et A. Presseau (1998). « Quelques contributions de la recherche pour favoriser le transfert des apprentissages », *Vie pédagogique,* n° 108, p. 39-44.

Tardif, J., et P. Meirieu (1996) . « Stratégie pour favoriser le transfert des connaissances », *Vie pédagogique,* n° 98, p. 4-7.

Tardif, J., M. Désilets, F. Paradis, et G. Lachiver (1995). « Le développement des compétences : cadre conceptuel pour l'enseignement », dans J.-P. Goulet, dir., *Enseigner au collégial,* Montréal, Association de pédagogie collégiale, p.157-168.

Wood, K. E. (2001). *Interdisciplinary Instruction, Second Edition – A Practical Guide for Elementary and Middle School Teachers,* Columbus, Merrill Prentice Hall.

# CHAPITRE 5
# L'ENSEIGNEMENT STRATÉGIQUE ET LES TIC

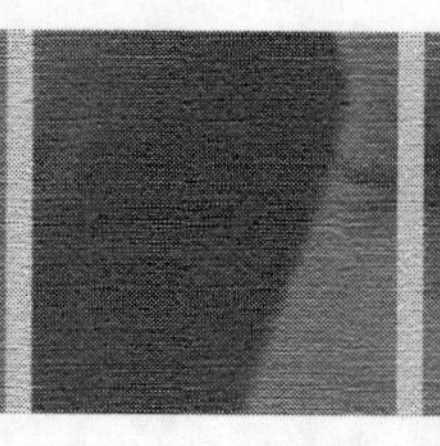

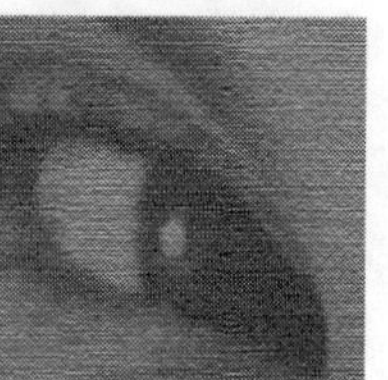

*Hélène Fournier et François Perreault*

Parfois, les enseignants se sentent dépassés par tous les produits et les nouveaux systèmes informatiques qui apparaissent régulièrement sur le marché. Dans ce chapitre, nous clarifierons d'abord certaines notions concernant les TIC en lien avec la recherche sur le sujet. Ensuite, nous présenterons un réseau des principaux concepts à retenir (figure 5.1, p. 87) et nous proposerons cinq utilisations pédagogiques de l'ordinateur qui seront associées à divers types d'outils technologiques présentant différents niveaux de difficulté. Nous analyserons ensuite trois cas qui tiendront compte à la fois des utilisations pédagogiques et des outils technologiques présentés. Chaque cas sera accompagné de questions et de réponses pour alimenter la réflexion ainsi que de propositions de liens pertinents. Pour conclure, nous suggérerons un scénario d'apprentissage intégrant les TIC.

## Quelques points de repère pour bien se comprendre

Les technologies de l'information et de la communication (TIC) offrent beaucoup de possibilités en matière de recherche d'informations, de modalités de présentation, d'aide à l'activité (lecture, écriture, rédaction, résolution de problèmes). Cependant, en matière d'enseignement, les moyens techniques ne se traduisent pas « naturellement » en méthodes permettant une utilisation efficace des TIC (Karsenti, Savoie-Zajc et Larose, 2001 ; Larose, David, Lafrance et Cantin, 2001).

La conception des environnements d'apprentissage, selon les tenants de l'enseignement stratégique, doit favoriser l'apprentissage. Le but principal de cet enseignement est de permettre aux élèves de s'engager activement, ce qui les amène à réaliser des apprentissages significatifs. La présence des TIC exige, d'une part, des compétences liées à l'utilisation pédagogique des TIC et, d'autre part, une vision renouvelée de l'élève, où la motivation et les styles d'apprentissage jouent un rôle important, et une vision renouvelée de l'enseignant, qui agit davantage comme une personne qui offre un enseignement adapté (Tardif, 1992).

Les conceptions de l'apprentissage qui orientent les applications pédagogiques présentées dans ce chapitre sont influencées par le modèle de l'enseignement stratégique et la prédominance des situations contextualisées. Actuellement, les enseignants des écoles primaires et secondaires doivent intégrer des TIC dans leur milieu de travail. D'ailleurs, on constate que, dans plusieurs domaines de l'enseignement, on peut exploiter les TIC; on découvre alors que ces dernières génèrent de nouvelles formes d'activités et de nouvelles situations d'apprentissage. Dans ce contexte, l'intégration des TIC suscite de nombreuses questions. Quel rôle doit jouer l'enseignant auprès des élèves ? Quelles situations pédagogiques favorisent le processus d'apprentissage chez les élèves? Quels outils technologiques doit-on privilégier en enseignement stratégique? Voilà des questions qui méritent réflexion. En somme, les TIC doivent conduire à un changement de la démarche pédagogique, ou *design* (Lebrun et Berthelot, 1996), et ce, dans le but de favoriser l'émergence d'un contexte d'apprentissage répondant aux besoins des élèves et susceptible de les aider à apprendre.

**Figure 5.1 Réseau des principales notions abordées dans ce chapitre**

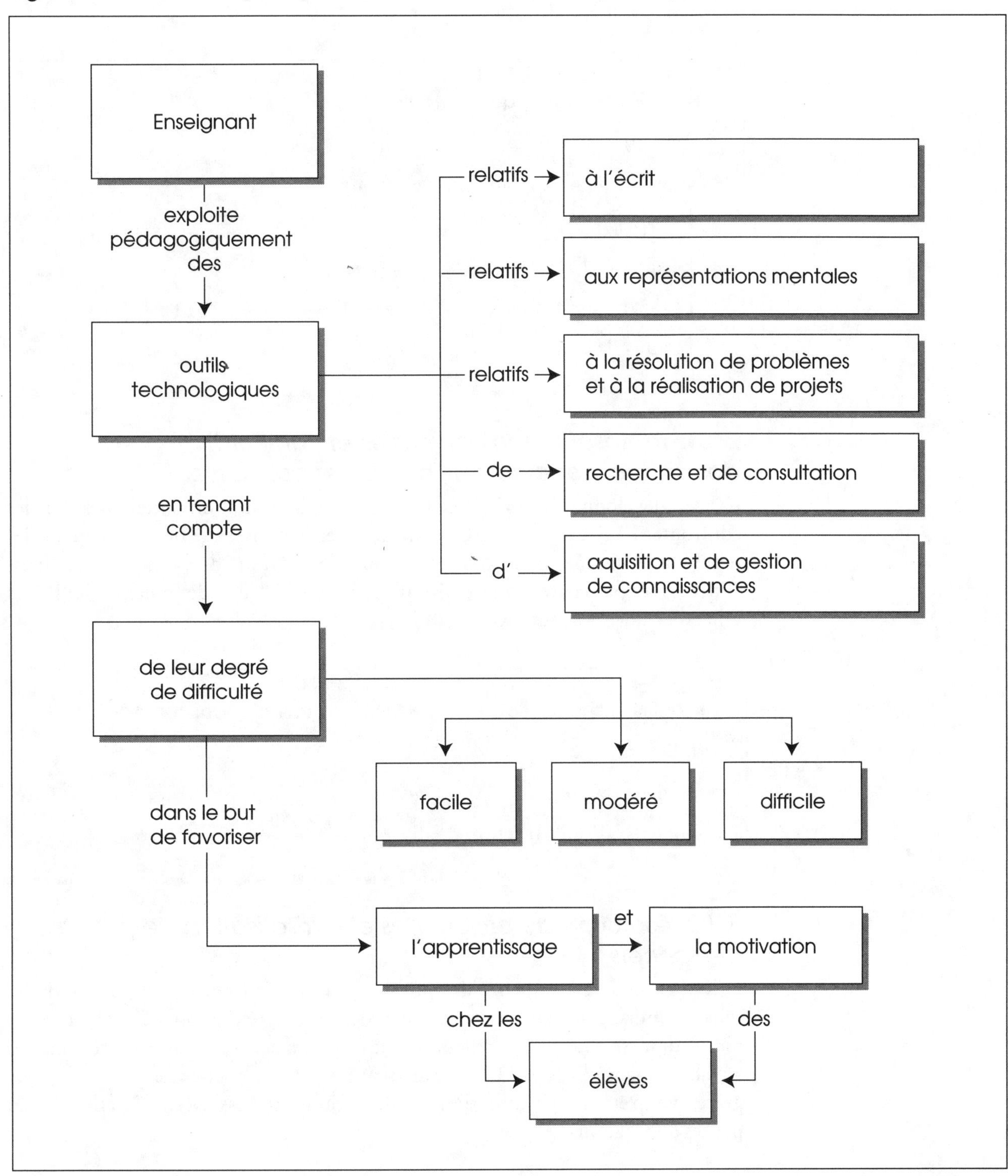

## Utilisations pédagogiques de l'ordinateur

Limbos (1999), dans un essai de classification des utilisations pédagogiques de l'ordinateur, en propose cinq principales.

### *1. La production d'écrits et ses exploitations*

L'élève peut communiquer à l'aide de l'écrit. Plusieurs outils technologiques sont disponibles pour faciliter la production d'écrits. L'utilisation de ces outils permet le développement d'une certaine autonomie sur le plan de la gestion des erreurs possibles. De plus, l'élève est en mesure de gérer lui-même la qualité de ses productions.

**Les outils technologiques relatifs à l'écrit**

- Traitements de texte
- Correcteurs orthographiques et grammaticaux
- Courriels
- Éditeurs HTML
- Logiciels de clavardage
- Forums de discussion

### *2. Les représentations mentales et l'articulation des connaissances individuelles et collectives*

L'élève développe lui-même ses propres représentations mentales en les confrontant à ses anciennes. Certains logiciels favorisent le développement des représentations mentales, que ce soit par la création de liens entre certains concepts ou par la création de réseaux complexes à l'aide de bulles et de flèches reliées les unes aux autres.

**Les outils technologiques relatifs aux représentations mentales**

- Éditeurs HTML
- Logiciels de dessin
- Logiciels de construction de diagrammes

### *3. La résolution de problèmes et la réalisation de projets personnels*

L'élève est amené à résoudre des problèmes réels qu'il rencontre dans la vie de tous les jours. Lorsque l'élève est en processus de résolution de problèmes, la motivation est générée naturellement par le désir d'accomplir avec succès la tâche à réaliser. Dans ce cas, les TIC permettent à l'élève de réaliser ses propres projets grâce, par exemple, à l'utilisation de simulations, de dessins, d'animations et de petites applications.

**Les outils technologiques relatifs à la résolution de problèmes et à la réalisation de projets personnels**

- Logiciels d'animation 2D/3D (*Flash*)
- Logiciels de dessin (*Illustrator, Photoshop*)
- Jeux de simulation (*Sim Farm, SimCity, Les Sims*)
- Langages de programmation (Visual *C++, Javascript*)
- La consultation de ressources et de références

## *4. La recherche et la consultation d'informations*

L'élève cherche des informations en exploitant différentes ressources, comme les banques de données, Internet, les bibliothèques et d'autres sources disponibles (parents, journaux, etc.), et traite ces informations.

**Les outils technologiques de recherche et de consultation**

- Encyclopédies sur CD-ROM ou présentées sur le Web
- Pages Web présentes dans Internet
- Moteurs et annuaires de recherche

## *5. L'acquisition de connaissances spécifiques et la gestion de la construction des connaissances*

Plusieurs ressources existent pour aider l'élève qui désire acquérir, par lui-même, des connaissances, ou s'assurer de leur maîtrise. Il s'agit, entre autres, de didacticiels accessibles dans Internet ou sur des CD-ROM que l'élève trouvera à la bibliothèque. Ces ressources respectent même les programmes scolaires et offrent une gamme intéressante d'activités de révision. L'élève est donc en mesure de construire ses propres connaissances sans que la présence de l'enseignant ne soit nécessaire.

**Les outils technologiques d'acquisition et de gestion de connaissances**

- Didacticiels (*Adibou, ADI, Oscar, Jonathan*, etc.)
- Sites Web (*L'escale, Rescol*)

Dans la prochaine section, nous présenterons divers outils technologiques en les associant aux diverses utilisations pédagogiques présentées précédemment.

### *Outils technologiques*

Nous proposons, dans cette section, une classification des outils technologiques en fonction de leur niveau de difficulté : facile, modéré et difficile. Le tableau qui suit s'inspire de travaux effectués à l'Université du Maryland, dans le cadre de l'université virtuelle. Les outils sont accompagnés d'une brève description, et on suggère, pour chacun, une ou deux utilisations pédagogiques. Des logiciels associés à chaque outil sont ensuite énumérés.

**Tableau 5.1 Outils technologiques**

| Niveau de difficulté | Outils technologiques | Description | Utilisation pédagogique[1] | Logiciels commerciaux et logiciels gratuits |
|---|---|---|---|---|
| Facile | Communication synchrone / asynchrone | La communication synchrone est effectuée en temps réel de plusieurs façons : par texte, par système audio ou par système vidéo. | 2 | *Centra, CuSeeMe, MIRC, Netmeeting, MSN Messenger, Yahoo Messenger, ICQ* |
| | Traitement d'images | Création ou modification de photos, d'images et de dessins. | 3-4 | *Adobe Photoshop, Paint Shop Pro, Paint* |
| | Présentation | Conception et présentation de diapositives électroniques à l'aide d'un logiciel. | 2 | *Microsoft PowerPoint, Corel Presentation* |
| | Communication | La communication asynchrone est effectuée en temps différé de plusieurs façons : listes de distribution, forums de discussion et courriels. | 2 | *Eudora, Microsoft Outlook/Outlook Express, Netscape Messenger* |
| | Édition | La conception, la planification, la rédaction et la révision d'une production écrite peuvent se faire avec un traitement de texte. | 1 | *Microsoft Word, Corel Word Perfect, Lotus SmartSuite, StarOffice, Open Office* |
| | Recherche d'information | La recherche d'information peut se faire à l'aide d'un navigateur sur la toile. La consultation de bases de données se fait directement par Internet. | 4 | *Internet Explorer, Netscape Communicator, Mozilla* |

1. Les chiffres correspondent à la classification des utilisations pédagogiques de l'ordinateur proposée pas Limbos (1999) que nous avons présentée aux pages 86 et 87, soit : (1) Les outils pédagogiques relatifs à l'écrit. (2) Les représentations mentales et l'articulation des connaissances individuelles et collectives. (3) La résolution de problèmes et la réalisation de projets personnels. (4) La consultation de ressources et de références. (5) L'acquisition de connaissances spécifiques et la gestion de la construction des connaissances.

**Tableau 5.1 Outils technologiques *(suite)***

| Niveau de difficulté | Outils technologiques | Description | Utilisation pédagogique[1] | Logiciels commerciaux et logiciels gratuits |
|---|---|---|---|---|
| Modéré | Graphiques animés | Logiciels permettant de créer des images animées à l'aide de plusieurs images légèrement différentes les unes des autres; il s'agit du principe de la création d'une bande dessinée animée. | 3 | *Paint Shop Pro, Gif Animator, GAnim8* |
| | Transfert de fichiers (téléchargement et téléversement) | Logiciels permettant de transférer des fichiers entre deux ordinateurs, soit celui de l'utilisateur et le serveur. Vous êtes en mesure de déposer des fichiers à cet endroit et de les y reprendre en tout temps de n'importe quel ordinateur branché sur le réseau. | 2 | *CuteFTP, SmartFTP, FTPExplorer, WS_FTP, FileZilla* |
| | Jeux de simulation et de résolution de problèmes | Jeux permettant le développement de certaines habiletés, comme la résolution de problèmes. | 3 | *SimCity, Sim Farm, Flight Simulator, L'odyssée des Zoombinis* |
| | Édition de sites Web | Logiciels qui permettent de créer et de développer des pages Web. Il est ensuite possible de créer des liens entre ces pages pour en faire un site. | 2 | *Microsoft FrontPage, WebExpert, Macromedia DreamWeaver, Netscape Composer, Microsoft FrontPage Express* |
| Difficile | Animations 2D et 3D | Logiciel permettant d'animer divers types d'objets. | 3 | *Macromedia Flash* |
| | Logiciels de création multimédia | Logiciels permettant la création d'applications comme des jeux ou des modules d'apprentissage. La programmation qu'il faut utiliser est simplifiée. | 3 | *Macromedia Director, Asymetrix Toolbook* |
| | Programmation | Logiciels permettant de créer d'autres applications, plus simples. | 3 | *LOGO, Applets Java, Visual Basic, Visual C++* |
| | Gestion de bases de données | Logiciels permettant de construire et de gérer des bases de données, et de les utiliser. | 3 | *Microsoft Access, Works, MySQL* |
| | Production audiovisuelle numérique | Utilisation de vidéo numérique en temps réel dans Internet. | 3-4 | *QuickTime, Real Media, Windows Media* |

# Études de cas et analyses

Cette section présente trois études de cas axées sur l'enseignement stratégique et l'intégration des TIC. Les études de cas ont été choisies dans le but de faire découvrir au lecteur le potentiel des différents outils technologiques dans la pratique pédagogique d'un enseignement stratégique. Chacun des cas est lié à l'une des cinq utilisations pédagogiques présentées précédemment.

Après la présentation des cas, les questions et réponses proposées seront principalement orientées vers l'utilisation des TIC, qui constituent une valeur ajoutée au processus d'enseignement et d'apprentissage. Nous diviserons les cas en quatre sections soit : 1) la description du cas, 2) les questions et réponses relatives au cas, 3) les outils technologiques proposés et 4) les liens dans Internet qui semblent intéressants. Les outils technologiques utilisés seront énumérés de façon spécifique. Si dans un cas on n'utilise pas adéquatement les TIC, nous proposerons une utilisation plus appropriée qui respectera la valeur ajoutée par les TIC. Chaque étude de cas sera finalement accompagnée d'une liste de liens intéressants sur le plan des contenus présentés. Pour ce qui est des logiciels utilisés, nous suggérerons une liste de liens pertinents à la suite des trois études de cas.

## Premier cas : Le château médiéval

### *Description du cas*

Dans une classe, un enseignant propose à ses élèves de construire un château médiéval, de le photographier à l'aide d'une caméra numérique et de le présenter sur une page Web. L'enseignant, pour sa part, se chargera de la page d'accueil présentant l'ensemble des projets.

L'activité doit être réalisée par des équipes comprenant de deux à quatre élèves. Dans un premier temps, l'enseignant demande aux élèves de déterminer les étapes qui pourraient être importantes dans la réalisation de leur activité. Dans un deuxième temps, les élèves doivent décrire les informations nécessaires à la construction de leur château. Après quelques discussions, il apparaît que deux domaines doivent être exploités pour mener à bien la réalisation de ce projet : univers social et mathématique, et science et technologie. L'enseignant demande aux élèves de trouver les compétences qui sont déjà maîtrisées et qui pourront servir à la réalisation de l'activité proposée. Il ressort des échanges que les élèves seront en mesure de trouver de l'information sur les châteaux dans les bases de données dans Internet, à la bibliothèque ainsi que dans des encyclopédies multimédias. Les élèves se rendent compte que la tâche sera difficile au moment de la construction. Ils constatent aussi qu'ils ne connaissent pas beaucoup de choses à propos des châteaux médiévaux, sauf ce qu'ils ont vu dans certains films.

Cette activité proposée par l'enseignant ne comporte pas beaucoup de contraintes, sauf la construction d'un château médiéval. Les élèves doivent présenter leur château en une page et indiquer les références utilisées. Les sources sont laissées à la discrétion des équipes, ainsi que le choix du type de château médiéval.

Une grille d'évaluation est remise aux équipes par l'enseignant, qui en profite pour expliquer les divers points importants à respecter tels que la description du château, la présentation de la page et l'indication des références. Il explique que cette évaluation sera complétée par une évaluation des membres des autres équipes.

## *Questions et réponses*

1) Dans la réalisation de cette activité, comment l'enseignant s'assure-t-il de l'activation des connaissances ? De quelle façon pourrait-il activer les connaissances des élèves en utilisant adéquatement les TIC ?

   Dans cette activité, ce sont les connaissances procédurales qui sont activées, et ce, d'une seule façon, soit lorsque l'enseignant demande aux élèves de déterminer les étapes menant à la réalisation de l'activité. Pour maximiser l'activation des connaissances, l'enseignant devrait aussi s'assurer que les élèves maîtrisent bien l'ensemble des termes utilisés. L'enseignant pourrait utiliser les TIC pour activer les connaissances des élèves et susciter la motivation. Dans ce cas-ci, une présentation *PowerPoint* coconstruite par l'enseignant et les élèves montrant les principaux concepts nécessaires au bon déroulement de l'activité pourrait être utilisée. En équipe de deux ou trois, les élèves pourraient ensuite visionner le document *PowerPoint* et interagir lorsque l'enseignant poserait des questions.

2) L'enseignant suscite-t-il adéquatement la motivation dans cette activité ? L'utilisation des TIC générerait-elle une plus grande motivation chez les élèves ? Si oui, de quelle façon ?

   Beaucoup d'élèves s'intéressent à tout ce qui a trait à la réalité de l'époque médiévale. On peut donc penser que l'activité proposée est signifiante, qu'elle a une valeur. Durant le processus de réalisation, les élèves abordent des concepts relatifs à l'histoire. Ils font des recherches sur les châteaux dans des bases de données dans Internet, à la bibliothèque ainsi que dans des encyclopédies multimédias.

## *Outils technologiques proposés*

Dans le présent cas, nous remarquons que l'utilisation des TIC peut favoriser l'action chez l'élève par la recherche dans Internet, la consultation d'encyclopédies multimédias, le traitement de texte, l'utilisation d'un logiciel de traitement d'images, l'emploi d'une caméra numérique, l'exploitation d'un logiciel d'édition HTML ainsi que l'exploitation d'un logiciel de transfert FTP. Elle crée un environnement dans lequel l'élève peut résoudre des problèmes, déplacer des objets, observer des réactions et analyser ces réactions. Les outils qui sont utilisés dans cette activité permettent à l'élève d'être actif au regard de ses apprentissages.

De plus, l'apprenant exploite les ressources disponibles dans Internet grâce à un navigateur Web et à des moteurs de recherche. Il est placé dans une situation d'apprentissage favorisant la consultation de *ressources* et de *références* par les TIC. L'élève doit chercher de l'information relative aux châteaux médiévaux à l'aide de moteurs de recherche et traiter de façon individuelle et collective cette information. Le cas amène une seconde situation d'apprentissage, celle des représentations mentales et de l'articulation des connaissances, parce que les informations recueillies dans Internet seront organisées par l'élève de manière qu'il se représente mentalement un château médiéval. Il présentera ensuite son travail au moyen d'une page Web, ce qui lui permettra d'établir des liens entre divers concepts unis par des relations plus ou moins complexes. Le cas des châteaux médiévaux mène donc à quatre utilisations pédagogiques de l'ordinateur recensées par Limbos (1999).

**Liens intéressants**

- Les châteaux médiévaux
  http://jeanmichel.rouand.free.fr/chateaux/
- Les châteaux du Moyen Âge
  http://library.thinkquest.org/C001514/francese/?tqskip1=1&tqtime=0626
- Château de Castelnaud
  http://www.castelnaud.com

## Deuxième cas: La fabrication de papier

### *Description du cas*

En cinquième année, un enseignant propose à ses élèves de fabriquer du papier. L'enseignant présente cette activité en mentionnant qu'elle permettra de couvrir plusieurs volets: la recherche d'informations, l'utilisation de technologies, la production et l'utilisation du papier ainsi que la présentation orale du projet réalisé.

L'enseignant prend le temps de bien décrire chacun des volets qui seront exploités pendant cette activité: le français, l'univers social, les sciences de la nature, les arts plastiques et les technologies. Lorsqu'il aborde la question des technologies, il mentionne aux élèves les logiciels qui seront utilisés dans le cadre de ce projet: un traitement de texte, un navigateur dans Internet et le logiciel de présentation *PowerPoint.*

L'enseignant décrit les rôles que chaque élève devra tenir tout le long de ce projet:

- travailler individuellement, en équipe et en collaboration;
- être responsable de ses apprentissages;
- utiliser des outils technologiques pour chercher de l'information, sélectionner l'information et fabriquer du papier;
- faire connaître les résultats du projet.

Il parle ensuite des rôles que lui-même tiendra:

- éveiller la curiosité des élèves;
- maintenir la motivation des élèves;
- guider les élèves dans leurs démarches d'apprentissage;
- agir comme médiateur afin que les élèves intègrent, utilisent et réinvestissent les informations recueillies.

Les étapes du projet sont présentées aux élèves. L'enseignant insiste sur le fait que la recherche d'informations sera effectuée parmi un certain nombre d'outils de référence déjà disponibles et ayant été présentés au tout début de l'activité. L'évaluation du projet sera faite par l'enseignant au cours de l'activité ainsi qu'au moment de la présentation orale de l'équipe.

## *Questions et réponses*

1) Dans la réalisation de cette activité, l'enseignant tient-il compte de l'étape de la contextualisation ? Comment les TIC favorisent-elles le déroulement de cette étape dans ce cas-ci ?

   La contextualisation est une étape importante dans l'enseignement stratégique et les TIC permettent d'accéder à des sources d'informations variées dans lesquelles les concepts sont présentés sous différents angles. Tardif (1999) mentionne que la valeur d'une information augmente quand cette information est perçue sous plusieurs angles. Dans ce cas-ci, l'enseignant permet à l'élève de donner un sens à la tâche qui sera accomplie. L'utilisation des TIC dans la phase de contextualisation permet donc à l'élève d'organiser et de traiter, avec l'aide de l'enseignant, les concepts abordés. Lorsque l'enseignant présente toutes les informations sans recourir à la participation de l'élève, celui-ci est passif et moins motivé. Dans le cas présent, l'enseignant peut présenter une liste de références commentées sur le Web que l'élève ira consulter avant d'amorcer son projet. L'élève commence donc immédiatement à organiser et à traiter des informations.

2) L'évaluation du projet pourrait-elle être bonifiée par l'utilisation des TIC ?

   L'enseignant pourrait proposer de créer un forum de discussion et d'utiliser le courriel pour faciliter la gestion du projet. Il remettrait alors une grille de participation au projet qui serait remplie par chacun des élèves et qui servirait à l'évaluation du projet. Cette grille permettrait d'évaluer une partie du travail effectué dans le cadre des échanges télématiques en cours de production.

## *Outils technologiques proposés*

L'utilisation pédagogique des TIC amène l'élève au centre d'un apprentissage authentique et met à sa disposition d'autres formes d'apprentissage et de communication. Les interventions pédagogiques consistent à rendre la séquence d'actions explicite et compréhensible pour que l'élève sache ce qu'il est nécessaire d'effectuer dans la démarche. L'enseignant place l'élève dans un contexte d'apprentissage différent, ce qui est un moyen de favoriser le transfert de connaissances dans des situations de la vie réelle. Plus précisément, nous parlons des outils des catégories 1 (relatifs à l'écrit), 2 (relatifs aux représentations mentales) et 4 (de recherche et de consultation).

**Liens intéressants**

- Le papier
  http://www.aifq.qc.ca/index.html
  http://www.zaclola.com/ref/papier/papier.htm
- Ressources naturelles, faune et parcs
  http://www.mrn.gouv.qc.ca/
- La forêt au cœur de mon apprentissage
  http://www.aifq.qc.ca/francais/publication/DocPedagFra.pdf

## Troisième cas : Le parlement canadien

### Description du cas

Un enseignant d'histoire de la quatrième année du secondaire propose à ses élèves une activité sur le parlement canadien. Le projet est divisé en deux parties : la préparation d'une visite au parlement canadien et la collecte d'informations au cours de la visite. Dans un premier temps, les élèves doivent chercher des informations sur le parlement canadien, sur son histoire, sur ses fondements, sur son architecture, etc. Un document devra être remis par les équipes de travail deux semaines avant la visite ; il comprendra la planification de la visite, la liste des photographies à prendre ainsi que la description des informations à recueillir. L'enseignant transmet aux élèves les consignes relatives au premier travail.

Au cours de la visite, les équipes seront invitées à prendre des photographies du bâtiment, photographies qui seront ensuite utilisées dans la production d'un site Web et la confection du rapport final. Les photographies seront prises à l'aide d'appareils numériques empruntés à l'école par l'enseignant. Les élèves semblent embêtés par le fait qu'il n'y a que deux appareils photographiques pour 27 élèves.

### Questions et réponses

1) Relativement à cette activité, que peut faire l'enseignant pour éviter la démotivation des élèves devant l'ampleur de la tâche à accomplir ?

   Compte tenu du temps dont les élèves disposent, les tâches proposées par l'enseignant sont trop complexes et risquent d'être perçues comme telles par les élèves. Concernant la préparation de la visite, le délai pour produire le rapport est court et le nombre d'informations exigées est considérable. Ensuite, les élèves auront une énorme banque de photographies et d'informations à numériser dans un laps de temps trop court. Leur motivation risque donc d'être affectée par les contraintes de cette tâche et, surtout, par le manque de matériel nécessaire à la réalisation du projet (il n'y a que deux appareils photographiques). Il serait donc souhaitable que cette situation d'apprentissage soit amorcée plus tôt de façon que les élèves sentent qu'ils peuvent réaliser ce qui leur est proposé.

   Par contre, l'utilisation d'outils technologiques comme Internet, la création d'une page Web, l'utilisation d'un appareil numérique et d'un numériseur, entre autres, peuvent motiver certains élèves, qui feront alors beaucoup d'efforts afin d'être bien préparés pour cette visite du parlement canadien. La maîtrise de ces outils, pour plusieurs, peut être perçue comme ayant de la valeur.

2) Comment l'enseignant pourrait-il permettre aux élèves d'activer leurs connaissances dans le cadre de ce projet en utilisant les TIC ?

   Dans ce cas, l'enseignant ne permet pas l'activation des connaissances des élèves car ils commencent immédiatement avec la description du projet.

   L'enseignant peut ici jumeler deux aspects : susciter la motivation des élèves en réduisant la tâche à accomplir et permettre l'activation de leurs connaissances à l'aide d'un questionnaire à remplir sur le Web dont les réponses compilées seront présentées à l'ensemble des élèves. L'enseignant peut réduire la quantité de travail préparatoire en suggérant une liste de sites Web traitant du parlement canadien, après la passation du questionnaire servant à activer les connaissances. Le questionnaire peut être élaboré à l'aide d'un logiciel comme *Hot Potatoes.*

### *Outils technologiques proposés*

Dans cette activité, l'enseignant propose aux élèves de chercher de l'information à l'aide d'outils tels qu'Internet, des encyclopédies multimédias et des livres. Les informations sélectionnées devront être organisées collectivement, avec le consentement de chacun des membres de l'équipe. L'outil d'édition HTML servant à créer des pages Web permet aux élèves de pratiquer une activité de représentation et d'organisation mentale des connaissances. Les logiciels d'édition HTML rendent possibles la création et le renforcement de liens entre divers concepts, et permettent également de faire ressortir ces liens.

**Liens intéressants**

- Colline du parlement
  http://www.parliamenthill.gc.ca/
- Renseignements intéressants sur le parlement canadien
  http://www.parl.gc.ca/information/about/people/key/Trivia/trivia.asp?lang=F
- Parlement canadien
  http://www.parl.gc.ca/

Sans être lié à l'un des cas de façon spécifique, l'encadré ci-dessus propose d'autres liens pertinents quant aux divers outils pédagogiques susceptibles d'être mis à contribution dans une situation d'apprentissage stratégique.

### *D'autres outils technologiques*

**Autres liens intéressants**

- Traitement de texte
  Téléchargement de la suite en bureautique gratuite OpenOffice
  http://fr.openoffice.org/about-downloads.html
- Bureautique
  Plusieurs guides sont offerts au grand public sur le site Web ÉduTIC Mauricie ; ils peuvent être utilisés en classe (*Word, Excel, PowerPoint, Photoshop,* etc.).
  http://edutic.uqtr.ca/index.php?no_fiche=13
- Création de questionnaires
  *Hot Potatoes* est un logiciel qui permet de créer des questionnaires à choix multiples, à réponses courtes, des textes troués, des mots croisés et des phrases mélangées. Cet outil est gratuit et on peut l'utiliser pour construire des activités formatrices pour les élèves.
  http://web.uvic.ca/hrd/halfbaked/
- Traitement d'images
  *Paint Shop Pro*
  *The Gimp* (gratuit)
  http://fr.jasc.com/catalog.asp
  http://www.gimp.org/download.html
- Transfert de fichiers
  *Filezilla* permet de transférer vos fichiers de votre ordinateur à votre compte FTP.
  http://filezilla.sourceforge.net/

## Scénario pédagogique intégrant les TIC : la création d'une base de données collective

La base de données est définie comme un logiciel-outil. Legendre (1993) considère ce dernier comme un « logiciel qui permet l'exploitation de savoirs et d'habiletés par le sujet » (ici l'élève). En d'autres mots, une base de données est un outil de stockage et de traitement de l'information. Elle est principalement composée d'un ensemble de fiches dotées de la même structure ; cette structure permet à l'usager d'y insérer des informations et, par la suite, de s'y référer selon ses propres critères de sélection et de consultation.

Inspirée du référentiel de planification stratégique de Presseau, Tremblay, Roy et Binette (2003), la planification que nous proposons ici a été quelque peu modifiée pour y insérer des éléments relatifs à l'intégration des TIC. L'élaboration du scénario pédagogique proposé favorise l'approche par projet, qui repose principalement sur trois étapes : la préparation, la réalisation et le transfert.

La préparation d'une activité intégrant les technologies suppose, en premier lieu, que l'enseignant prenne le temps d'effectuer un choix adéquat d'outils au regard des connaissances et des compétences à développer. Par exemple, lorsque l'enseignant désire développer des habiletés en recherche d'informations, des outils technologiques comme les bases de données, les moteurs de recherche dans Internet et les encyclopédies sont à privilégier. D'autre part, comme le mentionnent Howden et Kopiec (2002), il faut accorder du temps aux élèves pour qu'ils forment leur propre compréhension des concepts présentés.

## Un exemple de planification

Le scénario suivant propose un projet : la création d'une base de données collective. Il est conçu pour une classe régulière du 2e cycle du primaire. Les élèves, âgés de 10 et 11 ans, doivent travailler en équipe.

La base de données collective consiste en la création de fiches représentant des animaux. Les différentes fiches construites par chacune des équipes constitueront un fichier commun que l'ensemble de la classe pourra consulter. Pour créer cette base de données collective, les élèves devront effectuer un travail de recherche d'informations, classifier ces informations et, par la suite, présenter au groupe et aux élèves de l'école le fruit de leur recherche.

**Tableau 5.2 Un exemple de planification : La création d'une base de données collective**

<table>
<tr><td>Compétences disciplinaires</td><td>Familiariser l'élève avec le monde animal</td><td>Permettre à l'élève d'utiliser l'ordinateur pour réaliser un projet</td><td>Faire reconnaître des caractéristiques des animaux et des liens que l'élève a avec le monde animal</td></tr>
<tr><td>Compétences transversales</td><td>D'ordre intellectuel :<br>• exploiter l'information ;<br>• mettre en œuvre sa pensée créatrice.</td><td>D'ordre méthodologique :<br>• employer des méthodes de travail efficaces ;<br>• exploiter les TIC pour faire des apprentissages.</td><td>De l'ordre de la communication :<br>• planifier une communication ;<br>• réaliser une communication.</td></tr>
<tr><td>Domaine général de formation</td><td colspan="3">Science de la nature</td></tr>
<tr><td>Productions attendues</td><td colspan="3">Production écrite (production de différentes fiches) et présentation orale</td></tr>
<tr><td>Préparation</td><td colspan="3">Pour assurer le bon déroulement du projet, la participation active de toute la classe est requise. Le travail d'équipe est favorisé dans la collecte des informations et l'utilisation des ordinateurs.<br>Les élèves ont besoin de connaître les fonctions de base du logiciel ClarisWorks, d'Internet et du logiciel de présentation PowerPoint.<br>• Activation des connaissances antérieures<br>– Connaissances déclaratives : effectuer une tempête de mots pour accumuler les noms des différents animaux qui feront partie de la base de données.<br>– Connaissances procédurales : vérifier si les élèves savent comment utiliser les fonctions de base des différents logiciels et d'Internet.<br>– Au besoin, prévoir une petite formation ou constituer des équipes en fonction de la variété et du niveau d'expérience technologique des élèves.<br>• Mobilisation des compétences transversales et disciplinaires<br>– Quelles compétences les élèves ont-ils pour exploiter l'information ?<br>– Quelles compétences les élèves ont-ils pour mettre en œuvre leur pensée créatrice ?<br>– Quelles compétences les élèves ont-ils pour utiliser des méthodes de travail efficaces ?<br>– Quelles compétences les élèves ont-ils pour exploiter les TIC leur permettant de faire des apprentissages (rechercher dans Internet, utiliser les fonctions de base des logiciels ClarisWorks et PowerPoint) ?<br>– Quelles compétences les élèves ont-ils pour planifier une communication ?<br>– Quelles compétences les élèves ont-ils pour réaliser une communication ?<br>• Conscience du besoin d'en connaître davantage<br>Sensibiliser les élèves à la nécessité de suivre les étapes pour créer la base de données et pour communiquer oralement :<br>1. la recherche d'informations sur les principales caractéristiques des animaux mentionnées pendant la tempête de mots ;<br>2. la sélection de l'information dans Internet ;<br>3. la production de chacune des fiches pour les différents animaux ;<br>4. la détermination des critères de recherche qui serviront à la consultation ultérieure de la base de données ;<br>5. la communication au groupe et aux autres élèves de l'école.</td></tr>
</table>

**Tableau 5.2 Un exemple de planification : La création d'une base de données collective *(suite)***

| | |
|---|---|
| Préparation (suite) | *Motivation des élèves*<br>Faire prendre conscience aux élèves du fait que la création d'une base de données en fonction des principales caractéristiques des animaux favorise leur connaissance du règne animal, les familiarise avec l'utilisation d'une base de données et avec la recherche dans Internet et, finalement, leur permet de présenter à l'extérieur de la classe, à la bibliothèque, par exemple, leur base de données. |
| Réalisation | • *Types de tâches proposées*<br>La création de la base de données exige des élèves qu'ils rassemblent les animaux dans des catégories selon certaines caractéristiques communes (groupement) et qu'ils les classent par séries selon un ordre d'importance déterminé (sériation). La structuration de groupements qualitatifs constitue une opération qui relève de l'intelligence logicomathématique. Finalement, les élèves devront faire connaître oralement leur création.<br>• *Types d'enseignement*<br>– En grand groupe pour la tempête de mots<br>– En équipe pour la recherche de l'information sur les animaux, pour la création des fiches et pour l'élaboration de la communication orale<br>• *Outils d'évaluation*<br>La base de données réalisée et la production orale<br>• *Soutien*<br>– Pratique guidée<br>– Durant la création de la base de données, l'enseignant assiste les élèves et leur fournit régulièrement une rétroaction. |
| | Minileçons sur les savoirs essentiels<br>Le projet nécessite des habiletés technologiques de base ; il est possible que certains élèves aient besoin d'acquérir de nouvelles connaissances pour être capables de réaliser le projet. Il faut prévoir de petites formations portant sur les logiciels utilisés et exploiter les connaissances des élèves expérimentés. |
| Transfert | • *Décontextualisation*<br>Faire prendre conscience aux élèves de leurs apprentissages :<br>– « Qu'as-tu appris de nouveau sur les animaux ? sur les technologies ? »<br>• *Recontextualisation hypothétique*<br>Permettre aux élèves de réutiliser les connaissances et les compétences développées grâce au projet :<br>– « Dans quels contextes pourras-tu avoir besoin de créer une autre base de données ? »<br>– « Au lieu des animaux, que pourrais-tu choisir pour créer une autre base de données ? »<br>• *Clôture*<br>Questionnaire oral :<br>– « Qu'as-tu aimé de ce projet de création d'une base de données ? »<br>– « Qu'est-ce qui t'a semblé difficile ? Pourquoi ? Comment as-tu fait pour surmonter les difficultés (mise en commun avec les autres élèves) ? »<br>– « Si tu avais à le refaire, que changerais-tu ? » |

## Références

Howden, J., et M. Kopiec (2002). *Cultiver la collaboration : un outil pour les leaders pédagogiques,* Montréal, Les Éditions de la Chenelière.

Karsenti, T., L. Savoie-Zajc et F. Larose (2001). « Les futurs enseignants confrontés aux TIC : changements dans l'attitude, la motivation et les pratiques pédagogiques », *Éducation et francophonie,* vol. XXIX, n° 1, *Le renouvellement de la profession enseignante : tendances, enjeux et défis des années 2000,* [en ligne] http://www.acelf.ca/revue/XXIX-1/articles/03-Karsenti.html (10 novembre 2003).

Larose, F., R. David, S. Lafrance et J. Cantin (1999). « Les technologies de l'information et de la communication en pédagogie universitaire et en formation à la profession enseignante : Mythes et réalités », *Éducation et francophonie,* vol. XXVII, n° 1, *Perspectives d'avenir en éducation,* [en ligne] http://acelf.ca/revue/ XXVII/articles/Larose.html (10 novembre 2003).

Lebrun, M. (1999). *Des technologies pour enseigner et apprendre : Perspectives en éducation,* Bruxelles, De Boeck Université.

Lebrun, N., et S. Berthelot (1996). *Plan pédagogique : une démarche systématique de planification de l'enseignement,* Bruxelles, Éditions Nouvelles, De Boeck Université.

Legendre, R. (1993). *Dictionnaire actuel de l'éducation,* 2e éd., Montréal, Guérin.

Limbos, B. (1999). « Essai de classification des Utilisations Pédagogiques de l'Ordinateur selon cinq situations d'apprentissage », *Dossiers pédagogiques,* Bruxelles, Fédération de l'Enseignement Fondamental Catholique.

Tardif, J. (1992). *Pour un enseignement stratégique,* Montréal, Éditions Logiques.

Tardif, J., et A. Presseau (1998). *Intégrer les nouvelles technologies de l'information : Quel cadre pédagogique ?,* Paris, Éditions sociales françaises.

Tardif, J., et Y. Ouellet (1995). « Vers un plus haut degré de professionnalisation : un scénario d'interventions avec des enseignants du primaire et du secondaire », *Cahiers de la recherche en éducation,* vol. 2, n° 1, Université de Sherbrooke, Éditions de CRP, p. 57-88.

UMUC – Verizon (Virtual Resource Site for Teaching with Technology.), [en ligne], http://www.umuc.edu/virtualteaching/ (10 novembre 2003).

# CHAPITRE 6
# LE TRAVAIL EN ÉQUIPE DANS L'ESPRIT DE L'ENSEIGNEMENT STRATÉGIQUE

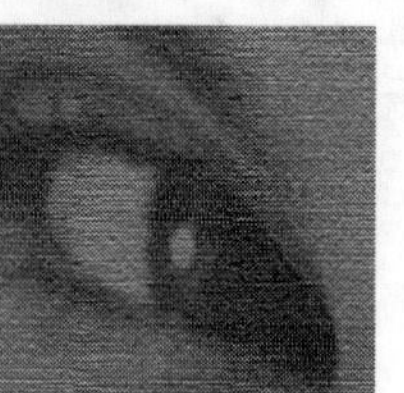

*Annie Presseau et Stéphane Martineau*

De tout temps, les enseignants ont eu recours à l'enseignement en petit groupe. Par exemple, les dialogues socratiques, rapportés par Platon il y a de cela plus de 2500 ans, nous rappellent que la pratique du travail en équipe (qui prenait, à l'époque, la forme de discussions en petit groupe) remonte très loin dans l'histoire de l'éducation (Marrou, 1948). Au cours du XX^e^ siècle, différents chercheurs se sont préoccupés du rôle de la dimension sociale dans le développement et dans l'apprentissage. Vygotsky et Piaget sont, sans contredit, parmi ceux qui ont le plus influencé la recherche dans ce domaine. Leurs travaux, et surtout ceux de leurs successeurs (Perret-Clermont, Gilly, Doise, Mugny, par exemple), ont eu diverses répercussions sur le plan pédagogique. Ce n'est toutefois que depuis une cinquantaine d'années qu'un intérêt spécifique s'est manifesté – notamment en psychologie – pour la compréhension du fonctionnement et de la dynamique des petits groupes, comme en font foi les travaux de Mucchielli (1967; 1973), pour ne citer que ce pionnier dans le monde francophone. Cependant, il faudra attendre les années 1980 pour qu'une réflexion pédagogique se développe véritablement au sujet du travail en équipe. Plus récemment, les travaux de Cohen (1994) ont non seulement fait progresser notre compréhension du travail en équipe, mais ils ont aussi amélioré notre capacité d'intervenir en tant que pédagogues éclairés.

Lorsque l'on parcourt la documentation existante sur le travail en équipe, on constate rapidement qu'il existe un large éventail de formules possibles et un grand nombre de principes théoriques. On ne peut donc reprendre ici chacun des fondements théoriques de chacune des approches. Le lecteur intéressé à approfondir sa connaissance d'une formule pédagogique spécifique trouvera à la fin de ce chapitre des références utiles à ce propos (voir page 115). Dans les pages qui suivent, nous nous contenterons de mettre en évidence les liens entre le travail en équipe et les caractéristiques de l'enseignement stratégique. Pour ce faire, nous tenterons de répondre aux questions suivantes : en quoi le travail en équipe est-il susceptible de favoriser l'apprentissage des élèves ? Quelles formes de travail d'équipe semblent le plus susceptibles de favoriser l'apprentissage ? Quels aspects de l'enseignement stratégique peuvent contribuer à une exploitation judicieuse de cette formule pédagogique ?

Ce chapitre fournit d'abord au lecteur divers points de repère généraux au sujet du travail en équipe. Nous enchaînons ensuite avec la présentation d'un réseau des principales notions qui seront traitées dans ce chapitre, puis avec la description du cas de l'enseignante Claudèle-Anne. Par les questions que suscite la réflexion sur les choix pédagogiques de cette enseignante, plusieurs facettes de l'enseignement stratégique sont abordées. La discussion sur le cas de Claudèle-Anne amène le lecteur à examiner plus particulièrement deux des formes de cet enseignement: l'apprentissage coopératif et l'enseignement réciproque. Le chapitre se termine par un retour sur les éléments qui nous semblent les plus importants à retenir.

## Quelques points de repère pour bien se comprendre

S'il est exclu que nous nous étendions longuement sur les théories à la base du travail en équipe, il nous apparaît néanmoins nécessaire, pour les besoins de notre exposé, de fournir une définition succincte de ce qu'est ce travail. C'est à Jean Proulx (1999, p. 37) que nous l'empruntons. Ce dernier définit le travail en équipe comme «une activité d'apprentissage, limitée dans le temps, par laquelle deux ou plusieurs apprenants exécutent ensemble et sous un mode interactif une ou des tâches plus ou moins structurées dans le but d'atteindre un ou des objectifs préalablement déterminés». Cette définition, si elle peut paraître à certains trop générale, a, en fait, le mérite d'englober une multitude de formules pédagogiques et d'approches éducatives, allant du travail en dyade par appariement à l'apprentissage coopératif, en passant par les groupes de discussion et l'enseignement réciproque. Pour Cohen (1994, p. 1), le travail de groupe consiste en «une situation où des élèves travaillent ensemble dans un groupe suffisamment petit pour que chacun puisse participer à la tâche qui lui a été clairement assignée». Que l'on parle de travail en équipe ou de travail en groupe, cette formule pédagogique se caractérise, d'une part, par le fait que l'enseignant doit déléguer une partie de son autorité et, par conséquent, responsabilise les élèves dans leur apprentissage et, d'autre part, par le fait que la tâche ne peut être assumée par un seul élève. L'interdépendance positive entre les membres d'un même groupe devient ainsi un critère important.

En nous référant encore à Cohen (1994), nous pouvons déterminer les deux principes fondamentaux desquels découleront les interventions à mener.

- Il est nécessaire que la tâche d'apprentissage proposée aux élèves fasse appel à des processus cognitifs complexes: conceptualisation, résolution de problèmes, pensée critique, etc. Ce n'est donc pas le moment d'exiger la mémorisation ou l'application d'une règle, par exemple.
- Chaque groupe d'élèves doit obligatoirement disposer des ressources nécessaires à la réussite de la tâche. Par ressources, nous entendons, notamment, les compétences intellectuelles, la maîtrise du vocabulaire, l'information appropriée, des directives claires et précises, et le matériel requis.

Par ailleurs, il nous importe de spécifier que le travail en équipe, dans ce chapitre, est considéré à la fois comme une stratégie d'apprentissage et comme un objet d'apprentissage. Il est perçu comme une stratégie dans la mesure où il peut, s'il est bien exploité, favoriser la construction de connaissances et le développement de compétences disciplinaires ou transversales. Cependant, il constitue aussi un objet d'apprentissage puisqu'il est basé sur la coopération, laquelle est une compétence que l'on doit développer tout le long du parcours scolaire des élèves.

**Figure 6.1 Réseau des principales notions abordées dans ce chapitre**

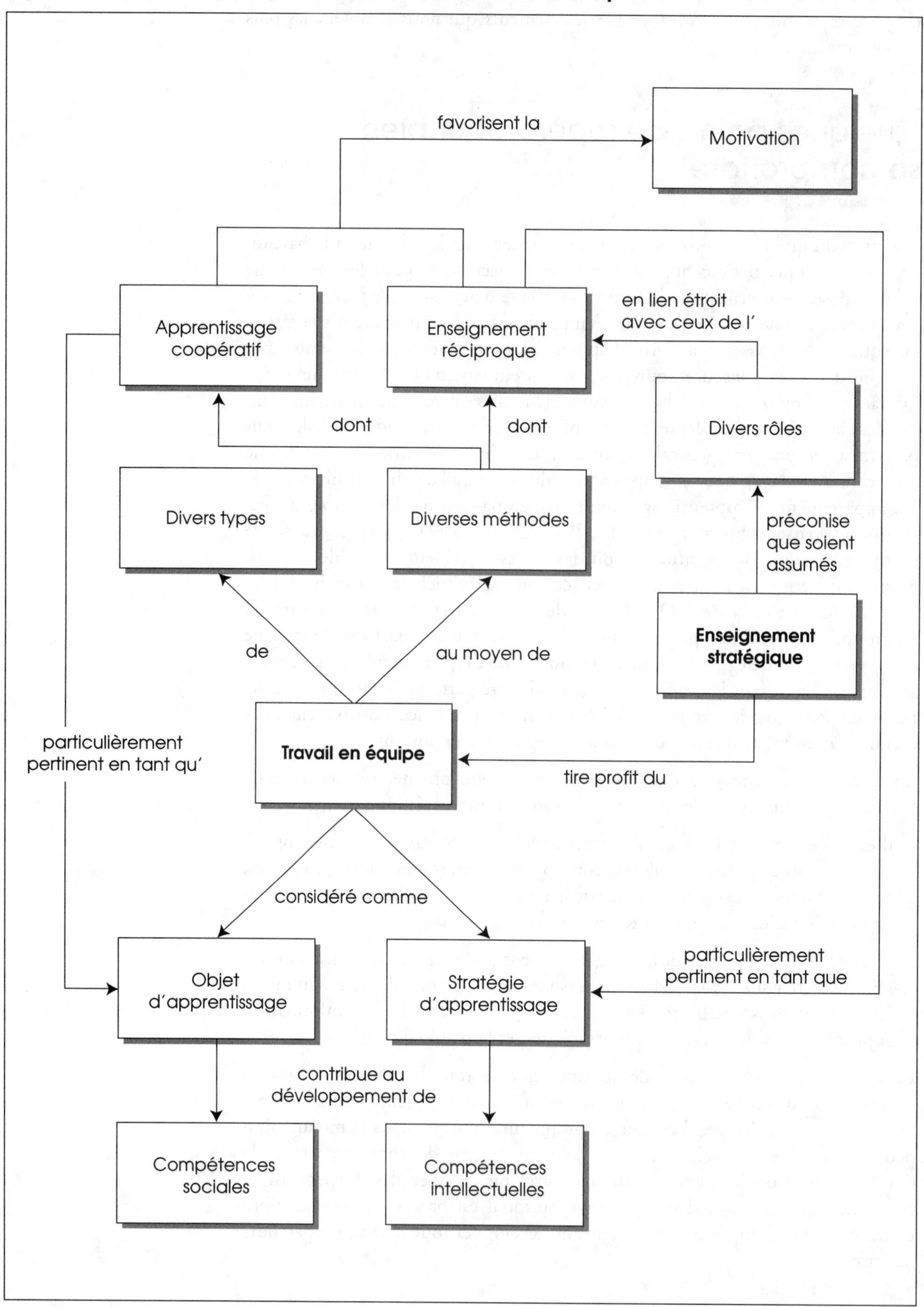

## Le cas de Claudèle-Anne

Claudèle-Anne enseigne le français en quatrième année du secondaire et elle fait travailler ses élèves sur le roman. Pour ce faire, elle recourt au travail en équipe. Elle divise sa classe de 30 élèves en 6 équipes de 5 apprenants. Chaque équipe se voit assigner une œuvre particulière issue de la plume d'un auteur québécois. Claudèle-Anne prend soin de choisir des œuvres de qualité, représentatives de la littérature francophone au Québec et publiées à différentes époques. Elle souhaite que ses élèves analysent la façon dont la question de la famille a été traitée par les auteurs. Elle poursuit différents objectifs. Au chapitre des compétences transversales, l'expérience permettra le développement de deux compétences d'ordre intellectuel, soit l'exploitation de l'information et la mise en œuvre de la pensée créatrice, le développement d'une compétence d'ordre méthodologique, se donner des méthodes de travail efficaces, et le développement de deux compétences d'ordre personnel et social, la coopération et la communication. En ce qui concerne les connaissances, la tâche vise à amener les élèves à mieux connaître la littérature québécoise et l'un de ses thèmes majeurs, la famille. Elle permettra de cerner l'évolution du traitement de ce thème et de comprendre la littérature comme expression et miroir de la société.

Pour débuter, l'enseignante souhaite activer les connaissances antérieures des élèves qui portent sur deux objets : le roman québécois et la famille. Claudèle-Anne commence par interroger les élèves sur leurs lectures : « Quelles sont vos habitudes de lecture ? » ; « Qui a déjà lu un roman québécois ? » ; « Avez-vous déjà entendu parler d'un auteur québécois ? En avez-vous déjà rencontré un ? » Quant à la question de la famille, l'enseignante demande à chacun de décrire la sienne. Elle souhaite aussi entendre les élèves parler de leurs perceptions de l'évolution de cette institution dans la société québécoise. Enfin, elle leur demande de dépeindre ce qui serait, pour eux, la famille idéale.

Les élèves lisent tous le roman assigné à leur équipe. L'enseignante leur demande ensuite de rédiger, en équipe, un texte collectif où ils présenteront le point de vue de l'auteur sur la question de la famille. Elle dresse une liste de tâches que les élèves doivent accomplir.

- Dresser la liste des membres de la famille et tracer un bref portrait de chacun.
- Présenter les événements marquants que vivent les membres de cette famille.
- Analyser l'état des relations entre les membres de la famille.
- Dégager la vision de la famille – en tant qu'institution sociale – proposée par l'auteur.

À l'issue de ce projet, les élèves remettent un travail écrit et font une présentation orale de 15 minutes devant toute la classe.

* * *

Claudèle-Anne est assez satisfaite du résultat. En effet, les équipes ont produit des travaux écrits de bonne qualité et les présentations orales ont été, dans l'ensemble, relativement intéressantes. Elle souhaite donc reprendre cet exercice l'année suivante, mais compte y apporter des améliorations. Elle veut, notamment, mieux préparer les élèves au travail en équipe et les encadrer plus adéquatement pendant les séances en classe au cours desquelles ils sont au travail. De plus, elle envisage de soutenir plus fermement la préparation des présentations orales.

# À propos du cas de Claudèle-Anne

## *Comment Claudèle-Anne aurait-elle pu préparer ses élèves à travailler en équipe ?*

Une erreur fréquente que nous faisons tous en tant qu'enseignants lorsque nous recourons à la formule pédagogique du travail en équipe est de considérer cette formule comme un élément déjà maîtrisé par les élèves. Or, c'est rarement le cas, et ce, même si les élèves ont déjà été mis en situation de travail en petit groupe. Afin de nous assurer d'une efficacité maximale de la formule pédagogique, nous devons, idéalement, suivre certaines directives.

Premièrement, il faut déterminer des visées claires en ce qui concerne la production que les élèves doivent réaliser et, aussi, l'organisation du travail à l'intérieur de chaque équipe. Ainsi, il faut veiller à ce qu'un rôle soit attribué à chacun dans les équipes et voir à ce que tous aient des tâches précises à accomplir. Il faut également préciser les modalités des interactions entre les membres. Cela prendra, notamment, la forme de l'expression de nos attentes en matière de respect et de valorisation des idées et du travail de chacun, et de suggestions de stratégies de résolution des différends qui peuvent survenir entre les coéquipiers. Autrement dit, il s'agit de bien déterminer les différentes fonctions des élèves, qui consistent à :

a) adopter des attitudes positives propices au travail en équipe, comme l'ouverture aux autres, le respect envers les pairs et leurs idées, l'écoute active, la solidarité, la confiance en soi ;

b) adopter des comportements propices au travail en équipe, soit ceux qui favorisent la poursuite d'un but commun, l'engagement dans le travail, le partage des tâches, la capacité d'adaptation et l'autorégulation.

Deuxièmement, il faut veiller à constituer des équipes de force équivalente qui regroupent des élèves aux compétences variées. Cela exige, il va sans dire, une bonne connaissance de ses élèves. Par conséquent, il est préférable de ne pas avoir recours au travail en équipe trop tôt dans l'année scolaire, alors qu'on connaît encore mal ses élèves.

## *Qu'aurait pu faire Claudèle-Anne pour encadrer de manière plus satisfaisante ses élèves tout le long de la réalisation de la tâche ?*

Dans un ouvrage relativement récent, Proulx (1999) décrit quatre fonctions qui doivent être assumées par l'enseignant qui utilise la formule du travail en équipe dans sa classe. Ces quatre fonctions sont :

- planifier : les objectifs ou compétences, les procédures, les modalités d'évaluation ;
- contrôler : observer, gérer, évaluer le fonctionnement ;
- animer : motiver, susciter et maintenir un bon climat de travail ;
- soutenir : résumer, clarifier, suggérer.

Il est relativement aisé d'établir ici un parallèle entre ces quatre fonctions et certains des rôles de l'enseignant tels qu'ils sont définis dans le cadre de l'enseignement stratégique, à savoir ceux de penseur, de preneur de décisions, de médiateur, d'entraîneur et de motivateur. Pour une présentation détaillée de ces divers rôles, le lecteur se reportera au chapitre 2 de cet ouvrage.

### Quelles caractéristiques l'enseignant peut-il retenir pour constituer les équipes ?

L'ouvrage déjà cité de Jean Proulx, paru en 1999, nous apprend qu'il existe plusieurs types de travail en équipe. Sans reprendre de manière exhaustive les propos de cet auteur, nous en donnerons tout de même un bref aperçu.

Nous pouvons classer les types de travail en équipe en fonction de la nature des petits groupes que nous formons dans notre classe. Plusieurs choix s'offrent donc à nous, et nous devrons prendre certaines décisions en fonction des visées éducatives poursuivies. Nous aurons donc à décider si nous optons pour la constitution d'équipes :

- nombreuses (6 élèves et plus) ou restreintes (5 élèves et moins) ;
- permanentes (pour la durée d'une session, voire d'une année) ou temporaires (pour la seule durée d'une activité d'apprentissage spécifique) ;
- homogènes (au sein de chaque équipe, les élèves sont semblables) ou hétérogènes (au sein de chaque équipe, les élèves présentent des différences relativement marquées) ;
- définies (le choix des membres repose sur certains critères prédéfinis tels que, par exemple, un nombre égal de garçons et de filles dans chaque équipe) ou indéfinies (il n'y a pas de critères particuliers à satisfaire dans la constitution des équipes) ;
- *intra-muros* (les élèves n'ont pas à réaliser des tâches en équipe en dehors de la salle de classe) ou *extra-muros* (une partie du travail exigé se fait en dehors des périodes de présence en classe).

Bien entendu, les choix se feront en fonction de la nature et des caractéristiques du groupe, du type de travail exigé, du genre de situation pédagogique mise en place, voire, dans certains cas, des préférences personnelles de l'enseignant.

### En quoi l'apprentissage coopératif aurait-il pu être une stratégie pédagogique pertinente pour Claudèle-Anne dans la situation d'apprentissage qu'elle a mise en place ?

Pour répondre à cette question, nous devons d'abord décrire les principales caractéristiques de l'apprentissage coopératif. Nous enchaînerons avec les rôles respectifs des élèves et de l'enseignant, puis avec les caractéristiques des tâches proposées aux élèves.

### Description

L'apprentissage coopératif est un modèle d'enseignement qui, de par son mode de fonctionnement, privilégie la coopération entre les élèves. Teasley et Roschelle (1993) établissent une différence entre la résolution de problèmes en collaboration et la résolution de problèmes en coopération. Pour ces auteurs, le travail en coopération suppose une subdivision du travail entre les élèves, alors que ce n'est pas forcément le cas en contexte de collaboration. Cette division du travail se fait à l'intérieur de structures préétablies (Kegan, 1990, p. 12). Ces structures sont essentiellement des modes d'organisation des interactions sociales entre les élèves, modes qui créent une forme d'interdépendance positive entre eux. Ces structures deviennent, par le fait même, des outils pour les enseignants et pour les élèves. Nous présentons, à titre d'exemple, la *structure jigsaw*, certes l'une des plus populaires, qui a généré de nombreuses variations et qui illustre bien, selon nous, la dynamique de l'apprentissage coopératif : dans cette structure, chaque membre d'une équipe devient un expert dans un domaine particulier et est amené à travailler avec les experts dans ce domaine des autres équipes de la classe. Lorsque les experts reviennent au sein de leur équipe initiale, ils enseignent à leurs collègues, à tour de rôle, ce qu'ils ont appris dans leur champ d'expertise. De très nombreuses recherches, menées un peu partout dans le monde depuis quelques décennies, ont permis l'élaboration de structures fort diversifiées et adaptées aux cultures particulières des pays engagés dans ces recherches. Ces structures sont, par définition, vides de contenu : elles se veulent suffisamment générales pour être appliquées dans des situations réunissant des élèves de différents âges et relatives à différentes disciplines. Il est avantageux que les élèves en connaissent une grande variété. Idéalement, une même situation d'apprentissage doit comporter plusieurs structures.

En ce qui a trait aux objectifs et aux intérêts des travaux menés en enseignement coopératif, il ressort qu'une place de choix est accordée aux valeurs sociales en tant que contenu et en tant qu'objet d'apprentissage. Comme l'expliquent Adams et Hamm (1990, p. 4), « la mission d'un système éducatif au sein d'une démocratie requiert d'aider tous les élèves à développer leurs capacités intellectuelles, leur civisme, une compréhension des traditions humaines et scientifiques et une pensée critique » (traduction libre). Les structures mises en place servent, de fait, à favoriser l'acquisition de comportements sociaux adéquats (Kagan, 1990).

### *Les rôles des élèves*

Bien qu'il existe plusieurs variantes des structures élaborées par les tenants de l'apprentissage coopératif, toutes respectent un principe commun : d'une part, les buts poursuivis par les élèves doivent être des buts collectifs, et, d'autre part, chaque élève est responsable du succès ou de l'échec de son groupe (Slavin, 1990). Par ailleurs, l'une des caractéristiques de l'apprentissage coopératif réside dans l'adoption spontanée de différents rôles complémentaires joués ouvertement par les élèves. Par l'adoption de ces rôles, le groupe sert de soutien à l'argumentation de ses membres, mais il est également générateur de conflits, puisque des arguments opposés sont aussi présentés et défendus par les membres de l'équipe (Brown et Palincsar, 1989, p. 398). Ce mode de fonctionnement favorise également l'instauration d'un climat propice à l'essai et à l'erreur ; il s'agit d'un environnement sain pour poser des questions, pour exprimer son opinion et pour prendre des risques (Adams et Hamm, 1990, p. 12).

### *Les rôles de l'enseignant*

L'enseignant doit planifier et analyser des séquences d'enseignement qui permettent de mettre en place une grande variété de structures, compte tenu de leur complémentarité. De plus, il a la responsabilité d'organiser sa classe, c'est-à-dire de distribuer des tâches aux élèves et de leur proposer des situations d'apprentissage. Il doit aussi enseigner des habiletés sociales, en encourageant, notamment, l'interdépendance positive entre élèves. Son attitude doit également stimuler le développement de la créativité et de la pensée critique des élèves (Adams et Hamm, 1990), être positive par rapport à l'erreur et ouverte quant aux différences individuelles. L'enseignant qui favorise l'apprentissage coopératif doit finalement responsabiliser les élèves dans leurs apprentissages cognitifs et sociaux.

En raison de la nature des interventions privilégiées entre les élèves, soit des comportements axés sur l'entraide et sur la coopération, il va de soi que la reconnaissance que l'enseignant témoigne à ses élèves porte sur les apprentissages ou sur la performance du groupe, et non sur les réalisations individuelles (Slavin, 1989, p. 231).

### *Caractéristiques des tâches*

Les tâches proposées aux élèves placés en situation d'apprentissage coopératif sont des tâches de résolution de problèmes complexes, qui exigent parfois que beaucoup de latitude soit laissée aux élèves et qui nécessitent l'engagement de tous les membres de l'équipe, chacun étant considéré comme une ressource unique. En effet, chaque membre est responsable de sa partie du problème, mais a absolument besoin des parties des autres pour parvenir à un tout complet et cohérent. Dans cette perspective, les tâches sont choisies dans le but de permettre la construction de connaissances et de développer des compétences intellectuelles, et aussi dans le but de favoriser le développement de compétences sociales.

Dans le cas de la situation d'apprentissage proposée par Claudèle-Anne à ses élèves, il semble que l'apprentissage coopératif aurait pu être pertinent et qu'il aurait pu favoriser le développement de compétences sociales. L'apprentissage coopératif apparaît incontestablement comme un moyen privilégié de développer diverses compétences, particulièrement celles d'ordre social, étant donné les nombreux dispositifs mis en place à cette fin.

D'après l'ensemble des chercheurs qui s'intéressent à l'apprentissage coopératif, il ne fait aucun doute que ce modèle d'enseignement est également supérieur aux modèles d'enseignement traditionnels sur plusieurs autres plans (Johnson et Johnson, 1989 ; Kagan, 1990 ; Slavin, 1988 ; 1989 ; 1990 ; Adams et Hamm, 1990). En effet, des effets bénéfiques de ce modèle ont été relevés sur le plan cognitif (résolution de problèmes, pensée critique) et en ce qui a trait aux *relations interindividuelles* des élèves dans la classe. Il apparaît également que les élèves soumis à ce modèle ont une meilleure *estime de soi*. D'après Slavin (1989, p. 237), cela s'explique par le fait que la tâche du groupe ne consiste pas à faire quelque chose mais bien à apprendre quelque chose, et que chaque membre du groupe a des apprentissages à réaliser. Indiquons, finalement, que, toujours selon cet auteur, les moyens privilégiés par les tenants de l'apprentissage coopératif conviennent généralement à l'ensemble des élèves, qu'ils soient faibles, moyens ou forts. Dans le même ordre d'idées, soulignons que des effets positifs ont pu être observés quant à des compétences menant au rejet du racisme ou à l'intégration d'élèves en difficulté dans des classes régulières.

Si nous reconnaissons volontiers l'apport de l'apprentissage coopératif dans le développement des compétences sociales, la situation est différente pour ce qui est des apprentissages relevant davantage d'habiletés cognitives : nous concluons qu'il est possible que l'apprentissage coopératif permette le développement de ces apprentissages, sans toutefois le garantir. En effet, très peu d'attention est prêtée, par exemple, à la question du processus d'apprentissage ou encore à celle des conditions susceptibles de permettre l'apprentissage. À lui seul, ce modèle nous paraît donc incomplet, d'où l'intérêt de puiser dans les travaux qui s'intéressent plus particulièrement aux questions relatives à l'apprentissage. Par exemple, en respectant les principes à la base de l'apprentissage coopératif, il serait possible de privilégier un mode de fonctionnement favorisant la stricte transmission de connaissances d'un élève à l'autre, sans que le souci de faire construire ou coconstruire la connaissance par les élèves ne soit considéré. Or, cette façon de faire serait incohérente quant aux principes à la base d'un enseignement stratégique.

### *Pour quelles raisons Claudèle-Anne aurait-elle pu aussi utiliser l'enseignement réciproque comme stratégie pédagogique ?*

À l'instar de ce que nous avons fait à la question précédente, il nous semble judicieux, pour répondre à la présente question, de fournir des précisions sur l'enseignement réciproque en tant que méthode d'enseignement qui fait appel au travail en équipe. Nous parlerons d'abord de la nature de cette méthode et poursuivrons en décrivant les rôles qu'ont à assumer les élèves et l'enseignant qui l'emploient ainsi que les caractéristiques particulières des tâches qui y sont associées.

#### *Description*

L'enseignement réciproque consiste en une forme particulière d'apprentissage guidé et coopératif qui se déroule dans un environnement d'apprentissage où se trouvent un groupe restreint d'élèves et l'enseignant. Si, au départ, cet enseignement a été conçu dans le but spécifique d'habiliter des élèves à comprendre et à retenir des informations tirées de la lecture de textes, il a connu, au fil des années, des applications dans d'autres domaines, dont la résolution de problèmes mathématiques (Brown, 1992; Brown et Palincsar, 1982; 1987).

#### *Les rôles des élèves*

Dans le cadre d'une situation d'enseignement réciproque, les élèves forment une communauté d'apprenants (Brown, 1992). Ils jouent, chacun leur tour, le rôle d'enseignant. Celui-ci doit notamment servir de modèle ouvert, explicite et concret (Brown et Palincsar, 1989). De même, chacun doit s'engager dans l'activité de manière à pouvoir accomplir quatre tâches principales: poser des questions, clarifier les éléments, résumer l'essentiel et prédire ce qui doit suivre. Ces auteures considèrent également que l'interaction peut prendre la forme d'un conflit: les pairs doivent alors argumenter et être en mesure de justifier leur raisonnement, ce qui peut engendrer des progrès considérables sur le plan cognitif.

#### *Les rôles de l'enseignant*

L'enseignant qui privilégie un tel mode de fonctionnement dans sa classe doit nécessairement assurer la conception et la supervision des situations d'apprentissage. Parmi les rôles qui lui incombent, notons, dans un premier temps, celui d'échafauder (*scaffolding*) le processus de construction de connaissances de ses élèves (y compris celui de l'élève qui agit à titre d'enseignant). Dans le même ordre d'idées, il doit s'ajuster en fonction des besoins des élèves; le soutien apporté doit progressivement s'estomper pour finalement disparaître. L'enseignant doit également fournir à ses élèves de l'*enseignement direct.* Il est aussi, pour eux, un *modèle explicite* quant aux stratégies à utiliser, et a comme mandat d'*entraîner* ses élèves dans la pratique de tâches précédemment mentionnées en fournissant régulièrement de la rétroaction et des encouragements. Notons finalement que, par la poursuite d'une intention éducative claire, l'enseignant est considéré comme *expert* et n'a pas, par conséquent, le même statut que les élèves; c'est lui qui doit s'assurer que la discussion est orientée vers le contenu, qui dirige les efforts du groupe de manière économique sur le plan cognitif (il doit, par exemple, subdiviser la tâche en unités – tout de même complexes – que les élèves sont capables d'exploiter) et qui voit à ce que la discussion atteigne un niveau de compréhension satisfaisant, compte tenu du but visé par l'activité (Brown et Palincsar, 1989, p. 417).

### Tâches

Les tâches qui sont présentées aux élèves dans cette perspective sont nécessairement des tâches *complexes, entières* et *authentiques* (Brown et Palincsar, 1989, p. 415-416). En enseignement réciproque, l'élève fait face à un vrai problème: il doit comprendre un texte réel et signifiant, et trouver des solutions, c'est-à-dire se donner des stratégies qui lui permettront de comprendre le texte et de retenir les informations qui sont pertinentes.

La situation d'apprentissage que propose Claudèle-Anne requiert une part importante de compréhension basée sur la lecture, et le modèle de l'enseignement réciproque fournit plusieurs possibilités à cet égard. Mais ce n'est pas pour cette seule raison qu'il paraît particulièrement pertinent de l'exploiter. Si l'on se réfère à plusieurs recherches qui traitent du processus d'apprentissage, on constate que cette méthode trouve un écho dans la performance des élèves.

Apparemment, chez les élèves ayant bénéficié d'un enseignement réciproque, des progrès notables ont été enregistrés dans leurs apprentissages liés à la lecture (Brown et Palincsar, 1989, p. 419 et suivantes). De plus, il semble que ces progrès soient de longue durée, que les compétences développées dans ce contexte particulier soient transférables et qu'elles aient été généralisées par les élèves. Par ailleurs, si, grâce à cet enseignement, les élèves ont profité d'effets bénéfiques sur le plan cognitif, ils en auraient également profité sur le plan affectif, particulièrement en ce qui a trait à la motivation.

L'un des moyens que les chercheurs à la base de l'enseignement réciproque exploitent afin de favoriser l'intériorisation, chez les élèves, des connaissances et des stratégies qu'ils coconstruisent est la prise en compte de la *zone proximale de développement* des élèves, concept emprunté à Vygotsky (1978). Cette zone étant la distance entre ce qu'un élève peut faire seul et ce qu'il peut faire avec l'aide d'une personne adulte ou d'une personne plus compétente que lui, l'intérêt de fournir un soutien à l'élève prend ici tout son sens. Il importe, cependant, que l'échafaudage offert s'estompe graduellement jusqu'à ce que l'élève parvienne à réellement intérioriser les *connaissances* et les *stratégies construites,* qu'il les fasse siennes. Cette considération de la zone proximale de développement est également perceptible dans certaines situations d'apprentissage se déroulant hors d'un contexte scolaire formel, comme les situations de relations entre maître et apprenti (*apprenticeship*), par exemple (Brown et Palincsar, 1989, p. 410-411). En effet, il ressort de ce mode de fonctionnement particulier qu'au départ une grande importance est accordée au soutien offert (l'apprenti peut même être, essentiellement, un observateur); ce soutien tend ensuite, peu à peu, à s'amenuiser, pour finalement disparaître, l'apprenti étant devenu expert. Un aspect particulier de l'apprentissage en situation maître-apprenti a cependant été gardé sous silence alors qu'il mérite que nous nous y attardions puisqu'il a été récupéré par les tenants de l'enseignement réciproque: il s'agit du type de tâches à accomplir. À l'instar des tâches associées aux situations de relation maître-apprenti, il importe qu'en enseignement réciproque les tâches soient complexes, complètes et *authentiques*.

### *Si l'apprentissage coopératif et l'enseignement réciproque proposent l'un et l'autre des rôles particuliers à l'enseignant, laquelle de ces méthodes semble la plus étroitement liée aux rôles promus dans le modèle de l'enseignement stratégique ?*

Nous remarquons que, dans la méthode de l'enseignement réciproque, on prête une grande attention aux rôles de l'enseignant au cours de la phase active, c'est-à-dire au moment même où il se trouve dans la classe avec ses élèves. Par ailleurs, les travaux que nous avons consultés sur l'apprentissage coopératif mettent peu l'accent sur ce volet ; dans ces travaux, on semble plutôt préoccupé par les rôles que les élèves ont à jouer, en fonction des structures prévues. Ainsi, alors que le rôle relatif à l'échafaudage des processus dévolu à l'enseignant s'avère particulièrement présent dans les travaux portant sur l'enseignement réciproque, il n'en est à peu près pas question dans les écrits relatifs à l'apprentissage coopératif. En contexte scolaire, il nous semble fort judicieux de tenir compte de cette dimension, qui rejoint les propos de Tardif (1992) lorsqu'il insiste sur l'importance de procéder de la dépendance à la pratique guidée, et de la pratique guidée à l'indépendance. Cela nous amène, une fois encore, à réfléchir sur le recours à la zone proximale de développement des élèves. Dans le même ordre d'idées, le rôle de modèle qu'assume l'enseignant qui coordonne les séquences d'enseignement réciproque paraît aussi fort important. L'expertise que les élèves développent se fait notamment par l'observation d'une personne compétente. À nouveau, un lien étroit peut être établi avec la perspective de Vygotsky, étant donné le rôle important qu'il accorde à l'imitation dans l'apprentissage, et l'accent qu'il met sur le recours à un *alter* plus compétent que l'apprenant lui-même.

Les deux premiers rôles sur lesquels nous nous sommes penchés influent très certainement sur la motivation des élèves, si l'on considère que ces derniers tendent à contrôler de plus en plus leurs apprentissages. Les rôles de motivateur et d'entraîneur revêtent ici une importance fondamentale, notamment en ce qui a trait à la nature de la rétroaction qui est fournie, susceptible d'encourager les élèves et d'être un agent de développement d'un nombre grandissant de compétences. De la même manière, l'enseignant assume aussi un rôle de médiateur entre les élèves et le savoir en construction : il « guide l'élève dans la réalisation effective de l'activité » (Tardif, 1992, p. 309). Dans la tradition des travaux fondés sur l'apprentissage coopératif, il semble que ce rôle revienne aux autres élèves de l'équipe qui travaille en coopération. Selon les travaux portant sur l'enseignement réciproque, l'enseignant, compte tenu de son statut par rapport à celui des élèves formant la communauté d'apprenants, a pour mandat de faire de l'enseignement direct. À nouveau, on n'insiste pas sur ce volet dans les travaux portant sur l'apprentissage coopératif que nous avons étudiés. Nous ne nions pas le fait que certaines structures sont plus propices que d'autres à ce type d'interactions, mais il n'en demeure pas moins que l'enseignement direct ne fait pas partie, à notre connaissance, des invariants de cette approche.

## *Comment Claudèle-Anne, en s'inspirant principalement de la méthode de l'enseignement réciproque, pourrait-elle exploiter l'expertise de certains élèves afin qu'ils assument un rôle de modèle auprès de leurs pairs?*

Brown et Palincsar (1989, p. 417) insistent sur l'importance du rôle de modèle qui est assumé par les élèves, à tour de rôle, dans un contexte d'enseignement réciproque. Elles justifient cette importance par le fait que, dans une situation d'apprentissage où les élèves de la classe sont encouragés à travailler en groupes restreints, l'enseignant ne peut être avec toutes les équipes simultanément; il importe donc que les élèves puissent «remplacer» momentanément ce dernier. Selon ces chercheuses, l'élève modèle doit être ouvert, explicite et concret. Comme le fait l'adulte lorsqu'il joue ce rôle, cet élève doit être en mesure d'expliquer les stratégies qu'il choisit pour mener à bien la tâche demandée (dans un contexte de compréhension en lecture, il s'agit précisément de poser des questions, de clarifier des points, de résumer des propos et de prédire l'action à venir). Ajoutons que les tenants de l'enseignement réciproque sont particulièrement préoccupés par le soutien qu'ils offrent aux élèves dans l'acquisition des compétences leur permettant de devenir des modèles pour leurs pairs. En ce qui concerne cette même fonction dans le cadre d'une approche axée sur l'apprentissage coopératif, il semble qu'on s'y intéresse peu. Toutefois, certaines structures, comme la *structure jigsaw,* que nous avons déjà présentée, peuvent faire appel à ce rôle. Par ailleurs, d'après notre interprétation de la situation au regard de l'ensemble des structures élaborées, il ne s'agit pas d'un rôle qui transcende les structures. Dans un contexte d'enseignement, comme c'est le cas ici, le recours aux élèves pour assumer le rôle de modèle nous apparaît très judicieux. Tardif (1992) abonde aussi dans ce sens.

## *Comment l'apprentissage coopératif et l'enseignement réciproque fournissent-ils des occasions d'agir sur la motivation des élèves?*

Nous avons remarqué que les tenants de l'apprentissage coopératif comme les tenants de l'enseignement réciproque établissent des liens étroits entre le type de participation qu'ils préconisent et son effet sur la motivation. En effet, en apprentissage coopératif comme en enseignement réciproque, il semble que l'erreur ait sa place et que l'élève soit encouragé à poursuivre des buts d'apprentissage plutôt que des buts strictement liés à l'évaluation. Dans le même ordre d'idées, il apparaît que l'élève peut se permettre de prendre des risques (Brown et Reeve, 1987). Par ailleurs, selon notre interprétation, dans ces deux modèles, le concept de motivation n'est pas abordé exactement sous le même angle. Dans le modèle de l'apprentissage coopératif, il s'agit de la motivation dans son sens le plus large, qui s'exprime particulièrement par l'enthousiasme et l'engagement manifestés par les élèves dans l'accomplissement de certaines tâches, notamment parce qu'ils sont en équipe et que la performance est évaluée par rapport au groupe. Certains travaux, comme les recherches de Cherry Wilkinson et Martino (1993), mettent cependant en relief le fait que, dans le cadre de situations de résolution de problèmes en groupes restreints, comme c'est le cas lorsqu'on exploite le modèle de l'apprentissage coopératif, certains désagréments peuvent aussi se manifester. Les chercheurs qui s'intéressent à l'enseignement réciproque, quant à eux, considèrent la motivation sous un angle beaucoup plus restreint. L'accent est mis sur la responsabilisation de l'élève à l'égard de sa compétence, du contrôle qu'il exerce sur son apprentissage et de la valeur de la tâche. Cette orientation rejoint celles de Tardif (1992), de Viau (1994) ainsi que de Barbeau, Montini et Roy (1997 a et b), et elle rejoint plus directement les caractéristiques de l'enseignement stratégique. Nous ne pouvons dire si les tenants de l'apprentissage coopératif tiennent compte ou non de ce volet mais, s'ils en tiennent compte, ils n'en font certainement pas le centre de leur intérêt.

### *Comment les méthodes de travail en équipe que sont l'apprentissage coopératif et l'enseignement réciproque accordent-elles une place de choix à la planification ?*

Dans les deux approches pédagogiques sur lesquelles nous nous sommes penchés, une place de choix est accordée à la phase préactive de la séquence d'enseignement ou d'apprentissage, c'est-à-dire à la planification et aux prises de décisions qui en découlent. Les tenants de l'enseignement réciproque se montrent particulièrement explicites à ce sujet lorsqu'ils décrivent les rôles que doit jouer l'enseignant. En raison des buts d'enseignement qu'il poursuit, il doit planifier les séquences d'apprentissage de manière que ces buts aient le plus de chances possible d'être atteints par l'ensemble des élèves (Brown et Palincsar, 1989). Kagan (1990) abonde dans le même sens lorsqu'il explique la nécessité, pour l'enseignant qui exploite l'apprentissage coopératif, de planifier, à l'intérieur d'un même scénario d'enseignement, différentes structures complémentaires, d'où le besoin d'une analyse des activités susceptibles d'être proposées aux groupes travaillant en coopération. Plusieurs liens peuvent être établis entre les caractéristiques de l'enseignement stratégique et les rôles y afférents, présentés par Tardif (1992) et par Jones, Palincsar, Ogle et Carr (1987), éléments dont nous avons traité dans le deuxième chapitre de cet ouvrage.

## Principaux éléments à retenir

Ce chapitre met en évidence les liens étroits qu'il est possible d'établir entre la formule pédagogique du travail en équipe et l'enseignement stratégique. Par ailleurs, il ressort que certaines méthodes paraissent plus adéquates que d'autres selon que l'on envisage le travail en équipe comme objet d'apprentissage ou comme stratégie d'apprentissage. Ce qui semble également clair, c'est que le recours à cette formule pédagogique ne garantit à elle seule, en aucune manière, la construction de connaissances et le développement de compétences. Pour assurer cette construction et ce développement, l'enseignant se doit d'exercer différents rôles. Si certains de ces rôles sont abondamment décrits dans les travaux qui traitent de l'enseignement stratégique, d'autres relèvent d'approches ou de méthodes spécifiques qui mettent à profit le travail en équipe. Il importe de les connaître également pour intervenir de manière judicieuse auprès des élèves.

## Références


Adams, D. M., et M. E. Hamm (1990). *Cooperative Learning: Critical Thinking and Collaboration Across the Curriculum,* Springfield (Illinois), Charles C. Thomas.

Barbeau, D., A. Montini et C. Roy (1997a). *Tracer les chemins de la connaissance: La motivation scolaire,* Montréal, Association québécoise de pédagogie collégiale.

Barbeau, D., A. Montini et C. Roy (1997b). *Sur les chemins de la connaissance,* Montréal, Association québécoise de pédagogie collégiale.

Brown, A. L. (1992). « Design Experiments: Theoretical and Methodological Challenges in Creating Complex Interventions in Classroom Settings », *The Journal of the Learning Sciences,* vol. 2, n° 2, p. 141-178.

Brown, A. L., et A. S. Palincsar (1982). « Inducing Strategic Learning from Texts by Means Informed, Self-Control Training », *Topics in Learning and Learning Disabilities,* vol. 2, n° 1, p. 1-17.

Brown, A. L., et A. S. Palincsar (1987). « Reciprocal Teaching of Comprehension Strategies: A Natural History of One Program for Enhancing Learning », dans J. D. Day et J. Borkowski, dir., *Intelligence and Exceptionality: New Directions for Theory, Assessment and Instructional Practice,* Norwood (New Jersey), Ablex, p. 81-132.

Brown, A. L., et A. S. Palincsar (1989). « Guided, Cooperative Learning and Individual Knowledge Acquisition », dans L. B. Resnick, dir., *Knowing, Learning, and Instruction: Essays in Honor of Robert Glaser,* Hillsdale (New Jersey), LEA, p. 393-451.

Brown, A. L., et R. A. Reeve (1987). « Bandwidths of Competence: The Role of Supportive Contexts in Learning and Development », dans L. S. Lieben, dir., *Development and Learning: Conflict or Congruence? The Jean Piaget Symposium Series,* Hillsdale (New Jersey), LEA, p. 173-223.

Cherry Wilkinson, L., et A. Martino (1993). « Students' Disagreements During Small-Group Mathematical Problem Solving », dans R. B. Davis et C. A. Maher, dir., *Schools, Mathematics, and the World of Reality,* Boston, Allyn and Bacon, p. 135-171.

Cohen, E. G. (1994). *Le travail de groupe: Stratégies d'enseignement pour la classe hétérogène,* Montréal, Les Éditions de la Chenelière.

Johnson, D. W., et R. T. Johnson (1989). « Toward a Cooperative Effort: A Response to Slavin », *Educational Leadership,* vol. 46, n° 7, p. 80-81.

Jones, B. F., A. S. Palincsar, D. S. Ogle et E. G. Carr, dir. (1987). *Strategic Teaching and Learning: Cognitive Instruction in the Contents Areas,* Alexandria (Virginia), ASCD.

Kagan, S. (1990). « The Structural Approach to Cooperative Learning », *Educational Leadership,* vol. 47, n° 4, p. 12-15.

Marrou, H.-I. (1948). *Histoire de l'éducation dans l'Antiquité,* Paris, Seuil, 2 tomes.

Martineau, S., et D. Simard (2001). *Les groupes de discussion,* Québec, Presses de l'Université du Québec.

Mucchielli, R. (1967). *La dynamique des groupes,* Paris, Éditions des librairies techniques et entreprises modernes.

Mucchielli, R. (1973). *La conduite des réunions,* Paris, ESF.

Proulx, J. (1999). *Le travail en équipe,* Québec, Presses de l'Université du Québec.

Slavin, R. E. (1988). « Cooperative Learning and Student Achievement », *Educational Leadership,* vol. 45, n° 2, p. 31-33.

Slavin, R. E. (1989). « Research on Cooperative Learning : an International Perspective », *Scandinavian Journal of Educational Research,* vol. 33, n° 4, p. 231-243.

Slavin, R. E. (1990). « Research on Cooperative Learning : Consensus and Controversy », *Educational Leadership,* vol. 47, n° 4, p. 52-54.

Teasley, S. D., et J. Roschelle (1993). « Constructing a Joint Problem Space : The Computer as a Tool for Sharing Knowledge », dans S. P. Lajoie et S. J. Derry, dir., *Computers as Cognitive Tools,* Hillsdale (New Jersey), LEA, p. 229-258.

Tardif, J. (1992). *Pour un enseignement stratégique : L'apport de la psychologie cognitive,* Montréal, Éditions Logiques.

Viau, R. (1994). *La motivation en contexte scolaire,* Montréal, Éditions du Renouveau Pédagogique.

Vygotsky, L. S. (1978). *Mind in Society : The Development of Higher Psychological Processes,* Cambridge, Harvard University Press.

## Vous souhaitez aller plus loin ?

Abrami, P. C., B. Chambers, C. Poulsen, C. De Simone, S. D'Apollonia et J. Howden (1996). *L'apprentissage coopératif : Théories, méthodes, activités,* Montréal, Les Éditions de la Chenelière.

Boivin, M. (1997). *La pédagogie prospective,* Sainte-Foy, Presses de l'Université du Québec.

Bosworth, K., et S. J. Hamilton (1994). « Collaborative Learning : Underlying Processes and Effective Techniques », *New Directions for Teaching and Learning,* n° 59, San Francisco, Jossey-Bass Publishers.

Carugati, F., et G. Mugny (1991). « La théorie du conflit socio-cognitif », dans G. Mugny, dir., *Psychologie sociale du développement cognitif,* 2e éd., Berne, Peter Lang, p. 57-70.

Chamberland, G., L. Lavoie et D. Marquis (1995). *20 formules pédagogiques,* Québec, Presses de l'Université du Québec.

Davidov, V. V. (1995). « The influence of L. S. Vygotsky on Education, Theory, Research, and Practice », *Educational Researcher,* vol. 24, n° 3, p. 12-21.

Doyon, M., et G. Ouellet (1991). *L'apprentissage coopératif: théorie et pratique,* Montréal, CECM, Service des études.

Gilly, M. (1988). « Interaction entre pairs et constructions cognitives : modèles explicatifs », dans A.-N. Perret-Clermont et M. Nicolet, *Interagir et connaître : Enjeux et régulations sociales dans le développement cognitif,* Cousset (Suisse), Delval, p. 19-28.

Johnson, D. W., et R. T. Johnson (1989). *Cooperation and Competition : Theory and Research,* Edina (Minnesota), Interactions Books.

Lavoie, L., et L. Laurencelle (1997). *Les effets de l'apprentissage coopératif auprès d'élèves et d'enseignant(e)s de l'ordre secondaire : Rapport de recherche,* Trois-Rivières, Département des sciences de l'éducation de l'Université du Québec à Trois-Rivières.

Lavoie, L., et L. Laurencelle (1998). *Les effets de l'apprentissage coopératif auprès d'élèves et d'enseignant(e)s de l'ordre primaire : Rapport de recherche,* Trois-Rivières, Département des sciences de l'éducation de l'Université du Québec à Trois-Rivières.

Piaget, J. (1923). *Le langage et la pensée chez l'enfant,* Neuchâtel, Delachaux et Niestlé.

Piaget, J. (1969, © 1935). *Psychologie et pédagogie,* Paris, Éditions Denoël Gonthier.

Piaget, J. (1975). *L'équilibration des structures cognitives,* Paris, Presses Universitaires de France.

Piaget, J. (1978, © 1924). *Le jugement et le raisonnement chez l'enfant,* 8e éd., Neuchâtel, Delachaux et Niestlé.

Piaget, J. (1985, © 1962). « Commentaire sur les remarques critiques de Vygotsky concernant le langage et la pensée chez l'enfant et le jugement et le raisonnement chez l'enfant », dans L. S. Vygotsky, *Pensée et langage,* 2e éd., Paris, Messidor, Éditions sociales.

Piaget, J. (1988, © 1969). *Psychologie et pédagogie,* Paris, Éditions Denoël Gonthier.

Putnam, J. (1997). *Cooperative Learning in Diverse Classrooms,* Upper Saddle River (New Jersey), Merrill.

Rivière, A. (1990). *La psychologie de Vygotsky,* Liège, Pierre Mardaga éditeur.

Schleifer, M. (1989). « Le conflit cognitif chez Piaget : une interprétation », dans N. Bednarz et C. Garnier dir., *Construction des savoirs : Obstacles et conflits,* Montréal, Agences d'ARC, p. 156-161.

Sharan, S., dir. (1994). *Handbook of Cooperative Learning Methods,* Westport (Connecticut), Greenwood Press.

Slavin, R. E. (1995). *Cooperative Learning : Theory, Research and Practice,* 2e éd., Boston, Allyn and Bacon.

Vygotsky, L. S. (1935). « Le problème de l'enseignement et du développement mental à l'âge scolaire », dans B. Schneuwly et J. P. Bronckart, dir. (1985), *Vygotsky aujourd'hui,* Neuchâtel, Delachaux et Niestlé, p. 95-117.

Vygotsky, L. S. (1985). *Pensée et langage,* 2e éd., Paris, Messidor, Éditions sociales.

# CHAPITRE 7
# ENSEIGNEMENT STRATÉGIQUE, ÉDUCATION À LA CITOYENNETÉ ET ÉDUCATION INTERCULTURELLE

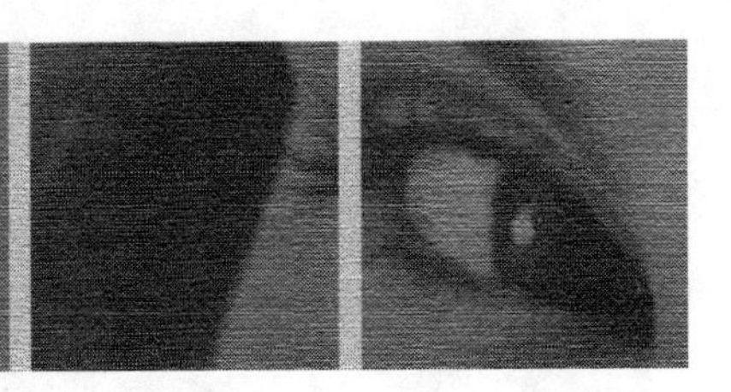

*Annie Presseau et Stéphane Martineau*

Le Québec a connu, ces dernières décennies, des transformations considérables sur les plans culturel, économique, politique et social. Ces transformations, notre société ne les a pas vécues en vase clos. C'est l'ensemble du monde qui a été secoué par des bouleversements majeurs : accélération des mouvements de population, donc de l'immigration, accroissement des échanges internationaux, développement fulgurant des communications, essor économique de certains secteurs de pointe et déclin de plusieurs autres, mais, aussi, désengagement des citoyens au regard de la chose publique, et augmentation de la marginalisation et de l'exclusion sociales d'une vaste couche de la société. L'ensemble de ces phénomènes – et bien d'autres encore – a eu pour effet de mettre à l'ordre du jour le problème du « vivre ensemble ». Évidemment, l'école, en tant qu'institution ayant pour finalité l'instruction, la socialisation et la qualification des jeunes, devient l'un des principaux lieux où ce « vivre ensemble » peut être appris et vécu. C'est pourquoi, dans la plupart des sociétés occidentales ayant entrepris une réforme de leur curriculum scolaire, on a accordé une place de choix à l'éducation interculturelle et à l'éducation à la citoyenneté. Il s'agit de former des citoyens respectueux des différences et capables de jouer un rôle actif et constructif dans les débats de société qui animent nos démocraties. Mais en quoi l'enseignement stratégique peut-il contribuer au développement d'une éducation à la citoyenneté et d'une éducation interculturelle réussies ?

Nous exposerons d'abord, succinctement, quelques notions centrales quant aux sujets traités dans ce chapitre. Nous présenterons ensuite un réseau notionnel : ce réseau montre les liens que nous établissons entre les différentes notions abordées, mais aussi entre les deux domaines que nous faisons coexister ici, soit, d'une part, l'éducation à la citoyenneté et l'éducation interculturelle et, d'autre part, l'enseignement stratégique. Le cas d'un enseignant du secondaire, Éloïc, est ensuite relaté. Ce cas est suivi de questions permettant l'approfondissement de différents points importants relatifs à un enseignement stratégique de l'éducation à la citoyenneté et de l'éducation interculturelle. Nous illustrerons ensuite nos propos à l'aide d'un exemple de planification d'une situation d'apprentissage. Compte tenu de la nature particulière des objets d'apprentissage de l'éducation à la citoyenneté et de l'éducation interculturelle, des questions qu'il convient de se poser en tant qu'enseignant sont finalement soumises au lecteur. Ce chapitre se termine par des suggestions de lecture pour les personnes qui désirent pousser plus loin leur réflexion sur le sujet.

## Quelques points de repère pour bien se comprendre

Il convient d'abord de clarifier quelques notions importantes. Nous allons, en premier lieu, définir ce que nous entendons par éducation interculturelle et éducation à la citoyenneté. Puis, le lecteur trouvera les définitions de quatre notions importantes étroitement rattachées à ces deux types d'éducation, soit les notions d'intégration scolaire, de culture publique commune, de citoyenneté et d'accommodement raisonnable. Il faut préciser qu'il ne s'agit pas tant de notions à faire apprendre aux élèves que de concepts qui doivent guider l'action de l'enseignant. Seront ensuite présentées les finalités de l'éducation interculturelle et de l'éducation à la citoyenneté.

Le terme *éducation interculturelle* apparaît au Québec en 1983 dans un avis au ministre émis par le Conseil supérieur de l'éducation (McAndrew, 2001). Le ministère de l'Éducation la définit comme « toute démarche éducative visant à faire prendre conscience de la diversité, particulièrement ethnoculturelle, qui caractérise le tissu social et à développer une compétence à communiquer avec des personnes aux référents divers, de même que des attitudes d'ouverture, de tolérance et de solidarité » (ministère de l'Éducation du Québec [MEQ], 1997, p. 2). Dans un certain sens, il s'agit de passer d'une vision de l'hétérogénéité qui en fait un handicap, une source de dysfonctionnement qui demande des mesures compensatoires, à une vision où l'hétérogénéité est non seulement la norme (ce qui est un fait) mais aussi une force (ce qui est une valeur à privilégier). En d'autres termes, l'éducation interculturelle prend acte que l'« interculturalité » est moins un état de fait qu'un projet conjointement mené et perpétuellement renégocié. Ce projet n'exige toutefois pas d'adhérer à un relativisme radical où tout se vaut (ce qui pourrait mener aux pires dérives) mais, au contraire, demande une recherche active de points d'ancrage permettant le vivre ensemble. Le projet repose donc sur la reconnaissance d'une certaine universalité (nous sommes tous des êtres humains qui participons à une aventure commune). Cette reconnaissance de l'universalité apparaît d'ailleurs comme une position éthique (Ouellet, 2000), une exigence de respect à l'égard de la vie humaine. Dans un certain sens, l'enjeu consiste à promouvoir l'universalité tout en refusant l'uniformisation.

L'*éducation à la citoyenneté* se veut, quant à elle, une formation qui s'adresse à l'ensemble des élèves et qui vise l'engagement actif par l'apprentissage d'attitudes, de comportements et de compétences nécessaires à la constitution et au maintien d'un espace civique démocratique où peuvent fleurir le respect des particularités et le partage de valeurs communes (Conseil supérieur de l'éducation [CSE], 1998).

Pour sa part, l'*intégration scolaire* est une notion qui renvoie au projet d'inclusion des élèves immigrants dans nos écoles. On la définit comme un processus à deux facettes : elle exige des efforts d'adaptation et d'adhésion aux valeurs communes de la part des élèves immigrants, et elle exige aussi une ouverture à la diversité dans les milieux social et scolaire et la mise en œuvre de moyens pour assurer cette ouverture (MEQ, 1997). En matière d'apprentissage, cette notion peut se traduire par le développement, chez les élèves, d'une attitude bienveillante et accueillante à l'égard de toutes les « diversités ».

La *culture publique commune* est un concept qui a gagné en popularité ces dernières décennies à la faveur de la diversification du tissu social québécois. Elle se caractérise par le partage d'un ensemble de valeurs, de principes, de règles, de symboles et d'institutions qui chapeaute les cultures particulières (Caldwell, 2001).

Quant à la notion de *citoyenneté,* elle est, bien entendu, au cœur même du projet éducatif qui nous occupe. Si on la définit brièvement, on peut dire que la citoyenneté réfère au fait d'être membre d'un État. Plus spécifiquement, elle met en relief nos devoirs et nos droits politiques. La citoyenneté comporte quatre composantes :

- la nationalité (je suis canadien, je suis bolivien, etc.) ;
- la jouissance de certains droits (le droit à la propriété privée, par exemple) ;
- la participation à la vie publique (notamment par le suffrage universel lors des élections) ;
- la charge de certains devoirs (on pense, entre autres, à l'exigence de connaître les lois et d'y obéir).

Enfin, l'*accommodement raisonnable* correspond à un effort de compromis substantiel en vue d'adapter les modalités d'application d'une norme ou d'une règle à une personne ou à une communauté pour éliminer ou atténuer l'effet d'une discrimination indirecte, sans toutefois que l'on subisse de contraintes excessives (Barrette, Gaudet et Lemay, 1996). C'est à ce principe que les gens auront parfois recours pour résoudre un cas où la liberté des uns entre en apparente contradiction avec celle des autres, ou lorsque deux finalités apparaissent antagoniques.

Bien que, comme on vient de le voir, des distinctions puissent être établies entre l'une et l'autre (McAndrew, 2001), l'éducation à la citoyenneté et l'éducation interculturelle poursuivent des finalités semblables que l'on peut résumer de la manière suivante :

- favoriser l'acceptation et la promotion de la diversité ;
- développer une culture civique participative ;
- former un esprit critique ;
- favoriser le respect et la promotion de l'égalité et de l'équité ;
- développer un sentiment d'appartenance et d'identification.

On verra, à ce propos, Lafortune et Gaudet, 2000, Marzouk, Kabano et Côté, 2000, et Ouellet, 2002.

Par cette éducation, il s'agit, en fait, de briser les obstacles à la communication que représentent, entre autres, l'ethnocentrisme, les préjugés, les stéréotypes, le harcèlement, la discrimination et le racisme, pour ne nommer que ces quelques fléaux qui hantent toujours nos sociétés. Cette éducation à la communication prépare alors l'élève à l'exercice plein et entier de la citoyenneté.

**Figure 7.1 Réseau des principales notions abordées dans ce chapitre**

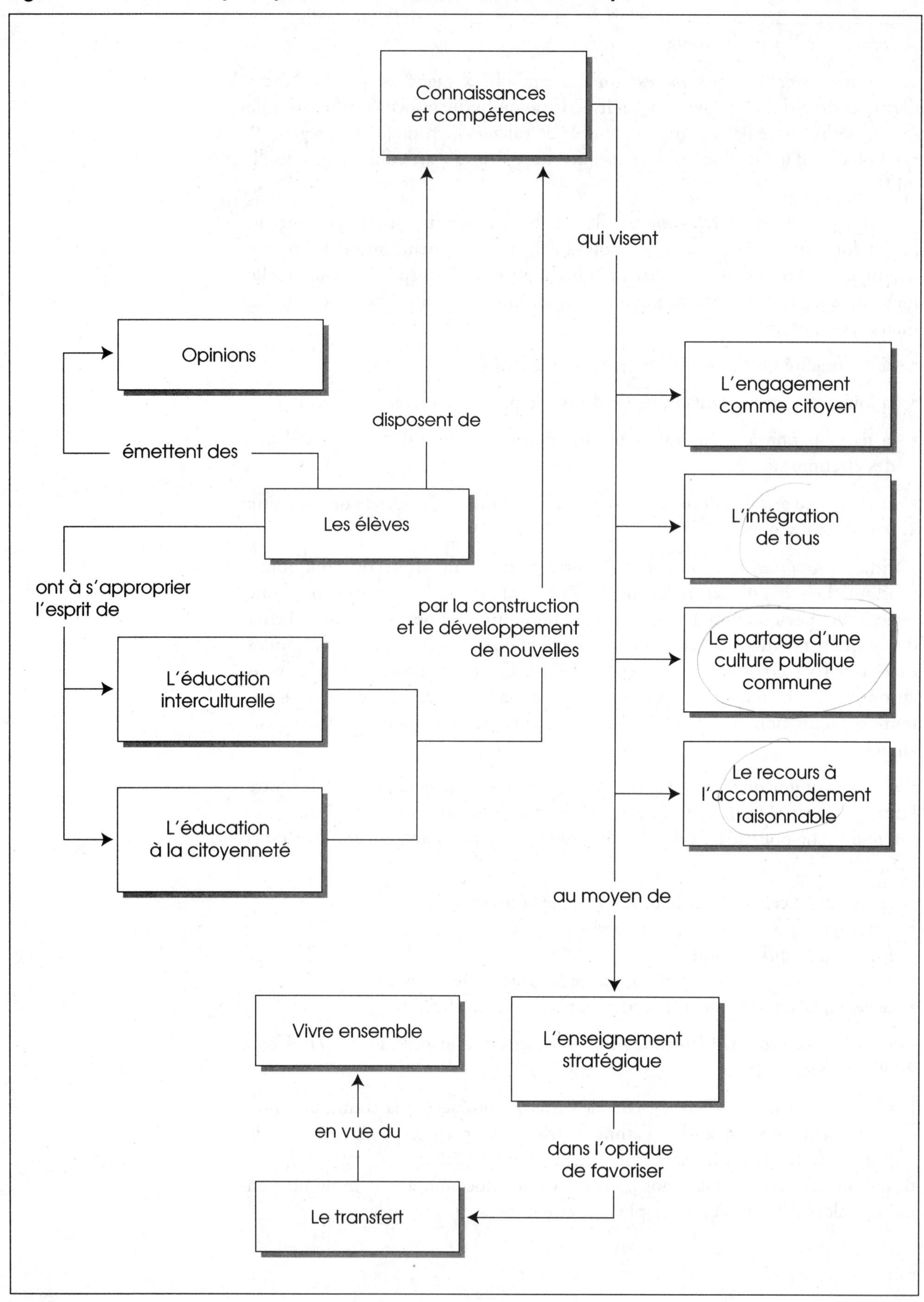

## Le cas d'Éloïc

Éloïc enseigne le français et l'histoire en quatrième année du secondaire. Sensibilisé à l'importance de l'éducation à la citoyenneté, il souhaite faire vivre à ses élèves l'expérience d'un débat démocratique qui s'inscrirait dans l'esprit de l'enseignement stratégique. Il poursuit différentes visées dans cette situation d'apprentissage de longue haleine. Il désire que ses élèves acquièrent des connaissances déclaratives liées, entre autres, à l'immigration, aux traditions d'ouverture et de tolérance propres à notre système démocratique, à la citoyenneté et à la culture publique commune. Il veut également que ses élèves acquièrent des connaissances procédurales relatives à la présentation des projets de loi et au fonctionnement des débats parlementaires. Soucieux de favoriser le transfert des apprentissages de ses élèves dans d'autres sphères de leur vie, il vise également l'acquisition de connaissances conditionnelles pour que ses élèves sachent quand et pourquoi il est important de débattre et d'argumenter, et pour qu'ils sachent le faire dans le respect des autres. Il espère ainsi que ses élèves, au sein des diverses organisations étudiantes auxquelles ils participent, adoptent une démarche raisonnée et soient en mesure de tenir un discours argumenté contenant le moins de préjugés possible. Quant aux compétences transversales, il en a ciblé quatre :

- se donner des méthodes de travail efficaces ;
- exploiter les technologies de l'information et de la communication, essentiellement sous l'angle de la recherche et de la collecte d'informations ;
- communiquer oralement et par écrit ;
- coopérer.

Éloïc prévoit diviser sa classe en deux équipes, l'une représentant le parti au pouvoir et l'autre, l'opposition. Les élèves doivent débattre d'un projet de loi sur l'immigration. Il décide d'amorcer la situation d'apprentissage en faisant un rappel des notions, abordées lors des cours précédents, qu'il juge directement reliées aux nouveaux apprentissages visés. Il revient ainsi sur les notions d'immigration, de traditions d'ouverture et de tolérance, de citoyenneté et de culture publique commune. Il explique ensuite aux élèves la nature de la situation d'apprentissage qu'il propose, leur décrit le matériel dont ils disposent (ouvrages, CD-ROM, Internet, etc.), et leur indique le temps qui leur est alloué pour effectuer la recherche et la synthèse des informations. Il précise également, oralement, ses exigences quant aux produits attendus. Il informe ainsi les équipes qu'elles devront se documenter sur le fonctionnement des débats parlementaires et élaborer une argumentation cohérente, quant au problème traité, avec la ligne de leur parti. Le parti au pouvoir doit soutenir, par son argumentation, le projet de loi élaboré par Éloïc, tandis que le parti de l'opposition doit préparer une critique de ce projet de loi. Les élèves des deux partis sont aussi informés, verbalement, qu'ils ont comme contrainte de devoir fonder leur argumentation sur différents aspects propres à notre culture publique commune, tels que le vivre ensemble, la tolérance, l'ouverture que procure la démocratie à la diversité, et l'histoire du Canada, terre d'immigration. Chaque parti doit produire un document pour appuyer ses positions, et chaque député doit également fournir le texte de son allocution. Une fois que les deux équipes auront produit leurs documents respectifs, il y aura débat en classe. Un temps de parole sera attribué à chacun des élèves qui incarneront les députés. À la fin du débat, les élèves seront invités à exercer un vote libre (par opposition à un vote de parti).

## Évaluation du cas

Ayant fondé de grands espoirs sur cette situation d'apprentissage, Éloïc dresse un bilan plus ou moins satisfaisant de cette expérience coûteuse en temps mais, lui semble-t-il, pas aussi riche que ce à quoi il s'attendait sur le plan des apprentissages faits par la majorité de ses élèves. Il voit avec enthousiasme que ses élèves, même les plus démotivés, en temps normal, ont manifesté un intérêt et un engagement soutenus tout le long de cette situation d'apprentissage pourtant exigeante. Il constate toutefois, avec amertume, que plusieurs de ses élèves ont encore des préjugés défavorables à l'égard de l'immigration et que certains, trop nombreux à son goût, sont encore sceptiques quant à la nécessité des débats démocratiques. Il prend également conscience du fait que le travail en équipe a trop souvent été effectué sans que tous les membres des équipes mettent la main à la pâte et que, finalement, le discours de plusieurs de ses élèves, tant sur le plan de la qualité du français que sur celui des idées, était relativement peu argumenté ou, à tout le moins, pas suffisamment fondé sur les bases qu'il avait établies. En outre, si les élèves ont vécu avec un plaisir évident le débat qui, selon lui, s'apparentait davantage à un dialogue de sourds, il entretient des doutes relativement à la qualité des apprentissages effectivement réalisés et encore davantage quant à la capacité de ses élèves de les transférer dans d'autres contextes. Le résultat du vote l'amène d'ailleurs à conclure dans ce sens : malgré la demande qu'Éloïc avait faite de tenir un vote libre, les élèves ont majoritairement opté pour un vote de parti, ce qui lui fait croire qu'ils ont été peu réceptifs aux arguments avancés par les représentants du parti opposé.

# À propos du cas d'Éloïc

### *En quoi la stratégie à laquelle Éloïc recourt lorsqu'il amorce la situation d'apprentissage est-elle judicieuse ? En quoi ne l'est-elle pas ?*

Le rappel des connaissances est une stratégie pouvant amener les élèves à récupérer dans leur mémoire à long terme des notions acquises antérieurement si, effectivement, elles ont été acquises. Un problème peut toutefois surgir lorsque l'enseignant présume que, parce qu'il a enseigné certaines notions, celles-ci sont réellement maîtrisées par les élèves, alors qu'elles ne le sont peut-être pas. Il serait nettement préférable qu'Éloïc *active* les connaissances de ses élèves. Il déterminerait ainsi les connaissances qui sont véritablement maîtrisées, les élèves qui les maîtrisent, les connaissances qui ne sont pas maîtrisées ou encore celles qui sont maîtrisées mais difficilement récupérables dans la mémoire parce que les liens n'ont pas été créés avec le nouveau contexte dans lequel elles doivent être réutilisées. Par exemple, il aurait dû vérifier la nature des connaissances que les élèves avaient des débats démocratiques avant l'activité. Par ailleurs, dans la mesure où l'éducation à la citoyenneté et l'éducation interculturelle comportent des dimensions qui renvoient non seulement à des connaissances et à des compétences mais aussi à des valeurs et à des attitudes, il aurait été fort judicieux qu'Éloïc fasse émerger ces conceptions afin de les connaître, d'une part, et de faire émerger des conflits sociocognitifs, d'autre part (voir le tableau 7.1). Ainsi, dans un discours argumentatif rationnel comme celui proposé dans le cadre de l'activité, des préjugés du type « les immigrants sont des voleurs de jobs » sont inacceptables. S'il avait fait émerger, dès le départ, de telles conceptions, il aurait davantage pu faire en sorte de les « déconstruire » en utilisant des faits avérés ou des statistiques, par exemple.

Un autre problème tient au fait que la situation d'apprentissage proposée aux élèves mobilise des connaissances de différents types et des compétences. Or, Éloïc n'a procédé ici à un rappel des savoirs qu'en fonction de l'un de ces types de connaissances, soit les connaissances déclaratives. Par exemple, il n'a pas vérifié auprès de ses élèves la maîtrise de la compétence liée au travail d'équipe et il n'a pas fourni non plus de consignes claires à ce propos, tenant pour acquis que ses élèves, âgés en moyenne de 15 ans, avaient déjà expérimenté ce type de travail et que, conséquemment, ils étaient compétents. Il aurait donc été pertinent, dans la mesure où la tâche requiert aussi la mobilisation des autres types de connaissances et la mobilisation de compétences, que ces dernières soient également activées ; dans le présent cas, faute d'activation, elles risquent de demeurer des connaissances et des compétences inertes.

### *En quoi le fait que le rôle de modèle n'ait pas été assumé dans le cadre de cette situation d'apprentissage a-t-il pu concourir aux difficultés dont Éloïc prend conscience ?*

Le rôle de modèle, comme cela a été expliqué dans le premier chapitre, est la forme la plus accentuée de soutien offert aux élèves. Ce type de soutien, qui consiste à rendre explicites une démarche et le fondement rationnel sur lequel elle prend appui, est pertinent quand la maîtrise d'une compétence, chez les élèves, est relativement faible. Compte tenu des résultats décevants relevés par Éloïc, on peut penser qu'il aurait été judicieux qu'il offre ce type de soutien en ce qui a trait au travail en équipe et à la recherche et à la collecte d'informations. Nous n'analyserons pas ici le volet relatif au travail en équipe, puisqu'il fait l'objet d'un traitement particulier dans le sixième chapitre.

**Tableau 7.1 Exemples de questions relatives à l'immigration et au débat parlementaire**

| Exemples de questions relatives à l'immigration | Exemples de questions relatives au débat parlementaire |
|---|---|
| Quels sont ceux, parmi vous, qui connaissent des immigrants ? des gens de différentes communautés culturelles ? | Quels sont ceux qui ont déjà assisté à des débats parlementaires, que ce soit à la Chambre des communes (Canada) ou à l'Assemblée nationale (Québec), ou qui les ont écoutés à la télévision ? |
| Pensez-vous que l'immigration est une question qui concerne uniquement les gens de la région montréalaise ? | Quelle impression vous est-il resté quant à la façon dont les choses se déroulaient, quant aux comportements des élus ? |
| Selon vous, quels sont les préjugés dont on entend le plus souvent parler à l'égard des immigrants ? | Quelle impression vous en est-il resté quant à l'importance des sujets qui étaient débattus et à leur incidence sur votre propre vie ? |

Même pour des élèves du secondaire, la recherche et la sélection d'informations pertinentes ne sont généralement pas des tâches aisées. Si certaines compétences d'ordre général peuvent avoir été développées, il reste que, dans chaque nouvelle situation, elles doivent être particularisées et adaptées à un contexte inédit. C'est, entre autres, à ce moment qu'entrent en jeu les connaissances spécifiques des élèves sur le sujet qui fait l'objet d'une recherche d'informations. L'élève qui dispose d'un vaste éventail de connaissances spécifiques sur un sujet est fortement avantagé dans sa recherche et dans sa sélection d'informations par rapport à l'élève qui dispose de compétences générales mais qui ne maîtrise pas ces connaissances spécifiques. Il arrive aussi que des élèves aient en mémoire des connaissances spécifiques, mais que ces dernières leur soient inaccessibles parce que les voies d'accès entre ces connaissances et la nouvelle situation n'ont pas été créées. Il appartient à l'enseignant de soutenir les élèves dans l'établissement de tels liens. En conséquence, il importe que l'enseignant rende compte à voix haute, aux élèves qui en éprouvent le besoin, de la façon dont il s'y prend lorsqu'il recherche des informations.

Une fois le soutien fourni par la stratégie du modèle explicite devenu inapproprié, l'enseignant a intérêt à guider étroitement les élèves encore novices dans la recherche et la sélection d'informations. Il serait souhaitable qu'il vérifie avec ses élèves la pertinence des stratégies qu'ils ont exploitées pour rechercher l'information et, ensuite, pour la sélectionner. Il pourrait également suggérer aux élèves de comparer leurs stratégies et d'exercer leur jugement critique pour en évaluer l'efficacité.

- Pourquoi je m'y prends différemment selon que je cherche une information sur un site Internet ou dans un ouvrage de référence?
- Pourquoi telle démarche est-elle supérieure dans telle circonstance?
- Qu'est-ce que je fais quand je ne sais plus quoi faire?
- Qu'est-ce qui m'amène à considérer que cette information est pertinente?

### *Comment la métacognition a-t-elle été soutenue? Comment aurait-elle pu être soutenue davantage et pourquoi aurait-elle dû être soutenue davantage?*

L'un des dangers qui guettent les enseignants qui osent concevoir des situations d'apprentissage riches, complexes et souvent interdisciplinaires est sans contredit la difficulté qu'ont les élèves à percevoir l'ensemble des apprentissages qui y sont intégrés. Cette perception est d'autant plus difficile quand la variable « interdisciplinarité » est introduite, les élèves, ceux du secondaire surtout, ayant tendance à associer à un enseignant une seule matière. Dans ce cadre, il devient particulièrement important d'expliciter aux élèves les apprentissages sous-jacents à une situation donnée.

Le cas d'Éloïc montre que la métacognition ne constitue pas un élément de la recherche sur lequel il a beaucoup misé, et ce, en dépit de ses bonnes intentions à cet égard. Compte tenu de la nature de la situation d'apprentissage proposée à ses élèves, où une grande importance est accordée à la compétence transversale « se donner des méthodes de travail efficaces », il avait une bonne occasion d'exploiter le rôle central de la métacognition dans la démarche d'apprentissage.

Selon les travaux d'un éminent chercheur russe, Vygotsky, la métacognition, en tant que fonction psychique supérieure, peut être considérée comme un processus qui s'acquiert par intériorisation (Bråten, 1991). L'individu intériorise une chose qui lui est extérieure moyennant un soutien adapté au niveau de ses connaissances ou de ses compétences initiales. Dans le cas d'Éloïc, on peut penser qu'en tant qu'enseignant il aurait pu jouer un rôle plus important pour amener ses élèves à être conscients des connaissances, des compétences et des stratégies qui sont en jeu dans la situation d'apprentissage et, une fois cette prise de conscience faite, pour les amener à réguler leurs actions en fonction de la planification ou de l'exécution même de la tâche, qui demande à être régulièrement révisée et ajustée. Les résultats décevants qu'il a recueillis montrent que ses élèves n'ont pas suffisamment exercé ce contrôle comparativement aux espoirs qu'il entretenait à cet égard.

Éloïc a clairement exposé à ses élèves ses attentes quant aux productions à effectuer. De même, il a décrit les moyens dont ils disposaient ainsi que les contraintes auxquelles ils étaient soumis, notamment sur le plan temporel. Il s'agit d'un pas dans la bonne direction : les élèves bénéficiaient ainsi de quelques points de repère pour s'ajuster au cours de l'activité. Par contre, ils avaient incontestablement besoin de plus d'aide.

Nous proposons que les informations données oralement soient plutôt distribuées sous forme écrite afin que les élèves puissent s'y référer en tout temps. Si, pour une raison ou une autre, cette suggestion d'intervention pédagogique est rejetée, il serait important que les informations qui y sont relatives soient systématiquement prises en note par les élèves. Afin d'offrir davantage de soutien aux élèves, l'enseignant aurait pu proposer ces mêmes informations sous la forme d'une « liste de contrôle » qu'ils auraient été invités à consulter à différents moments. Cela aurait permis aux élèves de vérifier si les informations qu'ils colligeaient convenaient bien à la position défendue par leur parti politique, si les arguments qu'ils invoquaient étaient exempts de préjugés et si les assises sur lesquelles s'appuyaient leurs arguments étaient en lien avec les différents aspects de la culture publique commune, comme l'avait demandé Éloïc. Dans le cas où les informations répertoriées ne correspondaient pas à ces critères, les élèves auraient pu ajuster leur démarche.

Pour conclure, on peut dire qu'il aurait été important qu'Éloïc décrète des temps d'arrêt au cours même de la situation d'apprentissage. Plusieurs spécialistes du fonctionnement de la mémoire insistent sur cette dimension.

### *En quoi la situation d'apprentissage proposée par Éloïc est-elle propice au transfert des connaissances ? Que pourrait-il faire de plus ?*

Il semble clair qu'Éloïc, comme bon nombre d'enseignants, espère que les apprentissages faits par ses élèves pourront être réutilisés. Les intentions pédagogiques de cet enseignant sont d'ailleurs fort ambitieuses. En effet, le transfert visé ne concerne pas la réutilisation d'une notion d'un chapitre à un autre, par exemple, mais plutôt le transfert du contexte scolaire à la vie de tous les jours. Ces intentions, fort louables, exigent cependant que des interventions pédagogiques précises soient menées. Examinons attentivement celles auxquelles Éloïc a eu recours, et d'autres qui auraient mérité d'être intégrées à son enseignement.

Dans la mesure où la conception que semble avoir Éloïc du transfert sous-tend qu'il faut qu'il y ait d'abord eu apprentissage pour que celui-ci soit réutilisé, il importe de vérifier si les élèves maîtrisent effectivement cet apprentissage. Si ce n'est pas chose faite, il apparaît inutile de viser sa réutilisation, bien que le fait de placer des élèves dans d'autres contextes puisse leur permettre d'effectuer des apprentissages qui, sur la base d'une seule situation d'apprentissage, n'étaient pas encore acquis. Sur ce plan, donc, par divers outils d'observation et d'analyse des discours des élèves, Éloïc aurait avantage à déterminer avec précision la situation de ses élèves et à offrir, selon le niveau d'expertise atteint, un soutien adapté aux forces et aux difficultés des différents sous-groupes d'élèves de sa classe. Si l'enseignant n'a qu'une idée floue de la maîtrise des apprentissages faits par ses élèves, il pourra conclure à tort que son soutien au transfert s'est avéré inadéquat alors que, dans les faits, c'est plutôt son soutien au regard de l'apprentissage initial qui aura fait défaut.

Si l'on se réfère au cadre en trois temps élaboré par Tardif et Meirieu (1996) pour soutenir le transfert des apprentissages, on voit qu'Éloïc propose à ses élèves une situation d'apprentissage contextualisée. Comme on l'a mentionné dans le premier chapitre, la contextualisation consiste à mettre en contexte les contenus d'apprentissage visés. Toutefois, la démarche d'enseignement d'Éloïc paraît problématique justement au moment de recourir à la contextualisation. La description du cas montre qu'il a présenté les différentes notions non pas au moyen de la contextualisation, comme le proposent plusieurs auteurs, mais plutôt de façon décontextualisée. Ce choix est lourd de conséquences pour plusieurs élèves qui ne parviennent pas, par la suite, à lier des notions acquises hors d'un contexte précis à une situation signifiante, complexe et authentique telle que celle du débat proposée par Éloïc.

Par ailleurs, une fois la contextualisation faite, il apparaît important d'offrir aux élèves des occasions de décontextualiser leurs apprentissages puis de les recontextualiser. Relativement à la décontextualisation, également propice au transfert si elle survient après une contextualisation, il aurait été souhaitable qu'Éloïc s'adresse à ses élèves et oriente leur attention afin qu'ils prennent conscience des apprentissages qui sont mobilisés par la tenue du débat et que, déjà, s'amorce un processus d'organisation des connaissances et des compétences en construction. Cette organisation ainsi que la création de voies d'accès à ces connaissances ont de fortes probabilités, par la suite, de favoriser le repêchage dans la mémoire des connaissances et des compétences. Pour que le processus de transfert soit réellement complet, il aurait fallu qu'Éloïc ne se contente pas d'espérer que ses élèves utilisent les apprentissages faits dans le cadre de cette situation dans d'autres contextes, comme au sein des organisations étudiantes auxquelles ils participent, mais bien qu'il les place dans d'autres contextes où ils auraient effectivement eu l'occasion d'argumenter sans que des préjugés viennent entacher leur discours.

### *Comment Éloïc aurait-il pu tirer profit du contexte de travail en équipe pour soutenir davantage ses élèves dans le développement d'une compétence relative à l'éducation à la citoyenneté ?*

L'un des types de pédagogies dont l'usage est recommandé dans le cadre de l'éducation à la citoyenneté et à l'interculturalité (Cohen, 1994; CSE, 1998; Marzouk, Kabano et Côté, 2000; MEQ, 1997; Ouellet, 2002) est la pédagogie de la coopération, approche qui privilégie, notamment, le travail en équipe et le dialogue. Il convient, d'abord, de définir ce type d'enseignement. La pédagogie de la coopération est une approche qui repose sur le fait que, en milieu scolaire, l'enseignant doit consentir à ce que l'élève soit vraiment actif dans la construction des connaissances. Cette pédagogie permet l'atteinte de multiples objectifs et, par conséquent, la construction de plusieurs compétences, que celles-ci soient liées au contenu de la matière (par exemple, dans le cas présent, la connaissance de la réalité de l'immigration au pays) ou qu'elles concernent des dimensions interactionnelles (on pense aux compétences communicationnelles et à celles relevant des relations humaines, entre autres). La pédagogie de la coopération prend corps essentiellement dans la construction collective des connaissances. Elle repose sur la prise en charge des apprentissages par les élèves et conduit à une meilleure connaissance de soi et des autres. Pour ce faire, on doit créer en classe un espace commun de communication réservé au dialogue. Cet espace assure d'abord à chacun la libre expression de ses idées, et il fournit ensuite le cadre éthique dans lequel peuvent s'inscrire les discussions. Or, le dialogue est justement une des valeurs privilégiées en éducation à la citoyenneté et en éducation interculturelle.

Éloïc aurait pu mieux préparer ses élèves et superviser leur travail dans le cadre d'une activité où l'on aurait exploité le dialogue. Le dialogue est, en effet, un exercice qui dépasse le bavardage ou la conversation quotidienne. Il va plus loin que la simple causerie dont l'objectif n'est pas défini par l'intérêt de connaissance. « Le dialogue, ce n'est pas non plus la dispute sophistique où le discours se met au service d'un souci qui n'est pas dirigé par l'intérêt de connaissance, mais par le désir de paraître le plus fort et le plus futé, où discuter c'est l'emporter, vaincre son adversaire, le mettre en échec en usant de tous les moyens rhétoriques disponibles », comme le soulignent Martineau et Simard (2001, p. 23). De plus, le dialogue ne saurait entretenir de liens avec quelque forme que ce soit d'endoctrinement ou de conditionnement. En fait, le dialogue exige que deux conditions soient remplies :

- que les échanges soient au service de la connaissance;
- que les opinions d'autrui soient considérées comme un apport essentiel à la réussite des apprentissages.

Comme nous venons de le voir, dialoguer requiert une préparation adéquate. Pour que le dialogue prenne forme, certains principes doivent être respectés. Mentionnons-en trois, que nous empruntons ici à Martineau et Simard (2001) :

- le dialogue véritable exige ce que le philosophe allemand Gadamer appelle une *docta ignorantia*;
- le dialogue véritable exige un langage commun;
- le dialogue véritable exige l'écoute mutuelle.

Expliquons brièvement ces trois principes.

- Le dialogue véritable exige une *docta ignorantia,* c'est-à-dire la capacité de reconnaître que nous ne savons pas tout, que nous pouvons même nous tromper. Il faut aussi reconnaître que l'autre est porteur d'un discours légitime qui peut nous aider à dépasser notre ignorance et à corriger nos erreurs.
- Le dialogue véritable exige également un langage commun. En effet, le dialogue n'est possible que s'il existe un langage commun, c'est-à-dire le partage d'un ensemble de significations. Cet ensemble fournit une assise aux participants du dialogue. Par exemple, une meilleure entente au sein de chacune des équipes quant aux notions importantes, aux objectifs à atteindre et aux tâches à accomplir aurait permis une collaboration plus fructueuse et une répartition plus équitable des tâches.
- Le dialogue exige enfin l'écoute mutuelle. On le comprendra aisément, il ne saurait y avoir de dialogue si les interlocuteurs ne s'écoutent pas entre eux. Le développement de la capacité d'écoute est donc une condition du dialogue ; apprendre à écouter, c'est s'ouvrir au point de vue de l'autre dans le respect de sa différence.

En somme, un travail préalable sur les exigences relatives au dialogue et une mise au point quant à son importance dans les sociétés démocratiques et, plus particulièrement, dans le travail en collaboration auraient pu éviter à Éloïc certaines déceptions. Les élèves, davantage conscients des attentes de l'enseignant et des exigences associées à l'activité, auraient alors été en mesure de mieux réaliser la tâche demandée. Certains d'entre eux, au sein de chaque groupe, auraient pu jouer le rôle de modérateur et rappeler les règles à respecter, au besoin.

### *En quoi le choix pédagogique de faire tenir un vote libre est-il cohérent avec la démarche d'apprentissage élaborée par Éloïc ?*

Rappelons d'abord les principales finalités de l'éducation à la citoyenneté et de l'éducation interculturelle :

- favoriser l'acceptation et la promotion de la diversité ;
- développer une culture civique participative ;
- former un esprit critique ;
- favoriser le respect et la promotion de l'égalité et de l'équité ;
- développer un sentiment d'appartenance et d'identification.

Revenons maintenant sur quelques intentions poursuivies par Éloïc. Il souhaite que ses élèves acquièrent des connaissances déclaratives qui font appel aux traditions d'ouverture et de tolérance propres à notre système démocratique. Il veut aussi que ses élèves acquièrent des connaissances procédurales relatives à la présentation des projets de loi et au fonctionnement des débats parlementaires. Soucieux de favoriser le transfert des apprentissages de ses élèves dans d'autres sphères de leur vie, il vise également l'acquisition de connaissances conditionnelles qui permettront à ses élèves de savoir quand il est important de débattre et d'argumenter, et pourquoi il faut le faire dans le respect de l'autre.

À la lumière de ce qui précède, on peut dire que le vote libre proposé par l'enseignant est tout à fait cohérent quant à la démarche pédagogique adoptée et aux finalités poursuivies. En effet, par le vote libre, Éloïc permet aux élèves de se familiariser avec une procédure suivie dans les assemblées des élus (connaissance procédurale) et, par la même occasion, il les place dans une situation qui permet de remettre en question certains préjugés relatifs au fonctionnement des gouvernements. Par ailleurs, l'enseignant favorise l'atteinte de certaines visées énoncées précédemment. Ainsi, le vote libre est clairement associé à l'acceptation et à la promotion de la diversité (chacun peut exprimer son opinion), au développement d'une culture civique participative (tous ont leur mot à dire et peuvent « faire la différence ») et à la formation d'un esprit critique (pour se faire une idée juste, chaque élève doit écouter les autres – un des principes du dialogue – et mobiliser son propre jugement).

### *Quels principes sous-jacents à une éducation à la citoyenneté et à une éducation interculturelle auraient pu orienter davantage les interventions pédagogiques d'Éloïc ?*

L'éducation à la citoyenneté et l'éducation interculturelle requièrent que l'on développe à la fois la maîtrise de certaines connaissances sur la société et la culture, et la maîtrise de compétences en communication. À cela s'ajoutent l'adoption d'attitudes et l'acquisition de valeurs propres aux sociétés démocratiques et pluralistes.

En matière de connaissances, on pense, entre autres, à celles portant sur ce que certains appellent la culture publique commune (Caldwell, 2001), soit les libertés fondamentales à la base de nos chartes québécoise et canadienne des droits et libertés, les principes sur lesquels repose notre société et les croyances qui y sont associées, les devoirs et les vertus civiques. On pense aussi à celles portant sur la diversité ethnique au Québec et sur le fonctionnement des systèmes démocratiques.

Mais ces connaissances ne sauraient suffire dans la mesure où les finalités poursuivies supposent la transformation des attitudes, l'adhésion à certaines valeurs et la maîtrise de plusieurs compétences, dont des compétences communicationnelles. En effet, **il s'agit moins de former une personne capable de discourir sur la citoyenneté et l'interculturalité qu'une personne capable d'adhérer aux principes qui les sous-tendent et de les vivre quotidiennement.** C'est pourquoi le travail sur les attitudes, les valeurs et les compétences en communication est d'une grande importance. Dans le cas présent, le développement de compétences en communication doit reposer sur sept principes de base, intimement liés, que nous présentons brièvement ci-dessous.

1) Reconnaître l'humanité en chacun, c'est-à-dire respecter une personne et son histoire, la considérer comme membre à part entière de la grande famille humaine.

2) Se connaître soi-même et connaître sa propre culture, être conscient de ses propres cadres culturels ; pour arriver à se sortir de son ethnocentrisme, il faut s'assumer soi-même comme produit d'une culture.

3) S'ouvrir à la connaissance des « différences » ; si connaître n'est pas suffisant, c'est néanmoins nécessaire.

4) Accepter les différences; cependant, l'ouverture aux autres n'entre pas en contradiction avec une affirmation de sa propre culture. En fait, la capacité d'accueillir autrui est d'autant plus grande qu'on a développé une identité personnelle positive.

5) Suspendre son jugement afin de se mettre à l'écoute de l'autre et de chercher à le comprendre. Il s'agit de se mettre en « posture d'écoute bienveillante », condition nécessaire au dialogue vrai et constructif.

6) Travailler à éliminer en soi les attitudes et les comportements qui empêchent de prendre en compte l'autre et sa différence, ce qu'on peut appeler la « décentration ». Cet exercice exige que l'on se regarde lucidement afin d'être à l'affût de ses propres préjugés.

7) Favoriser le compromis et la négociation; la communication doit se dérouler en minimisant le plus possible les frustrations et dans l'optique de trouver un champ commun où chacun peut tout de même conserver son identité.

Si la situation proposée par Éloïc répond assez bien aux exigences d'une éducation à la citoyenneté et d'une éducation interculturelle, il aurait tout de même pu favoriser davantage l'apprentissage de certains principes. Par exemple, il aurait été intéressant qu'il exige explicitement que les équipes appuient une partie de leur argumentation sur les textes des chartes des droits et libertés québécoise et canadienne. Éloïc aurait pu ainsi vérifier la présence dans les travaux des élèves du premier principe énoncé ci-dessus : « Reconnaître l'humanité en chacun, c'est-à-dire respecter une personne et son histoire, la considérer comme membre à part entière de la grande famille humaine. » De même, une exploration de l'histoire de l'immigration au pays et des modes de sélection et d'accueil des immigrants aurait permis de mieux respecter le deuxième principe : « Se connaître soi-même et connaître sa propre culture, être conscient de ses propres cadres culturels; pour arriver à se sortir de son ethnocentrisme, il faut s'assumer soi-même comme produit d'une culture. » Précédemment, nous avons évoqué le fait qu'Éloïc aurait dû instruire ses élèves des règles d'un sain dialogue. Cela se serait avéré utile en ce qui a trait au respect du principe de l'acceptation des différences et du principe selon lequel il faut suspendre son jugement et se mettre en position d'écoute face à autrui. En outre, le travail sur le dialogue (valeur essentielle du vivre ensemble) permet de se décentrer (on apprend à se connaître au contact des autres, et cet apprentissage fondé sur la différence peut être la source d'un changement) et favorise le compromis et la négociation. En somme, si Éloïc a pu faire vivre une expérience enrichissante à ses élèves, une réflexion plus approfondie lui aurait probablement évité quelques déceptions.

## Un exemple de planification

Dans cette section, nous reprendrons la planification de la situation d'apprentissage proposée par Éloïc, mais en la bonifiant.

Comme dans la situation étudiée, il s'agit pour les élèves de participer à un débat concernant l'adoption d'un projet de loi sur l'immigration. Cette situation d'apprentissage constitue toutefois la situation de départ, en ce sens que les élèves n'ont pas reçu jusqu'ici d'enseignement sur l'immigration, ni sur les notions qui y sont afférentes, ni même sur les débats parlementaires.

**Compétences transversales**

- Se donner des méthodes de travail efficaces
- Exploiter les TIC
- Communiquer de façon appropriée
- Coopérer

**Domaine général de formation**

- Vivre ensemble et citoyenneté

**Domaines d'apprentissage**

- Langues
- Univers social

**Productions attendues**

- Document collectif regroupant les principaux arguments de chacun des députés d'un parti
- Rédaction individuelle d'une allocution faisant environ deux pages
- Communication orale des principaux éléments de cette allocution dans le cadre d'un débat

**Mise en route**

L'enseignant amorce le cours en faisant allusion à une conversation qu'il a entendue récemment entre deux de ses anciens élèves maintenant en cinquième année du secondaire. L'un d'eux, David, expliquait à son camarade, Justin, que, depuis la date fatidique du 11 septembre 2001, son opinion avait changé sur l'intérêt qu'il y avait à accueillir des immigrants au Canada. Il émettait maintenant de très sérieuses réserves quant à la pertinence de recevoir ces personnes. Justin était, pour sa part, en désaccord avec les propos de David. Il estimait qu'il était très dangereux de tirer une conclusion aussi générale d'un fait isolé qui ne concernait qu'une petite partie d'une population.

L'enseignant demande à ses élèves de réfléchir durant quelques minutes, puis de situer sur un continuum l'opinion avec laquelle ils se sentent le plus à l'aise. En groupe classe, il revoit ensuite la question et fait ressortir les opinions (incluant les préjugés) exprimées par les élèves, sans émettre de jugement de valeur sur ces opinions. Elles sont notées sur un transparent comprenant deux colonnes (il est important de conserver des traces de ces échanges, car elles serviront ultérieurement).

## Minileçons sur les savoirs essentiels

Selon les réponses fournies par les élèves, des minileçons peuvent devoir être données. Dans le cas présent, on peut penser que de telles leçons seraient utiles sur le plan du travail en coopération pour que les élèves puissent ensuite réaliser les tâches demandées.

### *Types d'enseignement*

- Collectif
- Enseignement magistral

Il faut expliquer les conditions nécessaires à la tenue d'un vrai dialogue. Il y a deux conditions essentielles :

- que les échanges soient au service de la connaissance ;
- que les opinions d'autrui soient considérées comme un apport essentiel à la réussite des apprentissages.

**Tableau 7.2 Activation des connaissances antérieures et mobilisation des compétences des élèves**

| | |
|---|---|
| **L'immigration** | La mise en route de l'activité a permis de faire émerger les opinions des élèves relativement à l'immigration. Toutefois, il est important de vérifier aussi les faits sur lesquels s'appuient ces opinions.<br>Comment les immigrants qui arrivent au Canada sont-ils sélectionnés ? Quelle proportion de la population canadienne ces immigrants représentent-ils ?<br>Une fois la discussion amorcée, l'enseignant oriente les propos vers d'autres aspects qui conduiront à des connaissances qui devront être réinvesties dans la situation d'apprentissage. |
| **Le débat** | Sommes-nous en train de faire un débat ? Qu'est-ce qu'un débat ? Avez-vous déjà assisté à un débat ? Avez-vous déjà assisté à un débat parlementaire ? Comment cela se passe-t-il ? Comment se prépare-t-on à un débat ? Pourquoi est-il essentiel de se préparer ? Quelles sont les conditions nécessaires à la tenue d'un véritable débat en démocratie ?<br>Pour amener les élèves à prendre conscience de l'importance d'en connaître davantage, l'enseignant fait ressortir, s'il y a lieu, les oppositions entre les réponses des élèves ou le manque d'information sur un sujet. Cela devrait contribuer à rendre la tâche encore plus signifiante pour les élèves.<br>Il présente aux élèves les tâches à réaliser, soit 1) un débat en classe qui repose sur 2) une production collective de chacun des partis et qui requiert l'engagement de chacun des députés des partis (élèves) à 3) élaborer le texte d'une allocution afin de développer un ou quelques arguments qui serviront la ligne du parti et qui reposeront sur les chartes des droits et libertés québécoise et canadienne, sur une connaissance de la loi de l'immigration canadienne et sur une connaissance des principes et des valeurs à la base de la culture publique commune du Québec. Cette présentation des tâches à réaliser amène l'enseignant à activer aussi des composantes des compétences transversales qui seront nécessaires aux élèves pour effectuer ces tâches. |
| **Méthode de travail efficace et utilisation des TIC** | Avez-vous déjà eu à trouver des informations sur un sujet particulier ? D'après vous, quelles sources seraient utiles pour trouver des informations sur l'immigration ? Comment trouve-t-on des informations dans Internet ? En quoi est-ce semblable à la recherche d'informations dans un ouvrage ? En quoi est-ce différent ? |
| **Communication** | Quelles informations doit-on fournir ? Comment sélectionne-t-on les informations pertinentes ? Comment structure-t-on une argumentation ? |
| **Coopération** | Au sein de chacun des partis, comment le travail sera-t-il réparti ? Quelles mesures prendra-t-on pour que la répartition soit équitable ?<br>Moyens :<br>• Discussion en grand groupe et prise de notes au tableau.<br>• Questionner des élèves qui n'ont pas forcément la main levée. |

## Phase de réalisation

Il faut aussi expliquer, compte tenu de la nature du travail demandé, c'est-à-dire arriver à élaborer une argumentation pour appuyer ou rejeter une loi relative à l'immigration, qu'il est important que les arguments soient répartis entre tous les membres d'un parti, sans quoi seuls quelques arguments seront exploités. Cela suppose donc que les élèves se répartissent les thèmes en fonction desquels ils articuleront leurs arguments, ce qui peut vouloir dire, par exemple, qu'au sein d'un parti un sous-groupe de quatre élèves traite de la charte québécoise des droits et libertés pendant qu'un autre traite des valeurs de la culture publique commune. L'enseignant doit donc expliquer à ses élèves l'importance de la distribution des responsabilités et leur faire prendre conscience de leur interdépendance, sans quoi l'argumentation du parti risque d'être faible à cause de la répétition de certains éléments ou parce que des éléments centraux de l'argumentation n'auront pas été traités. Le recours à des rôles au sein des équipes et aussi, éventuellement, à la nomination d'un coordonnateur dans le parti pourrait être fort utile. L'attribution des rôles est du ressort de l'enseignant : il peut décider d'attribuer lui-même les rôles s'il juge que ses élèves ne sont pas suffisamment autonomes pour le faire, mais il peut également leur permettre d'effectuer ce choix s'il juge qu'ils se connaissent suffisamment bien pour arriver à des décisions éclairées.

### *Types d'enseignement pour le reste de la situation d'apprentissage*

- Coopératif : au cours de la préparation des allocutions individuelles qui serviront à la constitution du document collectif du parti.
- Travail individuel : au cours de la rédaction de l'allocution individuelle.
- Groupes de discussion (débat) : une fois les textes des allocutions préparés, organisation d'un débat en classe entre les deux partis à l'aide de ces textes.
- Travail individuel : au cours du vote, exercé en fonction de la force des arguments évoqués et non en fonction de la ligne de son parti.
- Collectif : au cours de la compilation des votes et de la discussion qui suivra.

## Soutien

### *Modèle explicite*

Encore une fois, selon le niveau d'expertise des élèves, il peut être utile que l'enseignant assume un rôle de modèle afin de rendre explicites ses stratégies de recherche et de sélection d'informations. Si des élèves du groupe utilisent déjà des stratégies efficaces dans ce domaine, ils peuvent également assumer ce rôle auprès de leurs camarades. L'important est qu'ils puissent rendre compte de la façon dont ils s'y prennent, et aussi des raisons qui font qu'ils optent pour telle stratégie plutôt que pour telle autre.

### *Pratique guidée*

Certains élèves suffisamment outillés sur le plan des stratégies de recherche et de sélection d'informations peuvent n'avoir besoin que d'un soutien ponctuel. Dans ce cas, l'enseignant circule d'un sous-groupe à l'autre et guide les élèves par des questions ou en leur proposant des pistes, par exemple.

### Pratique autonome

Si des élèves maîtrisent déjà bien des méthodes de travail efficaces, l'enseignant n'a qu'à valider les démarches que ces élèves élaborent et à les encourager à poursuivre.

## Phase d'intégration (transfert)

### Décontextualisation

Dans le cadre de cette situation d'apprentissage, en raison des multiples objets d'apprentissage en jeu, plusieurs décontextualisations seront nécessaires. Celles-ci visent cependant toutes les mêmes objectifs : amener les élèves à extraire des informations de leur contexte d'apprentissage, et les aider à prendre conscience des apprentissages réalisés et à organiser ces apprentissages. Les décontextualisations devraient porter sur :

- la recherche et la sélection d'informations ;
- le travail en coopération ;
- la rédaction d'un texte argumentatif ;
- les divers savoirs essentiels (immigration, chartes des droits et libertés, culture publique commune, etc.) ;
- l'exercice d'un droit de vote personnel.

Parmi les formes d'organisation qui paraissent les plus pertinentes, mentionnons :

- un résumé (sous forme de liste) des stratégies de recherche et de sélection d'informations accompagné d'une icône indiquant leur degré d'efficacité ;
- un résumé oral des stratégies de coopération efficaces exploitées, ainsi que des traces d'une réflexion sur les moyens choisis pour surmonter les difficultés à coopérer qui ont été rencontrées dans les équipes ;
- un réseau des principaux éléments nécessaires à la rédaction d'un texte argumentatif ;
- un tableau résumant les arguments favorables et les arguments défavorables à l'adoption du projet de loi (voir le tableau 7.4).

### Recontextualisation

**Recontextualisation hypothétique :** amener les élèves à donner des exemples de situations où ils auraient besoin de recourir aux mêmes stratégies de recherche et de sélection d'informations, aux stratégies de coopération qui se sont avérées efficaces, à la rédaction d'un texte argumentatif, etc.

**Recontextualisation réelle :** compte tenu de l'importante quantité d'apprentissages intégrés dans la situation initiale, il semble pertinent d'envisager plusieurs contextes nouveaux où une partie des apprentissages réalisés dans le premier contexte pourrait être recontextualisée. Par exemple, les compétences relatives à la rédaction d'un texte argumentatif ainsi qu'à la recherche et à la sélection d'informations pertinentes pourront être mobilisées lorsque les élèves auront à se prononcer sur l'adoption d'un uniforme scolaire. Cette situation de recontextualisation, par contre, ne mobilisera pas directement les connaissances et

**Tableau 7.3 Motivation des élèves**

| | |
|---|---|
| **Valeur de la tâche** | L'enseignant amène les élèves à prévoir les retombées d'une telle situation d'apprentissage. Par exemple, il leur fait prendre conscience du fait qu'ils pourront réutiliser les connaissances et les compétences qu'ils auront développées dans d'autres débats, comme celui qui concerne la question de l'uniforme scolaire, sujet d'actualité dans leur école et sur lequel ils seront consultés prochainement. |
| **Contrôle sur la tâche** | Pour que les élèves sentent qu'ils sont en mesure d'effectuer la tâche, ils doivent connaître avec précision les connaissances et les compétences qui leur seront nécessaires, et aussi les ressources dont ils disposent, notamment les ressources humaines. Dans ce cadre, le travail en coopération peut être un facteur qui incite les élèves, en particulier ceux qui éprouvent des difficultés, à reprendre confiance en eux et à juger qu'ils pourront effectivement réaliser le travail demandé. |
| **Exigences de la tâche** | Comme cela a été dit dans la section intitulée « À propos du cas d'Éloïc », il faut que l'enseignant communique avec précision ses attentes et qu'il informe les élèves des critères qui serviront à évaluer leur travail. Une liste de vérifications serait très utile aux élèves afin qu'ils procèdent eux-mêmes à une évaluation de la qualité du travail effectué. Il importe que l'enseignant explique l'utilité de cette liste aux élèves. |

les compétences relatives à la citoyenneté qui auront pu être développées dans le cadre de la situation d'apprentissage initiale. Il faudra donc trouver une autre situation pour les exploiter.

### *Clôture*

L'enseignant procède à un retour réflexif sur les opinions et les préjugés évoqués au début de la situation d'apprentissage (on utilise le transparent sur lequel ces éléments ont été notés) et organise une discussion sur le bien-fondé de ces opinions et préjugés en fonction des connaissances acquises au cours de l'activité.

## Pistes de réflexion

Il va sans dire que l'éducation à la citoyenneté et l'éducation interculturelle exigent de l'enseignant plus que la maîtrise de stratégies pédagogiques et la possession de connaissances spécifiques à ces domaines. Ici, peut-être plus qu'ailleurs, les attitudes, les valeurs et les convictions sont cruciales. Il importe donc, dans ce cas, de déterminer ce qui pourrait nuire à l'intervention éducative. C'est pourquoi il

**Tableau 7.4 Les principaux arguments favorables et défavorables à l'adoption du projet de loi sur l'immigration**

| | Arguments favorables | Arguments défavorables |
|---|---|---|
| Charte québécoise | | |
| Charte canadienne | | |
| Loi sur l'immigration | | |
| Principes et valeurs de notre culture publique commune | | |

peut être utile à l'enseignant d'amorcer une réflexion lui permettant de mieux comprendre son propre rapport à sa société, au pluralisme qui caractérise cette société et aux institutions qui la constituent.

- Ai-je des préjugés contre certaines personnes dans ma société en raison :
  - de leur appartenance à une communauté culturelle ?
  - de leur orientation sexuelle ?
  - de leurs croyances religieuses ?
  - de leur âge ?
- Sur quoi ces préjugés sont-ils fondés ?
- En quoi ces préjugés risquent-ils d'influencer mes attitudes en classe et mes interventions auprès des élèves ?
- Quels moyens puis-je utiliser pour les dépasser ?

## Principaux éléments à retenir

On l'aura compris, dans l'éducation à la citoyenneté et l'éducation interculturelle, ce sont moins les connaissances déclaratives qui prévalent que le développement d'attitudes, de valeurs et de compétences relatives au vivre ensemble. Il est donc clair qu'un enseignement axé sur des contenus à mémoriser s'avère nettement moins pertinent qu'une intervention pédagogique qui mise sur l'engagement des élèves dans des tâches complexes et signifiantes, qui mobilise leurs connaissances et leurs compétences antérieures et qui est conçue dans l'optique de favoriser le transfert des apprentissages. Par ailleurs, étant donné que l'acquisition ou la modification d'attitudes et de valeurs exigent du temps, il sera nécessaire de prévoir de multiples occasions de réutiliser les apprentissages faits, et ce, dans des contextes variés, d'une année à l'autre, d'un cycle à l'autre et d'un ordre d'enseignement à l'autre. Il s'agit là, à notre avis, d'une condition essentielle à respecter.

# Références


Barrette, C., É. Gaudet et D. Lemay (1996). *Guide de communication interculturelle,* Saint-Laurent, Erpi.

Bråten, I. (1991). « Vygotsky as Precursor to Metacognitive Theory : I. The Concept of Metacognition and its Roots », *Scandinavian Journal of Educational Research,* vol. 35, n° 3, p. 179-192.

Caldwell, G. (2001). *La culture publique commune : Les règles du jeu de la vie publique au Québec et les fondements de ces règles,* Montréal, Nota Bene.

Cohen, E. (1994). *Le travail de groupe : Stratégies d'enseignement pour la classe hétérogène,* Montréal, Les Éditions de la Chenelière.

Conseil supérieur de l'éducation (1998). *Éduquer à la citoyenneté,* Québec, Gouvernement du Québec.

Lafortune, L., et É. Gaudet (2000). *Une pédagogie interculturelle pour une éducation à la citoyenneté,* Saint-Laurent, Erpi.

Martineau, S., et D. Simard (2001). *Les groupes de discussion,* Québec, Les Presses de l'Université du Québec.

Marzouk, A., J. Kabano et P. Côté (2000). *Éduquer à la citoyenneté à l'école : Guide pédagogique,* Montréal, Éditions Logiques.

McAndrew, M. (2001). *Immigration et diversité à l'école : Le débat québécois dans une perspective comparative,* Montréal, Les Presses de l'Université de Montréal.

Ministère de l'Éducation du Québec (1997). *Une école d'avenir : Intégration scolaire et éducation interculturelle,* Québec, Gouvernement du Québec.

Ouellet, F. (2000). *Essais sur le relativisme et la tolérance,* Québec, Les Presses de l'Université Laval.

Ouellet, F. (2002). *Les défis du pluralisme en éducation : Essais sur la formation interculturelle,* Québec, Les Presses de l'Université Laval ; L'Harmattan.

Proulx, J. (1999). *Le travail en équipe,* Québec, Les Presses de l'Université du Québec.

Tardif, J., et P. Meirieu (1996). « Stratégie en vue de favoriser le transfert des connaissances », *Vie pédagogique,* n° 98, p. 4-7.


## Vous souhaitez aller plus loin ?

### *Éducation à la citoyenneté*


Crémieux, C. (2001). *La citoyenneté à l'école,* Paris, Syros.

Leleux, C. (2000). *Éducation à la citoyenneté : Apprendre les valeurs et les normes de 5 à 14 ans,* Bruxelles, De Boeck Université.

Pagé, M., F. Ouellet et L. Cortesão (2001). *L'éducation à la citoyenneté,* Montréal, Éditions Logiques.

### *Éducation interculturelle*

Lavallée, C., et M. Marquis (1999). *Éducation interculturelle et petite enfance,* Québec, Les Presses de l'Université Laval.

McAndrew, M. (2001). *Immigration et diversité à l'école : Le débat québécois dans une perspective comparative,* Montréal, Les Presses de l'Université de Montréal.

Ministère de l'Éducation du Québec (1997). *Une école d'avenir : Intégration scolaire et éducation interculturelle,* Québec, Gouvernement du Québec.

Ouellet, F. (2002). *Les défis du pluralisme en éducation : Essais sur la formation interculturelle,* Québec, Les Presses de l'Université Laval ; L'Harmattan.

# CHAPITRE 8
# ENSEIGNEMENT STRATÉGIQUE ET AUTONOMISATION

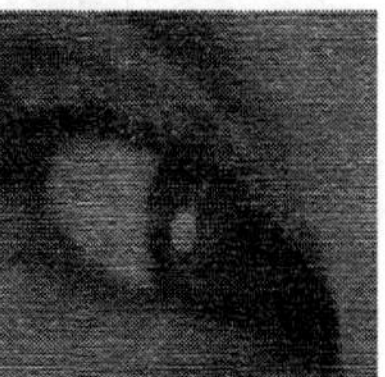

*François Guillemette*

> *« Le rôle de l'éducateur, comme on l'a dit souvent, n'est-il pas, par définition, de devenir inutile, dès lors qu'il a permis au jeune de gérer sa propre autonomie ? »*
> (Barlow, 1999, p. 4).

En enseignement stratégique, on se préoccupe fortement du développement de l'autonomie dans l'apprentissage et, surtout, de la dimension cognitive de cette autonomie. Cette préoccupation est perceptible, entre autres, dans le soutien apporté au développement de la métacognition (autosurveillance et autorégulation des apprentissages) et au transfert autonome des connaissances. D'autres chapitres de ce livre traitent des aspects spécifiquement cognitifs de l'autonomisation. Pour sa part, ce chapitre constitue un complément en abordant davantage les dimensions affective et psychosociale de l'autonomie. Nous croyons que la dimension cognitive de l'autonomie de l'élève sera mieux développée si des stratégies pédagogiques sont exploitées pour développer aussi les autres dimensions de cette autonomie. Dans cette perspective, ce chapitre se réfère à des approches autres que l'approche cognitiviste, soit les approches humaniste et néo-behavioriste.

On trouve d'abord, dans ce chapitre, des explications relatives aux concepts d'autonomie et d'autonomisation en éducation. Ces explications sont suivies d'une présentation globale des trois dimensions de l'autonomie et des stratégies d'autonomisation qui leur correspondent. Par la suite, en nous fondant sur des extraits du journal d'une enseignante, nous proposons des réflexions sur la pratique de cette enseignante et sur les choix qu'elle fait au regard de l'autonomisation. Un exemple de planification d'une tâche favorisant le développement d'un aspect de l'autonomisation est ensuite présenté ; cet exemple est suivi d'un rappel des points importants de ce chapitre, sous forme de grille de référence, pour que l'enseignant puisse jeter un regard sur ses propres pratiques visant l'autonomisation.

Il existe de très nombreux ouvrages sur les différents aspects de l'autonomie, aussi bien dans le domaine de la psychologie que dans celui de la pédagogie. Le lecteur qui désire parfaire ses connaissances sur cette question trouvera à la fin du chapitre une liste de références utiles.

# Quelques points de repère pour bien se comprendre

## L'autonomie et l'autonomisation

L'autonomie est la capacité d'agir par soi-même sans dépendre d'une autre personne. Le préfixe *auto* signifie « par soi-même ». Apprendre de manière autonome, c'est apprendre par soi-même ; apprendre de manière hétéronome, c'est apprendre par les autres.

L'autonomisation désigne la pédagogie qui favorise le développement de l'autonomie ou de l'apprentissage « par soi-même ». Elle est donc, essentiellement, une démarche où l'on tient compte de l'individu et de ses capacités personnelles, lesquelles lui permettent de réaliser des apprentissages par lui-même.

Par contre, agir de manière autonome ne veut pas dire agir seul. « Par soi-même » ne signifie pas « sans les autres ». L'auto-apprentissage n'est pas un apprentissage en solitaire. Au contraire, nous avons tous besoin des autres pour nous développer. Et avoir besoin des autres n'implique pas nécessairement que l'on soit dépendant des autres. On apprend par soi-même tout en apprenant avec les autres. Le développement humain est un processus qui mène vers une plus grande autonomie. L'autonomisation est donc une pédagogie qui favorise le passage de l'hétéronomie vers l'autonomie, mais sans que cette autonomie soit une « solonomie » ; les autres personnes constituent toujours des ressources utiles et nécessaires dans la construction des apprentissages et dans le développement en général. Nul n'est une île !

## Les différentes dimensions de l'autonomie et de l'autonomisation

L'autonomie de l'élève peut être vue en fonction de trois dimensions : la dimension affective, la dimension cognitive et la dimension psychosociale. La dimension affective comprend deux aspects qui sont intimement liés : la motivation intrinsèque et la perception positive de sa compétence (*self-efficacy*). La dimension cognitive comprend trois aspects : la construction des apprentissages, la métacognition et le transfert des apprentissages. La dimension psychosociale, quant à elle, peut être divisée en deux aspects : la gestion participative dans la classe et le développement d'une citoyenneté responsable. Bien entendu, ces trois dimensions sont interdépendantes, et lorsque, par des stratégies d'autonomisation, on agit sur l'une d'elles, on agit sur les autres en même temps. Le réseau présenté à la figure **8.1** montre les différents aspects de l'autonomie de l'élève et les stratégies d'autonomisation qui y correspondent.

**Figure 8.1 Réseau des principales notions abordées dans ce chapitre**

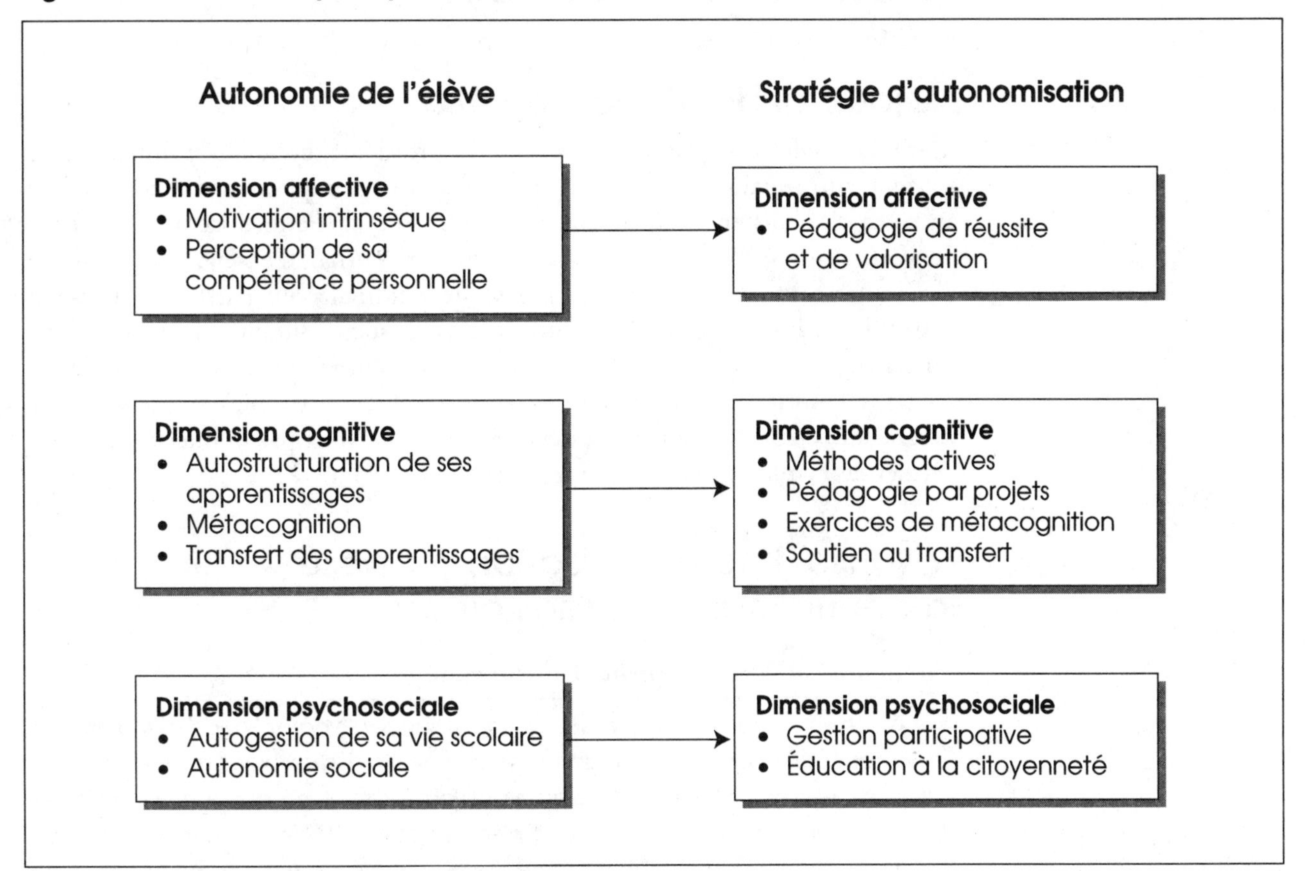


**Pour commencer avec une image**

Si, par un matin très froid, le moteur de votre voiture refuse de démarrer, vous pouvez recourir à deux types d'aide. Il y a d'abord la dépanneuse qui peut venir à votre secours ; elle prend votre voiture « sur son dos » et elle la dépose plus loin. Vous avez, certes, fait un bout de chemin, mais dès que la dépanneuse vous dépose, vous voilà à nouveau immobilisé. Il y a une autre sorte d'aide que vous pouvez recevoir ; c'est celle de quelqu'un qui vient survolter votre batterie et remettre le moteur de votre voiture en marche. Cette fois, vous reprenez le contrôle de la situation, vous prenez le volant et vous pouvez vous rendre là où vous le voulez.

*« Il m'apparaît que beaucoup d'enseignants se comportent comme des dépanneuses ; ils prennent à leur charge les élèves ou les étudiants et les font passer, bon gré mal gré, d'un niveau scolaire à un autre et les déposent ensuite, en attendant que quelqu'un d'autre les prenne à sa charge et les amène là où quelqu'un d'autre a décidé qu'ils devaient se rendre. Le véritable éducateur est, selon moi, un survolteur : il met son pouvoir au service de l'autre, le remet en activité et en mouvement, lui permet de se rendre, de lui-même, là où il a décidé d'aller ; il l'aide à devenir ce que lui-même a décidé de devenir. C'est ce type d'aide favorisant l'autonomie que je qualifie de relation éducative.* (Caouette, 1997, p. 96)

# Le cas de Marie-Danielle

## Le journal de Marie-Danielle

Marie-Danielle enseigne à des élèves du troisième cycle du primaire. Elle travaille au primaire depuis neuf ans; elle a enseigné quatre ans en cinquième année et cinq ans en sixième. Tous les jeudis soirs de l'année scolaire, elle écrit pendant une vingtaine de minutes dans son journal d'enseignante, histoire d'effectuer certains ajustements en classe le vendredi pour partir en week-end l'esprit libre. Elle a pris cette habitude lors de ses stages durant sa formation universitaire. Comme elle l'explique: «J'écris et je tourne la page le lendemain; je me sens l'esprit libre le samedi et le dimanche. J'écris mes impressions de la semaine, ce que j'ai appris, les choses que je ne veux pas oublier... Cela me permet de ne plus y penser durant le week-end.»

## Favoriser l'autonomisation suppose la connaissance de ses élèves

**Journal de Marie-Danielle, 15 septembre**

Cette semaine, j'ai dîné avec Claudie, Martin, Chloé et Mélodie. Martin m'a beaucoup parlé de Cécile, son enseignante de l'an dernier. Il m'a dit que, elle aussi, elle dînait avec ses élèves et qu'elle était bien gentille et bien bonne parce qu'elle prenait le temps de parler avec ses élèves, avec tous ses élèves. Il a aussi dit qu'il aurait bien aimé l'avoir encore comme enseignante cette année. J'étais un peu mal à l'aise de l'entendre parler tout le temps de Cécile mais, c'est vrai, il s'agit d'une bonne enseignante. Je ne lui ai pas dit que c'est elle qui m'a donné l'idée de prendre une trentaine de minutes de mon heure de dîner pour manger avec un élève pour mieux le connaître. Je ne lui ai pas dit non plus que la moitié des anciens élèves de Cécile parlent d'elle jusqu'à Noël durant l'année qui suit celle où elle leur a enseigné et qu'ils lui demandent d'aller dîner avec elle. C'est pour cette raison que j'en suis venue à lui demander son truc. Et ça fonctionne. Oui, ça fonctionne!

### *Qu'est-ce qui fonctionne dans cette stratégie que Marie-Danielle a empruntée à Cécile?*

Cécile veut connaître ses élèves; elle veut connaître leurs intérêts, leurs goûts, et aussi leurs aptitudes. Pour ce faire, elle s'arrange pour dîner avec un élève chaque jour dès le début de l'année, donc pendant les mois de septembre et d'octobre. Elle prend ensuite le reste de l'année pour dîner une deuxième fois avec chacun. Elle fixe des rendez-vous en pigeant les noms au hasard pour éviter que certains élèves ne se sentent relégués au dernier rang. L'objectif général de Cécile est de faire en sorte que ce qui se passe en classe soit le plus signifiant possible pour chacun de ses élèves. Et, comme on l'indique dans d'autres chapitres du présent ouvrage, il s'agit là d'un élément essentiel de l'enseignement stratégique. Cécile s'efforce d'établir un véritable dialogue avec les élèves de sa classe afin de bien connaître ce qui a un sens pour eux, pour chacun d'eux. On entre ici dans le domaine de la motivation et, plus précisément, de la motivation intrinsèque: Cécile essaie de trouver ce qui motive chacun de ses élèves dans ses apprentissages. Elle sait que plus un élève est intrinsèquement motivé, plus il est porté à apprendre par lui-même.

### *Qu'est-ce qu'un enseignant peut faire pour mieux connaître ce qui est signifiant pour ses élèves ? Que peut-il faire pour établir un dialogue continuel avec ses élèves ?*

Certains enseignants aménagent un temps d'échange avec tout leur groupe au début de chaque journée, et ils s'arrangent pour rencontrer personnellement, à un autre moment, les élèves qui ont de la difficulté à s'exprimer en groupe ou ceux qui sont moins motivés par leurs apprentissages scolaires. Marie-Danielle, elle, réserve une période pour cette causerie le vendredi après-midi. En faisant parler les jeunes sur ce qu'ils ont hâte de faire durant le week-end, elle apprend à connaître leurs intérêts et leurs motivations personnelles. Elle essaie aussi, par cet échange, de savoir ce qui les démotive ou ce qui les laisse plutôt froids.

## La motivation intrinsèque

La motivation est ce qui incite à entreprendre une action. La motivation favorise le développement de l'autonomie lorsqu'elle est intrinsèque, c'est-à-dire lorsque ce qui incite l'élève à s'engager dans un apprentissage et à persévérer est un avantage qu'il trouve dans l'apprentissage lui-même (intrinsèque) et non dans une retombée de l'apprentissage (extrinsèque). Plus simplement, on peut dire que la motivation intrinsèque est une forme de curiosité qui attise le désir d'apprendre parce que l'objet de l'apprentissage suscite un intérêt. On peut considérer aussi comme motivation intrinsèque tout ce qui est attirant dans l'expérience scolaire elle-même ou dans l'expérience d'apprendre (sans que ce soit nécessairement « ce que » l'on apprend). Il peut s'agir, par exemple, de l'attrait de la relation avec des pairs dans un apprentissage commun, de l'intérêt pour les interactions avec un enseignant perçu comme une personne-ressource au service des élèves, ou du plaisir de naviguer dans un environnement où l'on trouve de multiples ressources favorisant l'apprentissage (bibliothèque, vidéothèque, laboratoires, outils, matériaux, etc.).

La motivation intrinsèque influence directement la qualité des apprentissages parce qu'elle favorise des processus cognitifs comme l'intensité de l'attention, la capacité de concentration, l'efficacité de la mémoire et le courage de s'aventurer dans l'inconnu et de prendre des risques.

Un éducateur « autonomisant » est un bon motivateur.

**Journal de Marie-Danielle, 22 septembre**

Lundi dernier, journée pédagogique : une formation avec Jean-Guy. Quel conseiller pédagogique ! C'était facile de comprendre ce qu'il voulait nous dire sur la motivation parce qu'il est tellement motivé lui-même ! Et il sait comment nous toucher dans nos motivations. Je retiens, entre autres, qu'un enseignant motivé favorise le développement de la motivation chez ses élèves. J'ai tellement de problèmes avec mes « passions » d'enseignante. Je me sens souvent mal parce que j'ai l'impression de prendre les choses trop à cœur. Cela m'a consolée de l'entendre valoriser les enseignants « motivés ». J'ai pensé à cette question toute la semaine ; une vraie obsession ! J'essayais de voir, parmi mes élèves, ceux qui sont motivés intrinsèquement et ceux qui le sont plutôt extrinsèquement. En tous cas, pour certains, c'est clair comme de l'eau de roche. Même durant la formation avec Jean-Guy, lorsqu'il nous a parlé des signes de la motivation intrinsèque, j'ai reconnu tout de suite Magalie, Steve, Isabella, Joannie, Viviane, Ève-Marie et Hugo. Ils sont curieux, n'arrêtent pas de poser des questions et cherchent spontanément dans Internet pour trouver des réponses. Pour les autres, il faudra que je découvre ce qui les allume. Ce n'est pas évident...

## *Comment peut-on déceler la motivation intrinsèque des élèves ?*

Le principal indice de la présence de la motivation intrinsèque chez un élève est son engagement persévérant dans ses tâches d'apprentissage. Cet engagement peut se manifester de différentes façons ; par exemple, par le questionnement de l'élève, par la créativité dans ses démarches, par la prise d'initiatives en dehors des cadres prévus, par la recherche autonome, par la proposition de projets ou d'activités, par la coopération avec d'autres élèves ou par le travail non obligatoire à la maison. L'enseignant partisan de l'enseignement stratégique favorise l'engagement des élèves en étant attentif à toutes les manifestations du moindre désir de prendre des initiatives, et il encourage chacun de ses élèves à en prendre. Il prévoit des tâches sur lesquelles les élèves auront une emprise et qu'ils pourront faire par eux-mêmes, seuls ou en équipe. De plus, il prévoit des façons de connaître la nature des motivations de ses élèves, la valeur qu'ils attachent aux tâches et le degré de contrôle qu'ils exercent sur ces tâches.

L'enseignant qui veut favoriser le développement de la motivation intrinsèque chez ses élèves doit lui-même être intrinsèquement motivé. Il agit alors comme modèle mais aussi comme leader « contagieux » ou comme entraîneur. Il favorise la motivation de ses élèves lorsque lui-même éprouve du plaisir à être engagé dans l'aventure de l'apprentissage avec ses élèves. On dira de lui qu'il est passionné par sa matière ou passionné par son travail.

Chaque enseignant devrait prendre le temps de déterminer ce qui le motive dans ses interactions avec ses élèves en classe. Il devrait également distinguer ses motivations qui sont plutôt intrinsèques de celles qui sont plutôt extrinsèques.

À l'opposé de la motivation intrinsèque se trouve la motivation extrinsèque, ainsi qualifiée parce que ce qui incite l'élève à réussir n'est pas ce qu'il apprend, mais plutôt l'attrait d'une conséquence de sa réussite, comme le désir d'obtenir une récompense ou la peur de subir une punition. On peut associer à la motivation extrinsèque la poursuite de l'excellence, surtout lorsque cette poursuite se fait dans un esprit compétitif. Toutes les formes d'avantages qui sont rattachés à la réussite peuvent être une source de motivation extrinsèque : les avantages économiques immédiats, comme la prime au mérite versée par les parents, les promesses d'avantages économiques à long terme, comme la perspective d'exercer une profession lucrative, la possibilité de passer à un autre niveau scolaire si l'on réussit un examen, l'obtention d'un diplôme conditionnelle à la réussite dans une matière, la recherche de la reconnaissance sociale, etc. La peur de devoir affronter une quelconque réalité, comme l'exclusion sociale, le redoublement ou une entrée précoce sur le marché du travail, peut aussi être une source de motivation extrinsèque.

Le problème, avec la motivation extrinsèque, c'est que l'élève peut développer des stratégies efficaces pour obtenir ce qui le motive, mais sans construire des apprentissages durables. Ainsi, le désir d'obtenir une bonne note peut inciter un élève à user de stratégies le conduisant à cette note sans que l'apprentissage réel fasse partie de ces stratégies. Il existe, en effet, des stratégies efficaces pour obtenir des résultats scolaires positifs, et ces stratégies ne correspondent pas nécessairement aux stratégies efficaces pour apprendre.

L'enseignement stratégique est en partie fondé sur le fait que les buts poursuivis par la scolarisation ne sont pas des buts de réussite par rapport aux systèmes d'évaluation, mais bien des buts de réussite dans les apprentissages.

## Motivation intrinsèque et motivation extrinsèque dans l'enseignement stratégique

**Journal de Marie-Danielle, 27 octobre**

Déprime totale. Que je suis sotte! Ils n'auraient jamais dû me donner mon permis d'enseignement. Je leur nuis plus que je les aide, ces enfants-là. C'est vrai que Cécile devrait enseigner à tous les élèves de l'école. Ça fait deux mois qu'ils perdent leur temps avec moi. Ouf!

Ça fait deux mois que je leur sers toujours le même petit sermon sur l'importance de bien apprendre ses leçons si on veut avoir un bon travail plus tard. Et ils ont 11 et 12 ans! Je pensais les «motiver». J'ai appris le métier que chacun veut faire plus tard, et je leur rebats les oreilles avec ça depuis deux mois.

C'est comme si ça m'éclatait en pleine figure; il faut que je parte d'eux-mêmes, ici et maintenant, pas de ce qu'ils seront plus tard. Je suis sûre qu'il y a moyen de construire un pont entre ce qu'ils ont à apprendre et ce qui les touche, ce qui les intéresse vraiment. Je ne peux pas les motiver en leur imposant mes propres motivations. D'ailleurs, je n'ai pas à les motiver; ils sont déjà motivés. Je sais qu'ils sont déjà suffisamment motivés. C'est à moi de trouver ce qui pique leur curiosité, ce qui, déjà, les motive. Je suis certaine qu'il est possible de trouver ce qui va allumer mes élèves. Non! Je suis certaine qu'il est possible de trouver ce qui les allume déjà.

C'est mon défi pour la semaine prochaine: trouver le trésor de chacun. Quelqu'un a dit: «Là où est ton trésor, là aussi est ton cœur.» Si je réussis à trouver le trésor de chacun de mes élèves, j'aurai trouvé ce qui les motive. J'essaie ça la semaine prochaine! Pour le moment, distraction au cinéma.

### *Quelle a été l'erreur stratégique de Marie-Danielle?*

Le fait de centrer les élèves sur des motivations extrinsèques est une erreur stratégique. Cette erreur peut prendre différentes formes:

- user d'une approche systématique fondée sur les sanctions (récompenses ou punitions);
- utiliser une évaluation exclusivement sommative;

- exploiter la compétition ;
- viser l'excellence plutôt que l'apprentissage ;
- présenter le diplôme comme un objectif pour le travail des élèves ;
- rappeler le dicton « Qui s'instruit s'enrichit » ;
- brandir le spectre du chômage et de l'assistance sociale ;
- chercher à tout prix à rendre la vie agréable dans la classe ;
- tout centrer sur le plaisir ;
- mettre de la pression sur l'élève tant qu'il ne réussit pas.

### *Dans l'extrait du journal daté du 27 octobre, qu'est-ce qui indique que Marie-Danielle est sur la bonne voie ?*

À la base de toutes les stratégies favorisant le développement de la motivation intrinsèque, il y a la confiance que l'enseignant témoigne à ses élèves et à leur capacité de trouver un sens à leurs apprentissages. Marie-Danielle croit en la possibilité de la naissance d'une curiosité. Les élèves en qui l'on croit sont davantage portés à se faire confiance, donc à faire preuve d'initiative dans leurs apprentissages. L'enseignant qui ne croit pas en ses élèves n'amorcera pas le dialogue lui permettant de s'ouvrir à leur motivation intrinsèque.

C'est l'enseignant qui a la responsabilité d'établir un climat de confiance, un climat permettant la considération positive de chacun et les manifestations d'empathie.

- Dans la classe de Marie-Danielle, il est interdit (à l'enseignante et aux élèves) de faire des critiques négatives qui commencent par « tu es... » ou par « tu es ainsi lorsque... ». S'il faut que l'enseignante reprenne un élève relativement à des comportements jugés inacceptables, elle évitera de critiquer l'élève dans ce qu'il est comme individu.
- L'enseignante et les élèves éviteront les critiques négatives (même en ce qui a trait aux comportements), à moins que ces critiques soient absolument nécessaires.

Pour ce qui est de « piquer la curiosité » des élèves, il arrive souvent que la nouveauté suscite l'intérêt. Pour favoriser la motivation intrinsèque, l'enseignant peut présenter régulièrement des activités contenant un élément de nouveauté, tout en soulignant le lien qui existe entre cette nouveauté et ce que les élèves connaissent déjà.

# Le passage de l'hétéronomie à l'autonomie

**Journal de Marie-Danielle, 17 novembre**

Cette semaine, je suis tombée amoureuse d'un Russe. Heureusement pour mon mari, ce Russe est mort il y a plusieurs dizaines d'années. Avec Vygotsky, j'ai pu mettre en mots des intuitions que j'ai depuis longtemps. Ça m'a fait un petit velours de constater qu'il pensait comme moi. En fait, si j'ai bien compris, il m'a aussi permis de régler un vieux dilemme qui m'agaçait presque tous les jours : faut-il que j'aide mes élèves ou que je leur fasse confiance et que je les laisse se débrouiller tout seuls ? Est-ce qu'enseigner veut dire que je fais les choses à leur place et qu'ils n'apprennent pas vraiment ? Non. Vygotsky explique que chaque fois qu'un élève apprend, il fait un petit bout de chemin entre le point A et le point B. Au point A, il a besoin d'un petit coup de pouce pour avancer mais, rendu au point B, il est capable de marcher tout seul. Et le petit coup de pouce doit l'amener à être capable de marcher tout seul. J'ai compris que je n'ai pas à choisir entre aider mes élèves et les laisser apprendre seuls. J'ai pris la résolution de planifier mes leçons en cherchant la façon de les aider à passer du point A au point B, c'est-à-dire de concevoir des activités où je leur donne un petit coup de pouce (en partant du point A) et d'autres activités où ils sont davantage autonomes (en arrivant au point B). Heureusement que tout cela m'a été expliqué en français et non en russe !

## *Comment résoudre le dilemme de Marie-Danielle ?*

Lorsque les enseignants entendent parler d'autonomisation, ils affrontent souvent le dilemme de Marie-Danielle. Et il est bien vrai que les trouvailles de Vygotsky peuvent éclairer cette question de l'autonomisation. Pour cet auteur, l'apprentissage est un passage de l'hétéronomie à l'autonomie. Plus précisément, l'élève ne peut apprendre seul, il a besoin des autres (l'enseignant ou ses coéquipiers). Par contre, cette aide doit l'amener à se défaire de sa dépendance par rapport aux autres pour devenir autonome et être capable de réaliser une tâche d'apprentissage sans soutien.

L'enseignant qui privilégie l'enseignement stratégique doit donc proposer des tâches qui assurent le passage entre des apprentissages guidés et des apprentissages autonomes.

D'autres chapitres de ce livre traitent de ce passage dans les différents aspects de l'apprentissage ; il en est notamment question lorsque sont étudiés la métacognition et le transfert des apprentissages.

Pour faciliter ce passage, l'enseignant qui exploite l'enseignement stratégique veillera à offrir des situations d'apprentissage qui seront à la fois assez faciles pour que chaque élève connaisse la réussite ou des progrès réels dans ses apprentissages et assez difficiles pour que chaque élève ait la perception qu'il est capable d'accomplir par lui-même des tâches exigeantes. Ainsi, les réussites procureront un plaisir d'apprendre qui stimulera la motivation intrinsèque. Les exigences du type « assez mais pas trop » constituent des dilemmes et des défis énormes en enseignement stratégique, dilemmes et défis qui sont abordés dans le chapitre sur la différenciation.

**La théorie de la « zone proximale de développement »**

Pour Vygotsky, la « zone proximale de développement » est une « zone » dans laquelle se trouvent des apprentissages que l'élève peut réussir en profitant d'un certain soutien. Ces apprentissages correspondent assez bien au niveau de développement de l'élève pour qu'il puisse les réussir, et ils en sont assez éloignés pour que leur réussite constitue un réel progrès.

## L'enseignement stratégique et la perception qu'a l'élève de sa compétence personnelle

**Journal de Marie-Danielle, 8 décembre**

Aujourd'hui, dîner avec Julien. Je ne sais plus quoi faire pour lui remonter le moral. Il n'arrête pas de dire qu'il est « poche ». « Poche en français, poche en maths, poche en tout », comme il dit. « T'as juste à regarder mon bulletin ! » Il n'est pas le seul. Les bulletins découragent bien des élèves. Tout ce qu'ils constatent, c'est qu'ils n'ont pas 100 % ; ils ne voient que ce qu'ils n'ont pas au lieu de voir ce qu'ils ont. Je les comprends ; moi-même, je peux dire que mes échecs me marquent beaucoup plus que mes réussites. J'ai essayé de rappeler à Julien les différentes tâches qu'il réussit bien et j'ai essayé de le convaincre que ses échecs résultent du fait que les examens ne sont pas adaptés à ses compétences, mais... Je pense que je vais inventer un bulletin où ne seront inscrites que les réussites, un bulletin ne rendant compte que de ce que l'élève est capable de faire. Tiens, c'est une bonne idée ça ! Je commence la semaine prochaine !

### *Comment Marie-Danielle pourrait-elle aider Julien ?*

Elle pourrait l'aider en favorisant, chez lui, le développement d'une perception positive de sa compétence personnelle en tant qu'apprenant (*self-efficacy*). Les recherches montrent que plus on a confiance en ses capacités d'apprendre, plus on est motivé et plus on apprend. La perception de sa compétence personnelle est la conviction d'avoir ce qu'il faut pour réussir, donc pour surmonter les difficultés en grandissant et en augmentant ses capacités. Certains auteurs parlent du plaisir attaché au sentiment d'être compétent ; au plaisir d'apprendre est lié le plaisir de constater que l'on est capable d'apprendre et d'atteindre des objectifs exigeants. La perception positive de sa compétence personnelle est davantage qu'un simple sentiment ; elle est une connaissance de soi fondée sur des expériences et des faits objectifs. Elle a une composante cognitive qui est proche de la métacognition et qui a des conséquences sur les processus cognitifs exploités dans l'apprentissage.

En enseignement stratégique, dans la phase de préparation d'une tâche d'apprentissage, on active les connaissances antérieures des élèves dans l'objectif de mettre en évidence toutes les ressources dont ils disposent pour réussir la tâche. L'enseignant soutient les élèves dans leur prise de conscience des compétences, des stratégies et des expériences vécues qui leur permettent d'aborder la tâche avec confiance et d'avoir une emprise sur cette tâche.

***Self-efficacy***

Nous traduisons ici l'expression anglaise *self-efficacy* par « perception de sa compétence personnelle ». L'expression anglaise a principalement été popularisée par un auteur qui a consacré plus de trente ans de sa vie à des recherches sur différents aspects de la personnalité : Albert Bandura. Lui-même suggère de nombreux synonymes à *self-efficacy.* C'est probablement ce qui explique que l'on trouve de multiples traductions de cette expression anglaise.

Si l'on traduit de façon littérale ce terme, on obtient « auto-efficacité », mais cette expression est un peu obscure en français, et elle ne désigne pas bien ce qu'est la *self-efficacy.*

Un certain nombre de traductions débutent par le mot « sentiment » (sentiment d'efficacité personnelle, sentiment d'auto-efficacité, sentiment de compétence, etc.). L'inconvénient majeur de ces traductions se trouve dans le fait qu'elles réduisent la réalité en question à la sphère des émotions, alors que la *self-efficacy* comporte une importante composante cognitive.

Il semble que le mot « perception » permette de rendre compte à la fois de la composante affective et de la composante cognitive de la *self-efficacy.* Certains auteurs proposent les traductions suivantes : perception d'efficacité personnelle, auto-perception de compétence, auto-efficacité perçue, perception de capacité.

Le mot anglais *efficacy* se traduit généralement par « efficacité » mais, dans ce contexte précis, il désigne davantage des capacités que l'efficacité comme telle ; c'est pourquoi nous préférons le traduire par « compétence ».

Enfin, nous suggérons de traduire le préfixe *self* par l'adjectif « personnelle » et non par le préfixe « auto » parce que, en français, ce préfixe doit normalement être attaché à un verbe ou à un substantif qui désigne une action ; une « compétence » ou une « capacité » ne sont pas des actions, ni l'efficacité d'ailleurs. On pourrait toujours traduire *self-efficacy* par « auto-perception de compétence », mais il nous semble que cette expression est trop obscure pour permettre une bonne compréhension de ce dont nous traitons ici.

La perception positive de sa compétence personnelle est liée au jugement d'attribution : cette perception positive de soi sera plus forte si l'élève attribue ses réussites à ses propres compétences, et elle sera moins forte s'il les attribue à des causes externes (par exemple, l'élève dira que l'examen était facile ou qu'il a trouvé les bonnes réponses par hasard). De même, l'attribution de l'échec aura, chez l'élève, une influence sur la perception de sa compétence personnelle.

Marie-Danielle peut aider Julien de bien des manières. Premièrement, elle doit se rappeler que ce qui favorise le plus, chez l'élève, la perception positive de sa compétence personnelle, c'est le succès réel, c'est-à-dire la conscience de l'atteinte

**Ce qu'est la perception de sa compétence personnelle**

« Il s'agit de l'évaluation que se fait une personne de sa capacité à atteindre un but déterminé. […] Il s'agit d'un jugement sur ce que l'on croit pouvoir faire avec les capacités que l'on a, et non de la mesure de ses capacités réelles. » (Desmette, dans C. Depover et B. Noël, dir., 1999, p. 213)

« L'apprenant croit pouvoir réaliser ce qu'il entreprend avec ce qu'il a comme capacités. » (Laveault et autres, dans C. Depover et B. Noël, dir., 1999, p. 82)

réelle des objectifs d'apprentissage par soi-même. Mais, pour que le succès ait une telle influence, il faut qu'il soit perçu comme le résultat de l'actualisation de compétences précises. Autrement dit, le succès n'a une influence positive sur la perception de sa compétence personnelle que si l'élève n'attribue pas son succès à autre chose qu'à sa compétence. Marie-Danielle doit donc fournir un soutien à Julien pour qu'il vive de vraies réussites, mais il faut qu'elle fasse en sorte que Julien n'attribue pas ses réussites à ce soutien.

Marie-Danielle doit aider Julien à analyser ses succès et ses jugements d'attribution pour qu'il perçoive lui-même la façon dont ses compétences personnelles ont été mises à contribution dans une situation de réussite. Lorsqu'on invite l'élève à prendre conscience des façons de faire qui ont facilité sa réussite, on l'invite du même coup à mieux saisir ce qu'il possède comme ressources pour apprendre.

Ce qui favorise encore davantage la perception positive de sa compétence personnelle, c'est la réalisation de tâches perçues comme difficiles. L'enseignant qui connaît bien ses élèves peut suggérer des activités leur permettant de faire des apprentissages difficiles, et veiller à leur éviter le plus possible de vivre des échecs. Ainsi, les élèves pourront concevoir leur succès comme le résultat de l'actualisation d'une grande compétence et d'une grande persévérance dans l'effort. Plus le succès est obtenu en relevant des défis jugés difficiles, plus l'élève croit qu'il peut trouver en lui les compétences pour organiser ses ressources internes et ses ressources externes de façon à surmonter les prochaines difficultés qui se présenteront. L'enseignant qui exploite l'enseignement stratégique doit donc, dans la mesure du possible, soutenir l'apprentissage en organisant des activités où le niveau de difficulté s'accroît de façon progressive ; ainsi, l'élève vivra d'abord un grand nombre de succès et connaîtra peu d'échecs. Il faut doser la difficulté pour qu'elle ne soit ni trop grande (pour éviter de faire vivre des échecs) ni trop faible (pour éviter que l'élève attribue son succès à une cause externe). De plus, si l'élève ne vit que des succès « faciles », il risque de développer une attente de succès rapides et de se décourager devant les difficultés. L'élève doit apprendre que le succès réel ne s'obtient qu'au prix d'efforts et de persévérance. C'est cette fin que servent les difficultés et même les échecs lorsqu'ils sont utilisés dans un processus d'apprentissage qui mène au succès par la victoire effective sur les difficultés. Dans cette perspective, il faut aussi adopter des stratégies qui permettront de traiter les erreurs non pas comme des échecs, mais comme des tremplins pour parvenir à un meilleur apprentissage. L'enseignant doit prévoir le traitement « immédiat » des erreurs pour que l'élève les transforme en moyens de réussir un apprentissage plus solide et qu'il ne reste pas sur son échec.

Par ailleurs, Bandura parle de la « validation sociale » de la perception positive de sa compétence personnelle. Il s'agit de la validation « par les autres ». Cette validation favorise une perception positive à condition qu'elle soit faite de telle sorte que l'élève puisse voir par lui-même, et de façon précise, comment il a été compétent dans telle ou telle réussite. Dans le cas de Julien, il faut davantage que des paroles de félicitations ou d'encouragement. Marie-Danielle doit lui donner une rétroaction qui prenne la forme d'une reconnaissance détaillée et précise des compétences qu'il a mises en œuvre dans une démarche d'apprentissage qui s'est avérée efficace. Ici encore, le soutien à la métacognition joue un rôle précieux.

Marie-Danielle peut favoriser, chez Julien, la croissance de la perception positive de sa compétence personnelle si elle l'aide à découvrir de nouvelles facettes de ses compétences. Tout élève a tendance à « figer » sa perception de sa compétence personnelle. Par le soutien à la réflexion métacognitive, Marie-Danielle peut « faire bouger », chez Julien, la perception de sa compétence personnelle en lui faisant voir des compétences qu'il met en œuvre et qu'il ne perçoit pas. Julien pourra ainsi sortir des ornières de sa perception de lui-même et grandir dans la perception positive de sa compétence. Par exemple, s'il doute de ses compétences en mathématiques, il aura tendance à toujours attribuer ses succès au hasard ou au fait que l'épreuve était facile ; il n'aura pas le réflexe d'attribuer ses succès à des compétences personnelles qu'il aurait développées. Dans ce cas, la stratégie de Marie-Danielle pourrait être de faire voir à Julien que ses succès viennent de telles et telles compétences qu'il a mises en œuvre dans ses activités d'apprentissage en mathématiques. Sur ce point particulier, Marie-Danielle doit savoir que la perception d'une compétence personnelle est composée de préconceptions qui ont la vie dure. Il faut plus que des paroles, plus que quelques expériences de succès et plus que quelques réflexions métacognitives positives pour changer ces préconceptions. **Il faut une démarche continue de soutien à la réflexion métacognitive, notamment en soulignant les difficultés qui ont été surmontées par l'élève.** Lorsqu'il y a eu un échec, l'enseignant peut aider l'élève à voir les réussites partielles qui ont été obtenues dans l'épreuve, et il peut attribuer la part d'échec à une trop grande difficulté. Autrement dit, dans le but de créer un climat de confiance, lorsque l'enseignant amorce une conversation avec l'élève, il doit prendre l'habitude d'attribuer la réussite aux compétences de l'élève et d'attribuer l'échec à la difficulté de la tâche ou à d'autres causes externes comme le manque de temps ou le manque d'explications claires. Par la suite, une fois le climat de confiance établi avec l'élève, l'enseignant l'incitera à réfléchir sur le choix de ses stratégies ou encore sur la maîtrise de celles-ci. La prise de conscience par l'élève que certaines des difficultés qu'il a rencontrées peuvent tirer leur origine de stratégies inefficaces, ou utilisées à mauvais escient, lui permettra, dans une nouvelle situation, d'exercer un meilleur contrôle sur ses apprentissages.

Bandura a aussi étudié les conséquences de ce qu'il appelle la « persuasion verbale » sur la perception de la compétence personnelle. Cette persuasion verbale a des conséquences beaucoup moins importantes que le succès et l'analyse du succès, mais elle a quand même des effets positifs. Elle doit porter sur une évaluation de performances concrètes (évaluation authentique) dans laquelle on fait ressortir les forces de la personne. Il ne s'agit pas de renforcement positif (récompenser par des bonnes notes ou par une rétroaction positive) ; il s'agit plutôt d'aider la personne à percevoir ses forces et ses capacités réelles et d'essayer de la « persuader », c'est-à-dire de changer la perception qu'elle a d'elle-même. L'enseignant doit développer des stratégies pour démontrer de façon précise et détaillée les compétences de chacun de ses élèves ; il ne s'en tiendra pas à des rétroactions à portée générale comme « tu es un bon apprenant », « je vois que tu fais des efforts » ou « tu es sur la bonne voie ».

> Les recherches de Bandura et de ses collègues ont montré que plus l'enseignant a une perception positive de sa compétence personnelle en tant qu'enseignant, plus les élèves ont du succès dans leurs études.

# L'autonomisation et la gestion participative de la classe

**Journal de Marie-Danielle, 2 février**

Que je suis contente ! Que je suis fière de moi ! Que je suis bonne ! J'ai réalisé mon rêve ! Cela a fonctionné ! Cela a fonctionné ! Que je suis fière de ma classe ! Je le savais, je le savais que je pouvais leur faire confiance. Le directeur aussi était content de la réalisation de ce projet pilote. Il m'a demandé d'écrire un texte pour *Vie pédagogique*. Je note ici les grandes lignes de ce texte pour ne pas oublier ce que j'ai en tête.

Projet pilote à l'école des Sorbiers

Durant les vacances des fêtes, j'ai lu un livre passionnant sur la démocratie à l'école. Ce livre raconte l'expérience particulière d'une école en France. J'ai monté un projet et j'en ai parlé au directeur dès la rentrée. La première expérience a été réalisée vendredi dernier, soit le 26 janvier. Il s'agissait de laisser la parole et le pouvoir aux élèves au sein du conseil de classe, mais sans la présence d'une figure d'autorité comme l'enseignante ou le directeur. Les élèves de ma classe de sixième se sont réunis avec le conseiller en orientation, qui a animé les échanges pour qu'ils se déroulent le plus démocratiquement possible. L'animation des échanges a été bien encadrée, selon des règles précises sur lesquelles tous les élèves s'étaient mis d'accord. Ces règles garantissaient l'écoute mutuelle, le respect des différences d'opinion et la démocratie dans les prises de décision du groupe. Les sujets des échanges et des prises de décision étaient tous liés à la vie dans l'école. Des critiques ont été faites sur certains éléments dans l'école et dans la classe, mais ces critiques étaient accompagnées de suggestions concrètes pour améliorer les choses, suggestions qui sont devenues des propositions qui ont été votées et retenues lorsqu'elles obtenaient la majorité des voix. Le conseiller-animateur de la rencontre a remis un rapport à la direction et à moi-même après avoir pris soin de « dépassionner » certains propos et de faire approuver son rapport par le groupe d'élèves. Cet exercice d'une citoyenneté responsable et cet apprentissage du vivre ensemble dans le respect des différences, considérées ici comme des richesses, ont constitué une expérience merveilleuse.

**Extrait du livre auquel Marie-Danielle fait référence dans son journal**

« Il s'agit de donner aux élèves la possibilité de s'exprimer entre eux, au sein de leur groupe classe, par rapport à tout ce qui concerne leur vie scolaire. Et ceci d'une manière instituée, régulière, en même temps que formatrice. Cette expérience constitue pour eux une reconnaissance de leur capacité à réfléchir par eux-mêmes et à faire des propositions, en se concertant et en s'exprimant sur leur situation d'élèves. » (Rueff-Escoubès, 1997, p. 29)

## Comment l'autonomie peut-elle être favorisée dans la gestion de la classe ?

Un enseignant qui veut adopter une pédagogie « autonomisante » aura tendance à partager avec ses élèves le pouvoir décisionnel qu'il possède en tant que responsable de sa classe. Ce partage du pouvoir consiste essentiellement à responsabiliser progressivement chaque élève par rapport à sa vie scolaire, de telle sorte qu'il participe aux décisions, qu'il fasse des choix et qu'il en assume les conséquences.

Il ne s'agit pas seulement de la gestion de la discipline, mais bien de tout ce qui se passe dans l'apprentissage. Pour réfléchir sur cette question et, surtout, pour porter un regard critique sur sa pratique, l'enseignant qui exploite l'enseignement stratégique pourra s'interroger à l'aide des questions suivantes.

- Qui prend les décisions concernant la planification, les séquences d'activités, les échéances, le rythme d'apprentissage, etc. ?
- Qui dit le plus souvent en classe les phrases qui commencent par « Il faudrait que… », « Je demande que… », « Je m'attends à ce que… », « Je décide que… », « Je voudrais que… », « Je suis d'avis que… », « Je propose que… » ?
- Qui détermine ce qui se passera en classe durant la journée ? durant la semaine ? au cours de l'étape ?
- Qui répond aux questions de planification : « Quoi ? », « Quand ? », « Selon quel échéancier ? », « Comment ? », « Qui ? », « Avec qui ? »
- Qui décide des contenus et des moyens d'apprentissage ?
- Qui décide des modalités d'évaluation des apprentissages ?

Le partage du pouvoir et des responsabilités ne devrait pas se faire uniquement entre l'enseignant et ses élèves, mais aussi entre les élèves. Ceux-ci peuvent être coentraîneurs, coaccompagnateurs, coévaluateurs, etc.

> « Dans les écoles, la liberté de choix est importante. Bien sûr, les élèves doivent apprendre à lire, mais pourquoi ne pas laisser le groupe décider de ce qui sera lu ? Et pourquoi ne pas les laisser discuter de la façon de décider – à la majorité, par consensus ou par la création d'un comité ? » (Deci, 1995, p. 145 ; traduction de l'auteur)
>
> « Une des caractéristiques centrales du soutien à l'autonomie est le fait de donner le pouvoir de choisir ; ce qui implique de partager l'autorité ou le pouvoir attachés à votre position hiérarchique. En d'autres mots, un aspect du soutien à l'autonomie consiste à permettre aux personnes dans votre classe de participer à la prise de décisions pour tout ce qui les concerne directement. » (Deci, 1995, p. 144 ; traduction de l'auteur)

Le partage du pouvoir peut se faire de multiples façons. Des enseignants vont se réserver certains domaines décisionnels et laisser les autres aux élèves. Par exemple, l'enseignant décide que l'avant-midi sera consacré à la lecture, mais les élèves ont le pouvoir de décider des sujets sur lesquels ils vont lire ou des ouvrages à lire, ou encore de la façon dont ils vont organiser leur période de lecture, du temps accordé au travail individuel et au travail en équipe, etc. D'autres enseignants vont plutôt partager le pouvoir en s'assurant que les élèves sont engagés dans toutes les prises de décision.

« L'autonomie est d'abord et avant tout un pouvoir sur soi. C'est, de plus, un pouvoir qui est conscient, c'est-à-dire un pouvoir utilisé consciemment et délibérément. C'est, également, la capacité de faire des choix – d'activités, d'apprentissages, de relations interpersonnelles, de styles de travail et de vie, etc. – et d'en assumer les conséquences. » (Caouette, 1997, p. 90)

Les recherches sur l'apprentissage montrent généralement que plus un élève ou un groupe d'élèves est engagé dans le processus de prise de décision en ce qui a trait aux activités d'apprentissage et à leur environnement, plus les apprentissages sont réussis et durables.

## Un exemple de planification

En janvier, Marie-Danielle propose de réviser les règles de vie qui ont été établies au début de l'année scolaire ; elle planifie une demi-journée pour effectuer cette tâche. Cet exercice devra se faire en avant-midi ; si le temps prévu n'est pas suffisant, il pourra se terminer au début de l'après-midi (rappelons qu'elle enseigne au troisième cycle du primaire).

**Compétence transversale**

- Coopérer

**Domaine général de formation**

- Vivre ensemble et citoyenneté

**Domaines d'apprentissage**

- Univers social
- Langues

**Production attendue**

- Révision des règles de vie de la classe

**Tableau 8.1 Phase de préparation avec les élèves**

| | |
|---|---|
| **Mise en route** | J'annonce la production attendue : une révision des règles de vie de la classe.<br><br>En grand groupe, nous rappelons les règles écrites qui ont été établies pour la classe au début de l'année scolaire ; nous identifions ensuite d'autres règles qui n'ont pas été écrites mais qui sont tout de même respectées dans la vie de la classe, et nous les mettons par écrit.<br><br>Suit un échange sur l'aspect rationnel de chacune de ces règles et sur la question : « Pourquoi les règles de vie de la classe doivent-elles être révisées ? » |
| **Activation des connaissances antérieures et mobilisation des compétences des élèves** | Les élèves traiteront des questions suivantes : Qu'est-ce qu'une règle de vie ? Pourquoi doit-on expliciter les règles de vie ? Comment peuvent s'établir les règles de vie dans un groupe ? Comment serait la vie dans une communauté s'il n'y avait aucune règle ? Comment serait la vie dans une communauté si absolument tout était réglementé ?<br><br>Les élèves établiront une liste de critères permettant de juger de la pertinence d'une règle de vie. |
| **Moyens** | • Les élèves traiteront des questions en équipe et une séance plénière portant sur les réponses des équipes pourra se transformer en débat.<br>• Échange avec tout le groupe. |
| **Motivation des élèves** | • Les élèves seront sensibilisés à la valeur de la tâche par l'échange sur la pertinence, l'utilité et les avantages de réviser les règles de vie en cours d'année.<br>• Les élèves seront sensibilisés au contrôle exercé sur la tâche par la prise de conscience du fait qu'ils vont eux-mêmes prendre les décisions quant aux critères servant à évaluer les règles actuelles, quant à la façon de décider démocratiquement des changements à apporter aux règles de vie de la classe, quant à la façon d'appliquer ces changements, etc.<br>• Les exigences de la tâche constituent des défis réalistes, ni trop difficiles ni trop faciles. Pour favoriser le maintien de la motivation, il faudra faire des ajustements fondés sur l'évaluation de la difficulté de la tâche par les élèves (voir le moyen proposé dans le chapitre 10, qui porte sur la différenciation).<br><br>C'est surtout l'établissement des critères d'évaluation des règles de vie qui favorisera l'engagement et la motivation des élèves par rapport à la valeur de la tâche, au contrôle exercé sur celle-ci et aux exigences de la tâche. |

**Tableau 8.2 Phase de réalisation avec les élèves**

| | |
|---|---|
| **Tâches proposées** | • En équipe, trouver trois règles de vie qui devraient être révisées.<br>• Débat interéquipe.<br>• Travail individuel d'évaluation des choix et des arguments en fonction des critères d'évaluation établis durant la phase de préparation.<br>• Établissement d'un consensus en groupe classe. |
| **Types d'enseignement** | Les stratégies pédagogiques seront variées :<br>• travail coopératif en équipe et en groupe classe ;<br>• débat (chaque équipe présente ses choix et ses arguments et on tient un débat ouvert à tous) ;<br>• travail individuel ;<br>• établissement d'un consensus par des moyens proposés par les élèves. |
| **Outils d'évaluation authentique** | • Un ensemble de critères d'évaluation des règles de vie construit durant la phase de préparation est utilisé individuellement durant la phase de réalisation.<br>• Des arrêts réflexifs, basés sur ces mêmes critères, sont faits en cours de réalisation. |
| **Soutien** | • Modèle explicite : donner l'exemple d'une règle de vie (et de l'argumentation qui la justifie) établie par les enseignants de l'école pour les enseignants.<br>• Pratique guidée : présenter clairement les consignes relatives au travail en équipe, au débat et au travail individuel. Accompagner les équipes et les élèves qui connaissent des difficultés. Animer le débat et les activités collectives.<br>• Pratique autonome : laisser le plus d'autonomie possible aux équipes (durant les travaux d'équipe), aux individus (durant le travail individuel) et au groupe dans le processus décisionnel démocratique. |
| **Productions attendues** | • Production orale sous la forme d'un débat interéquipe.<br>• Production écrite collective sur les trois règles à réviser et sur leur révision. |

**Tableau 8.3 Phase d'intégration pour favoriser le transfert**

| | |
|---|---|
| **Décontextualisation** | • Faire collectivement un bilan de toutes les connaissances acquises au cours de la tâche.<br>• Activités métacognitives individuelles sur la tâche.<br>• Retour sur l'ensemble du processus de décision démocratique. |
| **Recontextualisation** | Procéder à une réflexion collective sur les questions suivantes.<br>• Dans quel autre contexte que le contexte scolaire est-il nécessaire d'avoir des règles de vie ?<br>• Comment ces règles de vie sont-elles établies dans ces autres contextes ?<br>• Dans ce que nous avons appris dans la tâche, que pourrait-on réutiliser dans ces autres contextes ? |
| **Clôture** | • Rappel de l'intention de départ.<br>• Bilan des productions réalisées.<br>• Échange sur le suivi à donner : « Comment allons-nous arriver à observer ces règles de vie ? »<br>• Production d'un outil d'autoévaluation de l'observance des règles. Cet outil sera utilisé régulièrement durant le reste de l'année. |

## Principaux éléments à retenir

Au moment où elle écrit son journal, le jeudi soir, Marie-Danielle pourrait s'autoévaluer comme enseignante « autonomisante » en se posant les questions suivantes.

**Figure 8.2**

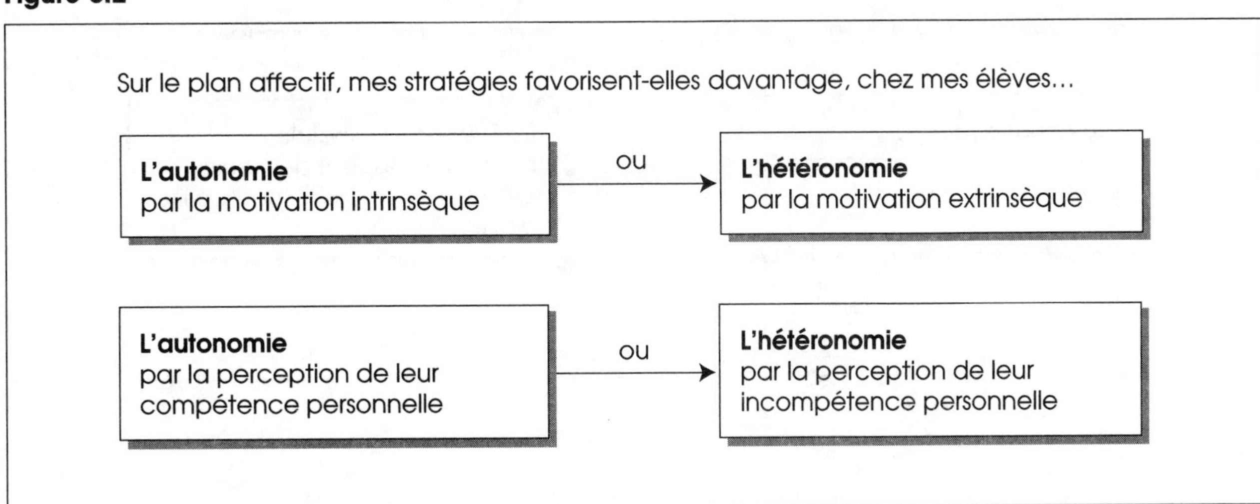

**Figure 8.3**

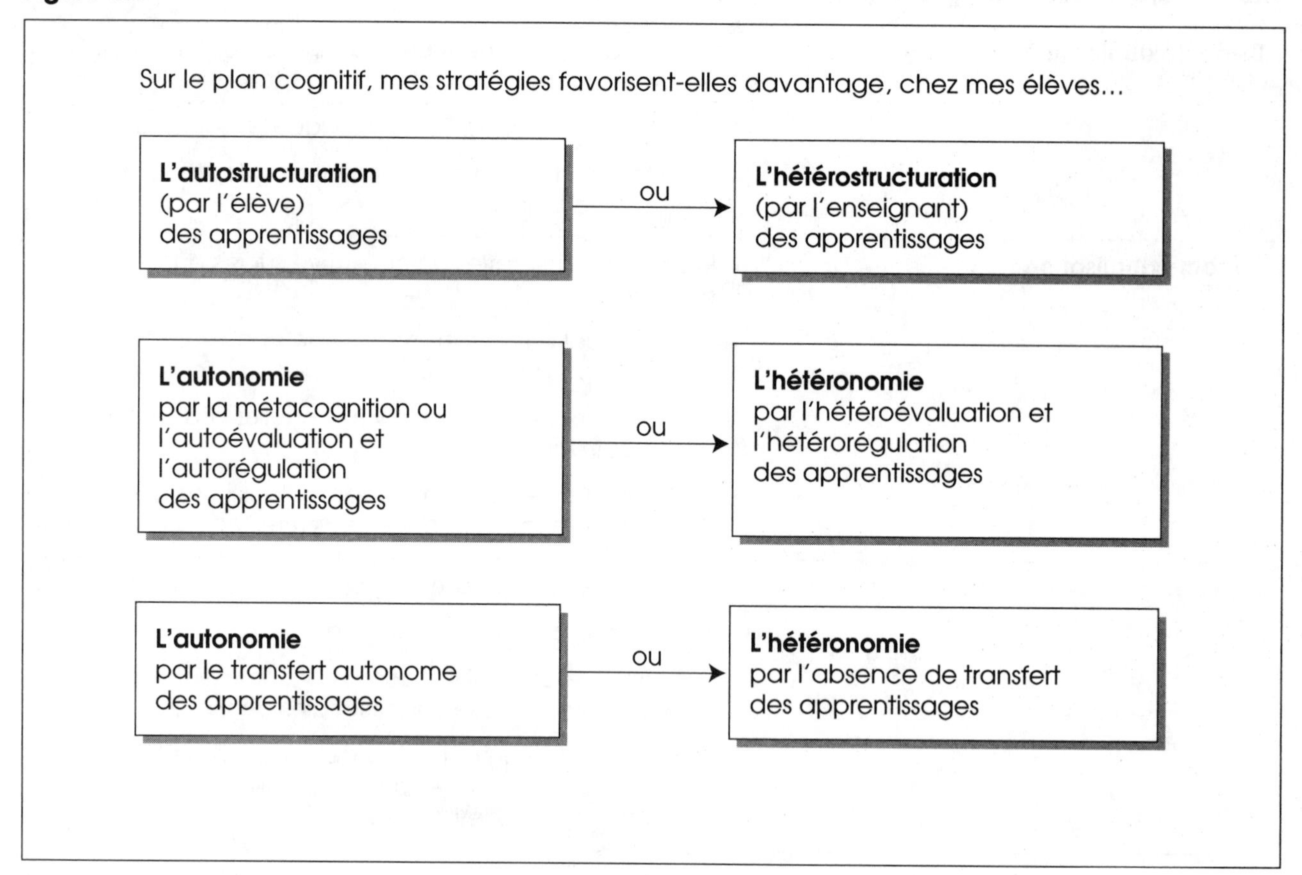


**Figure 8.4**

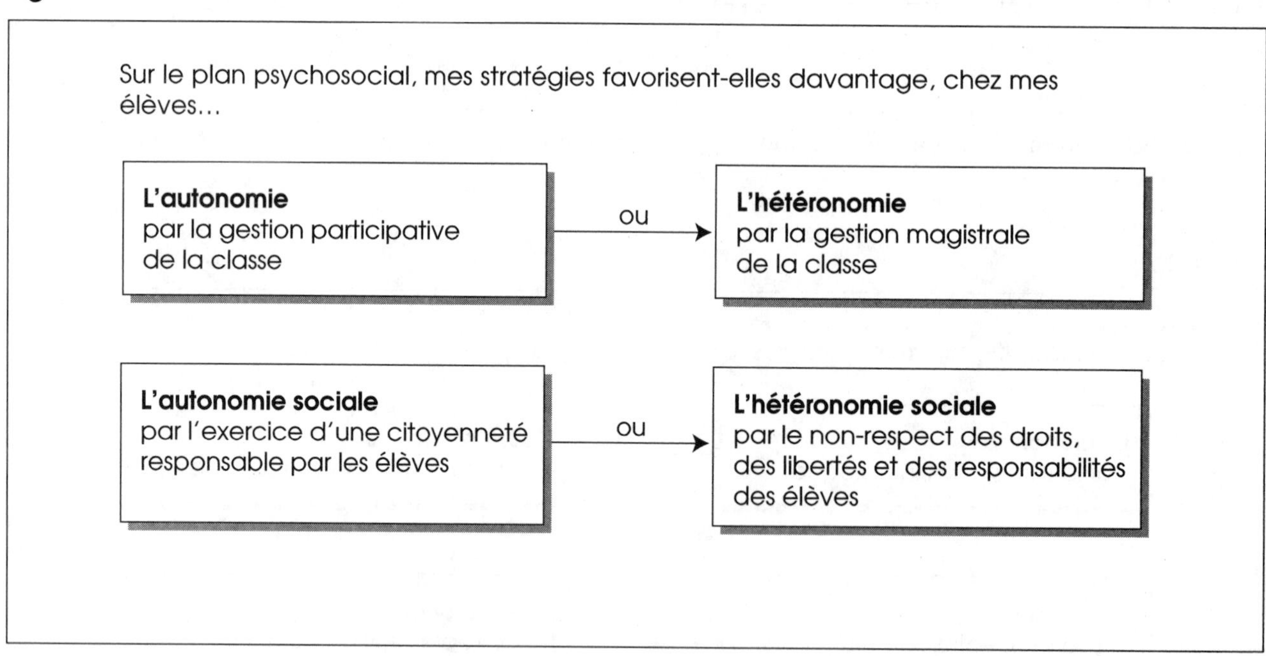

On a demandé à Jacques Levine, psychologue et psychanalyste, ce qu'était un adulte « autonomisant ». Il a répondu ceci : « Ce n'est ni un intrusif forcené qui se substitue constamment à l'enfant sous prétexte de le rendre autonome, ni quelqu'un qui, à l'inverse, s'écarte totalement en laissant l'enfant livré à lui-même. [...] Regardez comment se développe un bébé qui pousse bien. C'est valable pour tous les âges. [...] Or, une classe où l'on pratique une pédagogie de l'autonomie est comme une famille. C'est un appareil groupal contractuel qui est autonomisant, dans la mesure où le maître, par sa capacité à pointer le positif plus que le négatif, ressource, vitalise ; où chacun peut aussi parler de ses projets utopiques et avoir droit à des moments de bêtise ou de défoulement ; où chacun a une vie secrète respectée, mais avec des possibilités d'expression (poésie, peinture, etc.) prévues institutionnellement ; et où chacun participe à des réalisations collectives. » (*Cahiers pédagogiques,* n° 263, p. 15).

## Références


Bandura, A. (2003). *Auto-efficacité : Le sentiment d'efficacité personnelle,* Bruxelles, De Boeck Université.

Barbot, M.-J., et G. Camatari (1999). *Autonomie et apprentissage : l'innovation dans la formation,* Paris, P.U.F.

Barlow, M. (1999). *Le métier d'enseignant,* Paris, Economica.

Boekaerts, M., P. R. Pintrich et M. Zeidner, dir. (2000). *Handbook of Self-Regulation,* San Diego, Academic Press.

Caouette, C. E. (1997). *Éduquer. Pour la vie !,* Montréal, Écosociété.

Carré, P., dir. (2001). *De la motivation à la formation,* Paris, L'Harmattan.

Carré, P., A. Moisan et D. Poisson (1997). *L'autoformation : psychopédagogie, ingénierie, sociologie,* Paris, P.U.F.

Deci, E. L. (1995). *Why We Do What We Do : The Dynamics of Personal Autonomy,* New York, Putnam.

Deci, E. L., et R. M. Ryan (1985). *Intrinsic Motivation and Self-Determination in Human Behavior,* New York, Plenum Press.

Depover, C., et B. Noël, dir. (1999). *L'évaluation des compétences et des processus cognitifs,* Bruxelles, De Boeck Université.

De Vecchi, G. (2001). *Aider les élèves à apprendre,* Paris, Hachette.

Ebrahimi, M., dir. (1999). *Éducation et démocratie : entre individu et société,* Montréal, Quentin.

Lieury, A., et F. Fenouillet (1996). *Motivation et réussite scolaire,* Paris, Dunod.

Meirieu, P. (1987). *Apprendre... oui, mais comment,* Paris, ESF.

Meirieu, P. (1993). *L'envers du tableau,* Paris, ESF.

Meirieu, P. (1996). *Frankenstein pédagogue,* Paris, ESF.

Nuttin, J. (1991). *Théorie de la motivation humaine,* Paris, PUF.

Paris, S. G., et L. R. Ayres (2000). *Réfléchir et devenir. Apprendre en autonomie. Des outils pour l'enseignant et l'apprenant,* Bruxelles, De Boeck Université.

Perrenoud, P. (1994). *Métier d'élève et sens du travail scolaire,* Paris, ESF.

Postic, M. (1994). *La relation éducative,* Paris, PUF.

Presseau, A. (2003). «La gestion du transfert des apprentissages», dans C. Gauthier, J.-F. Desbiens et S. Martineau, *Mots de passe pour mieux enseigner,* Québec, Les Presses de l'Université Laval, p. 107-141.

Rueff-Escoubès, C. (1997). *La démocratie dans l'école,* Paris, Syros.

Schunk, D. H., et B. J. Zimmerman, dir. (1994). *Self-Regulation of Learning and Performance: Issues and Educational Applications,* Hillsdale (New Jersey), Erlbaum.

Tremblay, N. A. (2003). *L'autoformation: Pour apprendre autrement,* Montréal, Presses de l'Université de Montréal.

Vallerand, R. J., et E. E. Thill, dir. (1993). *Introduction à la psychologie de la motivation,* Laval, Études Vivantes.

Viau, R. (1994). *La motivation en contexte scolaire,* Bruxelles, De Boeck Université.

Weinert, F. E., et R. H. Kluwe, dir. (1987). *Metacognition, Motivation, and Understanding,* Hillsdale (New Jersey), Erlbaum.

Zimmerman, B. J., et D. H. Schunk, dir. (1989). *Self-Regulated Learning and Academic Achievement: Theory, Research and Practice,* New York, Springer-Verlag.

Zimmerman, B. J., S. Bonner et R. Kovach (2000). *Des apprenants autonomes: autorégulation des apprentissages,* Bruxelles, De Boeck Université.

# CHAPITRE 9
## LA DÉMARCHE PÉDAGOGIQUE DE L'ENSEIGNANT: DES STRATÉGIES DE PRÉPARATION ET D'INTERVENTION POUR DES PROJETS PORTEURS D'APPRENTISSAGES

*Lucie Arpin et Louise Capra*

Étant donné les changements actuels en éducation, tant au Québec qu'ailleurs dans le monde, et l'avancée des recherches sur l'apprentissage, particulièrement en pédagogie et en psychologie cognitive, diverses pratiques et stratégies d'enseignement sont mises de l'avant pour favoriser l'engagement des élèves afin qu'ils puissent mieux apprendre et se développer à l'école. La pédagogie de projet fait partie des différentes approches qu'un enseignant peut exploiter dans sa salle de classe pour permettre l'acquisition d'apprentissages signifiants et durables tout en privilégiant la participation active des élèves à la construction de leur savoir.

Notre expérience, en tant qu'enseignantes, dans la conduite de nombreux projets vécus avec nos élèves, l'analyse de divers projets avec la participation d'enseignants lors de journées de formation ainsi que nos recherches nous ont permis de constater la difficulté que les enseignants ont à mener une démarche de projet et à reconnaître les apprentissages des élèves au moment de sa mise en œuvre.

Pour guider l'enseignant dans cette voie, nous précisons, au début de ce chapitre, ce que nous entendons par «projet porteur d'apprentissages» et nous décrivons certaines conditions indissociables de sa mise en œuvre. Par la suite, nous présentons l'opérationnalisation de la démarche pédagogique de Julie, une enseignante du troisième cycle du primaire qui, dans l'élaboration d'un projet collectif avec ses élèves, privilégie certaines stratégies quant à sa préparation et à son intervention. L'enseignant qui veut réaliser un projet dans sa salle de classe est alors invité à faire appel à son activité réflexive et à s'interroger sur ses stratégies pour cheminer avec Julie dans le développement de ses compétences pédagogiques. Un outil de réflexion complète le cheminement de Julie et peut être utile non seulement aux enseignants, mais aussi aux différents intervenants pédagogiques qui les accompagnent dans leur cheminement en pédagogie de projet. Nous pensons, tout comme Jones (1987), qu'il est important pour l'enseignant de penser non seulement à ce qu'il doit enseigner, mais également à la façon dont il va tenir compte de la manière d'apprendre des élèves, de leurs connaissances et de leurs stratégies.

Ce chapitre s'ouvre sur un bref tour d'horizon de la pédagogie de projet, suivi d'un réseau des principales notions abordées dans le chapitre (figure 9.1). Le lecteur qui désire parfaire ses connaissances sur la question trouvera quelques références utiles à la fin du chapitre.

## Quelques points de repère pour bien se comprendre

Différentes pratiques sont aujourd'hui associées à la pédagogie de projet et suscitent des interrogations. Mais de quels projets s'agit-il ? Le projet de l'enseignant ou les projets décrits dans les manuels scolaires, qui laissent peu de place à l'autonomie et au jugement des élèves ? Des projets où tout est décidé à l'avance ? Mais, qu'est-ce donc qu'un projet ?

Des pédagogues, dont Freinet, Dewey et Decroly[1], ont démontré que le projet correspond à une façon naturelle d'apprendre. Il est, pour nous, une voie privilégiée menant à un apprentissage où l'élève assume sa responsabilité dans l'acte d'apprendre et joue un rôle actif dans la construction de ses connaissances. Le projet fournit et provoque des situations d'apprentissage complexes qui suscitent le questionnement des élèves et favorisent leur engagement par un travail intellectuel, rigoureux et authentique requérant persévérance, effort et créativité. Il offre à l'enseignant l'occasion d'adapter ses interventions aux besoins spécifiques des élèves. De l'intention à sa mise en œuvre, chaque projet mené à terme oblige l'élève à développer diverses stratégies, à créer et à se dépasser dans ses interactions avec les autres élèves. Il ne s'agit donc plus pour l'enseignant de transmettre uniquement des informations, mais plutôt de jouer un rôle de médiateur pour engager l'élève dans la régulation continue de ses apprentissages. Le projet s'élabore collectivement (Arpin et Capra, 2001, p. 49-55) et mène à des projets individuels et d'équipe qui découlent du questionnement et de l'intérêt des élèves en lien avec le champ d'étude choisi. Le projet peut avoir une portée communautaire ou être réalisé en partenariat avec la collectivité. Durant le déroulement des projets, les réalisations construites par les équipes sont présentées à l'ensemble de la classe, à d'autres élèves, aux parents et à la communauté. C'est l'occasion de montrer, par la communication, les apprentissages réalisés et de vérifier le degré de transférabilité de ces apprentissages.

C'est ainsi, par exemple, que, dans un projet collectif ayant pour champ d'étude la vie au Québec autrefois, des élèves se sont questionnés sur l'histoire des patriotes, alors que d'autres ont choisi de traiter, entre autres, de l'utilité des objets anciens, du mode de vie des habitants de leur région, des habitats de la faune et de l'évolution de la flore. La construction du savoir et l'acquisition des différentes connaissances sur l'histoire des patriotes se sont effectuées dans l'action. Pour écrire et réaliser une pièce de théâtre sur ce sujet, les élèves ont cherché et analysé des informations, puis ils ont organisé leurs connaissances se rapportant à l'histoire et à la vie des patriotes. Grâce aux différents personnages qu'ils ont interprétés lors de leur communication, les élèves ont fait « l'expérience des principes et des valeurs démocratiques sur lesquels se fonde l'égalité des droits dans notre société[2] » et ils ont compris que ces événements vécus dans leur région à une autre époque avaient toujours une incidence sur la vie d'aujourd'hui. Durant le déroulement de leur projet, les élèves ont été appelés

1. Houssaye, J., dir. (1994). *Quinze pédagogues, leur influence aujourd'hui : Formation des enseignants*, Paris, Armand Colin.

2. Axe de développement du domaine général de formation : vivre ensemble et citoyenneté, dans Ministère de l'Éducation du Québec (2001). *Programme de formation de l'école québécoise*, p. 50.

**Figure 9.1 Réseau des principales notions abordées dans ce chapitre**

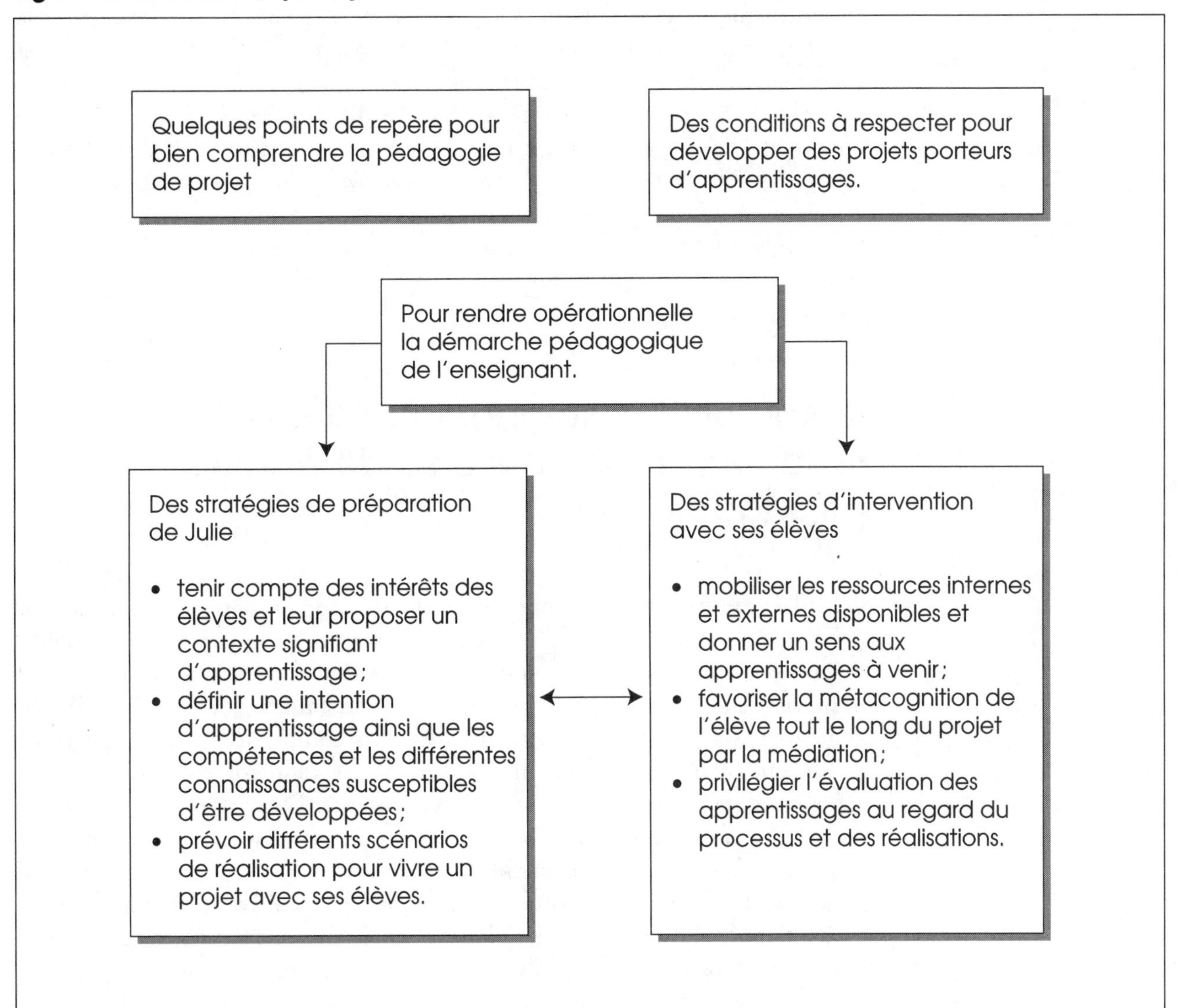


à travailler sur des tâches signifiantes, par exemple écrire une lettre pour s'informer, rédiger des invitations pour la présentation, écrire des cartes de remerciements, etc. Ces tâches font partie intégrante d'un projet et sont indispensables à sa réalisation. Elles sont signifiantes puisque les élèves en ont besoin pour poursuivre leur questionnement.

## Qu'est-ce qu'apprendre?

À l'instar de plusieurs chercheurs et pédagogues, Angers, Meirieu et Jonnaert, entre autres, on sait qu'apprendre nécessite, au départ, un intérêt, un questionnement ou un problème à résoudre qui conduit l'apprenant à entreprendre des démarches pour trouver des réponses et atteindre les résultats escomptés. L'esprit est alors en mouvement. La personne fait appel à ce qu'elle sait, se questionne, expérimente pour ensuite analyser, s'ajuster, établir des liens et valider ses découvertes. Elle est alors capable d'expliquer ce qu'elle a appris, d'utiliser ses nouvelles connaissances et de les transférer dans d'autres situations de la vie. Ses représentations premières sont alors modifiées et ses apprentissages la construisent et la transforment. En ce sens, apprendre, c'est changer, c'est développer de nouvelles compétences. Dans cette optique, l'apprentissage est défini, en enseignement stratégique, comme un processus actif et créatif dans lequel l'élève a un rôle important à jouer par rapport à l'acquisition et à la construction de ses savoirs (Tardif, 1997). C'est dans cet esprit que nous croyons indispensable de décrire des conditions qui font que les projets vécus en classe sont porteurs d'apprentissages. Ces conditions, présentées à la page suivante, sont au cœur de la démarche pédagogique de l'enseignant lorsqu'il permet aux élèves de vivre des projets porteurs d'apprentissages.

## Comment l'enseignant procède-t-il pour rendre opérationnelle sa démarche pédagogique ?

Les différentes phases[3] de la mise en œuvre d'un projet nécessitent, au départ, une préparation adéquate de l'enseignant. Il peut paraître paradoxal de vouloir se préparer à intervenir alors que toute situation d'apprentissage est, en soi, imprévisible et peut devenir le prétexte à des apprentissages non prévus. Il n'en demeure pas moins que, devant l'ampleur et la complexité de cette approche, penser son enseignement joue un rôle central dans le déroulement des projets. Ce temps de réflexion et de questionnement prépare l'enseignant à intervenir de façon stratégique par la suite. Non seulement pense-t-il à son contenu d'enseignement, mais il privilégie déjà différentes stratégies d'intervention qui vont lui permettre, par la suite, d'accorder une attention particulière au cheminement et au développement de ses élèves, à leurs connaissances, à leurs stratégies cognitives et métacognitives ainsi qu'à l'acquisition de nouvelles compétences.

Afin de mieux comprendre la démarche de projet et les différentes stratégies qui s'y rattachent, nous suivrons le cheminement de Julie, une enseignante du troisième cycle du primaire qui se prépare à vivre avec ses élèves un projet ayant pour champ d'étude[4] le bien-être physique et titré : « Ma santé, je m'en occupe ! »

### Les stratégies de préparation de Julie

#### *Tenir compte des intérêts des élèves en leur proposant un projet qui offre un contexte signifiant d'apprentissage*

Avant d'entreprendre le projet avec ses élèves, Julie en visualise la conception. Elle désire susciter la motivation et l'engagement de ses élèves en créant une situation-problème réelle, en abordant une question qui les préoccupe ou un fait vécu qui émane de l'actualité, ou en considérant une idée de projet soumise par un ou des élèves de la classe, et elle prévoit les apprentissages qu'ils pourront

3. Voir Arpin et Capra (2001), p. 71. Il est indispensable de connaître la démarche reliée à cette approche pour comprendre l'opérationnalisation présentée dans ce chapitre.

4. Le champ d'étude influence l'ampleur et la durée du projet. Il peut être associé à un thème, à un domaine général de formation, à un projet d'école qui réunit plusieurs classes, à une demande d'un milieu particulier ou à un partenariat communautaire.

**Des conditions à respecter pour développer des projets porteurs d'apprentissages**

1. La réalisation d'un projet doit permettre l'acquisition de nouvelles connaissances et favoriser le développement de compétences transversales et disciplinaires.

   L'apprentissage concerne autant les connaissances déclaratives que les connaissances procédurales et conditionnelles. Ces dernières permettent le transfert des apprentissages (Tardif, 1997).

2. Un projet doit être élaboré en tenant compte de la réalité quotidienne des élèves, de leurs intérêts et de leurs préoccupations. Il doit faire appel à leur motivation intrinsèque, ce qui les amène à s'engager sur le plan cognitif et à persévérer dans la poursuite de leur projet.

   La motivation scolaire fait intégralement partie du système métacognitif de l'élève (Tardif, 1997). C'est ainsi que, pour Viau (1994, p. 7), « un enseignant ne doit pas s'attendre à ce que seule la matière suffise à motiver ses élèves ; ce seront également les conditions d'apprentissage qu'il saura créer et la façon dont les élèves les percevront qui influenceront leur motivation ».

3. Le projet offre aux élèves des occasions de résoudre des problèmes complexes. Il leur donne envie de s'investir, de mobiliser leur énergie, d'être capables de faire des choses difficiles, de relever des défis à leur portée et de confronter leurs idées et connaissances à celles des autres.

   Le transfert des apprentissages est d'autant plus facilité que ceux-ci ont été réalisés dans un contexte de résolution de problèmes, ce qui suppose, pour l'élève, un but à atteindre, une représentation du problème à résoudre, des contraintes ou des obstacles à surmonter, une recherche cognitive active pour savoir comment procéder et comment résoudre le problème (Tardif, 1999).

4. La réalisation du projet fait appel à une évaluation qui accompagne l'évolution affective, cognitive et sociale de l'élève.

   La régulation continue permet à l'élève et à l'enseignant d'améliorer les apprentissages et de s'ajuster en cours de route (Scallon, 2000). L'enseignant fournit à l'élève l'occasion d'apprendre à s'autoévaluer, à porter un regard critique sur ses idées, ses gestes et ses productions, et, surtout, à réfléchir aux moyens à prendre pour évoluer (Bélair, 1999).

5. Un projet a une dimension collective et débouche sur une réalisation concrète. Le projet renforce le développement de compétences sociales comme apprendre à vivre ensemble, être à l'écoute de l'autre, et travailler en coopération.

   Les contemporains de Vygotsky ont d'ailleurs grandement insisté sur l'importance des conflits cognitifs dans l'apprentissage. Selon cette tradition, il ne peut y avoir de développement individuel et d'apprentissage sans l'apport de la socialisation. L'élève est motivé lorsqu'il sait que son projet se concrétisera par une réalisation. Quand cette réalisation est présentée à un public (élèves, parents, communauté), il en découle une reconnaissance sociale qui valorise l'élève, lui donne confiance et le conduit vers des acquisitions encore plus difficiles.

6. Tout projet fait appel à la médiation[5] indispensable du maître, à ses compétences pédagogiques et à sa créativité. L'enseignant est appelé à agir en tant que médiateur privilégié entre l'élève et l'objet de connaissance. Il intervient explicitement dans le développement des stratégies cognitives et métacognitives[6] de l'élève. Par le dialogue pédagogique[7], il incite les élèves à s'interroger, à chercher, à mettre en relation leurs connaissances avec des informations nouvelles, à les organiser et à en assurer le transfert dans d'autres contextes.

5. En psychologie cognitive, on définit le concept de la médiation comme « l'ensemble des aides ou des supports qu'une personne veut offrir à une autre personne en vue de lui rendre plus accessible un savoir quelconque (connaissances, habiletés, procédures d'action, solutions) » (F. Raynal et A. Rieunier, 1997, p. 220).

6. Selon Flavell (Raynal et Rieunier, 1977, p. 226), la métacognition se rapporte à la connaissance qu'on a de ses propres processus cognitifs, de leurs produits et de tout ce qui les concerne.

7. Voir de La Garanderie, 1984.

réaliser. Elle se prépare à les accompagner dans la construction de leur savoir et détermine les différents outils intellectuels qui favoriseront le développement de leurs apprentissages. Julie est aussi « en projet ».

La question de la santé au Québec est d'actualité et les élèves rapportent à Julie des discussions que les adultes de leur entourage tiennent sur ce sujet. Différents articles de journaux et de revues font mention du débat entourant les OGM et la transformation des aliments. Certains élèves ont apporté des textes sur les aliments biologiques. Ils sont affichés sur le tableau du coin-ressources. On peut y lire : « Faut-il manger biologique ? », « Qu'y a-t-il au juste sous cette étiquette ? », « La majorité des produits consommés au Québec viennent des États-Unis. Pourquoi ? » Il y a également tout le débat actuel sur l'exercice physique que les jeunes devraient faire afin d'être en meilleure santé. Les élèves ont donc l'occasion de se questionner sur des faits précis. Ils veulent comprendre ce qui suscite tant de réflexions, de commentaires, de prises de position au regard de cet aspect de la vie. Alors, Julie leur demande : « Et vous, prenez-vous soin de votre santé ? Comment ? Mangez-vous bien ? Savez-vous ce que contiennent vos aliments ? Sont-ils produits dans des fermes organiques ou sont-ils transformés chimiquement ? Qu'est-ce que ça veut dire, bien manger ? Quels exercices faites-vous ? Comment les sports et les jeux vous aident-ils à être en santé ? »

Durant ces échanges, elle constate que ses élèves sont enthousiastes et intéressés par les différentes réactions exprimées et commentées par leurs pairs. Ils prennent une part active aux discussions et font part de leur perception et de leur compréhension du problème. Déjà, elle voit émerger, grâce à ces interactions, la construction de nouveaux schèmes de pensée et d'action.

- **Danielle** : « Je pensais que les carottes étaient toutes cultivées de la même manière. Paul vient de me montrer le sac de carottes qu'il a apporté pour sa collation ; c'est écrit dessus "carottes biologiques". J'aimerais connaître la différence entre une carotte biologique et une carotte ordinaire. »

- **Louis** : « Ma tante fait goûter des céréales dans des dégustations à l'épicerie. Je vais lui demander si ce sont des céréales biologiques. Sinon, je lui demanderai si elles sont quand même bonnes pour la santé. »

- **Jacinthe** : « Mon père me dit de partager mon temps de jeu entre l'ordinateur et les activités de plein air. Ça demande des efforts de laisser un jeu que j'aime à l'ordinateur. Comment pourrais-je bien faire ? »

Rapidement, Julie sent naître la dynamique de ce projet collectif, générée par l'activation des façons de faire personnelles qu'il suscite. De nouvelles questions surgissent, et l'intérêt des élèves de la classe à « vouloir connaître » est très perceptible. Ils apportent des revues et des livres traitant de bien-être physique. Le coin-ressources s'enrichit. La santé semble être un champ d'étude suffisamment vaste pour que tous les élèves y trouvent un aspect qui les motive et les intéresse. Déjà, Julie prévoit les différents apprentissages que les élèves pourraient faire dans le cadre de ce projet. Il doit permettre aux élèves de développer différentes compétences et favoriser l'acquisition de nouveaux savoirs, sans quoi il n'est qu'une occasion de faire autrement et « le jeu n'en vaut pas la chandelle ».

### *Définir son intention d'apprentissage ainsi que les compétences et les différentes connaissances susceptibles d'être développées par les élèves dans ce projet*

Julie s'investit dans le projet dès qu'il s'amorce. Elle se réfère au *Programme de formation de l'école québécoise* afin de déterminer les apprentissages qui peuvent correspondre au projet et pour situer le champ d'étude.

Les intérêts manifestés par les élèves sont plus spécifiquement liés au domaine général de formation « Santé et bien-être » du *Programme de formation de l'école québécoise.* Ce projet collectif sur la santé permettrait d'amener les élèves à adopter une démarche réflexive dans le développement de saines habitudes de vie sur le plan de la santé et du bien-être. L'intention éducative privilégiée est de faire en sorte que les élèves soient autonomes et capables, en dehors de l'école, de transférer les apprentissages réalisés durant ce projet dans leur vie personnelle et sociale, et d'en faire des ressources pour agir et prendre soin d'eux-mêmes. Il ne fait aucun doute que les différentes disciplines du programme seront exploitées dans les projets des élèves.

Julie identifie les apprentissages reliés à certaines disciplines tout en déterminant les compétences transversales susceptibles d'être travaillées (voir le tableau 9.1).

**Tableau 9.1 Disciplines, apprentissages et compétences**

| Français | Mathématiques | Science et technologie | Arts |
|---|---|---|---|
| • Lire des textes variés sur la santé, la bonne forme, l'alimentation.<br>• Écrire les informations utiles et pertinentes sous forme de tableaux, de réseaux et de résumés.<br>• Communiquer oralement pour explorer divers sujets, partager ses propos, réagir aux propos entendus.<br>• Apprécier des œuvres littéraires par la lecture de textes qui visent à convaincre ou à faire réagir, qui illustrent des informations ou des idées. | • Résoudre une situation-problème : composer un repas santé et en calculer le coût.<br>• Raisonner à l'aide de concepts et de processus mathématiques : calcul mental et écrit en fonction des quatre opérations sur les nombres naturels et les nombres décimaux.<br>• Communiquer à l'aide du langage mathématique selon le mode de présentation choisi par les élèves. | • Proposer des explications ou des solutions à des problèmes d'ordre scientifique ou technologique au regard de l'univers vivant : la matière et l'énergie, et aussi les OGM, la congélation, la conservation et la transformation des aliments.<br>• Mettre à profit les outils, les objets et les procédés de la science et de la technologie : loupe, microscope, balance, compte-gouttes, cuisson, recettes. | • Inventer et interpréter des séquences dramatiques pour présenter des apprentissages et des découvertes.<br>• Réaliser des créations plastiques personnelles ou médiatiques, créer des affiches. |

Julie sait que les compétences transversales seront régulièrement mobilisées dans la réalisation de ce projet collectif avec les élèves. Son expérience en pédagogie de projet lui permet d'anticiper qu'ils chemineront dans le développement de leurs compétences intellectuelles puisqu'ils devront résoudre des problèmes, exploiter l'information, exercer leur jugement critique et mettre en œuvre leur pensée créatrice pour s'engager dans une réalisation qui est une construction personnelle de leur réponse à un questionnement.

De plus, chaque élève, dans les différentes phases de son projet, sera appelé à employer des méthodes de travail efficaces pour concevoir et planifier avec ses coéquipiers les étapes menant à la réussite du projet commun. Ils développeront de nouvelles compétences fondées sur les technologies de l'information et de la communication puisqu'ils auront à se familiariser avec Internet et l'utilisation des moteurs de recherche, à maîtriser des logiciels, à sélectionner les sites qui leur sont utiles et à communiquer par courrier électronique avec des personnes-ressources.

Il est certain que, lors du partage et de la communication des apprentissages, Julie s'assurera d'exploiter les différents modes de communication avec ses élèves. Ils auront à choisir la façon de présenter leurs apprentissages et à l'adapter en fonction de l'intention de communication, du contexte et des destinataires.

Puisque ce projet collectif est relié à l'identité personnelle, chaque élève aura à élaborer ses opinions et ses choix. Chacun aura aussi à juger de la qualité et de la pertinence de ses choix dans le respect de ceux des autres. Julie juge que les compétences d'ordre personnel et social seront largement utilisées durant ce projet et elle décide qu'elle prêtera une attention particulière au cheminement des élèves dans leur habileté à coopérer et à affirmer leurs propres valeurs tout le long du projet. C'est pourquoi, en lien avec le développement de ces compétences, elle prépare un outil de consignation d'observations qu'elle complétera avec ses élèves. Elle l'utilisera pour déterminer la progression de chaque élève. Celle-ci est-elle satisfaisante ? insatisfaisante ? L'élève éprouve-t-il des difficultés ? Connaît-il des problèmes ? L'autoévaluation et la coévaluation seront utilisées et des traces de ces observations et de ces interventions seront laissées au portfolio. Ce processus d'évaluation exige de l'élève qu'il prenne du recul par rapport au cheminement qu'il a réalisé. Son questionnement l'amènera à réfléchir en profondeur pour expliciter son processus et reconnaître sa progression. Julie pourra alors proposer d'autres façons de faire et, lors d'une entrevue, trouver avec l'élève des moyens et des ressources pour qu'il poursuive son cheminement.

La figure 9.2 présente un exemple d'outil d'évaluation formative que Julie prévoit construire avec la participation des élèves.

### *Prévoir différents scénarios de réalisation pour la mise en œuvre du projet afin d'engager les élèves dans leurs apprentissages*

Julie précise les différentes actions pédagogiques qu'elle peut entreprendre pour amener les élèves à s'engager dans leur projet, et elle se prépare à créer, avec eux, des outils et des démarches qui seront exploités dans la réalisation et l'évaluation de leur projet personnel. L'amorce d'un projet peut exiger plus qu'une mise en situation pour susciter le questionnement de l'élève, activer ses connaissances antérieures et ses compétences, et lui faire adopter des attitudes positives. Il peut s'agir, par exemple, d'une visite éducative au musée ou dans

**Figure 9.2 Outil d'évaluation formative**

**Fiche référentielle**

Je développe mes compétences d'ordre personnel et social dans notre projet collectif « Ma santé, je m'en occupe ! ».

**Niveau de progression en coévaluation : enseignant, élève**

1. Progression satisfaisante
2. Progression insatisfaisante
3. Éprouve des difficultés
4. Connaît des problèmes

| 1. Je structure mon identité. 1 2 3 4 | 2. Je coopère avec mes coéquipiers. 1 2 3 4 |
|---|---|
| J'affirme mes opinions, mes choix et mes valeurs tout le long du projet.<br>• Quels sont les gestes que je fais pour prendre soin de ma santé ?<br>_____<br>_____<br>_____<br>• Comment vais-je m'ajuster pour mieux prendre soin de moi ?<br>_____<br>_____<br>_____<br>• Quelles sont les valeurs qui guident mes actions au regard de mon bien-être : la persévérance, l'effort, la créativité, le sens des responsabilités, l'autonomie, la confiance ?<br>_____<br>_____<br>_____ | • Est-ce que je présente mes idées ? Comment ?<br>_____<br>_____<br>• Est-ce que j'écoute les idées des autres ? Quand ? Comment ?<br>_____<br>_____<br>• Est-ce que je demande de l'aide, au besoin, et est-ce que j'offre mon aide aux autres ? (Donne des exemples.)<br>_____<br>_____<br>• Quelle a été ma contribution à la réalisation de notre travail d'équipe ?<br>_____<br>_____<br>• Qu'est-ce que j'aimerais dire à mes coéquipiers pour améliorer le fonctionnement de l'équipe ?<br>_____<br>_____ |
| Observations et commentaires de Julie<br>_____<br>_____<br>_____<br>_____<br>_____<br>_____<br>_____<br>_____ | Observations et commentaires de Julie<br>_____<br>_____<br>_____<br>_____<br>_____<br>_____<br>_____<br>_____ |

un centre d'interprétation, de rencontres avec des personnes-ressources du milieu artistique, industriel ou économique, du visionnage de films documentaires, de promenades d'observation, de discussions, d'analyse d'événements d'actualité, d'occasions offertes par la vie de tous les jours ou de débats sur le sujet. Les mises en situation choisies par Julie permettront :

- de générer les représentations des élèves et de leur faire confronter leurs idées à celles des autres dans le but de provoquer des conflits sociocognitifs ;
- de leur faire prendre conscience de leur expérience et de stimuler leur motivation, éléments déclencheurs de leur processus d'apprentissage ;
- de favoriser un contact avec les ressources externes du milieu ;
- de donner un sens aux apprentissages à venir ;
- d'engager les élèves dans une grande diversité de projets personnels ou d'équipe.

Julie choisit des actions susceptibles de permettre aux élèves de partager la gestion du projet et d'en assumer collectivement la construction :

- faire la collecte de ressources ;
- trouver des informations et classifier la documentation ;
- prendre contact avec des personnes-ressources du milieu ;
- s'entraider dans la réalisation des projets personnels ou d'équipe ;
- utiliser le journal de bord ;
- développer des habiletés dans l'utilisation des technologies de l'information et de la communication.

Des attitudes propices à l'entraide se développeront tout le long du projet ; avec le soutien de Julie, les élèves devront s'aider à apprendre et à partager leur savoir-faire pour résoudre les problèmes qui ne manqueront pas de surgir. Julie sait que des outils intellectuels seront construits avec les élèves afin de développer des méthodes de travail, des démarches efficaces, et des stratégies de planification, d'organisation et de résolution de problèmes. Ces outils intellectuels, qui prendront l'aspect de démarches en lecture, en communication et en résolution de problèmes, et aussi la forme de cahier d'apprentissage et de journal de bord, permettront aux élèves d'accroître leurs compétences pour réussir une tâche et leur procureront les moyens de réutiliser ces compétences dans d'autres situations. Julie amènera donc les élèves à établir des liens entre leurs différentes connaissances pour qu'ils soient ensuite capables, entre eux, de les mettre en réseau.

Julie privilégie l'engagement des élèves dans l'évaluation de leurs apprentissages. L'évaluation journalière et collective du travail accompli incitera les élèves à expliquer leurs façons de faire, ce qui facilitera l'autorégulation des apprentissages. Pour ce faire, elle détermine différents moyens d'évaluer toutes les facettes du cheminement des élèves en action, tels que :

- l'autoévaluation et la coévaluation des apprentissages ;
- l'observation en cours d'apprentissage et la rétroaction immédiate ;
- l'analyse des productions insérées dans le portfolio ;
- des entrevues individuelles ou collectives ;
- des présentations en classe, dans d'autres classes, dans toute l'école ainsi qu'au sein de la communauté.

Tout n'est pas prévu dans la préparation de Julie, mais elle a imaginé ce qui pourrait se vivre. Maintenant, elle est confiante et en mesure d'accueillir les idées des élèves. Elle sait qu'il y aura d'autres apprentissages qu'elle devra décoder au fur et à mesure du déroulement du projet, apprentissages issus des idées que les élèves lui soumettront. Elle aura à faire appel à sa créativité, à son intuition et à ses habiletés d'intervenante pour accompagner les élèves dans leurs démarches d'apprentissage.

Julie se sent maintenant prête à construire le projet collectif avec ses élèves et à interagir avec eux dans les trois phases de la démarche de l'apprentissage par projets, soit l'élaboration du projet collectif, la réalisation des projets personnels et d'équipe ainsi que la communication et le partage des apprentissages (Arpin et Capra, 2001, p. 71).

## Les stratégies d'intervention de Julie

La démarche de Julie se poursuit. Elle se centre sur le processus d'apprentissage de l'élève et intervient auprès de lui par un habile questionnement au fur et à mesure que les apprentissages se construisent. Par le « dialogue pédagogique[8] », elle fait appel à la métacognition de l'élève et à sa réflexion au regard de son cheminement d'apprenant. Tout le long du projet, elle agit en tant que médiatrice entre les élèves et les connaissances à acquérir. Sa médiation contribuera directement au développement des stratégies cognitives et métacognitives de chacun de ses élèves.

Julie se perfectionne dans l'art du questionnement, si difficile à maîtriser et qui se développe en situation d'intervention dans l'action. Étant donné que la connaissance ne se construit pas toute seule, l'élève a absolument besoin de la médiation de l'enseignant pour confronter ses représentations à celles des autres, pour réorganiser ses connaissances et en intégrer de nouvelles, pour faire des liens entre les stratégies qu'il utilise, pour prendre conscience de ses capacités, pour se faire confiance et évoluer dans sa propre façon de faire.

- Que connais-tu de… ?
- Qu'est-ce qui t'étonne ?
- Que sais-tu faire, déjà ?
- Que penses-tu apprendre de nouveau ?
- Quand penses-tu utiliser ces connaissances ?
- À quoi cet apprentissage te servira-t-il ?

### *Mobiliser les ressources internes et externes disponibles et donner un sens aux apprentissages à venir*

Pour permettre aux élèves de situer leurs connaissances et pour éveiller leur curiosité, Julie leur fait vivre différentes mises en situation se rapportant au champ d'étude choisi : accueil en classe d'une diététiste, dégustation d'aliments, visite d'un jardin biologique, entrevue avec l'éducateur physique, enquête dans leur famille et lecture de textes tirés de journaux, de magazines, de manuels et de sites Web.

Elle questionne les élèves, met en relief l'expérience de chacun et les éveille à la richesse collective de leur savoir. Ils font appel à ce qu'ils connaissent, se penchent sur ce qui les intrigue, s'interrogent sur ce qu'ils pensent pouvoir apprendre et sur l'utilité de ces apprentissages, et ils découvrent ainsi leurs intérêts. Les informations recueillies sont conservées sur une carte d'exploration (voir figure **9.3**). Celle-ci traduit les connaissances actuelles sur le champ d'étude et permet à l'élève d'imaginer son projet à venir.

Au fur et à mesure que s'élabore le projet collectif, les élèves associent les éléments de la carte d'exploration qui ont des propriétés communes. Julie

---

8. Voir de La Garanderie, 1984.

- Pourquoi places-tu cet élément dans cet ensemble ?
- Comment justifies-tu ton choix ?
- Quel nom pourrais-tu donner à cet ensemble ?
- Y a-t-il d'autres regroupements possibles ?
- Perçois-tu dans ces ensembles tes préoccupations, tes intérêts ?
- Quel sera le thème intégrateur ?

s'assure qu'ils exercent leur jugement critique, qu'ils exploitent leurs capacités de classification et de synthèse, et qu'ils structurent leur pensée.

Les élèves discutent des relations entre les groupements, qui deviennent un réseau ou une organisation graphique (voir la figure **9.3**) qui porte sur le thème du projet ; ce thème joue un rôle unificateur et donne au champ d'étude les attraits qui correspondent aux intérêts et aux questionnements de toute la classe.

Les élèves sont ainsi en mesure de saisir les liens entre les différents ensembles et de mieux situer leurs connaissances au regard du projet collectif. C'est alors le moment pour chacun de s'exprimer sur l'ensemble qui l'intéresse le plus, sur ce qu'il aimerait découvrir et apprendre. Il peut s'agir, par exemple, de vouloir comprendre l'influence des OGM sur l'alimentation ou encore l'apport de l'exercice physique à la santé. Cette étape de réflexion prépare l'élève au choix du sujet de son projet personnel, qu'il pourra aussi réaliser avec des coéquipiers qui partagent ses intérêts. La mise en commun des questionnements favorise l'interaction de tous les élèves de la classe et les encourage à aller plus loin.

- Quel ensemble correspond le plus à tes intérêts ? Pourquoi ?
- Qu'aimerais-tu apprendre sur le sujet ?
- Quelle problématique veux-tu étudier ?
- Comment formuleras-tu tes questions ?
- Qu'est-ce qu'une question ouverte ? Qu'est-ce qu'une question fermée ?
- Avec qui travailleras-tu ? Pourquoi ?

Tout projet peut conduire à des apprentissages, et les élèves doivent en être conscients. Julie leur mentionne les compétences qu'ils peuvent développer grâce au projet et, ensemble, ils établissent des liens avec certaines disciplines scolaires. Tous les projets nécessitent le recours à des situations de lecture, d'écriture ou de communication orale. Selon les questions ou les problèmes à résoudre, on peut associer au projet les mathématiques, les sciences et la technologie, l'univers social et les arts. Julie se réfère aux apprentissages qu'elle a prévus lors de sa préparation, et adapte celle-ci aux réalités issues du cheminement de ses élèves et de leurs questionnements.

- Qu'est-ce que ce projet va vous permettre de connaître, d'apprendre, de développer ?
- Quelles sont les disciplines à exploiter pour réaliser votre projet ?
- Quelles compétences développerez-vous ?
- Quelles attitudes, stratégies et connaissances solliciterez-vous ?
- Comment allez-vous travailler en coopération ?
- Où pourrez-vous trouver les informations utiles au projet ?
- Quelles ressources sont nécessaires à votre projet ?

**Figure 9.3 Exemple d'une carte d'exploration, de regroupements et d'un thème intégrateur**

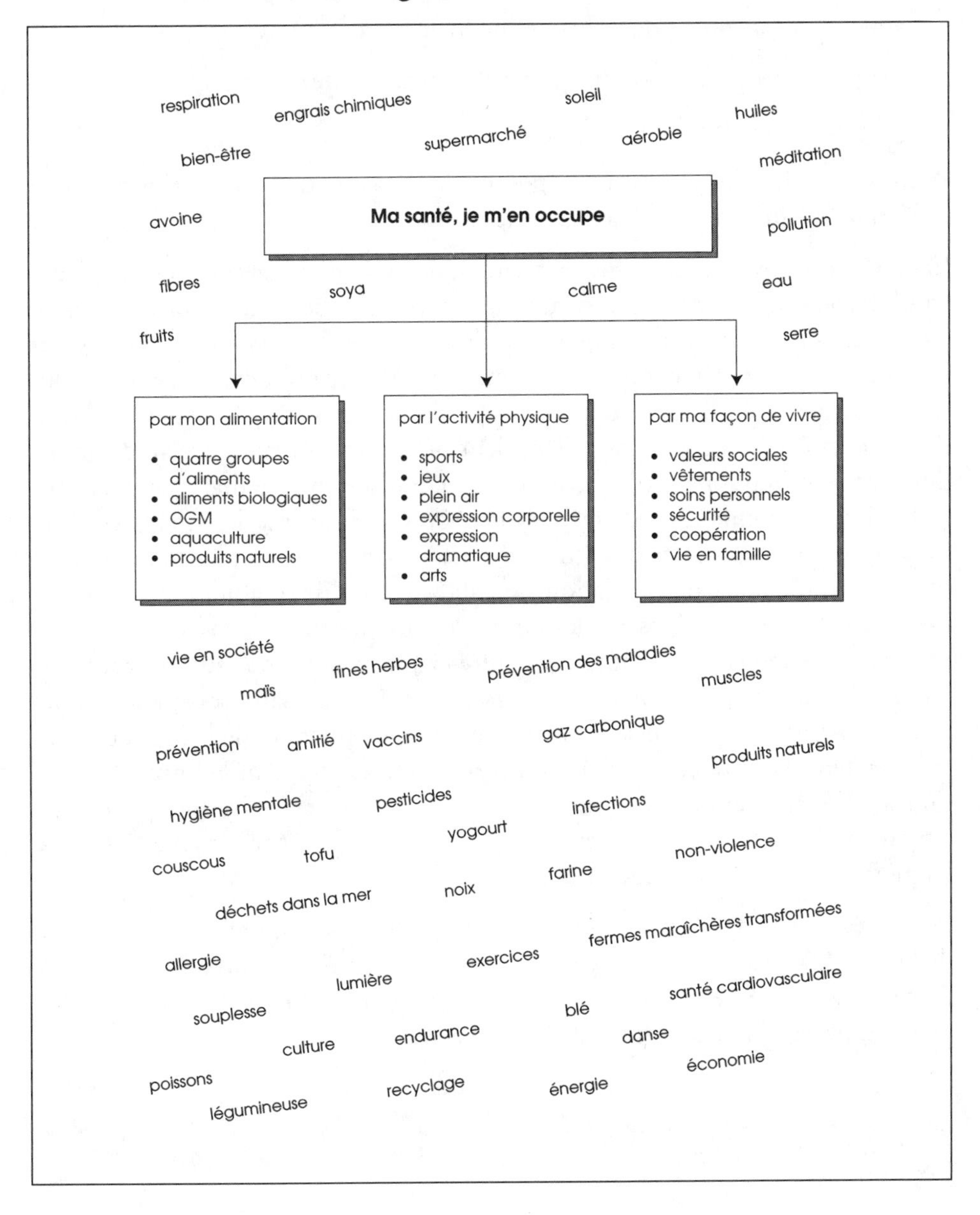

Depuis le tout début du projet, un coin-ressources a été aménagé par Julie et les élèves. Ils y ont déposé différents éléments relatifs au champ d'étude, éléments qui sont à la disposition de tous : magazines scientifiques, cartes, affiches, livres, photographies, liste de sites Web, logiciels, etc. Ils ont classé et identifié les ressources en fonction des sujets d'intérêt. Avant de choisir leur projet personnel ou d'équipe de façon définitive, les élèves vérifient s'ils ont, dans leur environnement, tout ce qui peut les aider à répondre à leurs questions. Les projets sont ensuite définis et élaborés. Les élèves agissent ensemble pour réaliser leur projet. Julie continue d'intervenir pour soutenir leur démarche d'apprentissage. Elle est particulièrement attentive aux stratégies cognitives et métacognitives que les élèves emploient dans la conception et la réalisation de leur projet.

### *Favoriser la métacognition de l'élève tout le long du projet par la médiation*

On peut suivre Julie dans son rôle de médiatrice pédagogique auprès de l'équipe qui a choisi l'ensemble sur l'alimentation et qui s'intéresse aux questions suivantes :

- Faut-il manger biologique ? Est-ce meilleur pour la santé ?
- Puis-je dire de mes repas que ce sont des repas santé ?
- Qu'est-ce qui compose un repas santé ?
- Est-ce que les aliments qui composent un repas santé coûtent plus cher que les autres aliments offerts à l'épicerie ?

L'équipe se trouve devant une problématique qui suscitera chez les élèves des conflits cognitifs. Ils ont à construire leur représentation du problème et à en reconnaître les difficultés éventuelles, puis à chercher les ressources dont ils ont besoin, à les traiter et à les organiser de manière efficace pour construire une solution originale qu'ils présenteront au groupe classe. Des stratégies cognitives[9] sont donc sollicitées par cette tâche reliée à leur projet. Au cours du travail d'équipe, différentes conceptions sur la façon de faire apparaissent. Le dialogue et la confrontation des points de vue amènent les élèves à recourir à des stratégies affectives ; ils développent alors des attitudes déterminantes sur les plans personnel et social. Les questions de médiation de Julie sont indispensables et conçues de manière à centrer les élèves sur les buts et les attentes reliés à la tâche, et aussi, plus particulièrement, de manière à rendre explicites les processus mentaux que les élèves utilisent pour construire leurs connaissances : sans ces questions, les élèves ne prendront pas conscience de ce qu'ils apprennent et de la façon dont ils l'apprennent. Les stratégies métacognitives des élèves prennent la forme de questions qui les amènent à constater l'efficacité des stratégies qu'ils ont utilisées, ou à modifier, à ajuster ou à restructurer ces stratégies pour les rendre plus efficaces. Ils pratiquent alors l'autorégulation.

Les tableaux des pages suivantes (tableaux **9.2** à **9.6**) présentent des exemples du dialogue pédagogique employé par Julie pour aider les élèves à prendre conscience de ce qu'ils apprennent et de leur façon d'apprendre. Julie, par ce dialogue, fait appel au processus métacognitif de chaque élève.

---

9. Selon Gagné (dans Raynal et Rieunier,1997, p. 347), les stratégies cognitives sont des habiletés par l'intermédiaire desquelles les apprenants régulent leurs propres processus d'apprentissage, de mémorisation et de pensée.

Le recours à la médiation exige de Julie qu'elle intervienne au bon moment; elle doit laisser à l'élève le temps d'explorer, de chercher et de juger pour qu'il construise ses connaissances. Si elle intervient trop tôt, elle peut brimer les élèves créateurs, et si elle agit trop tard, le découragement peut s'installer. C'est pourquoi, plutôt que de donner des réponses et de devancer ce mouvement de l'esprit qui mène à la connaissance, elle interroge les élèves pour les inciter à décrire et à nommer leurs apprentissages, leurs démarches ainsi que les stratégies cognitives et métacognitives auxquelles ils ont recours.

Julie les interpelle, suscite le doute, déstabilise leurs représentations initiales et exige une formulation plus claire de leur compréhension d'un concept ou d'un problème. Il lui est alors possible de reconnaître les savoirs mobilisés et le besoin d'en acquérir de nouveaux qui leur permettront d'avancer dans la réalisation de leur projet. C'est à ce moment qu'elle peut avoir à bâtir la situation didactique nécessaire à l'acquisition d'un nouveau concept qui favorisera la poursuite du projet. Elle accompagne les élèves dans la sélection de stratégies efficaces pour qu'ils pensent à les transférer dans d'autres situations qui s'y prêteront, et elle les amène ainsi à une prise de conscience progressive de leurs activités mentales.

### *Privilégier l'évaluation des apprentissages au regard du processus et des réalisations*

Pour Julie, il est primordial que les élèves puissent décrire leurs apprentissages et leurs façons de faire, et ce, tout le long du projet. C'est pourquoi elle incite les élèves à procéder à un retour sur les actions faites au cours de chaque journée de projet, ce qui leur permet d'identifier les apprentissages réalisés. Cette façon d'évaluer permet aux élèves de reconnaître leurs acquis et leurs difficultés dans une perspective d'autorégulation de leur agir. Il ne faut pas perdre de vue qu'apprendre demande du temps, et que certains apprentissages ne seront formalisés que plus tard, notamment lorsqu'il s'agit du développement de compétences et d'attitudes.

Mais Julie sait que son soutien est indispensable: elle doit aider les élèves à rappeler les connaissances à réinvestir. Le transfert ne se fait pas spontanément; il doit être répété et travaillé. Les apprentissages conscientisés permettent aux élèves d'en percevoir l'utilité et la valeur, de les «connecter» à la vraie vie.

**Tableau 9.2 Aider les élèves à décoder les éléments reliés à la situation-problème propre à leur projet**

| Les questions de médiation de Julie font appel aux stratégies cognitives* de l'élève. | La métacognition de l'élève et ses stratégies d'apprentissage |
|---|---|
| • Peux-tu m'expliquer le travail que tu feras avec ton équipe?<br>* L'élève **distingue** les données pertinentes des données non pertinentes. | • Qu'est-ce que j'ai à faire?<br>• Est-ce que je peux reformuler ce que j'ai à faire?<br>* Je **dis dans mes mots** ce que j'ai à faire avec mon équipe.<br>* Je **cherche** des problèmes semblables que j'ai déjà résolus. |

**Tableau 9.2 Aider les élèves à décoder les éléments reliés à la situation-problème propre à leur projet *(suite)***

| Les questions de médiation de Julie font appel aux stratégies cognitives* de l'élève. | La métacognition de l'élève et ses stratégies d'apprentissage |
|---|---|
| • Quelles informations sont utiles pour faire ce travail ?<br>• De quel matériel l'équipe a-t-elle besoin ?<br>* L'élève **analyse** le travail à faire. | • Avons-nous tout le matériel nécessaire ?<br>* Je **nomme** le matériel et les ressources nécessaires à notre équipe. |
| • Quels savoirs t'aideront à régler cette situation-problème (connaissances, stratégies, attitudes) ?<br>* L'élève **active** ses connaissances antérieures. | • Qu'est-ce que je sais déjà sur les aliments qui sont bons pour la santé ?<br>* Je **partage** mes connaissances avec mon équipe.<br>* Je **pense** à des endroits où trouver des informations et des ressources. |
| • Où et comment allez-vous trouver les nouvelles informations nécessaires ?<br>* L'élève **interagit** avec ses pairs pour organiser le travail. | • Comment allons-nous travailler ensemble ?<br>* Je **discute** avec mes coéquipiers du **partage** du travail et de la **recherche** d'informations. |

**Tableau 9.3 Aider les élèves à modéliser la situation-problème**

| Les questions de médiation de Julie font appel aux stratégies cognitives* de l'élève. | La métacognition de l'élève et ses stratégies d'apprentissage |
|---|---|
| • T'arrive-t-il parfois de préparer les repas ? Tu le fais seul ou avec tes parents ?<br>• Quand peux-tu dire que tu prépares un repas santé ?<br>* L'élève **se représente** un repas santé. | • Comment allons-nous procéder pour composer un repas santé ?<br>* Je **repère** les informations utiles dans mes ressources pour **expliquer** ce que je sais sur un repas santé. |
| • Regardes-tu le prix des aliments quand tu vas à l'épicerie ?<br>• Est-ce que tu connais le prix de quelques aliments ?<br>* L'élève **estime** le coût d'un repas santé. | • Où allons-nous trouver le prix des aliments ?<br>* Je **trouve** le prix des aliments dans mes ressources (circulaires commerciales, visite à l'épicerie, etc.). |
| • Comment procéderas-tu pour représenter un repas et le coût de ce repas ?<br>* L'élève **utilise** correctement les termes et les symboles mathématiques. | • Comment allons-nous faire ?<br>• Quels aliments faut-il choisir ?<br>• Comment indiquer les prix avec les bons symboles mathématiques ?<br>* Avec l'aide de mon équipe, j'**organise** les informations sur les aliments en utilisant des schémas, des réseaux, des illustrations de circulaires commerciales, des dessins, des mots.<br>* J'**utilise** les symboles mathématiques et les nombres décimaux. |

**Tableau 9.4 Aider les élèves à exploiter différentes stratégies en vue d'élaborer une solution**

| Les questions de médiation de Julie font appel aux stratégies cognitives* de l'élève. | La métacognition de l'élève et ses stratégies d'apprentissage |
|---|---|
| • Qu'est-ce, pour toi, qu'un repas santé ?<br>• Où as-tu trouvé ces informations ?<br>* L'élève **qualifie** ce qu'est un repas santé. | • Avons-nous compris comment composer un repas santé ?<br>* Je **fais des hypothèses**.<br>* Avec l'aide de mon équipe, j'**organise** une entrevue avec un diététiste pour que nous comprenions mieux ce qu'est un repas santé. |
| • Est-ce important de choisir de bons aliments ? Pourquoi ?<br>* L'élève **compare** différents aliments.<br>* L'élève **choisit** de bons aliments dans les quatre groupes alimentaires. | • Est-ce que je suis capable de nommer des aliments qui sont bons pour la santé ?<br>* J'**explique** pourquoi je pense que ces aliments m'aident à être en santé. |
| • Le prix d'un aliment peut-il faire en sorte qu'il ne soit pas choisi ?<br>* L'élève **estime** le coût total du repas retenu.<br>* L'élève **juge** du coût de ce repas (domaine de la consommation).<br>* L'élève **adapte** le choix des aliments en fonction d'un coût établi par l'équipe et jugé raisonnable. | • Pourquoi certains aliments sont-ils plus chers que d'autres ?<br>* Je **fais des opérations** mathématiques, je calcule dans ma tête.<br>* J'**estime** le coût d'un repas.<br>* Avec l'aide de mon équipe, je **choisis** des aliments pour composer un repas santé à prix raisonnable.<br>* J'**agence** des illustrations découpées pour montrer la composition d'un repas santé. |
| • Quelles opérations mathématiques utilises-tu pour établir le coût de ton repas santé ?<br>* L'élève **calcule** mentalement.<br>* L'élève **choisit** les opérations à effectuer.<br>* L'élève **utilise** la calculatrice.<br>* L'élève **fait des essais et se reprend**. | • Est-ce que je peux expliquer comment je fais ?<br>• Ai-je effectué les bonnes opérations ?<br>* Je **fais des opérations** mathématiques.<br>* J'**explique** mes choix à mon équipe.<br>* J'**utilise** la calculatrice.<br>* J'**essaie** et je **réessaie**. |
| • Comment l'ordinateur pourrait-il t'aider dans la présentation de ta solution ?<br>* L'élève **utilise l'ordinateur** pour représenter la solution retenue. | • Comment pourrais-je utiliser l'ordinateur pour présenter ma solution ?<br>* J'**utilise un logiciel** pour présenter ma solution. |

**Tableau 9.5 Aider les élèves à valider la solution**

| Les questions de médiation de Julie font appel aux stratégies cognitives* de l'élève. | La métacognition de l'élève et ses stratégies d'apprentissage |
|---|---|
| • Ta solution est-elle en lien avec les données de la situation-problème ? Explique-moi cette solution.<br>* L'élève **confronte** la solution trouvée aux données de la situation-problème (**réviser**).<br>* L'élève **vérifie** si la solution répond adéquatement au problème. | • Notre solution représente-t-elle vraiment un repas santé ? Pourquoi ?<br>• Avons-nous été capables de composer un repas santé à un coût raisonnable ?<br>* Avec l'aide de mon équipe, je **fais correspondre** les éléments de notre réponse aux données de la situation-problème.<br>* Nous **vérifions** notre solution. |
| • Aurait-elle besoin d'être ajustée ? Pourquoi ?<br>* L'élève **rectifie**, au besoin, sa solution.<br>* L'élève **juge** de l'efficacité des solutions proposées. | • Est-ce que je reconnais ce que je pourrais ajouter ou changer à la solution de notre équipe ?<br>* Je **discute** avec mes coéquipiers et nous **ajustons** notre réponse, au besoin. |

**Tableau 9.6 Aider les élèves à partager l'information relative à la solution**

| Les questions de médiation de Julie font appel aux stratégies cognitives* de l'élève. | La métacognition de l'élève et ses stratégies d'apprentissage |
|---|---|
| • Peux-tu expliquer verbalement ta solution quant au repas santé ?<br>* L'élève **présente** et **explique** son point de vue.<br>* L'élève **échange** sur différentes solutions possibles.<br>* L'élève **se rend compte qu'il y a différentes façons** de composer un repas santé. | • Est-ce que je suis capable d'expliquer notre façon de faire ?<br>* Je **présente** ma solution personnelle (s'il y a lieu) et celle de mon équipe.<br>• Est-ce que je suis capable de répondre aux questions des auditeurs ?<br>* J'**explique** ma façon de faire avec l'aide de mon équipe. |
| • Quand utiliseras-tu les apprentissages reliés à ton projet dans ta vie de tous les jours ?<br>* L'élève **échange** sur les aliments qui composent un repas santé et les **relie** à ses repas dans sa vie quotidienne. | • Qu'est-ce que ce travail m'apporte dans ma vie en dehors de la classe ?<br>* Je **dis ce que je décide** de faire pour améliorer mon alimentation et prendre soin de ma santé. |
| • Qu'est-ce que ce travail en coopération t'a appris ?<br>• Quels apprentissages as-tu réalisés ?<br>* L'élève **interagit** avec les autres élèves de la classe et **prend conscience** de l'entraide et du partage vécus pour s'aider à apprendre.<br>* L'élève **nomme** ses apprentissages : connaissances, stratégies, attitudes, compétences. | • Est-ce que j'ai partagé mes idées durant le travail en coopération ?<br>* Je **nomme** les stratégies efficaces que nous avons utilisées.<br>• Qu'est-ce que j'ai appris durant ce travail ?<br>* Je **nomme** mes apprentissages. |

C'est dans cet esprit que l'équipe travaillant sur l'alimentation a préparé un repas santé, à l'aide d'Hélène, une diététiste, et de parents qui ont accepté d'accompagner leur enfant dans la confection d'une recette. Un petit buffet a été servi et les cuisiniers en herbe ont encouragé les autres élèves de la classe à goûter et à déguster leurs préparations. Des affiches accrocheuses ont été posées pour inciter les élèves à choisir de bons aliments. De plus, des stratégies d'organisation des connaissances, apprises lors du traitement de l'information, ont été réinvesties dans la création de réseaux regroupant des informations santé relatives aux aliments qui composaient le menu. Dans des saynètes interactives sur l'achat des aliments, la préparation des menus en famille, la boîte à lunch de chaque jour et les collations à privilégier, on a mis l'accent sur le transfert dans la vie quotidienne de l'importance de bien s'alimenter.

Pour Julie, rien ne remplace l'observation d'un élève au travail pour évaluer le développement de ses compétences. Pour mener cette opération, elle identifie, mémorise et interprète des moments représentatifs de sa démarche d'apprentissage, moments qui peuvent fournir un portrait d'ensemble de l'élève ; elle les inscrit dans son journal de bord et fait participer l'élève à cette forme d'évaluation pour qu'il laisse dans son portfolio des traces de sa façon d'apprendre et de comprendre.

Le projet collectif « Ma santé, je m'en occupe ! » s'enrichit par les présentations de chaque équipe et permet aux élèves de découvrir l'interdépendance des questions abordées et le plaisir de s'apprendre mutuellement des choses. Le projet se termine par une réalisation collective où sont réinvesties les compétences développées au cours de l'activité ; cette réalisation donne un portrait juste du développement personnel, social et cognitif de chaque élève. Cette œuvre synthèse est présentée à des élèves d'une autre classe, à des parents ou encore à la communauté.

Les citations dans l'encadré ci-dessous témoignent des perceptions de quelques élèves lors de l'évaluation de ce projet collectif ; elles illustrent ce que le projet leur a permis d'apprendre.

« Je considère que je m'organise mieux, que je suis prête plus rapidement à planifier des travaux avec mon équipe. »

« Je m'aperçois que je suis capable de trouver beaucoup d'informations, et mon équipe m'aide à les organiser ; j'aime travailler comme ça. »

« Moi, je trouve que j'ai beaucoup d'idées ; je suis capable d'inviter des personnes de l'extérieur de l'école à venir travailler avec nous. »

« Les présentations nous apprennent à vaincre notre timidité, à mieux parler, à utiliser les bons mots, à expliquer ce que l'on comprend, et puis nous sommes fiers d'apprendre des choses aux autres. »

« Je pense qu'il faut être capable de s'expliquer quand on vit des conflits ; la coopération, ce n'est pas toujours facile. »

« J'ai appris à communiquer par courriel en écrivant à des personnes qui travaillent sur une ferme biologique, ce qui m'a permis de valider mes informations. »

« Je trouve que l'on a beaucoup écrit : des lettres, des messages, des résumés… »

« J'ai compris comment sélectionner l'information utile, et j'ai appris à ne pas tout garder. »

« J'ai découvert que j'étais très créative ; je suis fière de moi. »

Tout le long de sa démarche pédagogique, en agissant tant au regard des stratégies de préparation que sur le plan de ses interventions, Julie régule son action. Elle prend donc le temps de réfléchir à sa pratique et d'analyser les stratégies qu'elle utilise. À cet égard, elle se donne des points de repère dans son journal de bord et évalue son intervention. Elle trouve très profitable d'avoir un outil d'analyse et de réflexion (voir p. 183) pour soutenir sa pratique au regard des stratégies qu'elle utilise. Cet outil lui permet de se recentrer sur l'acte d'apprendre des élèves et de s'adapter aux besoins particuliers de chacun. Elle intervient pour soutenir les élèves dans leurs projets et pour les inciter à relever les défis qu'ils se donnent; ainsi, elle les aide à progresser dans le développement de toutes les dimensions de leur personne.

## Conclusion

L'enseignant qui expérimente et apprend à suivre une démarche de projet modifie le regard qu'il porte sur sa pratique et régule ses actions de façon continue. Il oriente son enseignement sur l'activité cognitive de l'apprenant. Dans une telle optique, l'enseignant doit oser faire autrement, délaisser le confort d'une pratique prévisible, ajuster constamment ses stratégies et ses interventions. Il devient donc tour à tour un guide, un «facilitateur» et un médiateur privilégié entre l'élève et l'objet de connaissance. Il est un professionnel de l'apprentissage, soucieux de mettre en place des conditions favorables à l'engagement des élèves dans des projets porteurs d'apprentissages.

Outil d'analyse et de réflexion

## Ma démarche pédagogique : des stratégies de préparation

**Comment vais-je tenir compte des intérêts manifestés par mes élèves et leur proposer un contexte signifiant d'apprentissage pour réaliser un projet ?**

| Qu'est-ce qui intéresse mes élèves ? | Mes actions pédagogiques (Comment vais-je procéder ?) |
|---|---|
| • Comment puis-je connaître les goûts et les intérêts de mes élèves ?<br>• Quels sont les projets susceptibles de les intéresser ?<br>• Comment le champ d'étude sera-t-il choisi ?<br>• À quel moment, dans l'horaire, travaillera-t-on sur le projet, et quelle sera la durée du projet ?<br>• De quelles ressources aurai-je besoin ?<br>• Qui s'occupera de la collecte du matériel et de l'organisation du coin-ressources ? | |

**Quelle est mon intention éducative et quelles sont les compétences et les connaissances susceptibles d'être développées dans ce projet ?**

| Qu'est-ce que je veux que les élèves apprennent ? | Mes actions pédagogiques |
|---|---|
| • Quel domaine de formation est touché par ce projet ?<br>• Quelle en est l'intention éducative et quel est l'axe de développement que je choisis ?<br>• Quelles compétences vais-je surtout cibler dans la réalisation de ce projet collectif ?<br>• Quelles disciplines seront exploitées dans ce champ d'étude ?<br>• Quelles attitudes seront développées pour assurer un travail collectif harmonieux ? | |

**Quels scénarios de réalisation puis-je prévoir pour mettre en œuvre ce projet dans ma classe ?**

| Comment vais-je procéder pour faire participer mes élèves et les engager dans leur démarche d'apprentissage ? | Mes actions pédagogiques |
|---|---|
| • Quelles mises en situation pourraient susciter un appel à l'expérience de mes élèves, à leurs perceptions sensibles, à leurs connaissances antérieures, à leurs questionnements ?<br>• Comment vais-je partager avec eux la gestion du projet ?<br>• Comment vais-je intégrer dans le projet la coopération et l'entraide ?<br>• Quelle part les élèves prendront-ils dans l'évaluation de leurs apprentissages ?<br>• Comment ne pas perdre de vue l'importance de favoriser le transfert des connaissances ? | |

# Ma démarche pédagogique : des stratégies d'intervention

**Comment vais-je mobiliser les ressources internes et externes de mes élèves ?**

| Mes actions pédagogiques d'intervention | Mes questions de médiation[10] |
|---|---|
| • Je fais émerger les représentations.<br>• Je fais vivre aux élèves des conflits cognitifs et sociocognitifs.<br>• Je favorise les interactions entre les élèves.<br>• Je rends explicites les processus mentaux utilisés par les élèves pour apprendre.<br>• J'invite les élèves à reconnaître les stratégies efficaces et je construis des démarches avec eux.<br>• Je les aide à faire des liens entre les compétences et les connaissances.<br>• Je rends explicite l'utilité des apprentissages pour que les élèves pensent à les réinvestir. | Je questionne mes élèves…<br>____________________<br>____________________<br>____________________<br>____________________<br>____________________ |

**Comment vais-je favoriser la métacognition de l'élève tout le long du projet par la médiation ?**

| Mes actions pédagogiques d'intervention | Mes questions de médiation |
|---|---|
| • J'anime les mises en situation pour faire appel à l'expérience de mes élèves au regard du sujet, pour les engager dans le projet et pour susciter leur questionnement.<br>• Je présente à mes élèves les apprentissages qui seront faits en lien avec les programmes d'étude.<br>• Nous aménageons un environnement stimulant, nous classifions les ressources.<br>• En fonction du thème intégrateur du projet collectif, j'accompagne mes élèves dans le choix des projets d'équipe ou des projets individuels.<br>• Je prête attention aux différentes opérations que l'élève fait pour apprendre. | ____________________<br>____________________<br>____________________<br>____________________<br>____________________<br>____________________ |

**Comment vais-je privilégier l'évaluation des apprentissages au regard du processus et des réalisations ?**

| Mes actions pédagogiques d'intervention | Mes questions de médiation |
|---|---|
| • Je permets aux élèves de porter un jugement critique sur ce qu'ils ont appris, sur la manière dont ils l'ont appris et sur la façon dont ils peuvent transférer leurs apprentissages.<br>• J'observe et j'évalue mes élèves en action, je leur fournis une rétroaction immédiate.<br>• J'aide les élèves à reconnaître les apprentissages qu'ils ont faits et les stratégies qu'ils ont développées.<br>• J'utilise l'autoévaluation et la coévaluation.<br>• J'utilise le portfolio, de concert avec les élèves.<br>• Je fais présenter les apprentissages et les découvertes tout le long des projets. | ____________________<br>____________________<br>____________________<br>____________________<br>____________________ |



10. Arpin et Capra, 2001, p. 18-19.

## Références

Angers, P., et C. Bouchard (1986). *Le développement de la personne,* Montréal, Bellarmin (Coll. L'activité éducative – Une théorie, une pratique).

Arpin, L., et L. Capra (2001). *L'apprentissage par projets : Fondements, démarche et médiation pédagogique du maître dans la construction des savoirs de l'élève,* Montréal, Chenelière/McGraw-Hill.

Bélair, L. (1999). *L'évaluation dans l'école,* Paris, ESF (Coll. Nouvelles pratiques).

De La Garanderie, A. (1984). *Le dialogue pédagogique avec l'élève,* Paris, Éditions Le Centurion.

Houssaye, J., dir. (1994). *Quinze pédagogues, leur influence aujourd'hui : Formation des enseignants,* Paris, Armand Colin.

Jones, B. F., A. S. Palincsar, D. S. Ogle et E. G. Carr (1987). *Strategic Teaching and Learning : Cognitive Instruction in the Content Areas,* Alexandria (Virginie), ASCD.

Jonnaert, P., et C. Vander Borght (1999). *Créer des conditions d'apprentissage : un cadre de référence socioconstructiviste pour une formation didactique des enseignants,* Bruxelles, De Boeck Université.

Meirieu, P. (1987) *Apprendre... oui, mais comment,* Paris, ESF.

Ministère de l'Éducation du Québec (2001). *Programme de formation de l'école québécoise,* Québec, Gouvernement du Québec.

Raynal, F., et A. Rieunier (1997). *Pédagogie : Dictionnaire des concepts clés – apprentissage, formation, psychologie cognitive,* 2e éd., Paris, ESF.

Scallon, G. (2000). *L'évaluation formative,* Montréal, ERPI.

Tardif, J. (1997). *Pour un enseignement stratégique. L'apport de la psychologie cognitive,* Montréal, Éditions Logiques.

Tardif, J. (1999). *Le transfert des apprentissages,* Montréal, Éditions Logiques.

Viau, R. (1994). *La motivation en contexte scolaire,* Montréal, ERPI.

## Vous souhaitez aller plus loin ?

Angers, P., et C. Bouchard (1984). *La mise en œuvre du projet d'intégration,* Montréal, Bellarmin (Coll. L'activité éducative – Une théorie, une pratique).

Arpin, L., et L. Capra (1996). *Être prof, moi j'aime ça ! Les saisons d'une démarche de croissance pédagogique,* Montréal, Les Éditions de la Chenelière.

Arpin, L., et L. Capra (2002). « La médiation pédagogique de l'enseignant : Une composante essentielle dans l'apprentissage par projets », *Québec français,* n° 126.

Arpin, L., et L. Capra (2002). « Le projet : une voie privilégiée pour l'apprentissage », *Revue de l'AQEFLS,* vol. 24, n° 1.

Astolfi, P. (1992). *L'école pour apprendre,* Paris, ESF.

Barth, B.-M. (1993). *Le savoir en construction: Former à une pédagogie de la compréhension,* Paris, Retz.

Depover, C., et B. Noël, dir. (1999). *L'évaluation des compétences et des processus cognitifs,* Bruxelles, De Boeck Université.

Develay, M. (1996). *Donner du sens à l'école,* Paris, ESF.

Grangeat, M., et autres (1997). *La métacognition, une aide au travail des élèves,* Paris, ESF.

Huber, M. (1999). *Apprendre en projets,* Lyon, Chronique sociale.

Morissette, R., et M. Voynaud (2002). *Accompagner la construction des savoirs,* Montréal, Chenelière/McGraw-Hill.

Noiseux, G. (1997). *Les compétences du médiateur pour réactualiser sa pratique professionnelle,* Sainte-Foy, MTS.

Perrenoud, P. (1996). *Enseigner, agir dans l'urgence, décider dans l'incertitude,* Paris, ESF (Coll. Pédagogies).

Schön, D. A. (1994). *Le praticien réflexif,* Montréal, Éditions Logiques.

Vygotsky, L. S. (1985). *Pensée et langage,* 2e éd., Paris, Éditions sociales/Messidor.

# CHAPITRE 10
# LA DIFFÉRENCIATION PÉDAGOGIQUE DANS LE MODÈLE DE L'ENSEIGNEMENT STRATÉGIQUE

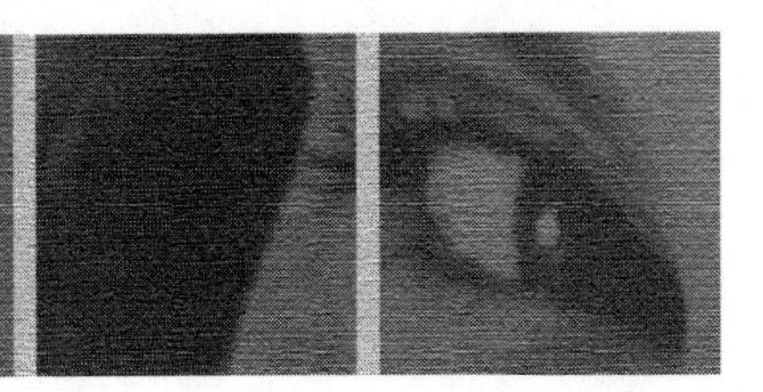

*Luc Prud'homme*

Nous vivons dans un monde hétéroclite où tous nous avons des forces qui nous sont propres, des intérêts particuliers et des difficultés personnelles. Évidemment, nos classes sont à l'image de cette réalité sociale. Dans ce chapitre, je vous propose d'aborder la question de la différenciation en empruntant différentes portes d'entrée. Je présenterai d'abord quelques notions et définitions pour clarifier ce qu'est la différenciation. Puis un réseau notionnel donnera une vue d'ensemble de la planification d'une situation stratégique où la différenciation est appliquée par des ajustements apportés à la tâche au regard du soutien qu'elle requiert, de sa complexité et de son niveau d'abstraction. Cette planification sera ensuite illustrée par le cas d'Emmanuelle, une enseignante du troisième cycle du primaire qui a choisi d'inscrire sa pratique professionnelle dans une perspective de différenciation. Le cas d'Emmanuelle, dont la planification stratégique est cohérente quant au réseau proposé, sera ensuite analysé en fonction des concepts clés que je souhaite mettre en évidence. Cette analyse me permettra de traiter de la différenciation en apportant ma contribution à la résolution des questions suivantes.

- Quelles sont les croyances nécessaires à une mise en œuvre authentique de la différenciation ?
- Qu'est-ce qu'un élève actif dans une telle perspective ?
- Comment comprendre la diversité dans une situation donnée ?
- Quel est le sens de la métacognition dans une perspective d'ouverture à la diversité ?
- Est-ce que l'interdisciplinarité est une nécessité pour prendre en compte la diversité ?
- Comment déterminer les savoirs qui sont essentiels ?
- Comment construire une expertise en différenciation ?

Par souci de cohérence, je présente une démarche d'appropriation de la différenciation en cherchant à tracer des liens entre les savoirs théoriques sur le sujet et le sens pratique nécessaire à leur articulation dans la réalité de la classe. Ainsi, les différents encadrés du chapitre, en présentant des exemples, des images ou des traces de mes expérimentations, soutiendront la compréhension des concepts en illustrant mon propos. Je conclurai en partageant certains outils qui ont facilité les expérimentations effectuées dans des classes du primaire.

# Quelques points de repère pour bien se comprendre

*Tout individu est à la fois comme tous les autres, comme certains autres, et comme personne d'autre...*

(Ducette et autres, 1996, p. 323 [traduction libre]).

D'entrée de jeu, il apparaît important de souligner que la différenciation pédagogique est liée à une préoccupation ancestrale quant à la prise en compte de l'individualité des élèves pour adapter l'enseignement ou, de manière plus actuelle, pour favoriser l'apprentissage et la réussite de tous les apprenants (Legrand, 1995). Ce concept pédagogique a donc évolué au cours de l'histoire des institutions scolaires en s'enrichissant autant des recherches issues des sciences de l'éducation que des innovations et des expérimentations d'enseignants chevronnés cherchant à mieux exploiter la diversité des élèves[1]. Car, on peut le souligner, la différenciation pédagogique relève d'abord et avant tout d'une attitude, d'une croyance profonde en l'idée que tous les élèves peuvent progresser et réussir, du postulat d'éducabilité que Meirieu (1996, p. 142) caractérise en ces termes :

> *[...] rien ne garantit jamais au pédagogue qu'il a épuisé toutes les ressources méthodologiques, rien ne l'assure qu'il ne reste pas un moyen encore inexploré, qui pourrait réussir là où, jusqu'ici, tout a échoué.*

La popularité actuelle du concept s'explique par une pluralité de facteurs qui sont liés, somme toute, à ce très grand désir de lutter contre l'échec scolaire, de favoriser la réussite de tous ces jeunes que les enseignants accompagnent au quotidien. Penseurs, concepteurs de politiques éducatives, chercheurs et enseignants se questionnent tous sur les conditions qui favorisent la mise en œuvre de la différenciation pédagogique, cette prise en compte de la diversité croissante qu'on trouve dans la classe dite régulière.

- Comment se préoccuper de la diversité quand on se retrouve devant 29 élèves ?
- Comment adapter son enseignement sans y laisser sa peau ?
- Comment tenir compte de la façon dont chaque élève apprend ?
- Est-il possible de suivre le rythme de 22 élèves de première année du 1^er^ cycle ?
- Est-ce que tous les aspects de la diversité doivent nécessairement être pris en compte ?
- Jusqu'où peut-on différencier sans perdre de cohérence ?
- Quand on adapte son enseignement, est-on tout simplement en train de niveler par le bas ?

1. Les ouvrages de Gillig (1999), de Perrenoud (1997) et de Legrand (1995) traitent de manière approfondie de l'évolution des pédagogies différenciées.

Ce questionnement légitime, soulevé dans mes rencontres avec des enseignants à titre de conseiller pédagogique en innovation[2], met en évidence la nécessité de bien camper ce en quoi consiste la différenciation pédagogique. Il faut dépasser le respect des différences pour aller vers la prise en compte de ces dernières dans un modèle pédagogique qui favorise le but ultime de la différenciation : démocratiser l'accès à des savoirs porteurs de sens et mobilisables hors de l'école. Le modèle de l'enseignement stratégique, de par la structuration des liens entre les mécanismes fondamentaux à la base de l'apprentissage (métacognition, motivation, connaissances antérieures, types de connaissances, stratégies et transfert), devient un terrain fertile et facilitant pour l'enseignant qui souhaite mieux exploiter la diversité en classe et mieux maîtriser la différenciation, qui se manifeste de toute façon. Car, en enseignement, la pression des situations et des interactions, comme le rappelle Perrenoud (1997), amène toujours une réaction dans le feu de l'action, qui est nécessairement différenciée. L'être humain ne traite jamais ses interlocuteurs exactement de la même façon d'une situation à l'autre, d'un contexte à l'autre.

## Définition

Dans la mesure où l'on convient qu'apprendre consiste essentiellement à favoriser la construction et l'organisation de différentes connaissances en fonction de celles qui sont déjà intégrées en mémoire, il est difficile d'imaginer qu'une activité d'apprentissage uniforme pour tous les élèves de la classe puisse réellement permettre d'atteindre les buts d'apprentissage fixés. Au Québec comme ailleurs, de plus en plus d'enseignants constatent que l'élève se présente en classe avec un bagage de connaissances et d'expériences qui lui est propre et, de ce fait, il semble qu'il soit de plus en plus difficile d'agir ou de réagir comme si un groupe d'élèves était homogène.

C'est dans cette perspective que l'on définit la différenciation pédagogique comme une façon de penser l'enseignement et l'apprentissage dans un groupe qui consiste essentiellement à construire, élèves et enseignants ensemble, des situations qui deviennent des passerelles de différentes formes donnant accès au monde de l'apprentissage, de la participation et de l'autonomie.

À la base de cette définition, il y a une idéologie profondément humaine, une croyance bien ancrée en l'idée que tous les êtres humains peuvent s'engager dans une quête de bonheur au sein de leur communauté, y participer et persister dans leurs efforts ; cette croyance va à l'encontre du phénomène de l'*impuissance apprise* qui semble se construire, selon Tardif (1992), dès l'école primaire, lorsque les activités de la classe sont essentiellement centrées sur des buts d'évaluation et qu'elles font abstraction des outils cognitifs et métacognitifs qui donnent du pouvoir à l'apprenant. Une telle croyance exige de l'enseignant un « **recadrage** » des représentations qu'il a de l'individualité (voir l'encadré à la page 190) ; elle l'incite à se donner de multiples grilles de lecture pour interpréter la réalité de l'élève et l'invite, par le fait même, à chercher à le rencontrer dans son « modèle du monde » (Tardif 1992).

---

2. Ce questionnement a été plus particulièrement soulevé dans le cadre de deux projets de formation continue planifiés et réalisés dans une perspective constructiviste : Le Cercle de l'Énergie en Mauricie et L'excursion pédagogique – Été 2002, un projet régional offert aux enseignants de la Mauricie et du Centre-du-Québec. Inscription sur une base volontaire, expression des besoins, formation par les pairs sont des concepts clés qui ont mené au développement de ces projets de perfectionnement.

**Un exemple de « recadrage »**

*Recadrer* est une stratégie qui consiste, essentiellement, à adopter un autre point de vue pour lire et interpréter un événement.

Ainsi, parler constamment, se lever et gigoter sans arrêt, ou encore griffonner et « effectuer des voyages interplanétaires » pendant le cours peuvent facilement être perçus comme de mauvaises conduites à bannir dans un cadre centré sur le respect des normes et sur le rendement.

Adoptant la grille de lecture des intelligences multiples de Gardner (1997), Armstrong (1999) y voit plutôt des événements diagnostiques lui permettant de reconnaître une préférence cérébrale des élèves, des indices sur des façons d'enseigner pour les rejoindre, le premier exprimant une inclination linguistique, le second, une inclination kinesthésique, et le dernier, la manifestation d'une intelligence visuospatiale plus développée.

Il y a préalablement un recadrage de la conception de l'intelligence dans cet exemple.

Pour y arriver, cet enseignant conçoit qu'il est en fait un élève de ses élèves (Tomlinson, 1999) ; ce sont ces derniers qui vont lui fournir une grande part des informations dont il a besoin pour imaginer et piloter des situations d'apprentissage dans lesquelles ils voudront s'engager, auxquelles ils voudront participer et dans lesquelles ils persisteront pour s'approprier un plus grand éventail de connaissances. Une perspective de différenciation, pourrait dire Tardif (1992), exige nécessairement une lecture et une interprétation des événements par l'enseignant, fonctions qui l'amènent à repérer des indices sur les stratégies particulières qui sauraient susciter l'engagement de l'élève et soutenir sa participation dans son itinéraire d'apprentissage.

**Un cas extrême qui peut inspirer des recadrages**

Que dire de cette mère d'un enfant autiste qui avait choisi de le rejoindre et de l'accompagner alors qu'il mangeait des feuilles d'arbre, un été durant, pour partager ses émotions, pour lui parler, pour vivre avec lui son expérience, et ce, même au plus fort de son mutisme.

Les travaux de Greenspan (Greenspan et Wieder, 1998) soutenaient le recadrage de ce parent.

**Figure 10.1 Réseau des principales notions abordées dans ce chapitre**

**L'enseignant penseur, preneur de décisions**

**Phase de planification: une situation suffisamment ouverte...**
- qui permet d'avoir recours à des connaissances pour agir (des compétences dans un contexte);
- qui peut se réaliser à l'aide de différentes façons de faire (des profils d'apprentissage diversifiés);
- qui favorise des liens avec différents thèmes (des intérêts multiples qui peuvent s'intégrer).

↓

**motivateur**

**Phase de préparation: mobilise et met en évidence ce que l'élève sait déjà...**
- par l'activation des connaissances antérieures qui met en évidence toutes les ressources nécessaires pour accomplir la tâche;
- par la reconnaissance des buts (adaptés à chacun) et des besoins personnels pour susciter l'engagement dans l'accomplissement de la tâche et la persévérance.

↓

**Phase de réalisation: pour relever un défi réaliste...**
- grâce à des ajustements apportés à la tâche qui permettent:
  - de contourner des difficultés ou d'intervenir de manière explicite;
  - d'intégrer des intérêts différents pour bonifier la signifiance de la tâche;
  - de s'y prendre de différentes façons pour accomplir la tâche.

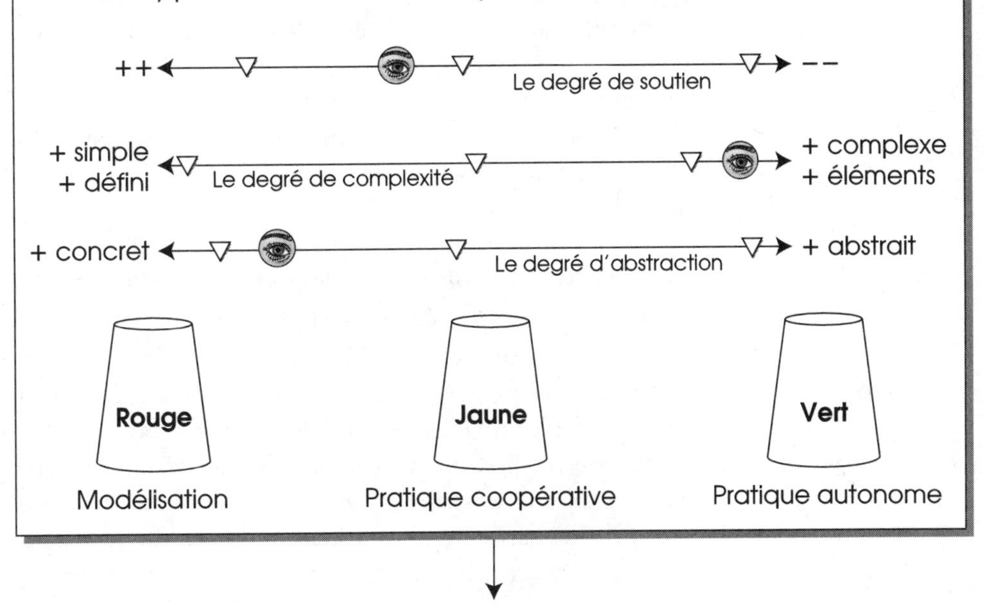


↓

**médiateur, modèle, entraîneur**

**Phase d'intégration : élargir son emprise sur d'autres défis possibles...**
- par un partage de ce qui a été appris et la diversité des moyens pour y arriver ;
- par des échanges sur l'efficacité de ces moyens, selon les situations ;
- par la prévision de contextes où les apprentissages peuvent être réinvestis.

# Le cas d'Emmanuelle

## Le contexte

Emmanuelle est une enseignante qui en est à sa deuxième année de pratique dans un quartier durement touché sur le plan socioéconomique. Elle enseigne en première année du troisième cycle du primaire. Le cas porte spécifiquement sur l'une des intentions d'Emmanuelle, soit celle d'exploiter la différenciation dans le cadre de l'apprentissage de la mathématique, même si cette intention peut difficilement être isolée de l'ensemble de sa tâche.

### *Emmanuelle refuse de baisser les bras malgré les difficultés : des croyances*

Emmanuelle constate depuis un certain temps déjà que l'enseignement de la mathématique suscite diverses réactions chez ses élèves ; en fait, le cours de mathématique devient souvent une période où surgissent des problèmes de discipline ; certains élèves identifiés « choisissent » même de quitter le groupe pendant cette période pour se rendre au « relais », un lieu d'accueil pour les élèves manifestant des troubles de comportement. Emmanuelle veut intervenir au regard de ce problème ; elle est convaincue que l'apprentissage de la mathématique est une nécessité pour avoir un certain pouvoir sur le monde et n'accepte pas le défaitisme qui circule dans l'école quant aux limites des élèves, qui résulteraient principalement de leurs origines familiales et socioéconomiques.

### *Emmanuelle analyse constamment les contenus à enseigner : une experte*

Après avoir soigneusement révisé le contenu du programme, elle sait qu'elle doit imaginer une situation qui permettra aux élèves de trouver un sens à l'exploitation des concepts mathématiques ; elle veut travailler les fractions et les opérations sur les nombres (la multiplication et la division), et s'assurer que ses élèves ont une certaine maîtrise de ces outils mathématiques. « Un minimum pour se débrouiller », dit-elle.

### *Emmanuelle réfléchit à ses élèves et à ce qu'ils lui ont révélé depuis le début de l'année : en penseure, une médiatrice*

Elle s'intéresse ensuite, à l'aide de sa liste de classe, à chacun de ses élèves et aux particularités observées depuis le début de l'année. En voyant le nom de Catherine, elle se rappelle qu'avec cette élève le climat de travail est beaucoup plus agréable si le scénario requiert une activité de production en sous-groupes : dans le cadre de leur travail sur le texte narratif, en novembre, les élèves devaient monter un spectacle de marionnettes à l'intention des élèves de la maternelle, et cette activité s'était avérée un succès pour Catherine, et pour plusieurs autres élèves d'ailleurs. Évidemment, tous n'avaient pas travaillé avec le même genre de texte et, à ce propos, elle se souvient de la magie qui s'était installée lorsqu'elle avait fait adopter la stratégie du « **test des cinq doigts** » (voir l'encadré à la page 193) à ses élèves pour qu'ils déterminent si un livre est adapté à leur niveau de lecture du moment. « C'était vraiment merveilleux de les voir bouquiner, la main en l'air, classifiant les livres selon la difficulté qu'ils représentaient. » En fait, elle avait été surprise de voir à quel point chaque équipe avait arrêté son choix en fonction des profils de lecteur de ses membres. Et, fait curieux, même Catherine avait atteint l'objectif d'apprentissage, qui était de comprendre la structure de ce type de texte et d'être capable d'en créer un.

> **Test des cinq doigts**
>
> Il s'agit d'une stratégie d'autoévaluation de sa compétence à lire : l'élève lit, au hasard, une page d'un livre qui suscite son intérêt et déplie un doigt chaque fois qu'il rencontre un mot qu'il n'est pas capable de décoder ou de comprendre. S'il déplie plus de cinq doigts, l'élève convient de sélectionner un autre document et de refaire le test jusqu'à ce qu'il trouve un livre qui corresponde au niveau de développement de sa compétence à lire (Brimijoin, 2002).

Lorsqu'elle tombe sur le nom de Martin, il lui revient en mémoire que plusieurs des garçons de sa classe aiment la compétition et qu'elle doit leur proposer un défi stimulant pour prévenir les dysfonctionnements. Elle repense à Johanna, à Pierre et à Martin, qui peuvent lire à peu près n'importe quoi dans les ateliers (matériel plastifié, couleurs, planche de jeu) mais qui ne comprennent pas grand-chose dans leur manuel de français. Alors qu'elle réfléchit, Emmanuelle aperçoit le nom d'Étienne, ce garçon fermé comme une huître qui hante ses rêves ; elle le revoit, hier, se présenter à sa porte longtemps avant le début des classes pour lui annoncer avec enthousiasme la visite de son parrain en fin de semaine. Son oncle Jean est le frère de son père, un père qui annule son droit de visite trois fois sur quatre, et ce parrain est cuisinier dans un grand restaurant de Montréal. La cuisine ! C'est alors qu'elle a un éclair de génie.

### *Emmanuelle reconnaît une situation porteuse de sens et suffisamment flexible pour intéresser un grand nombre d'élèves : en preneuse de décisions, une motivatrice*

Sans tarder et, surtout, sans trop de difficultés, elle réussit à convaincre Étienne de présenter son parrain à la classe, histoire que les élèves comprennent mieux ce qu'est le métier de cuisinier. En parallèle, elle construit un réseau de concepts sur le métier de cuisinier dans l'optique d'identifier tous les savoirs mathématiques qu'elle pourrait intégrer dans une situation d'apprentissage sur ce thème ; cette première réflexion l'aidera à poser les bonnes questions lors de la visite d'oncle Jean pour motiver des élèves à s'engager dans le projet qui germe dans sa tête.

La présentation est un succès. Emmanuelle profite de la situation pour créer un environnement favorable à l'engagement de tous ses élèves dans un nouvel élément qui apparaîtra à la grille horaire : les « mathématiques culinaires ». Dans cette nouvelle matière à l'horaire, comme ailleurs, les **règles de vie** de la classe continueront de s'appliquer même s'il y aura nécessairement plus de déplacements et plus d'action.

> **Règles de vie de la classe d'Emmanuelle**
>
> 1. Le respect de chacun et de tout doit être constant.
> 2. Il y a toujours quelque chose à faire, donc il faut faire des choix judicieux.
> 3. Il faut toujours essayer et persévérer.

Forte de la motivation suscitée par la visite de l'oncle d'Étienne, Emmanuelle propose à ses élèves de relever le défi de se lancer dans la production d'un mets cuisiné que la classe pourrait choisir, préparer et vendre dans la communauté. Cette activité permettrait à son groupe classe d'étudier plusieurs notions mathématiques dans un contexte réel de résolution de problème, tout en amassant des fonds qui pourraient être utilisés pour organiser une fête à la fin de l'année. Elle trace des liens explicites entre la proposition et l'apprentissage de l'initiative, de la débrouillardise et de l'autonomie, éléments dont la maîtrise est nécessaire si l'on veut réussir à faire un métier qu'on aime. Dans le cadre de la discussion, elle amène les élèves à voir le premier défi qu'ils doivent affronter : **le choix d'un produit à cuisiner.**

**Des critères qui orientent l'action**

1. Le produit doit être populaire.
2. La recette doit contenir des ingrédients bons pour la santé.
3. La recette doit être économique.

Les élèves en arrivent à la conclusion qu'il faut nécessairement que ce soit un produit consommé couramment et bon pour la santé. Ce produit ne doit pas être trop cher, si l'on veut trouver des acheteurs, et des élèves de cinquième année doivent être en mesure de le cuisiner. Finalement, il faudrait être capable d'en faire, en une seule fois, une grande quantité. Après discussion, les élèves conviennent de faire un sondage dans la communauté pour savoir si le muffin répond au premier critère : la popularité. Pour choisir la bonne recette, ils conviennent ensuite de respecter deux critères : l'aspect santé du produit et son côté économique.

## Conclusion

Le cas d'Emmanuelle illustre des conditions essentielles à la mise en œuvre d'une différenciation pédagogique. Sans relater la totalité de l'expérience vécue, on peut terminer cette description du cas en rapportant, d'abord, que la classe en est arrivée à retenir, par consensus, la recette de muffins aux carottes. La situation différenciée qui a permis d'en arriver à cet accord est présentée, à titre d'exemple, dans la grille de planification stratégique (voir p. 195). Les élèves ont ensuite orienté leur participation au projet en choisissant l'un des comités de production : celui des *comptables,* celui des *vendeurs,* celui des *acheteurs* ou celui des *cuisiniers.* Le choix des comités a été fait une fois que le groupe a réussi à mettre en évidence la diversité des tâches propres à chacun des comités et, par le fait même, la diversité des forces exploitées dans la production de chacun de ces comités. « Ç'a été mon coup de cœur que de voir les têtes se tourner tantôt vers un élève, tantôt vers un autre, lorsqu'une force était mise en évidence », affirme Emmanuelle. On peut ajouter, enfin, qu'après la situation « Le choix d'un produit pour notre entreprise » (voir le tableau **10.1**), les élèves ont demandé à Emmanuelle de créer un centre d'analyse de recettes où ils pourront s'exercer à déterminer le coût de production de différentes recettes, en vue, éventuellement, de diversifier la production de leur entreprise. « J'étais en état de choc, car j'avais l'impression qu'ils me demandaient des feuilles d'exercice pour s'entraîner à additionner des fractions », de relater Emmanuelle.

# Un exemple de planification spécifique

L'une des premières situations d'apprentissage différencié en « mathématiques culinaires » a consisté à faire l'analyse de différentes recettes pour en arriver à un choix de produit (la perspective des élèves) ou, encore, à travailler sur le sens et le choix des opérations mathématiques pour résoudre un problème dans un contexte entrepreneurial (la perspective d'Emmanuelle). Deux stratégies qu'Emmanuelle exploite fréquemment sont présentées ci-dessous pour favoriser la compréhension du déroulement de la situation d'apprentissage ; il s'agit d'une structure coopérative, « **Les cercles concentriques** », et d'une stratégie d'autoévaluation, « **Ma lumière sur la tâche** », adoptée et exploitée par ses élèves dans plusieurs contextes d'apprentissage.

### Les cercles concentriques

Il s'agit d'une structure coopérative (Barret, 1973), importée des jeux et exercices pratiqués en expression dramatique, qui facilite l'activation et la formulation des connaissances antérieures en permettant aux élèves d'expliquer et d'enrichir ce qu'ils pensent par un partage de leurs idées avec des partenaires différents ; la structure permet de faire éclater les dyades naturelles et facilite la rencontre de sensibilités différentes.

1. La moitié du groupe forme le cercle A au centre.
2. L'autre moitié forme le cercle B à l'extérieur.
3. En faisant alterner le droit de parole (tantôt les élèves du cercle A parlent, tantôt ce sont ceux du cercle B), on fait tourner les cercles pour permettre aux élèves d'entendre l'opinion de différents élèves et d'expliquer ce qu'ils pensent à plusieurs élèves.

### Stratégie « Ma lumière sur la tâche »

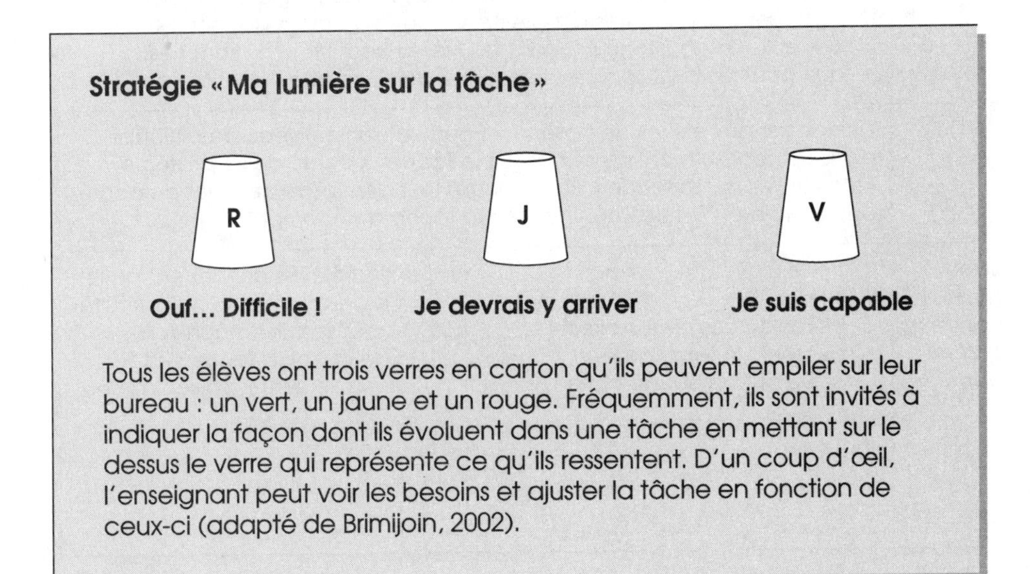


Tous les élèves ont trois verres en carton qu'ils peuvent empiler sur leur bureau : un vert, un jaune et un rouge. Fréquemment, ils sont invités à indiquer la façon dont ils évoluent dans une tâche en mettant sur le dessus le verre qui représente ce qu'ils ressentent. D'un coup d'œil, l'enseignant peut voir les besoins et ajuster la tâche en fonction de ceux-ci (adapté de Brimijoin, 2002).

**…eau 10.1 Grille de planification stratégique : la différenciation**

| Le choix d'un produit pour notre entreprise | | |
|---|---|---|
| Description de la situation | Les élèves ont convenu que leur entreprise vendrait des muffins aux carottes, un produit qui respecte les deux premiers critères retenus (santé et popularité). Ils travailleront aujourd'hui sur le choix de la recette qui respectera le troisième critère, le coût de production le plus bas. | |
| Discipline | Mathématique<br>Résoudre une situation-problème à l'aide du langage mathématique. | |
| Production attendue | Arriver à un accord sur la recette des muffins santé qui coûtent le moins cher à produire. | |
| Domaine d'apprentissage | • Orientation et entrepreneuriat<br>– Présence à son milieu | |
| Compétences transversales | Coopération, pour certains élèves | |
| À ne pas oublier | • Une équipe a dressé la liste de tous les ingrédients nécessaires à la préparation des trois recettes ayant fait l'objet de la première sélection.<br>• Une visite dans les deux épiceries du secteur a permis de noter le coût de chacun des produits. | |
| **Préparation à l'apprentissage** | | |
| J'explique le contexte :<br>• objectif visé par la tâche<br>• utilité<br>• déroulement | • Annoncer qu'au cours de l'activité les élèves devront arriver à choisir la recette de muffins la plus économique à produire dans le cours de mathématiques culinaires : muffins aux bleuets, aux carottes ou au son.<br>• Annoncer qu'on commencera par déterminer tout ce qui peut aider à réaliser la tâche puis, en sous-groupes, les élèves tenteront de trouver la réponse. Les résultats des différents sous-groupes seront ensuite comparés pour arriver à un accord. | |
| J'active ce que les élèves en savent, en comprennent.<br>• Réflexion individuelle<br>• Structure coopérative<br>• Mise en commun | • Demander aux élèves de réfléchir à la façon dont ils peuvent arriver à savoir laquelle des recettes est la moins coûteuse.<br>• À l'aide du cercle concentrique, inviter les élèves à partager le fruit de leur réflexion personnelle.<br>• Monter une carte d'exploration où seront colligés les outils, les connaissances et les stratégies prévus pour arriver à résoudre la tâche. Par exemple, les élèves soulignent qu'il faudra diviser et multiplier des quantités d'ingrédients, travailler avec des nombres à virgule (les sous), qu'il faudra trouver la quantité, en grammes, que peut représenter une demi-tasse de sucre, etc. | |
| Je suscite l'engagement :<br>• questions ;<br>• buts personnels. | Demander aux élèves de poser un jugement sur le niveau de difficulté qu'ils devront surmonter pour réussir la tâche. À l'aide de sa stratégie « Ma lumière sur la tâche », Emmanuelle leur demande de juger du degré de contrôle qu'ils ressentent face à la tâche à accomplir. | |
| 1. Neuf élèves prévoient avoir de la difficulté à accomplir la tâche ; ils souhaitent avoir un modèle ainsi que de l'accompagnement pour y arriver.<br>R | 2. Treize élèves ne sont pas convaincus de maîtriser toutes les ressources nécessaires ; ils pensent toutefois qu'ils y arriveront en coopérant.<br>J | 3. Cinq élèves annoncent qu'ils ne prévoient aucune difficulté à accomplir la tâche ; ils choisissent la tâche verte, qu'ils veulent faire sans aide.<br>V |

**Tableau 10.1 Grille de planification stratégique : la différenciation *(suite)***

<table>
<tr><th colspan="3">Réalisation de la tâche</th></tr>
<tr><td colspan="3">+ + ← R — J — V → – –  Le degré de soutien<br>– ← R — J — V → +  Le degré de complexité<br>– ← R — J — V → +  Le degré d'abstraction</td></tr>
<tr>
<td>1. La tâche rouge<br>Collectivement, avec l'enseignante<br>À l'aide du matériel de manipulation, l'enseignante modélise la façon de s'y prendre pour trouver le coût de production de la première recette ; les élèves reprennent la démarche, toujours en collectif, pour calculer le coût de la deuxième recette ; en équipe de deux, ils calculent le coût de la troisième. En collectif, on compare les trois coûts.</td>
<td>2. La tâche jaune<br>En équipe<br>Les élèves se répartissent en trois équipes. Chacune des équipes trouve le coût de production de l'une des trois recettes. Les élèves comparent ensuite leurs façons de faire et leurs résultats, et doivent en arriver à un consensus sur le choix de la recette la moins coûteuse.</td>
<td>3. La tâche verte<br>Seul ou en équipe<br>Elle consiste à déterminer la recette la plus économique à produire tout en élaborant la liste des produits à se procurer dans chacune des deux épiceries.</td>
</tr>
<tr>
<td>• Prévoir des temps d'enseignement explicite<br>• Prévoir des temps de partage et de mise en commun</td>
<td colspan="2">• Temps d'enseignement explicite<br>– Les fractions équivalentes<br>– Comment arrondir ?<br>– Comment estimer ?<br>– L'algorithme de la division, de la multiplication des nombres à virgule, etc.<br>• Temps de partage et de mise en commun<br>– Les différentes stratégies utilisées, selon les élèves : discussion sur l'efficacité et la rapidité ; propositions d'ajustement<br>– Regard sur les résultats provisoires : reconnaissance des difficultés et recherche de solutions</td>
</tr>
<tr><th colspan="3">Intégration des apprentissages</th></tr>
<tr>
<td>• Activité synthèse pour faire le bilan de ce qui a été compris.<br>• Comparaison des différentes façons de faire<br>• Exploration des contextes de réutilisation</td>
<td colspan="2">Les élèves doivent imaginer une procédure pour décrire la façon de faire pour trouver le coût de production d'une recette ; on compare la procédure de chacune des équipes (rouge, jaune et vert). On relève les ressemblances et les différences.<br>On revient sur la carte d'exploration produite dans la phase de préparation pour y ajouter les éléments (connaissances et outils mathématiques) qui ont été utilisés au cours de la réalisation de la tâche.</td>
</tr>
</table>

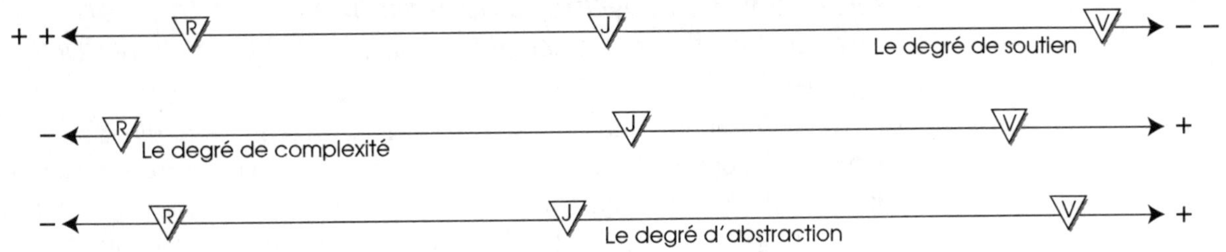

# À propos du cas d'Emmanuelle

## *Quelles sont les croyances nécessaires à une mise en œuvre authentique de la différenciation ? Une ouverture à la diversité.*

Disons, de prime abord, que, pour soutenir la mise en œuvre effective d'une différenciation pédagogique en classe, on doit créer un climat centré sur l'apprentissage (Tardif, 1992). L'apprenant doit saisir que le but visé par une tâche consiste à comprendre un concept, à développer des habiletés et à s'outiller pour devenir de plus en plus autonome dans la résolution de problèmes multiples. Pour ce faire, il faut progressivement revaloriser les différentes façons d'aborder un apprentissage : il doit redevenir acceptable que certains élèves entreprennent une tâche à l'aide de matériel concret, que d'autres n'envisagent qu'une partie de la tâche à la fois, et que d'autres encore explorent des pistes insoupçonnées pour accomplir cette tâche. À certains moments, des élèves préfèrent accomplir la tâche seuls, d'autres cherchent le soutien de leurs pairs ou, encore, celui de l'enseignant. Ces différentes façons de faire doivent être associées à la diversité des démarches possibles pour saisir un concept et non pas à un degré d'intelligence de l'individu ; il s'agit d'une croyance profonde que l'enseignant doit faire transparaître dans ses manières d'agir et de réagir. Si l'élève perçoit qu'il travaille en fonction d'une sanction de sa compétence ou que l'école poursuit des buts d'évaluation, s'il perçoit qu'une manière de faire est associée à une déficience plutôt qu'à un stade de développement d'une compétence dans une situation donnée, il éprouvera une grande difficulté à choisir une tâche en fonction de ses besoins réels. D'ailleurs, la première fois qu'Emmanuelle a utilisé la stratégie « Ma lumière sur la tâche », la première question posée a été celle d'un élève qui cherchait à savoir si son choix aurait des conséquences sur son bulletin. Ce réflexe s'est progressivement estompé dans sa classe au fur et à mesure que s'implantait un enseignement fondé sur la différenciation.

## *Qu'est-ce qu'un élève actif dans une perspective de différenciation ?*

L'élève actif, dirait Emmanuelle, est celui qui s'investit dans la réflexion, dans la formulation de cette réflexion et dans l'agir qui en découle. Ce peut être celui qui se demande comment faire pour trouver une recette de muffins peu coûteuse à produire, qui explique ses hypothèses à ses pairs ou qui accepte de relever le défi de trouver une réponse à soumettre au groupe. Par rapport à une situation, cet élève se reconnaît comme une personne ayant des connaissances, des hypothèses et des façons de faire qui peuvent aider à résoudre le problème proposé. Si l'élève perçoit qu'il n'existe qu'une seule bonne manière de réussir, son engagement n'est plus le même ; il y a un déplacement de la recherche d'une solution à un problème vers une recherche de la réponse attendue par un adulte. L'activité cognitive de l'élève réclame une logique de situation qui mobilise ses intérêts, ses préférences dans l'apprentissage et son bagage de connaissances, ce qui appelle, disent Astolfi (1998) et De Vecchi (2000), des méthodes flexibles par opposition à des méthodes rigides, des méthodes qui jouent sur une palette élargie et diversifiée d'interventions et qui offrent des choix.

## Comment comprendre la diversité dans une situation ?

> *Il n'est évidemment pas question d'enfermer qui que ce soit dans une catégorie, mais plutôt de rejoindre l'apprenant là où il se trouve dans sa progression et de le guider dans son cheminement en fonction de la gestion qu'il utilise, puis de l'amener à en exploiter d'autres.*
>
> (Trocmé-Fabre, cité dans Tardif, 1992, p. 451)

En guise de remarques préliminaires, les écrits scientifiques mettent en évidence le fait que le concept de diversité est un phénomène complexe et difficile à cerner. Il m'apparaît primordial de l'envisager dans une perspective d'action en classe où la diversité s'exprime et se manifeste dans le contexte de situations d'apprentissage. Il s'agit donc « d'un ensemble de caractéristiques humaines qui affectent la capacité d'apprendre, de répondre ou d'interagir d'un individu dans un environnement scolaire » (Ducette, Sewell et Poliner Shapiro, 1996, p. 324 [traduction libre]). Ces auteurs montrent que, dans une perspective pédagogique, la diversité n'est pas une étiquette statique et permanente que porte un apprenant ; elle est plutôt l'expression d'une caractéristique particulière (un goût, un besoin, un intérêt, un choix, une façon de faire) qui ressort selon la situation, selon les exigences d'une tâche ou encore dans le contexte relationnel d'un groupe. La diversité semble donc devoir être comprise dans sa nature contextuelle, ce qui suppose la prise en compte de facteurs motivationnels, affectifs et cognitifs.

Adoptant une telle perspective, Tomlinson (1999, 2000, 2001) propose une synthèse intéressante et pratique du concept de diversité. Elle traite d'abord de la nécessité de s'intéresser à la variété des prédispositions des élèves dans l'accomplissement d'une tâche donnée. Elle met en évidence le fait que tous les apprenants d'un même âge chronologique ne peuvent être prêts simultanément à aborder un même concept ou avoir un bagage identique pour le faire. C'est dans cette perspective qu'il devient important, dans une phase de préparation à la situation, d'activer les connaissances antérieures des élèves au regard de la tâche qu'on souhaite leur proposer ; un tel exercice permet à l'enseignant de mettre en lumière, pour tous les élèves, les différents types de connaissances qui pourraient être mobilisés pour réussir. Et, ce faisant, il permet aussi de diagnostiquer les besoins des élèves en matière d'ajustements à proposer pour que chacun puisse réussir à s'engager dans le travail à accomplir et à ressentir qu'il a une certaine emprise sur ce travail.

La tâche ou la situation proposée doit ensuite être suffisamment complexe, complète et ouverte pour permettre aux apprenants d'exploiter différentes modalités dans leur façon de l'aborder. Tomlinson traite alors d'une diversité de profils d'apprentissage et d'intérêts qui peuvent devenir des « moteurs » de l'activité cognitive et de la persévérance.

Emmanuelle a choisi d'aborder la diversité en ajustant la situation « Le choix d'un produit pour notre entreprise » en fonction de trois des continuums proposés par Tomlinson (1999, 2001)[3]. Dans le contexte d'une tâche, l'enseignant peut prévoir certains ajustements qu'il devra apporter ou offrir en lien avec

---

3. Vous trouverez à la fin du chapitre « Les régulateurs de Tomlinson » (fiche référentielle 1, p. 209), un outil pour soutenir la planification des ajustements potentiels à apporter à une tâche pour toucher le plus grand nombre d'élèves possible.

le soutien que requiert la tâche, avec la complexité de cette tâche et avec son niveau d'abstraction. L'apprenant doit percevoir qu'un choix se fait en fonction d'une analyse contextuelle d'une situation suffisamment ouverte pour permettre ce choix ; ainsi, quand il se sent plus fragile au regard d'une tâche, il peut choisir un *degré de soutien* plus élevé.

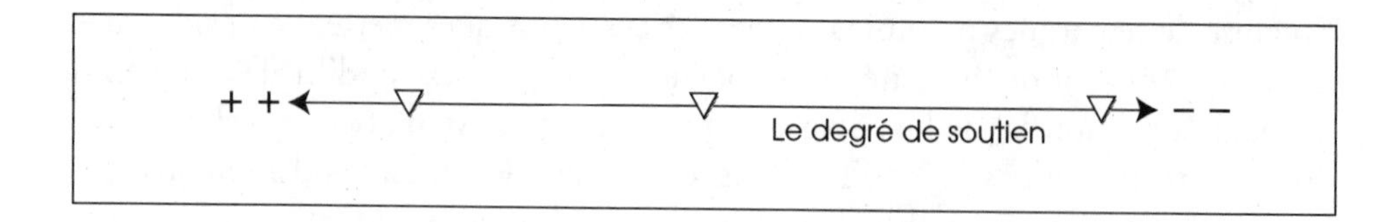


Il peut s'agir d'un accompagnement soutenu (un modelage ou un enseignement explicite, par exemple). Dans un autre contexte, l'élève peut souhaiter aborder la tâche dans le cadre d'un travail d'équipe, où l'apport des pairs offre un soutien différent mais rassurant ; il peut aussi décider d'être plus autonome et de travailler sans aucun soutien (un contexte de découverte ou un défi de création). Les objets d'apprentissage ciblés et la situation proposée influencent le degré de contrôle ressenti par l'apprenant, et ce, en fonction des expériences antérieures qu'il a vécues.

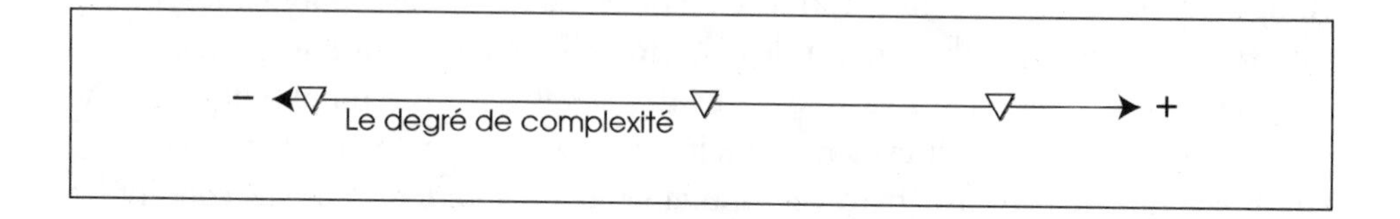


Si la situation génère une très grande insécurité, il est possible de jouer sur le *degré de complexité* de la tâche ; ainsi, toujours dans le même exemple, Emmanuelle exige de certains élèves qu'ils accomplissent la tâche en exploitant la liste des prix relevés dans deux épiceries différentes, alors que d'autres travailleront avec une seule liste de prix ; certains trouveront le coût de production de chacune des recettes pour ensuite traiter leurs résultats. D'autres travailleront sur une seule recette pour ensuite comparer leur travail avec le résultat des équipes qui auront travaillé sur les deux autres. Selon l'emprise que l'apprenant perçoit avoir sur la tâche proposée, il s'avère intéressant de jouer sur le continuum de la complexité en augmentant ou diminuant le nombre d'étapes à franchir, la quantité de liens à effectuer ou le nombre de données à prendre en compte. « Tous ont effectué les opérations mathématiques ciblées, mais ils l'ont fait dans un contexte où l'on respectait leur stade de développement », a conclu Emmanuelle.

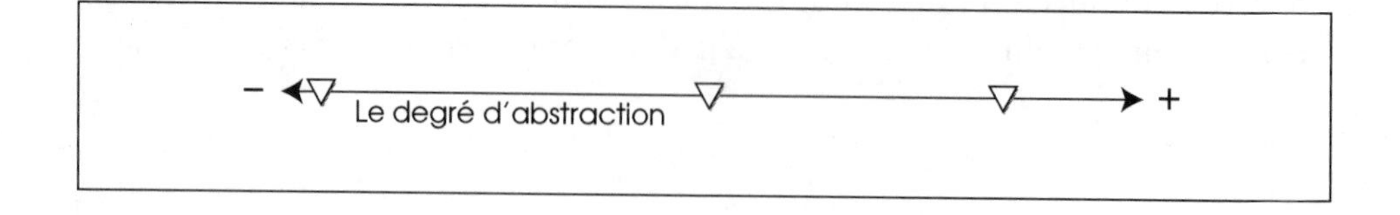

Enfin, la situation montre qu'on peut prendre en compte la diversité en intervenant sur le ***degré d'abstraction*** de la tâche proposée. Le langage d'une discipline, ses outils et ses façons privilégiées de traduire la réalité sont des représentations très abstraites qui peuvent nuire à la compréhension de phénomènes particuliers par certains apprenants. Sans faire de ce chapitre un plaidoyer en faveur de l'exploitation du matériel de manipulation dans le cours de mathématiques, on peut insister sur le fait que l'apprentissage de certains élèves par rapport à une tâche donnée peut nécessiter la manipulation de différents outils, ce qui leur permettra de mieux se représenter l'objet de la tâche ou le but poursuivi.

**Une recherche sur les Amérindiens où l'on joue sur le degré d'abstraction**

Existe-t-il une seule façon d'amorcer un projet sur un thème?

Habituellement, on constate que beaucoup d'enseignants insistent sur le fait que les élèves formulent d'abord des questions sur le sujet à l'étude, cherchent ensuite des réponses dans des documents pour finalement déterminer le choix d'une production qui rendra compte de ce qu'ils ont appris. Se peut-il que certains élèves aient besoin d'initier leur parcours par la construction d'une *maison longue,* par exemple, et qu'en cours de construction, à l'aide de l'enseignant médiateur, ils voient la nécessité de rechercher et de lire des informations pour mieux rendre compte des traditions du peuple iroquoien? Deux enseignantes racontent qu'après avoir lâché prise quant à l'obligation de suivre une seule démarche, en l'occurrence la première, elles ont constaté un engagement extraordinaire de certains garçons dans ce projet.

Ainsi, selon la situation et la perception qu'en a l'élève, il se pourrait qu'il ait besoin d'utiliser de l'argent de jeu pour réussir à saisir la représentation mathématique d'une division où le dividende est un nombre à virgule. Par contre, pour un autre, l'obligation d'utiliser du matériel concret peut devenir une occasion de perdre du temps en attendant un défi plus pertinent et plus stimulant.

Dans la macrosituation que constituent les «mathématiques culinaires», Emmanuelle sait que tous les élèves vont construire des relations entre les opérations mathématiques et les différentes façons d'agir dans plusieurs contextes signifiants.

Elle sait aussi que tous ne travailleront pas ces savoirs en même temps et de la même façon. L'équipe des *comptables* aborde les concepts mathématiques de manière plus classique que l'équipe des *cuisiniers,* qui procède par la manipulation des ingrédients pour effectuer des multiplications et des divisions. Il faut souligner qu'une telle ouverture a des conséquences sur la gestion de classe et que la mise sur pied d'***activités d'ancrage*** peut faciliter la gestion des sous-groupes en action.

**Des activités d'ancrage**

Le centre d'analyse des recettes d'Emmanuelle sert d'activité d'ancrage tout le long du projet des *mathématiques culinaires*; il s'agit d'un lieu où les élèves font des tâches de manière autonome parce qu'ils en comprennent le sens, parce qu'ils ont vécu un modelage pour savoir comment s'y prendre et parce qu'ils trouvent en ce lieu des exemples et des outils pour réussir de manière autonome (*voir la tâche d'intégration dans la situation « Le choix d'un produit pour notre entreprise »*). Ateliers ou centres d'apprentissage sont d'autres exemples d'activités d'ancrage qui permettent à l'enseignant d'accompagner un sous-groupe (un comité) de manière plus soutenue, tandis que les autres élèves poursuivent différents apprentissages de manière autonome (Tomlinson, 1999, 2001).

## *Quels sont le sens et l'importance de la métacognition dans une perspective d'ouverture à la diversité ?*

On comprend qu'une force, qu'une façon de faire ou qu'une préférence ne sont jamais statiques et s'expriment dans un contexte ou une situation[4]. Dans une perspective constructiviste de l'apprentissage, qui intègre les multiples apports de la psychologie cognitive, différencier consiste donc à proposer des situations d'apprentissage variées et suffisamment complexes pour que les apprenants puissent réellement découvrir et exploiter différentes démarches et stratégies pour les résoudre. Les élèves doivent avoir des lieux pour expérimenter et apprendre à emprunter différentes avenues pour atteindre des buts d'apprentissage de tout ordre. Il devient donc nécessaire qu'à l'intérieur des situations il y ait des temps pour formuler et présenter les façons de faire, et pour les confronter à celles des pairs et de l'enseignant, et ainsi mettre en évidence les conditions contextuelles qui font qu'une stratégie apparaît plus adéquate qu'une autre. (« Puisque je me souviens mieux de ce que j'ai fait que de ce qu'on m'a dit, je préfère, lorsque je me sens peu sûr relativement à une tâche, l'aborder en manipulant un objet ; par contre, lorsque je pense comprendre, je préfère de loin accomplir la tâche en discutant avec mes camarades dans une équipe de travail. ») Ces formulations et ces confrontations favorisent la décentration et permettent à l'apprenant de développer une certaine flexibilité et une capacité d'adaptation aux nouvelles situations, des conditions essentielles au développement de l'autonomie. Il s'agit, en fait, d'accorder autant d'importance aux apprentissages liés au répertoire des conduites cognitives qu'aux apprentissages disciplinaires (Chevrier, Fortin, Leblanc et Théberge, 2000).

Sachant que la précarité de cette activité métacognitive est reconnue comme l'une des caractéristiques qui distinguent l'élève en difficulté des autres élèves (Tardif, 1992), on doit aider cet élève à prendre conscience de la gestion de

4. D'ailleurs, Bourassa (1997) démontre qu'une force peut se transformer en une difficulté lorsque, dans une situation particulière, l'élève s'y raccroche et l'exploite avec une telle démesure (une « surdominance ») qu'elle l'empêche d'avoir recours à des stratégies d'apprentissage plus adéquates dans le contexte de ladite situation.

sa pensée en situation d'apprentissage; il doit saisir le caractère dynamique et contextuel de ses façons de faire. (« Je n'aborde pas toujours les problèmes de la même façon; parfois, je cherche de l'aide, parfois, je commence en faisant immédiatement le problème, parfois, je lis attentivement, parfois, je regarde quelqu'un faire. ») Il a besoin d'enrichir son répertoire de stratégies; c'est souvent par l'observation soutenue des façons de faire des autres élèves qu'il peut se construire un éventail de ressources assez riche pour faire face à une grande variété de situations. Il s'agit d'amener l'élève à une meilleure conceptualisation de ses manières d'apprendre (Grangeat, 1999) ou, encore, de lui faire prendre conscience du moment où il préfère utiliser une stratégie plutôt qu'une autre, et de la raison pour laquelle il privilégie cette stratégie. Quand un apprenant tente de connaître le coût de production d'un mets, il ne ressent pas les mêmes besoins que lorsqu'il prépare un tableau synthèse des ventes du mois, car la situation comporte des buts différents et des exigences qui se définissent en fonction de ses prédispositions, qui, nécessairement, sont ponctuelles.

Enfin, il y a de multiples avantages à ce que l'élève apprenne lui-même à « diagnostiquer » son degré de contrôle sur la tâche et à reconnaître les conduites à adopter en fonction dudit diagnostic, quitte à s'ajuster au cours de la situation d'apprentissage s'il découvre que, finalement, il a plus ou moins d'emprise qu'il ne l'avait imaginé initialement. On a vu des élèves passer, au cours d'une activité, d'une tâche *rouge* à une tâche *jaune,* et vice versa. On peut aussi ajouter que, lorsque les élèves d'Emmanuelle doivent porter un jugement sur leur capacité d'exploiter l'ensemble des connaissances antérieures reconnues comme nécessaires à l'accomplissement de la tâche (à l'aide de la stratégie « Ma lumière sur la tâche »), l'enseignante affirme qu'elle observe un engagement important de la part des apprenants. « C'est palpable, on voit les yeux se brancher sur la carte d'exploration, les épaules se relever et des élèves qui cherchent réellement à choisir le meilleur contexte pour réussir l'activité; les verres jaunes, rouges ou verts apparaissent de plus en plus comme une expression réelle de ce qu'ils comprennent de la tâche et des savoirs en jeu », explique-t-elle.

## L'interdisciplinarité est-elle nécessaire à la différenciation ?

La différenciation suppose nécessairement un nouveau regard sur la diversité. À l'image d'une communauté qui s'enrichit par l'apport de la multitude de talents des individus qui la composent, l'école doit revoir les tâches d'apprentissage qu'elle propose afin de s'assurer qu'elles correspondent à la réalité de la diversité. Si la diversité des élèves doit être reconnue comme une ressource par l'individu lui-même et par la communauté que forme le groupe d'élèves, il apparaît que les situations proposées doivent faire appel à des stratégies, à des façons de faire, à des forces et à des intérêts multiples qu'on trouve difficilement dans une « situation trop simple ou cloisonnée ».

Un élève ayant des habiletés sportives particulières, par exemple, ne présente pas sa force comme une ressource intéressante dans une situation d'apprentissage qui consiste simplement à recopier des mots de vocabulaire. Les situations interdisciplinaires, traitées de manière plus explicite dans le chapitre 4 de cet ouvrage, constituent, en fait, des reflets beaucoup plus réels des problèmes que l'on rencontre dans la vie courante. Elles permettent aux apprenants de comprendre

**Un premier pas pour tenter d'ouvrir les situations : Un combat de mots d'orthographe**

Une enseignante jumelle la pratique de l'orthographe d'usage à des lancers dans un panier de basket-ball placé au dessus du tableau de la classe ; ainsi, lorsqu'un mot est annoncé, la première équipe à réussir un panier obtient le droit d'épeler le mot. On comprend qu'il y a ici une tentative de valoriser la force de certains élèves dans un contexte où elle est peu utile habituellement. Il s'agit d'une façon d'inciter certains élèves à reconnaître l'autre dans ses forces (inspiré de Tomlinson, 1999 ; Cohen, 1994).

la diversité comme un phénomène qui favorise et enrichit la poursuite de la résolution d'un problème ; par ricochet, de telles situations permettent à de nombreux élèves d'aborder des défis plus insécurisants, et ce, sur la base d'habiletés ou de concepts qu'ils maîtrisent. Meirieu (1985) traite abondamment de ces croisements ***forces-défis*** pour favoriser l'engagement des élèves à risque dans une tâche d'apprentissage. En « mathématiques culinaires », des élèves ayant des forces en rédaction et en informatique se sont associés, dans le comité des *vendeurs,* à des élèves affectionnant particulièrement le dessin. Ensemble, ils ont préparé la publicité et ont compris, dans l'action, la pertinence de la mise en commun des différences. De plus, s'inspirant d'une lecture faite au hasard de Cohen (1994), qui suggère plusieurs pistes pour soutenir le travail d'équipe dans la classe hétérogène, Emmanuelle a incité ses élèves à repérer et à nommer les forces nécessaires à l'accomplissement des travaux de chacun des comités ; cette activité capitale, dirait Cohen, favorise la mise en valeur et la reconnaissance des différences individuelles par chacun des membres de la communauté. Encore faut-il que la situation interpelle des forces traditionnellement liées à différentes disciplines : le dessin, la rédaction d'un sondage, la compilation des données du sondage et les affiches publicitaires ne sont que quelques exemples des tâches variées vécues en mathématiques culinaires.

Comme l'école a une longue histoire de valorisation des façons de faire *logico-mathématiques* et *verbolinguistiques,* dirait Gardner (1997), il ne sera pas nécessairement facile de faire valoir aux yeux des élèves des démarches d'apprentissage différentes ou, dit autrement, des types d'intelligence qui ont été trop longtemps perçus comme des manifestations de difficultés.

Pour construire en son sein une communauté d'individus en quête d'apprentissage, où les forces et la diversité sont des atouts réels pour soi et pour l'autre, l'école devra déconstruire certaines conceptions de l'intelligence et revoir les buts qu'elle poursuit pour faire redécouvrir à l'élève le goût et le besoin de se dépasser et de surmonter des défis dans une relation d'interdépendance avec ses camarades. Il faut simplement se rappeler que ce dépassement de soi et cette ouverture à l'autre se sont manifestés au regard de multiples apprentissages avant l'entrée à l'école. Est-ce uniquement une question d'inaptitudes qui fait qu'ils disparaissent progressivement au cours de la scolarisation ? Est-ce que l'école doit ou peut revoir les effets de ses pratiques pour différencier en profondeur, pour reconstruire une société démocratique où chacun se préoccupe de l'autre? Galichet (2001, p. 38), dans son plaidoyer pour la construction d'une nouvelle citoyenneté, résume bien, à mon avis, la trame de fond nécessaire à la mise en œuvre de la différenciation.

> *La gestion démocratique des apprentissages n'implique pas seulement de permettre à chaque élève ou groupe d'élèves de déterminer librement ses modalités d'appropriation des savoirs; elle suppose aussi et surtout qu'il s'inquiète de et s'intéresse à la réussite ou aux difficultés de ses camarades.*

## Comment déterminer l'essentiel?

Quels sont les savoirs essentiels à faire apprendre? À quoi l'enseignant doit-il prêter une attention pédagogique particulière pour s'assurer que tous ses élèves auront la formation fondamentale nécessaire pour exercer leur citoyenneté et en jouir pleinement ? Voilà des questions qui resurgissent dès que les enseignants adoptent une pratique réflexive dans une perspective de différenciation. Les réponses à ce questionnement ne doivent pas se confondre avec ces listes de savoirs essentiels qui terminent chacune des sections disciplinaires du *Programme de formation de l'école québécoise* (2001). Il s'agit davantage de mieux cerner les caractéristiques d'un but d'apprentissage fixé pour un groupe d'élèves au regard de sa signifiance, de sa pertinence et des résultats d'apprentissage attendus. Perrenoud (1997) précise que toute pédagogie différenciée s'articule autour de pratiques « transférogènes ». Une démocratisation de l'accès au savoir n'a aucun intérêt si ledit savoir n'est pas mobilisable hors de l'école; de plus, cet auteur rapporte que le manque de sens des apprentissages, étant à la source d'une partie des difficultés d'apprentissage, vient renforcer la nécessité de construire et de diversifier des tâches et des situations qui permettent d'exercer le transfert. L'intention d'adapter l'enseignement aux différences individuelles doit donc être accompagnée d'une conception de l'éducation où le but ultime consiste à développer des aptitudes liées à la métacognition et au transfert. On voit donc la nécessité de comprendre le concept de *savoir essentiel* comme la construction de liens entre des savoirs théoriques et des savoirs d'action; en d'autres mots, un *savoir essentiel* à apprendre est un savoir qui se présente comme étant signifiant et utile dans un contexte d'action; la typologie des connaissances présentée par Tardif (1992) et élaborée de manière plus pointue dans le premier chapitre de cet ouvrage permet à l'enseignant de mieux saisir la nature de ce qui est essentiel à enseigner.

On peut ici reprendre l'exemple d'Emmanuelle. D'abord, elle comprend que ses élèves doivent maîtriser des savoirs en lien avec les fractions et les opérations mathématiques; elle perçoit aussi que cette maîtrise ne se distingue pas des objectifs de formation associés à l'autonomie et à l'initiative. Pour Emmanuelle, opérations mathématiques et entrepreneuriat sont donc mis en relation pour créer un savoir essentiel dans la construction des apprentissages de ses élèves. L'apprentissage des opérations sans l'apprentissage de l'entrepreneuriat ne constitue plus un savoir essentiel pour tous les élèves; dans ce contexte, l'un ne va pas sans l'autre. Ainsi, créer une entreprise sans comprendre l'apport du langage mathématique ne permet pas de développer une vision intégrative du monde qui pourrait outiller le citoyen de façon qu'il comprenne mieux les problèmes complexes contemporains; d'un autre côté, apprendre à opérer sur le plan mathématique sans associer à cet apprentissage des contextes réels d'action où ces opérations facilitent la compréhension du monde dissocie ou désincarne les savoirs en niant leur potentiel et leur raison d'être.

Des savoirs qui ne réussissent pas à prendre un sens pour l'apprenant sont des savoirs difficilement mobilisables et peu compréhensibles ; il est donc du ressort de l'enseignant de se construire une représentation des liens entre un concept, son potentiel d'action et les multiples contextes où il devient utile de s'y référer. Dans cette perspective, l'enseignant saura faire les choix pertinents pour engager ses élèves dans des apprentissages dits essentiels. L'exemple d'Emmanuelle démontre bien la nécessité de construire son expertise de contenu comme enseignant ; par une lecture attentive du programme national de formation, elle choisit un contexte signifiant (un domaine général de formation) pour inciter ses élèves à poursuivre des buts d'apprentissage disciplinaire qu'elle considère d'une grande importance pour le développement de l'autonomie.

### *Comment un enseignant peut-il construire cette expertise ? Ou, encore, la coopération serait-elle devenue une nécessité ?*

C'est dans l'optique du développement continu de son expertise qu'une professionnalisation interactive du métier d'enseignant (Perrenoud, 2002) prend tout son sens. En effet, l'expertise didactique et pédagogique au service de la réussite dans la diversité aura plus de chances de se construire et de se développer si l'on réunit une équipe hétérogène de professionnels qui cherchent à proposer une formation fondamentale rigoureuse à des groupes tout aussi hétérogènes d'élèves. Cette expertise permettra aussi de réduire le temps consacré à l'enseignement décontextualisé d'un même concept (voir l'encadré ci-dessous), année après année, objet d'un reproche vivement exprimé par les jeunes lors des États généraux sur l'éducation au Québec.

**Un exemple : le cycle de l'eau**

Nos rencontres avec des enseignants et des élèves nous ont permis de constater que les élèves québécois peuvent faire des « projets » sur le cycle de l'eau à maintes reprises de la première année du primaire à la deuxième année du secondaire... Pourtant, peu d'entre eux étaient en mesure de nous expliquer la pertinence de cet apprentissage et les contextes d'action où il devenait utile.

Les savoirs essentiels exigent d'un enseignant une analyse de ce qu'il veut faire apprendre plutôt que de ce qu'il veut enseigner ; il s'agit d'une nuance qui, au premier abord, peut sembler plus théorique que pratique ; pourtant, lorsque l'enseignant tente de l'appliquer, il se rend vite compte des conséquences de cette analyse sur la façon de présenter des concepts essentiels aux élèves. Rapidement, la nécessité de tisser des liens entre les différents types de connaissances constitue l'objectif à atteindre pour favoriser des apprentissages durables et utiles ; les enseignants qui coopèrent pensent ensemble et prennent des décisions communes pour proposer des situations ludiques ou réelles qui permettent de mieux saisir, par la perspective que chacun amène, l'importance de l'interdisciplinarité.

Cet exercice d'analyse mène à la création de contextes d'apprentissage variés qui mettent fortement en relief l'utilité et le sens des connaissances à construire. Il y a certainement, dans la mise en œuvre d'une perspective de différenciation pédagogique, une dimension plurielle et collective qui peut faciliter la prise en compte de la diversité et, par surcroît, le développement professionnel. La mise en place des cycles d'apprentissage amène ce recadrage de la profession enseignante; il s'agit, selon plusieurs auteurs (Perraudeau, 1997; Perrenoud, 2002) d'une structure essentielle à la mise en œuvre de la différenciation, car elle permet aux enseignants d'aborder la complexité inhérente à ce concept en collégialité, et de profiter du soutien des membres d'une équipe où l'on trouve des forces multiples et, évidemment, diversifiées. Dans la fiche référentielle 3 (p. 212), je soumets, bien humblement, une grille de planification des dispositifs de différenciation construite avec des équipes-cycles d'enseignants cherchant à connaître les besoins des élèves. Quoique cette grille demeure un outil en construction, elle suscite, jusqu'à présent, des réflexions et des discussions favorisant la prise en charge collective des élèves d'un cycle pour mieux différencier les situations et les parcours d'apprentissage.

## Principaux éléments à retenir

### *Comment s'engager et persévérer dans la mise en œuvre de la différenciation ?*

Est-il nécessaire d'aborder cette conclusion en rappelant que l'enseignant, au même titre que les citoyens d'une démocratie renouvelée, doit d'abord combattre le phénomène de l'*impuissance apprise* auquel il se frottera dès qu'il conviendra que la multitude des besoins des apprenants ne peut plus être ignorée par des pratiques pédagogiques uniformes? Est-il nécessaire d'ajouter qu'il y aura ensuite une série de «mythes» auxquels il faudra réfléchir et qu'on devra remettre en question en ce qui a trait à l'intelligence, à la réussite, à l'apprentissage et à l'enseignement, ainsi qu'en ce qui a trait aux limites imposées aux apprenants, des limites qui proviennent de préjugés largement répandus dans notre société?

Emmanuelle relate qu'une des grandes difficultés dans la mise en œuvre de son enseignement basé sur la différenciation a été et est toujours de combattre les préjugés de ses collègues, préjugés en lien avec des perspectives très sombres quant à la réussite possible d'élèves qui proviennent d'un milieu socio-économique difficile. C'est là un défi majeur qu'il ne faut surtout pas occulter, car il amène de multiples dilemmes à résoudre dans le quotidien d'une enseignante qui veut inscrire sa pratique dans une perspective de différenciation pédagogique. «Dieu merci, j'ai Lucie avec moi», dit Emmanuelle, en parlant d'une collègue de son école avec qui elle partage ses croyances fondamentales. Cette phrase, maintes fois répétée par Emmanuelle, met en évidence la nécessité d'établir un partenariat ou une complicité avec des collègues qui partagent les mêmes convictions que soi, un constat confirmé par Brimijoin (2002) dans le cadre d'une recherche scientifique sur le développement de l'expertise en différenciation.

Il s'agit ensuite de réfléchir sur sa pratique pour tenter de déterminer son ouverture dans l'action en classe au regard des exigences d'une perspective de différenciation. Un outil diagnostique, comme celui qui est proposé dans la fiche référentielle 2 (p. 210), permet à l'enseignant de situer ses agirs pédagogiques actuels, agirs qui lui permettront de déterminer, de manière réaliste, un défi continu. À l'instar de l'élève qui se trouve devant une situation nouvelle, l'enseignant convaincu de la nécessité de différencier son enseignement doit faire l'inventaire de ce qu'il sait ou fait déjà, pour ensuite affronter un défi comportant un degré de complexité qu'il est en mesure de gérer, un défi qui l'amènera à persévérer et à réussir. Ainsi, des enseignants ayant choisi d'inscrire leur pratique dans une perspective de différenciation ont préféré commencer par la mise en place d'activités d'ancrage en classe (des ateliers, des centres d'apprentissage) pour ainsi mieux soutenir, dans un deuxième temps, la mise en place d'un enseignement plus adapté au travail en sous-groupes ; ces enseignants ont choisi de s'intéresser d'abord aux continuums 7 et 8 de la fiche référentielle 2 (p. 210).

Beaucoup plus qu'une simple approche, la différenciation pédagogique se manifeste par un très grand degré d'ouverture à l'égard de toute stratégie d'enseignement ou d'apprentissage qui peut soutenir l'engagement, la participation et la persévérance de tous les élèves. Ce degré d'ouverture peut être l'objet, d'abord, d'une réflexion sur ses croyances professionnelles. Cependant, c'est en expérimentant différentes approches et en analysant les effets de ces approches sur les élèves que l'enseignant construit progressivement son coffre d'outils pédagogiques qui lui permettent de concevoir des situations d'apprentissage qui rejoignent les élèves. Plus ce coffre d'outils s'enrichit, plus il y a de flexibilité en matière d'adaptations possibles en cours de situation. Les enseignants qui réussissent à différencier leur enseignement ne préparent pas trois, quatre ou cinq situations d'apprentissage pour une même période ; ils s'intéressent davantage à la planification de situations complexes, ouvertes et signifiantes qui laissent la porte ouverte à des ajustements en cours de réalisation. Les structures coopératives, l'approche par projet et les concepts de l'école orientante peuvent devenir des ressources très importantes pour favoriser la réussite, dans la mesure, évidemment, où ces options sont exploitées en tenant compte des mécanismes fondamentaux à la base de l'apprentissage ; le modèle de l'enseignement stratégique facilite l'articulation de ces éléments.

Il faut enfin être conscient qu'une telle vision de la formation des élèves suppose nécessairement une ouverture au dialogue de tous les acteurs concernés par la formation des citoyens, une formation qui doit préparer la démocratie de demain. Le geste professionnel de l'enseignant dépasse l'acte de faire apprendre une notion. Il a tout avantage à s'inscrire dans une perspective beaucoup plus large, soit celle de construire un monde où des valeurs plus humaines prédomineront. On différencie pour rencontrer l'autre, pour apprendre de l'autre, pour construire une société humaine plus ouverte à la différence, plus curieuse de cette diversité. Différencier, est-ce une nécessité ou une utopie ? Ou, mieux encore, un regard chargé d'espoir que Galeano (1993, cité dans Ferrer [1997], p. 35) nous aide à entrevoir ?

> *« L'utopie est à l'horizon.*
> *Je m'en approche de deux pas, elle s'éloigne de deux pas.*
> *Je fais dix pas de plus, et l'horizon s'éloigne de dix pas.*
> *Peu importe combien de temps je marche,*
> *Je ne m'y rendrai jamais.*
> *Alors, à quoi peut-elle bien servir, l'utopie ?*
> *Eh bien, elle sert à cela : à marcher. »*

Fiche référentielle 1

# Les « régulateurs » de Tomlinson

Voici des pistes pour tenir compte de la diversité dans la planification d'une situation d'apprentissage. « Comme pour la chaîne stéréophonique, il n'est pas nécessaire de déplacer tous les boutons en même temps. Ainsi, les élèves auront peut-être besoin de plusieurs boutons régulateurs déplacés vers la gauche lorsqu'ils commenceront un travail sur une matière ou une habileté ; mais à mesure que l'étude du module avancera, leurs activités et leurs productions devraient faire glisser le bouton vers la droite » (Tomlinson, 2004, p. 170).

**L'organisation des activités d'apprentissage doit faciliter l'établissement de modes de regroupement flexibles.**

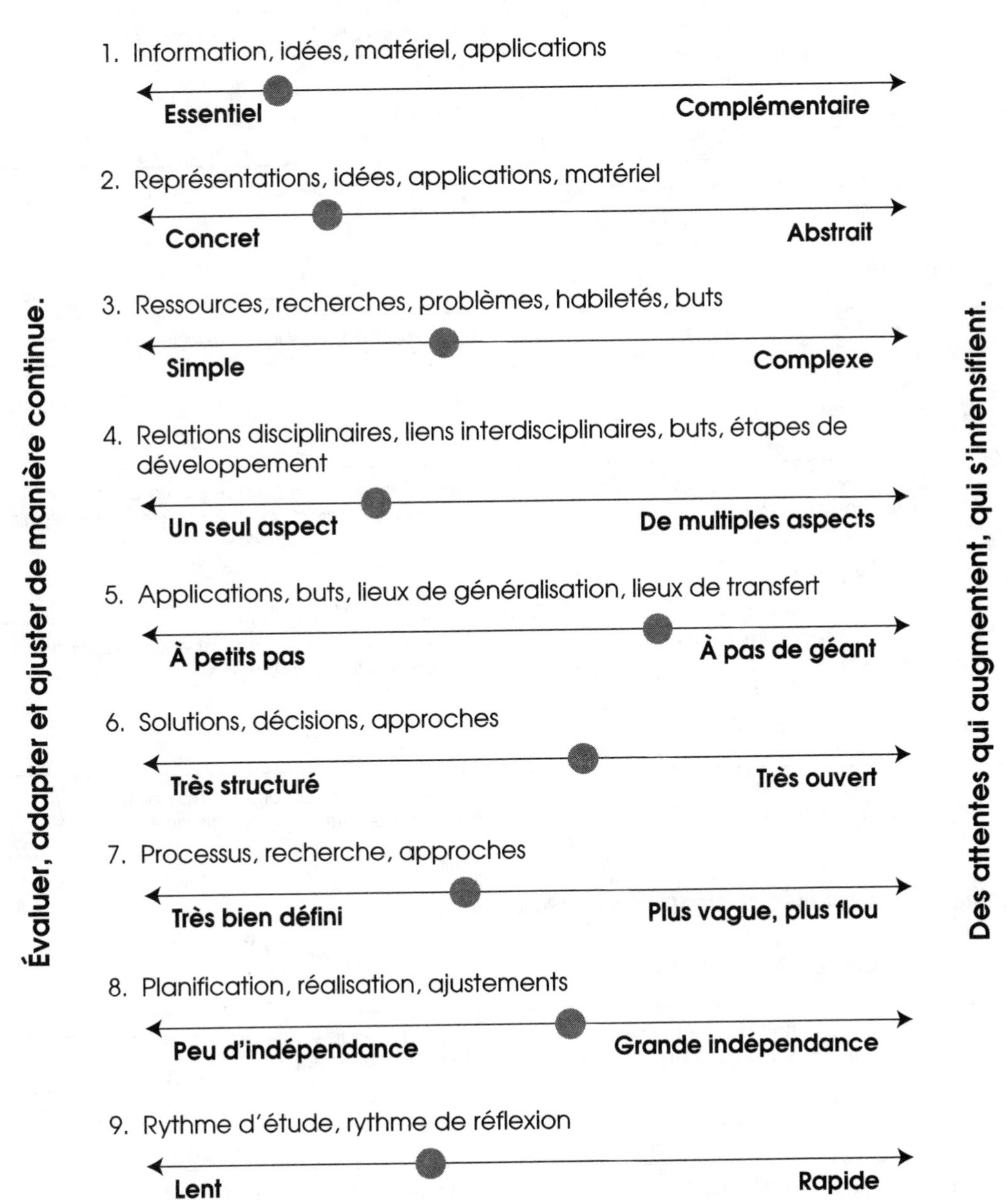

**Fiche référentielle 2**

# Un regard diagnostique sur ma pratique

Quinze questions pour jeter un regard sur ma manière de penser, d'être et d'agir au regard d'une perspective de différenciation pédagogique[5].

**Je me questionne**

Je situe ma pratique actuelle, dans ma classe, en plaçant un « X » sur les continuums. Je repère ensuite un premier aspect sur lequel j'aimerais intervenir pour me déplacer progressivement vers la droite.

## L'élève...

1. et la diversité du matériel

| ← | → |
|---|---|
| En général, tout le monde travaille en utilisant le même texte ou le même livre | Le matériel utilisé est varié et provient de différentes sources. |

2. dans un groupe classe

| ← | → |
|---|---|
| Les différences des élèves sont ignorées ou on y réagit en cas de problème. | Les différences des élèves servent de base à la planification. |

3. et l'intelligence

| ← | → |
|---|---|
| Un sens plutôt limité du concept d'intelligence prédomine (uniformité). | Un accent est mis sur les intelligences multiples. |

4. et la réussite

| ← | → |
|---|---|
| Une seule vision de ce que peut être l'excellence (100 %). | L'excellence est en grande partie définie par les progrès de l'individu depuis son point de départ. |

5. et la motivation

| ← | → |
|---|---|
| On tient occasionnellement compte des intérêts des élèves. | Les élèves sont fréquemment encouragés à faire des choix selon leurs intérêts. |

6. et la façon d'apprendre

| ← | → |
|---|---|
| On fait appel à un nombre restreint de styles d'apprentissage. | On tient compte du plus grand nombre possible de styles d'apprentissage. |

## Planifier des activités d'apprentissage...

7. et l'environnement (le « où »)

| ← | → |
|---|---|
| L'apprentissage s'effectue dans la classe, les élèves étant assis à leur pupitre. | L'apprentissage se fait dans un environnement physique qui varie. |

8. et l'organisation (le « qui »)

| ← | → |
|---|---|
| Une prédominance de l'enseignement magistral. | Des types d'enseignement qui varient selon différents types de regroupement. |

▶▶▶



5. Outil inspiré par Tomlinson, 1999.

## Fiche référentielle 2 *(suite)*

### Planifier des activités d'apprentissage... *(suite)*

9. et les savoirs, les contenus (le « quoi »)

◄──────────────►

- L'apprentissage est centré sur la maîtrise des faits et des aptitudes hors contexte.
- L'enseignement se fait à l'aide des manuels scolaires et du programme de formation.

- L'apprentissage est centré sur l'utilisation des aptitudes essentielles à la construction du sens, des concepts clés et des principes.
- L'enseignement tient compte du degré de préparation, des intérêts et du style d'apprentissage des élèves.

10. et les processus (le « comment »)

◄──────────────►

- Une interprétation souvent unique des événements et des idées.
- L'organisation du temps est peu flexible.

- Une recherche constante de diverses avenues liées aux événement et aux idées.
- Le temps est utilisé de manière souple, en fonction des besoins des élèves.

11. et le produit (le « pourquoi j'agis »)

◄──────────────►

Des travaux semblables constituent la norme.

Des travaux à options diverses sont monnaie courante.

12. et l'évaluation

◄──────────────►

- L'évaluation a lieu à la fin de l'apprentissage pour déterminer qui l'a réussi.
- Une forme unique d'évaluation, la plupart du temps.

- L'évaluation est continue et diagnostique pour comprendre la façon de mieux adapter l'enseignement aux besoins des apprenants.
- L'élève est évalué de plusieurs façons, sous plusieurs aspects.

### Le soutien...

13. vers l'autonomie

◄──────────────►

L'enseignant dicte le comportement des élèves.

L'enseignant encourage les élèves et les aide à développer un mode d'apprentissage plus autonome.

14. vers le sens de l'initiative

◄──────────────►

L'enseignant soumet les problèmes et indique les solutions.

L'enseignant aide les élèves à résoudre les problèmes en les incitant à collaborer avec leurs pairs.

15. vers l'engagement

◄──────────────►

L'enseignant fournit à toute la classe les normes relatives à un apprentissage réussi et à l'attribution des points.

L'élève travaille de concert avec l'enseignant afin d'établir et de clarifier des objectifs d'apprentissage individuels et pour le groupe.

**Fiche référentielle 3**

## Fiche de planification de dispositifs de différenciation par sous-groupe

| | ++<br>Tâche verte | +<br>Tâche jaune | –<br>Tâche jaune | – –<br>Tâche rouge |
|---|---|---|---|---|
| **Mes sous-groupes en lecture** | | | | |
| **Pistes**<br>1. Besoins : conscience de, connaissances, stratégies, compétences, etc.<br>2. Intérêts, passions | | | | |
| **Mes sous-groupes en écriture** | | | | |
| **Pistes**<br>1. Besoins : conscience de, connaissances, stratégies, compétences, etc.<br>2. Intérêts, passions | | | | |
| **Mes sous-groupes en mathématiques** | | | | |
| **Pistes**<br>1. Besoins : conscience de, connaissances, stratégies, compétences, etc.<br>2. Intérêts, passions | | | | |
| **Pouvons-nous jouer sur :** | **1. L'environnement ?**<br>Lieux physiques, coins ateliers, autres locaux, etc.<br>**2. L'organisation (classe, cycle) ?**<br>Seul, en dyade, en sous-groupe, en équipe, en grand groupe, etc.<br>**3. Les processus (profils, styles) ?**<br>Types de tâche, de consignes, de stratégies, d'outils, etc.<br>**4. Le contenu ?**<br>Notions noyaux, contenu disciplinaire, matériel didactique, sujet, niveau de complexité, etc.<br>**5. Le produit ?**<br>Médium, mode de communication, longueur, quantité, complexité, etc.<br>**6. L'évaluation ?** | | | |

*Au regard de mes attentes et du programme de formation :* ++ *: nettement supérieur ;*
\+ *: ça va bien ;* – *: éprouve certaines difficultés ;* – – *: est en grande difficulté*

Fiche référentielle 4

## Grille de planification stratégique : la différenciation

| **Titre** | |
|---|---|
| Description de la situation | |
| Discipline ou compétences disciplinaires | |
| Production attendue | |
| Domaine d'apprentissage | |
| À ne pas oublier | |
| **Préparation à l'apprentissage** | |
| J'explique le contexte :<br>• objectif visé par la tâche ;<br>• utilité ;<br>• déroulement. | |
| J'active ce que les élèves en savent, en comprennent. | |
| Je suscite l'engagement :<br>• questions ;<br>• buts personnels. | |
| **Réalisation de la tâche** | |
| + + ← R — J — V → − − Le degré de soutien<br>− ← R — J — V → + Le degré de complexité<br>− ← R — J — V → + Le degré d'abstraction | |

| **La tâche rouge** R | **La tâche jaune** J | **La tâche verte** V |
|---|---|---|
| | | |

| | |
|---|---|
| • Prévoir des temps d'enseignement explicite<br>• Prévoir des temps de partage et de mise en commun | |
| **Intégration des apprentissages** | |
| • Activité synthèse pour faire le bilan de ce qui a été compris.<br>• Comparaison des différentes façons de faire<br>• Exploration des contextes de réutilisation | |

## Références


Armstrong, T. (1999). *Les intelligences multiples,* Montréal, Les Éditions de La Chenelière.

Astolfi, J.-P. (1998). *La pédagogie différenciée ou, mieux: la différenciation de la différenciation!,* Académie de Créteil, [en ligne], www.ac-creteil.fr/Maths/modulo/M9/pedaM9.html (21 novembre 2003).

Bourassa, M. (1997). « Le profil fonctionnel : les apports de la neuropsychologie à l'adaptation scolaire », dans *Éducation et francophonie,* vol. XXV, n° 2, [en ligne], http://acelf.ca/revue/XXV2/articles/r252-01.html (21 novembre 2003).

Brimijoin, K. (2002). *Expertise in Differentiation: A Preservice and Inservice Teacher Make Their Way,* thèse de doctorat inédite, Université de Virginie.

Chevrier, J., G. Fortin, R. Leblanc et M. Théberge (2000). « La construction du style d'apprentissage », dans *Éducation et francophonie,* vol. XXVIII, n° 1, [en ligne], http://acelf.ca/revue/XXVIII/articles/03-chevrier.html (21 novembre 2003).

Cohen, E. (1994). *Le travail de groupe, stratégies d'enseignement pour la classe hétérogène,* Montréal, Les Éditions de La Chenelière.

De Vecchi, G. (2000). *Aider les élèves à apprendre,* Paris, Hachette Éducation.

Ducette, J. P., T. E. Sewell et J. Poliner Shapiro (1996). « Diversity in education : Problems and possibilities », dans F. B. Murray, éd., *The Teacher Educator's Handbook,* San Francisco, Jossey-Bass, p. 323-381.

Ferrer, C. (1997). « Vers un modèle d'intégration de l'éducation dans une perspective planétaire à la formation des enseignantes et des enseignants », *Revue des sciences de l'éducation,* vol. XXIII, n° 1, p. 17-48.

Galichet, F. (2001). « Quelle éducation à la citoyenneté dans une société défective ? », dans M. Pagé, F. Ouellet et L. Cortesäao (dir.), *L'éducation à la citoyenneté,* Sherbrooke, Éditions du CRP, p. 27-39.

Gardner, H. (1997). *Les formes de l'intelligence,* Paris, Éditions Odile Jacob.

Gillig, J.-M. (1999). *Les pédagogies différenciées: Origine, actualité, perspectives,* Bruxelles, De Boeck Université.

Grangeat, M. (1999). « Processus cognitifs et différenciation pédagogique », dans C. Depover et B. Noël, dir., *L'évaluation des compétences et des processus cognitifs: modèles, pratiques et contextes,* Bruxelles, De Boeck Université, p. 115-127.

Greenspan, S., et S. Wieder (1998). *The Child with Special Needs: Encouraging Intellectual and Emotional Growth,* Reading, Addison Wesley Longman.

Legrand, L. (1995). *Les différenciations de la pédagogie,* Paris, Presses Universitaires de France.

Meirieu, P. (1985). *L'école, mode d'emploi: Des « méthodes actives » à la pédagogie différenciée,* Issy-les-Moulineaux, ESF.

Meirieu, P. (1987). *Apprendre... oui, mais comment,* Paris, ESF.

Meirieu, P. (1996). *Itinéraire des pédagogies de groupe: Apprendre en groupe?* 1, Lyon, Chronique sociale.

Ministère de l'Éducation, Gouvernement du Québec (2001). *Programme de formation de l'école québécoise,* version approuvée.

Perraudeau, M. (1997). *Les cycles et la différenciation pédagogique,* Paris, Armand Colin.

Perrenoud, P. (1997). *Pédagogie différenciée: Des intentions à l'action,* Issy-les-Moulineaux, ESF.

Perrenoud, P. (2002). *Les cycles d'apprentissage: Une autre organisation du travail pour combattre l'échec scolaire,* Sainte-Foy, Presses de l'Université du Québec.

Tardif, J. (1992). *Pour un enseignement stratégique: L'apport de la psychologie cognitive,* Montréal, Éditions Logiques.

Tomlinson, C. A. (2004). *La classe différenciée,* Montréal, Chenelière/McGraw-Hill.

Tomlinson, C. A. (2001). *How to Differentiate Instruction in Mixed-Ability Classrooms,* 2e éd., Alexandria, ASCD.

Tomlinson, C. A., et S. Demirsky Allan (2000). *Leadership for Differentiating Schools and Classrooms,* Alexandria, ASCD.

# CHAPITRE 11
# L'ENSEIGNEMENT STRATÉGIQUE ET LES ÉLÈVES EN DIFFICULTÉ D'APPRENTISSAGE

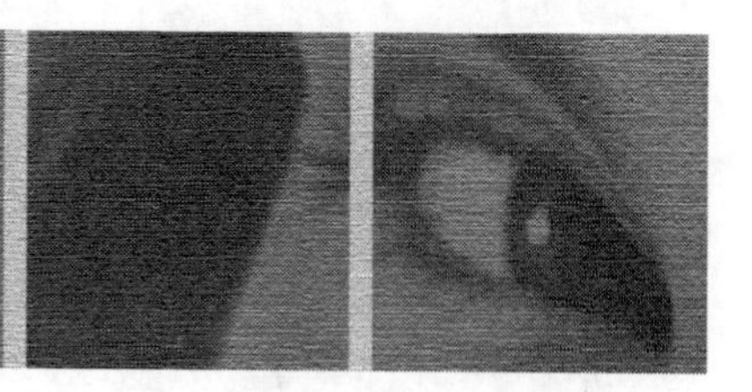

*Louise Paradis et Annie Presseau*

Ce chapitre porte sur la problématique des élèves en difficulté d'apprentissage ; on y examine plus particulièrement comment la mise sur pied d'un enseignement stratégique peut soutenir ces élèves. Quelques points de repère théoriques sont d'abord présentés, suivis d'un réseau des principales notions abordées dans ce chapitre, en lien avec les deux cas examinés. Le premier, celui de Manuel, un élève de deuxième année, amène le lecteur à accorder une place de choix au concept de motivation dans sa réflexion. Le second cas, celui d'Aude, une enseignante du secondaire, montre d'autres dimensions sur lesquelles l'enseignement stratégique peut jeter un éclairage nouveau ; ces dimensions sont notamment en lien avec le fonctionnement de la mémoire et les types de connaissances. En fonction de la description de ces deux cas, le lecteur est invité à répondre à des questions ; les réponses fournies lui permettront de mieux comprendre certaines facettes de l'enseignement stratégique, et aussi d'explorer des pistes d'intervention en classe. Le chapitre se termine par la présentation de suggestions de lectures pour la personne qui désire approfondir ses connaissances sur le sujet abordé ici.

## Quelques points de repère pour bien se comprendre

### La motivation

En enseignement stratégique, l'un des six rôles que doit assumer l'enseignant est celui de motivateur. Selon l'idée que l'enseignant se fait de la motivation, ses interventions auront un caractère particulier. Il existe diverses manières de concevoir la motivation ; la plus connue des enseignants est probablement celle où l'on oppose la motivation intrinsèque à la motivation extrinsèque. Le lecteur intéressé par cette question est invité à consulter le chapitre 8 ainsi que la fiche référentielle 1 (p. 229), qui rend compte des idées principales développées dans un article publié par Roch Chouinard et Jean Archambault. Dans le cadre de ce chapitre, cependant, nous nous attarderons sur une autre approche qui, elle, renvoie à deux systèmes de conceptions, un système relatif aux buts de l'école et un système relatif à l'intelligence, et à trois systèmes de perceptions, soit la perception qu'a le jeune de la valeur de la tâche, la perception qu'il a des exigences de la tâche et la perception qu'il se fait de la contrôlabilité de la tâche (Tardif, 1992 ; Viau, 1994).

Essentiellement, quand il est question de la perception de la valeur de la tâche, on fait allusion à sa pertinence. Est-ce que l'élève sait à quoi sert ce qu'on lui propose de faire ? Est-ce que la tâche lui permet de retirer des bénéfices compte tenu de l'effort nécessaire à sa réalisation? Est-ce que l'activité lui permet de sentir qu'il a un certain rayonnement dans son milieu (famille, pairs, etc.)? Le matériel utilisé par les enseignants et les stratégies pédagogiques sont très importants à cet égard. L'apprentissage par projet proposé dans le *Programme de formation de l'école québécoise* est susceptible de répondre aux préoccupations exprimées ici.

En ce qui a trait à la perception des exigences de la tâche, il s'agit de la perception qu'a l'élève de ce que la tâche requiert pour être réalisée. Cette perception repose principalement sur quatre aspects : l'élève perçoit-il qu'il a les connaissances nécessaires pour réaliser avec succès la tâche demandée? A-t-il l'impression de savoir comment s'y prendre, d'être en mesure de choisir les moyens appropriés en fonction des caractéristiques particulières de la tâche? Perçoit-il qu'il connaît les étapes qui doivent être franchies pour réaliser la tâche? Est-il convaincu de connaître les critères qui serviront à l'évaluer?

Une telle représentation de la motivation a, il va sans dire, des incidences sur les interventions à mener. L'enseignant qui pratique l'enseignement stratégique fait en sorte que l'élève perçoive qu'il peut maîtriser la tâche, qu'il a la capacité et les moyens de la réaliser. Il est alors important, comme enseignant, de savoir à qui ou à quoi l'élève attribue ses succès et ses échecs. Si l'élève réussit, croit-il que son succès dépend de lui ou qu'il repose sur des causes externes? Et s'il échoue, sur qui ou sur quoi jettera-t-il le blâme? Évidemment, l'élève qui a la conviction profonde que ses réussites sont attribuables à la chance ou au niveau de difficulté peu élevé d'un examen ne sera pas particulièrement motivé. Par ailleurs, il importe que l'élève sache qu'il peut faire des choix au regard de ses activités d'apprentissage. Un élève qui perçoit qu'il a la possibilité de faire des choix sera tenté de relever des défis plutôt que de choisir des activités qui présentent peu de risques. Un autre point mérite d'être souligné: l'élève qui pense n'exercer que peu de contrôle sur ses apprentissages aura tendance à traiter de façon mécanique les informations plutôt que de les traiter significativement et en profondeur. Cet élément a aussi inévitablement des incidences sur la motivation. Enfin, selon que l'élève perçoit ou non qu'il exerce un contrôle sur ses apprentissages, sa participation aux activités variera. La perception de ne pas exercer de contrôle conduit souvent un élève à être sur la défensive au lieu de l'inciter à s'engager dans la tâche et à persévérer lorsqu'il rencontre des difficultés.

## Le fonctionnement de la mémoire

Comme nous l'avons déjà mentionné, l'architecture de la mémoire est telle que les connaissances, pour être emmagasinées puis repêchées, doivent suivre un certain parcours. Avant d'être emmagasinées dans la mémoire à long terme, elles passent par la mémoire de travail. Rappelons qu'une caractéristique propre à cette mémoire est qu'elle est limitée quant au nombre d'informations qu'elle peut contenir simultanément et quant à la durée de vie de ces informations. Ces limites peuvent facilement entraîner une sorte de refoulement, ce qui a comme conséquence que des connaissances qui seraient disponibles dans la mémoire à long terme et qui pourraient potentiellement être rappelées dans la mémoire de travail ne peuvent l'être à cause de ces limites. Afin de soutenir les élèves à cet égard, et plus particulièrement les élèves en difficulté d'apprentissage, l'enseignant se doit donc de mettre en place des stratégies d'enseignement qui permettront aux élèves de surmonter les difficultés qu'ils rencontrent.

**Figure 11.1 Réseau des principales notions abordées dans ce chapitre**

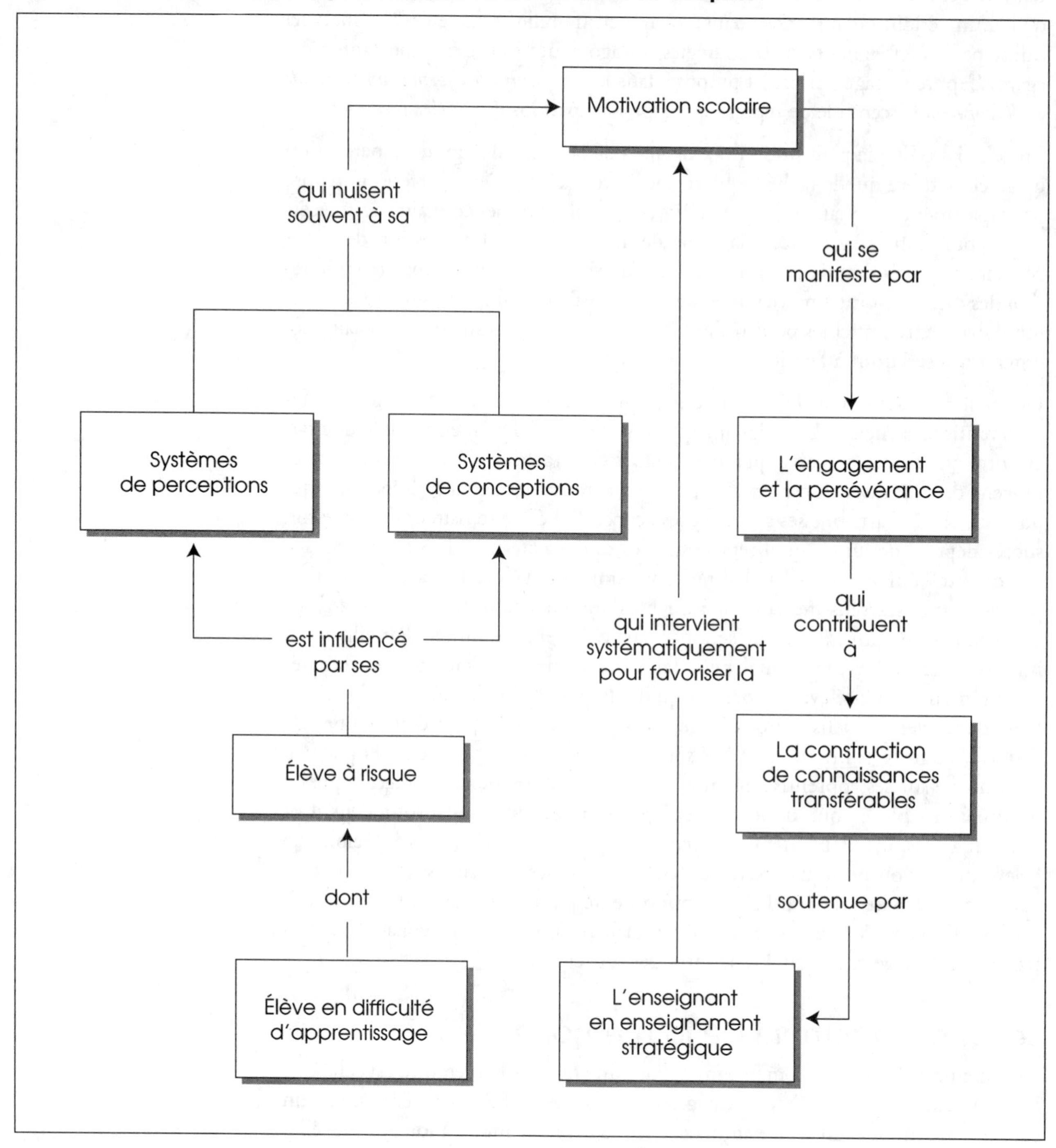


## Le cas de Manuel

Manuel est un garçon de sept ans ; il est actuellement en deuxième année, et nous sommes à la fin du mois de novembre. Son enseignante est très inquiète car Manuel manifeste des comportements qui lui laissent penser qu'il risque de connaître un échec à la fin de l'année scolaire, d'autant plus qu'à sa connaissance sa première année s'est terminée sur des apprentissages fragiles, surtout en lecture.

Pourtant, les commentaires de l'éducatrice de maternelle étaient très positifs: elle disait de Manuel qu'il était un garçon curieux, actif et sociable, qui avait du caractère et qui aimait discuter avec l'adulte et comprendre les motifs des demandes qui lui étaient faites. En ce qui avait trait à ce que plusieurs pédagogues considèrent comme les préalables à l'apprentissage, Manuel connaissait les lettres de l'alphabet, savait écrire son nom et lisait quelques mots globalement; il reconnaissait les chiffres de un à dix, savait les écrire et comptait bien au-delà. Seules les tâches qui demandaient de la minutie (écriture, dessin, coloriage, bricolage) semblaient plus difficiles pour lui.

Pour sa part, l'enseignante de première année le décrit comme un garçon qui a de la difficulté à s'intéresser aux tâches scolaires (manque d'attention, de concentration et de persévérance); selon cette enseignante, Manuel avait toujours la main levée pour répondre aux questions qu'elle posait mais, pour lui apprendre à se contrôler, elle lui demandait rarement de répondre.

Au fur et à mesure que l'année scolaire avançait, il semblait se désintéresser des activités proposées en lecture et en écriture. En lecture, l'enseignante utilisait une méthode structurée selon un modèle d'apprentissage des lettres puis des syllabes, des mots et des phrases; un cahier d'exercices accompagnant la méthode était utilisé en classe et pour les devoirs à la maison.

Au début de la deuxième année, Manuel a rapidement manifesté un désintérêt pour les activités de lecture: en lecture collective, quand son tour arrive, il ne sait presque jamais où commence son passage. En lecture individuelle, il prend beaucoup de temps à choisir un livre et se met difficilement au travail. Plutôt que de lire, il gribouille sur une feuille de papier ou fouille dans son bureau. Quand on lui pose des questions, il répond qu'il ne sait pas et que, de toute façon, il n'est pas bon en lecture et n'est pas intelligent. L'évaluation du psychologue le décrit comme un enfant intelligent mais non motivé et dont l'estime de soi est fragile.

Manuel provient d'un milieu socioéconomique moyen. Ses parents travaillent tous les deux mais s'occupent beaucoup de lui. Ils valorisent l'école et tentent de le motiver en lui offrant des activités qu'il aime lorsqu'il a de bons résultats scolaires.

Comment les travaux sur lesquels se fonde l'enseignement stratégique peuvent-ils expliquer la situation de Manuel et fournir à son enseignante des moyens de lui venir en aide avant que ne s'installe la spirale descendante des difficultés d'apprentissage et son classement dans la catégorie des élèves à risque d'échec scolaire? Les questions suivantes devraient permettre de réfléchir sur le cas de Manuel et d'avancer quelques éléments explicatifs.

## À propos du cas de Manuel

Dans cette section, les réponses aux questions devraient permettre de mettre en évidence certaines notions théoriques utiles pour comprendre le cas de Manuel et envisager des pistes d'intervention.

## Comment expliquer la différence de perception, par rapport au fonctionnement de Manuel, entre l'éducatrice de maternelle et l'enseignante de première année ?

Dans ses interventions auprès des enfants, l'éducatrice de maternelle de Manuel poursuit des buts relatifs au développement cognitif, psychomoteur et social. Ainsi, un enfant qui pose beaucoup de questions, qui discute facilement et de manière logique et cohérente, qui a beaucoup d'amis et qui réussit bien dans les activités qui demandent de l'habileté motrice est habituellement perçu positivement : on le qualifie de « débrouillard » ou de « dégourdi », d'autant plus si c'est un garçon. S'il est un peu moins habile dans les tâches qui demandent de la minutie, on dira simplement de lui qu'il est plutôt « global » et que ses habiletés sociales et intellectuelles peuvent compenser.

L'enfant est perçu comme un être en apprentissage, qui a du temps pour évoluer. L'enfant se perçoit lui-même comme un être qui va à l'école pour apprendre, comme les grands, et il s'engage facilement dans les activités proposées, y participe activement et les complète habituellement volontiers.

Dans le domaine de l'éducation, on rencontre souvent les expressions « motivation intrinsèque » et « motivation extrinsèque ». Inspiré de la psychologie cognitive, l'enseignement stratégique conçoit que la motivation intrinsèque est nécessaire à l'apprentissage. Toutefois, la motivation scolaire y est définie différemment : elle est définie essentiellement comme « l'engagement, la participation et la persistance de l'élève dans une tâche » (Tardif, 1992, p. 91).

En première année, l'enseignante de Manuel poursuit des buts scolaires : l'apprentissage de la lecture, de l'écriture, des mathématiques et des autres matières. Pour elle, ces apprentissages exigent attention et minutie, réflexion et contrôle. En lecture, plus spécifiquement, le matériel utilisé est très structuré et peu varié. Les interventions de l'enseignante sont aussi très structurées, et toute dérogation à l'ordre établi est perçue comme de l'insubordination ou une quête d'attention.

## En première année, est-ce que le fait d'ignorer Manuel lorsqu'il veut répondre aux questions de l'enseignante peut atténuer ses comportements « impulsifs » ? Quels sont les effets d'une telle intervention dans le cas de Manuel ?

Contrairement à ce qui se passait en maternelle, les qualités de Manuel deviennent des défauts et, graduellement, comme l'enseignante ne le sollicite pas pour répondre aux questions, il en vient à douter de lui et de son intelligence, à penser que ses réponses ne sont pas bonnes, à prendre de moins en moins de risques ; sa motivation diminue peu à peu. Ses comportements « impulsifs » (lever souvent la main pour répondre aux questions, par exemple) vont tout simplement devenir des comportements de désintéressement, de non-engagement dans la tâche : il se mettra alors à gribouiller, à prendre du temps pour se mettre au travail, à fouiller dans son bureau.

## Comment peut-on expliquer ces effets ?

Relativement à la conception qu'un élève a des buts de l'école, deux scénarios peuvent être envisagés. L'élève peut considérer qu'à l'école on poursuit des buts d'apprentissage. Il retient alors que l'erreur a sa place, et qu'elle est informative et sans conséquences négatives. L'élève peut toutefois considérer que l'école est un endroit où l'évaluation prévaut. Si tel est le cas, le jeune conçoit que l'erreur est à éviter, car elle est sanctionnée. Logiquement, si telle est sa conception, il prendra le moins de risques possible. Il semble clair que Manuel, de plus en plus, considère l'école comme un lieu où il peut difficilement poursuivre des buts d'apprentissage, comme c'était le cas au préscolaire.

## *Y a-t-il concordance entre le point de vue du psychologue et celui de Manuel par rapport à son intelligence?*

De toute évidence, en deuxième année, Manuel ne se considère pas comme très intelligent, et il en vient à penser qu'il ne vaut pas la peine de s'engager dans une tâche et encore moins d'y participer activement et de persister. Pour le psychologue, l'intelligence de Manuel n'est pas en cause: les tests montrent que l'enfant possède une intelligence normale, donc qu'il est capable de faire des apprentissages. De plus, il ne s'agit pas d'un enfant laissé à lui-même puisque ses parents, quoique très pris par leur travail, s'en occupent correctement.

Relativement à la conception que l'élève a de l'intelligence, il existe deux possibilités: il peut voir son intelligence comme une entité en évolution ou comme une entité stable. Si, pour lui, son intelligence est évolutive, il considérera qu'il peut exercer un certain contrôle sur elle, ce qui accroîtra sa motivation. Inversement, s'il est convaincu que son intelligence n'évolue pas, peu importe ce qu'il fait et en dépit des efforts qu'il consent, il y a fort à parier qu'il sera peu motivé. L'élève peut «généraliser» une telle conception, mais il peut aussi la réserver à certaines matières, comme c'est le cas de Manuel lorsqu'il affirme que, de toute façon, il n'est pas bon en lecture. Le fait qu'il conçoive son intelligence comme étant stable a également comme répercussion qu'il n'aura pas tendance à penser qu'il peut exercer un contrôle sur ses apprentissages dans ce domaine, ou que l'emploi de stratégies particulières, par exemple, pourrait l'aider. Il entre de plus en plus dans ce que les psychologues nomment l'«impuissance acquise».

La spirale de l'échec scolaire s'installe ainsi, graduellement, et il n'est pas étonnant que, dès le mois de novembre de la deuxième année, les comportements de Manuel inquiètent son enseignante, qui le perçoit bientôt comme un élève en difficulté ou à risque d'échec. Mais quand peut-on considérer qu'un élève qui est peu motivé est en difficulté d'apprentissage ou à risque d'échec scolaire?

## *Qu'entend-on par l'expression «élève à risque»?*

Goupil (1997, p. 52) mentionne, à juste titre, qu'il n'est pas facile de définir les difficultés d'apprentissage; elle indique, par ailleurs, qu'«en général, la catégorie des élèves dits en difficulté d'apprentissage regroupe des élèves qui présentent des difficultés diverses, qu'on ne peut expliquer par une déficience intellectuelle, physique ou sensorielle». Ainsi, les difficultés peuvent se manifester en lecture, en écriture ou en mathématiques, et parfois dans plus d'une matière.

Malgré la difficulté d'obtenir un consensus chez les chercheurs et les intervenants sur la définition et les causes des difficultés d'apprentissage, le ministère de l'Éducation, pour des fins de gestion des services éducatifs à rendre aux élèves, a dû adopter une définition. Au fil des années, cette définition a subi des modifications. Jusqu'en 2000, le MEQ convenait des caractéristiques communes suivantes:

- ces élèves ne présentent pas de déficience persistante sur les plans intellectuel, physique ou sensoriel;
- ces élèves éprouvent des difficultés sur le plan des apprentissages scolaires et préscolaires.

Les difficultés avaient été regroupées en deux catégories: les difficultés légères d'apprentissage et les difficultés graves d'apprentissage. Dans le premier cas, on parlait de l'élève du primaire qui, à la suite d'une évaluation sommative de ses apprentissages en français et en mathématiques, montrait un retard significatif compte tenu de ses capacités et de son âge; un retard de plus d'un an dans l'une ou l'autre des matières était jugé significatif. Dans le second cas, il était question de l'élève qui, après une évaluation sommative de ses apprentissages dans les matières de base, présentait un retard de deux ans ou plus dans l'une ou l'autre des matières; un tel retard amenait donc un diagnostic de difficultés graves d'apprentissage. Notons qu'un retard dans le développement des capacités de communication d'un élève amenait le MEQ à classer cet élève dans cette même catégorie.

Depuis l'année 2000, sous l'influence d'un courant de pensée centré sur le dépistage et la prévention qui a traversé les années 1990, le MEQ a adopté une terminologie et un système de classement un peu différents. Ainsi, les élèves décrits précédemment se trouvent dorénavant dans la catégorie des élèves en difficulté d'adaptation et d'apprentissage, dans une sous-catégorie appelée «élèves à risque». Sont inclus dans cette sous-catégorie, entre autres, les élèves qui présentent des difficultés pouvant mener à un échec, des retards d'apprentissage, des problèmes émotifs ou des problèmes de comportement.

Dans cette section du chapitre, nous nous intéressons surtout aux élèves du premier cycle du primaire qui présentent des difficultés d'apprentissage pouvant mener à un échec, élèves qui n'ont pas nécessairement de retard scolaire à proprement parler, mais qui en présentent les signes précurseurs: besoin d'explications supplémentaires de la part de l'enseignant, lenteur à accomplir certains travaux, manque d'attention et de concentration, manque de motivation, comportements sociaux parfois inadéquats, etc.

Le manque de motivation d'un élève est souvent perçu comme une difficulté en soi; certains enseignants ont tendance à croire que la motivation vient automatiquement avec la fréquentation scolaire, que les parents ont la responsabilité de motiver leurs enfants à bien faire à l'école ou, encore, que les enfants sont responsables de leur propre motivation. Or, le manque de motivation est souvent un symptôme, un indice d'un malaise par rapport à l'apprentissage ou à l'école. De plus, les enseignants décrivent ou définissent chacun à leur manière le manque de motivation et, par conséquent, la motivation elle-même.

Le cas de Manuel est typique: il s'agit d'un enfant qui commence l'école avec enthousiasme à la maternelle mais qui perd graduellement sa motivation dans l'accomplissement des tâches scolaires et développe des comportements inadéquats qui, par les reproches qui lui sont adressés, entraînent une diminution de l'estime de soi. Ici, ce sont les activités de lecture et d'écriture qui subissent les effets de sa démotivation mais, bientôt, les tâches dans les autres matières qui demandent de la lecture seront affectées à leur tour: lecture des problèmes en résolution de problèmes et lecture des consignes dans toutes les autres activités, par exemple.

On a vu qu'il est possible de voir autrement ces phénomènes. Quelles pistes d'intervention peut-on alors envisager? Dès le début du primaire, les élèves qui sont perçus comme étant en difficulté d'apprentissage conservent cette étiquette d'année en année (Potvin et Paradis, 2000), d'où l'importance de modifier rapidement cette perception en rétablissant la perspective de manière stratégique; le travail sur la motivation est la pierre angulaire de toute intervention: peu d'apprentissages résultent des tâches scolaires où font défaut l'engagement, la participation et la persévérance.

### *Comment l'enseignante actuelle de Manuel pourrait-elle intervenir sur le plan de la motivation scolaire?*

Le rôle de l'enseignant par rapport à la motivation de l'élève, dans la perspective de l'enseignement stratégique, est primordial. Il s'agit d'amener graduellement le jeune qui aurait des conceptions nuisibles à sa motivation à les abandonner pour les remplacer par d'autres, plus adéquates. Il faut toutefois, pour qu'une telle conversion ait lieu, que le jeune ait des raisons de croire qu'il avait tort. C'est à l'enseignant qui privilégie l'enseignement stratégique de proposer des situations scolaires qui ébranleront le jeune dans ses conceptions de telle sorte qu'il les abandonnera. Il s'agit toutefois d'une responsabilité collective et d'un travail de longue haleine. Les conceptions sont solidement ancrées et très difficiles à modifier.

Comme on le mentionnait dans le premier chapitre de cet ouvrage, Tardif (1992), s'appuyant sur Jones et ses collaborateurs (1987), décrit six rôles que l'enseignant pratiquant l'enseignement stratégique doit jouer, dont celui, fort important, de motivateur. Quand il joue le rôle de motivateur, l'enseignant place l'élève dans des situations qui lui permettent de prendre conscience de la conception qu'il se fait de l'intelligence en général, d'une part, et de la conception qu'il se fait de sa propre intelligence, d'autre part. L'enseignant s'intéresse aussi à la conception développée par l'élève relativement aux buts poursuivis par l'école. Il planifie les activités pour que l'élève puisse percevoir la valeur de la tâche demandée et de ses exigences.

En fait, les interventions de l'enseignant visent à activer la motivation de l'élève par le choix d'activités adaptées à ses intérêts et à ses capacités. Conscient des effets que les expériences antérieures ont eu sur l'intérêt de l'élève et sur l'image qu'il s'est faite de lui-même, de sa compétence à apprendre et des buts poursuivis par l'école, l'enseignant s'efforce de montrer que l'apprentissage est dynamique, et que l'erreur est source d'information et qu'elle permet d'améliorer la compréhension du monde ou, encore, de corriger des stratégies d'apprentissage inefficaces (Astolfi, 1997).

## Le cas d'Aude

Aude enseigne le français, langue maternelle. Sa classe comprend un nombre important de doubleurs; plusieurs d'entre eux ont d'ailleurs des parents analphabètes fonctionnels. De plus, nombre de ses élèves affirment ouvertement qu'ils ont hâte de quitter l'école...

L'enseignante a lu, un jour, qu'il est important de partir des connaissances de l'élève afin qu'il puisse établir des liens entre la nouvelle connaissance enseignée et les connaissances qu'il possède déjà. Cette révélation l'a grandement interpellée puisqu'elle correspond à sa représentation de l'élève, lequel est autre chose qu'une cruche vide que l'on cherche à remplir. Dans cet esprit, lors d'une période de cours d'une durée de 75 minutes, elle prend une quinzaine de minutes pour corriger les devoirs de la veille, puis elle active les connaissances de ses élèves les plus forts. De toute manière, ce sont surtout ces derniers qui lèvent la main pour répondre aux questions. Il arrive aussi que quelques-uns de ses élèves qui sont étiquetés comme étant en difficulté d'apprentissage – c'est écrit dans leur dossier scolaire – prennent la parole pour faire état de ce qu'ils savent. Ces initiatives emballaient l'enseignante, au début, puisque ces élèves manifestaient ainsi, pour une fois, un certain intérêt pour la chose scolaire. Mais ces interventions l'embêtent beaucoup à présent. En effet, il est très fréquent que ce que ses élèves en difficulté pensent connaître soit, en fait, erroné. Comme elle ne tient pas à perdre leur intérêt pour le cours, elle a tendance à ne pas souligner les erreurs faites à cette étape du cours, d'autant plus qu'elle se déroule en grand groupe. Par contre, elle s'aperçoit que son choix est un couteau à double tranchant : plusieurs élèves de sa classe, qu'ils soient faibles, moyens ou forts, se font « contaminer » par les erreurs rendues publiques. Elle ne peut alors que questionner sa pratique et les bienfaits de cette recommandation de ne pas souligner publiquement les erreurs, pourtant ô combien de fois vantée pour ses mérites !

Aude a lu aussi que dans l'action d'apprendre on fait appel à la mémoire, et qu'il y a plusieurs sortes de mémoires. Elle se souvient, entre autres, qu'il était question des limites d'une de ces mémoires. Son expérience d'enseignement corrobore les résultats des recherches : en définitive, la mémoire a des limites et, d'après elle, celle de l'élève en difficulté en a encore plus.

Elle se rappelle aussi qu'on lui a parlé, lors d'une séance de formation dans sa commission scolaire, de l'importance d'automatiser certaines procédures. Cela, elle l'a retenu et mis en pratique, probablement plus que n'importe lequel de ses collègues ! C'est précisément ce qu'elle cherche à faire lorsqu'elle donne des devoirs où les élèves doivent répéter des règles simples. Elle constate avec bonheur que même ses élèves en difficulté sont relativement bons dans l'accomplissement de tels exercices, malgré le peu d'intérêt qu'ils prêtent aux tâches demandées et la nécessité où elle se trouve de constamment les convaincre qu'il vaut la peine de faire des exercices pour être meilleurs et capables, un jour prochain, de réaliser des tâches plus complexes et plus signifiantes. D'ailleurs, d'après elle, si la note du bulletin pouvait être constituée du total des notes obtenues dans ces exercices, il y aurait un taux d'échec presque nul dans sa classe, et probablement moins de cas de redoublement. Toutefois, dans son école, il y a une politique en vigueur : les examens d'étapes, en français, doivent être des rédactions. C'est justement là que réside le drame d'Aude ! Elle ne peut que constater, lorsque ses élèves en difficulté se mettent à composer, que c'est exactement comme si elle ne leur avait jamais enseigné les règles et qu'ils ne les avaient jamais utilisées. Elle a l'impression que plusieurs de ses élèves ne voient même pas que, dans leurs rédactions, il y a les mêmes « tout », les mêmes « sont » et les mêmes participes que ceux utilisés la veille ou quelque temps auparavant. Aude est réellement découragée ! Elle conclut que les résultats décevants obtenus en rédaction sont probablement dus au fait qu'une majorité de ses élèves ont peu de place dans leur mémoire pour stocker de nouvelles connaissances.

## À propos du cas d'Aude

### *La stratégie pédagogique d'Aude, qui consiste à sélectionner les élèves les plus forts au moment de l'activation des connaissances antérieures, est-elle stratégique ? Pourquoi ?*

L'activation des connaissances antérieures des élèves forts est probablement d'une grande efficacité puisque ces élèves jouent un rôle actif dans cet exercice. En repêchant dans leur mémoire à long terme les connaissances dont ils disposent, ils les rendent accessibles pour établir des liens avec les nouveaux apprentissages qu'ils réaliseront. En outre, l'activation des connaissances antérieures constitue pour eux une occasion de prendre davantage conscience du bagage de connaissances qu'ils possèdent déjà et de celui qu'on leur propose d'acquérir, ce qui concourt à accroître leur motivation scolaire.

La stratégie pédagogique d'Aude, qui consiste à écarter les élèves faibles au moment de cette étape cruciale de la démarche d'apprentissage, est cependant fort contestable au regard des élèves en difficulté d'apprentissage. Le message qui leur est envoyé, et qu'ils décodent assurément même s'il ne leur est pas communiqué explicitement, est que leur compréhension est sans véritable intérêt. Il en découlera forcément, tôt ou tard, un désengagement de leur part. Si le fait de repêcher des connaissances dans sa mémoire est bénéfique pour qui se livre à cette opération cognitive, l'inverse est également vrai : les élèves qui ne tentent pas d'aller chercher leurs connaissances dans leur mémoire, qui ne développent pas une stratégie d'activation (Lasnier, 2000), ne pourront pas établir des liens entre leurs anciennes connaissances et les nouvelles par la suite, ou le feront difficilement.

Il importe aussi de souligner que les élèves en difficulté d'apprentissage, peut-être plus que les autres élèves, ont de fortes probabilités de disposer d'un bagage de connaissances plus restreint et de connaissances moins bien maîtrisées, et de suivre des règles erronées ou incomplètes. Ignorer l'état de ces connaissances n'est en rien un choix pédagogique stratégique ; il nuit à la construction de nouveaux apprentissages.

La stratégie d'Aude fait aussi en sorte que, au regard de la motivation, les élèves en difficulté d'apprentissage ne sauront pas sur quelles bases ils peuvent s'appuyer. Les connaissances dont ils disposent sont-elles adéquates ? Si elles ne le sont pas, quels défis ont-ils à relever ? Or, la mise en relation des anciennes connaissances et des nouvelles est le fondement même de l'apprentissage.

Le fait que les élèves en difficulté ne se sentent pas concernés par cette étape du cours peut aussi avoir comme conséquence qu'ils ne bénéficient pas des informations communiquées par leurs collègues de classe. Si cette activité collective a le mérite de pouvoir générer des voies d'accès aux connaissances antérieures dont ils disposent, en entendant les autres élèves décrire les liens qu'ils établissent, par exemple, il est toutefois nécessaire qu'ils s'engagent dans ce processus. Les élèves en difficulté étant la plupart du temps systématiquement évincés du processus par l'enseignante, ils ne bénéficient pas de cette étape du cours qui, si elle est bien réalisée, s'inscrit dans l'esprit d'un enseignement stratégique.

### *Que penser du choix d'Aude qui, pour préserver l'estime de soi des élèves en difficulté d'apprentissage, ne souligne par leurs erreurs ?*

Ce choix, bien que fondé sur une bonne intention, a des conséquences désastreuses sur le plan des apprentissages. Il est important que les élèves, qu'ils éprouvent des difficultés ou non, sachent avec précision sur quelles connaissances ils peuvent s'appuyer pour construire leurs nouveaux apprentissages, et qu'ils connaissent celles sur lesquelles ils ne peuvent compter. Par la création, en classe, d'un climat propice à l'apprentissage, à l'intérieur duquel l'erreur a sa place, l'estime de soi des élèves, en particulier celle des élèves qui vivent des difficultés scolaires, peut être préservée, et ce, même si des erreurs sont relevées publiquement.

Dans l'esprit de l'enseignement stratégique, on considère qu'un élève n'abandonnera pas une connaissance si celle-ci lui apparaît utile, adéquate. Il importe donc que l'enseignant ébranle cette représentation si, effectivement, une connaissance est erronée. Lors de l'activation des connaissances antérieures, une stratégie efficace consiste à mettre en doute le bien-fondé de cette connaissance, d'éveiller des soupçons quant à sa pertinence, laquelle sera vérifiée au cours de la situation d'apprentissage. Le retour sur cette connaissance, une fois le processus d'apprentissage bouclé, est d'une grande importance pour que l'élève modifie réellement sa connaissance initiale et qu'il ne fasse pas cohabiter les deux connaissances sans jamais les mettre en relation.

### *La compréhension qu'a Aude de la mémoire l'amène à conclure que les élèves en difficulté d'apprentissage sont limités sur ce plan. Qu'en est-il réellement ?*

Les connaissances actuelles relatives à la mémoire nous permettent de penser que la mémoire de travail est effectivement limitée, mais que cette caractéristique n'est absolument pas propre aux élèves en difficulté d'apprentissage.

Plusieurs explications peuvent toutefois être avancées afin de cerner les raisons qui font que les élèves en difficulté d'apprentissage s'en tirent souvent moins bien que les autres lorsque les situations d'apprentissage proposées mobilisent leur mémoire.

Une première explication a trait à l'utilisation des unités de leur mémoire de travail. Celle-ci, comme nous l'avons vu dans le premier chapitre, est limitée dans l'espace puisqu'elle ne compte que sept unités, à deux unités près. Chez les élèves en difficulté d'apprentissage, plus que chez la plupart des autres élèves, une portion souvent importante de ces unités est mobilisée par des *considérations affectives.* Quand l'élève est convaincu de ne pouvoir effectuer la tâche demandée au moment où il essaie de la faire, au moins une unité est utilisée pour gérer ce stress. De la même manière, la gestion du déplaisir occasionné par la réalisation d'une tâche peut occuper une autre unité. Il en résulte donc que l'élève, alors qu'il devrait plus que les autres utiliser ses sept unités à des fins strictement cognitives, ne peut exploiter qu'une partie d'entre elles. Tardif (1992, p. 178-180) illustre de façon particulièrement éloquente la surcharge cognitive caractéristique d'un élève de cinquième année en situation d'écriture.

Une seconde explication des difficultés que vivent certains élèves quant à l'exploitation des possibilités de leur mémoire à court terme se trouverait dans l'*automatisation des connaissances.* Les cognitivistes s'entendent généralement pour considérer qu'une stratégie efficace pour réaliser des apprentissages, en dépit des limites inhérentes à la mémoire de travail, est l'automatisation. Si elles sont automatisées, les connaissances n'ont, pour ainsi dire, plus besoin de passer par la mémoire de travail, ce qui évite que cette mémoire soit surchargée. En d'autres mots, l'automatisation de connaissances permet de libérer des unités de la mémoire de travail, ce qui peut faire en sorte que les élèves disposent de suffisamment d'unités pour effectuer des apprentissages et des transferts, ce qui n'aurait pas forcément été le cas sans cette libération. Il ne faut cependant pas négliger le fait qu'une fois qu'elles sont automatisées, les connaissances sont extrêmement difficiles à modifier. Il faut donc s'assurer que les connaissances automatisées ne nécessiteront pas, plus tard, au cours du cheminement scolaire des élèves, par exemple, des modifications.

Toujours dans l'optique de contourner les limites de la mémoire de travail, il est aussi possible d'augmenter la capacité de stockage d'informations de chacune des unités. Plusieurs élèves en difficulté d'apprentissage n'emmagasinent en mémoire qu'un minimum d'informations, ce qui les conduit inévitablement à une surcharge qui les met en situation d'échec. Pour augmenter la capacité de stockage d'informations à l'intérieur d'une unité, l'*organisation des informations* est déterminante. Les connaissances organisées, liées entre elles, n'occuperont, au moment de leur rappel en mémoire de travail, qu'une seule unité, ce qui laisse la possibilité à d'autres connaissances d'être disponibles simultanément dans les autres unités de la mémoire. Des outils comme les réseaux ou les tableaux sont fort appropriés pour organiser les informations.

### *Aude constate que les connaissances qu'elle a enseignées à ses élèves, pourtant maîtrisées dans le cadre d'exercices, ne sont pas réutilisées lorsqu'ils entament des tâches complexes qui nécessiteraient pourtant leur réutilisation. Comment expliquer ce phénomène ? Que peut-elle faire pour surmonter cette difficulté ?*

Aude fait face à une difficulté vécue par de très nombreux enseignants qui considèrent que, puisque des connaissances procédurales sont maîtrisées par les élèves, comme c'est le cas ici, ces dernières pourront être réutilisées, par la suite, lors de situations qui les requièrent. Pour contourner cette difficulté, il serait pertinent qu'au moment même où s'effectue l'apprentissage initial d'une procédure, celle-ci soit contextualisée et que, combiné avec cet apprentissage, se fasse celui du « quand » et du « pourquoi » recourir à cette procédure. De même, il est extrêmement important qu'Aude fournisse à ses élèves de nombreuses occasions de réutiliser les procédures apprises et de déterminer avec précision les conditions qui font qu'il est effectivement pertinent d'y recourir. Ce n'est qu'à ces conditions que le transfert des procédures effectivement acquises par les élèves pourra être opérationnel.

Par ailleurs, il nous paraît important de préciser que les exercices auxquels recourt Aude, s'ils permettent effectivement l'automatisation des procédures qu'elle cherche à faire acquérir à ses élèves, perdent de leur pertinence dans la mesure où ces procédures ne peuvent être mobilisées au moment voulu par les élèves, et plus particulièrement par les élèves en difficulté. Il serait préférable que cette automatisation se fasse une fois que les élèves auront été soumis à une contextualisation et au moment où l'automatisation des connaissances sera commandée par la réalisation de la tâche complexe et signifiante qui leur est proposée. Les élèves associeraient ainsi plus facilement une procédure à un certain nombre de contextes où il est pertinent d'y recourir.

## Principaux éléments à retenir

Dans ce chapitre, nous avons examiné diverses caractéristiques des élèves en difficulté d'apprentissage qui peuvent exercer une influence sur leurs apprentissages. Une attention particulière a été prêtée à la motivation, aux caractéristiques de la mémoire ainsi qu'aux connaissances antérieures de ces élèves. Parallèlement à cette réflexion, nous avons examiné quelques interventions stratégiques qui peuvent être menées par les enseignants afin de soutenir ces élèves qui ont des besoins particuliers. Certes, intervenir auprès de jeunes démotivés qui vivent régulièrement des échecs exige beaucoup de l'enseignant : de constantes remises en question, une planification minutieuse des interventions, des stratégies qui sortent de l'ordinaire. Par ailleurs, il est de sa responsabilité de « faire la différence »...

Fiche référentielle 1

## Trois bonnes raisons pour ne pas implanter un système de récompenses en classe[1]

1. Les systèmes de récompenses sont souvent mal appliqués.
   - Les systèmes de récompenses viennent du courant béhavioriste et devraient servir à récompenser les comportements. Ces comportements devraient être précis et leur lien avec la récompense devrait être clairement indiqué. La récompense devrait suivre de près, dans le temps, les comportements à renforcer.
   - Trop souvent, ce qui est récompensé dans les écoles est une attitude générale, évaluée parfois de façon très subjective. Il est donc difficile pour l'élève d'établir des liens de causalité dans ce contexte ; l'efficacité d'un tel système est ainsi fortement compromise.
   - La remise de la récompense est généralement faite trop longtemps après les comportements à renforcer.
   - Aucune progression dans les programmes de renforcement n'est planifiée.
   - Les agents de renforcement utilisés sont la plupart du temps d'ordre matériel ; il s'agit ainsi de **renforçateurs du plus bas niveau.**
   - Les récompenses provoquent l'accoutumance, ce qui contraint les enseignants à surenchérir.
   - **Les renforçateurs sociaux** (comme le renforcement verbal et l'attention) **sont rarement couplés aux renforçateurs matériels.**
   - **Les systèmes de récompenses utilisés en milieu scolaire ne comprennent généralement pas de composantes qui favoriseraient le transfert ou la généralisation des comportements souhaités.**
   - Le retrait graduel du système est rarement planifié dès le départ alors qu'il devrait l'être.

2. Les systèmes de récompenses n'en valent pas la peine.
   - Les systèmes de récompenses, pour être mis en place et appliqués de façon cohérente quant aux principes théoriques qui les sous-tendent, nécessiteraient le recours à un personnel spécialisé.
   - À l'origine, les systèmes de récompenses ont été conçus pour des populations d'hôpitaux psychiatriques ou de prisons ayant de graves problèmes de comportement. Les écoles actuelles n'abritent pas, normalement, de telles clientèles.
   - Les élèves avec lesquels ces systèmes ne fonctionnent pas sont généralement ceux qui n'arrivent pas à obtenir les récompenses : les élèves qui ont des problèmes de comportement. **Ces systèmes n'arrivent donc pas à venir en aide à ceux auxquels ils sont destinés.**
3. Les systèmes de récompenses nuisent au développement et au maintien de la motivation à apprendre.
   - La motivation **extrinsèque** s'applique aux comportements adoptés pour des raisons instrumentales (pour obtenir quelque chose d'agréable ou éviter quelque chose de désagréable) une fois la tâche accomplie. Il en existe trois types :
     - par régulation externe : l'élève exécute une tâche pour obtenir une récompense ou pour éviter une punition ;
     - par introjection : l'élève s'impose lui-même des pressions ;
     - par identification : l'élève réalise la tâche parce qu'il la considère importante selon les buts qu'il se fixe.

Extrinsèque par régulation externe → Extrinsèque par introjection → Extrinsèque par identification → Intrinsèque

   - La motivation intrinsèque fait en sorte qu'un élève effectue une tâche pour le plaisir qu'elle lui procure pendant qu'il l'exécute. C'est cette forme de motivation qui est recherchée en milieu scolaire.
   - Les systèmes de récompenses sont associés à la motivation extrinsèque par régulation externe. Il s'agit d'une forme primaire de motivation parce qu'elle **limite le contrôle que l'élève peut exercer sur son apprentissage.**
   - **Les systèmes de récompenses détournent l'attention de l'élève de l'apprentissage pour l'orienter vers des buts de performance** (acquérir des points plutôt que des connaissances ou des habiletés).
   - La croyance de l'élève que l'apprentissage est un processus qu'il peut contrôler détermine son engagement et sa persévérance.



1. Chouinard et Archambault, 1997, p. 47-55.

## Références

Astolfi, J.-P. (1997). *L'erreur, un outil pour enseigner,* Paris, ESF.

Chouinard, R., et J. Archambault (1997). « Trois bonnes raisons pour ne pas implanter un système de récompenses en classe », *Apprentissage et socialisation,* vol. 18, nº 1-2, p. 47-55.

Goupil, G. (1997). *Les élèves en difficulté d'adaptation et d'apprentissage,* 2e éd., Montréal, Gaëtan Morin éditeur.

Jones, B. F., A. S. Palincsar, D. S. Ogle et E. G. Carr, dir. (1987). *Strategic Teaching and Learning: Cognitive Instruction in the Content Areas,* Alexandria (Virginie), ASCD.

Lasnier, F. (2000). *Réussir la formation par compétences,* Montréal, Guérin.

Potvin, P., et L. Paradis (2000). « Facteurs de réussite dès le début de l'éducation préscolaire et du primaire. Rapport de recherche », CRIRES, vol. 5, nº 3, Université Laval.

Tardif, J. (1992). *Pour un enseignement stratégique. L'apport de la psychologie cognitive,* Montréal, Éditions Logiques.

Viau, R. (1994). *La motivation en contexte scolaire,* Saint-Laurent, Éditions du renouveau pédagogique.

## Vous souhaitez aller plus loin ?

Barbeau, D. (1991). « Pour mieux comprendre la réussite et les échecs scolaires », *Pédagogie collégiale,* vol. 5, nº 1, p. 17-22.

Barbeau, D., A. Montini et C. Roy (1997a). *Tracer les chemins de la connaissance : La motivation scolaire,* Montréal, Association québécoise de pédagogie collégiale.

Barbeau, D., A. Montini et C. Roy (1997b). *Sur les chemins de la connaissance,* Montréal, Association québécoise de pédagogie collégiale.

Gagné, E. D., C. W. Yekovich et F. R. Yekovich (1993). *The Cognitive Psychology of School Learning,* New York, Harper Collins.

Saint-Laurent, L., et autres (1995). *Programme d'intervention auprès des élèves à risque,* Montréal, Gaëtan Morin éditeur.

# CHAPITRE 12
# L'ENSEIGNEMENT STRATÉGIQUE ET LA RÉUSSITE SCOLAIRE DES FILLES ET DES GARÇONS

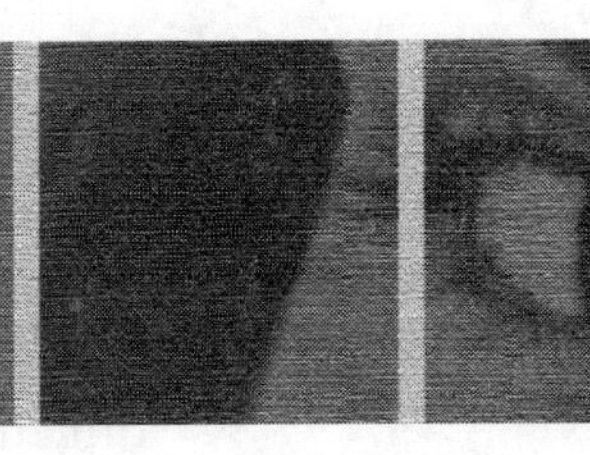

*Jean-François Dragon et Annie Presseau*

De par son thème, le présent chapitre accorde une grande importance aux différences entre garçons et filles. Conséquemment, des propositions particulières, en fonction du sexe des élèves, seront formulées. Cependant, à l'instar des membres du Conseil supérieur de l'éducation (1999, p. 36), nous jugeons essentiel de rappeler qu'« en portant trop attention aux différences entre les sexes, il est facile de perdre de vue que les ressemblances sont, pour leur part, massives ». Il nous semble donc qu'on doive mettre le lecteur en garde contre la tentation de catégoriser abusivement les élèves en fonction de leur appartenance à un sexe ou à l'autre. C'est à la lumière de ces considérations que le présent chapitre a été rédigé.

Nous traiterons de la question de la réussite scolaire des filles et des garçons en plusieurs temps. Tout d'abord, nous présenterons quelques points de repère utiles pour faciliter la compréhension des éléments constitutifs de ce chapitre. Suivra un réseau des principales notions étudiées dans ce chapitre. Puis, en analysant la situation d'une enseignante de français, Raphaëlle, nous chercherons à comprendre comment un enseignement inspiré du modèle de l'enseignement stratégique peut contribuer à améliorer la réussite scolaire des garçons et des filles. Une réflexion sur le cas de l'enseignante permettra ensuite de répondre à diverses questions. Nous observerons aussi comment les idées élaborées tout le long du chapitre peuvent se concrétiser dans la planification d'un enseignement. Enfin, nous conclurons en rappelant les éléments de notre propos qu'il est important de retenir. Le lecteur désireux de pousser plus loin sa réflexion sur la réussite des garçons et des filles trouvera des suggestions de lecture à la fin du chapitre.

## Quelques points de repère pour bien se comprendre

Depuis quelques années, on entend parler, dans les médias, des différences entre les filles et les garçons, notamment en ce qui a trait à l'école. Cette problématique a engendré des tentatives de comprendre ces différences en fonction de diverses variables. On a, entre autres, cherché à les expliquer par l'étude du vécu affectif des garçons et des filles, par l'analyse de leurs rapports avec l'environnement ou par leur bagage biologique. Si les tenants de ces différents modes d'analyse s'opposent parfois fondamentalement, ils s'entendent néanmoins sur une chose : il existe effectivement des différences entre les garçons et les filles.

La discussion s'est transportée dans bien des écoles, où de nombreux enseignants observent de plus en plus, dans leur pratique, des distinctions entre les rapports que les filles et les garçons entretiennent avec le milieu scolaire. Ainsi, dès le primaire, on remarque que la plupart des petites filles semblent s'adapter assez bien à la réalité de la classe. Les garçons, quant à eux, ont plus de difficulté à y arriver, étant moins enclins à respecter les règles de fonctionnement; on remarque aussi, chez plusieurs garçons, un intérêt moins grand pour la réussite scolaire.

Au ministère de l'Éducation, on constate également qu'il y a des différences frappantes. Dans un avis soumis au ministre de l'Éducation du Québec en 1999, le Conseil supérieur de l'éducation (CSE) brosse un portrait du cheminement scolaire des garçons. Du préscolaire à la fin du secondaire, environ deux fois plus de garçons que de filles auront été identifiés comme des élèves présentant des difficultés d'adaptation ou d'apprentissage (CSE, 1999). Le problème réside dans le fait que la plupart de ces élèves ne seront jamais diplômés. Les données recueillies par le ministère de l'Éducation pour l'année 2001 confirment cet état de fait. On y observe que 24 % des garçons ayant quitté le système d'éducation québécois au cours de cette année l'ont fait sans avoir obtenu de diplôme. Il n'y a que 11 % des filles qui se sont retrouvées dans la même situation (MEQ, 2003). La question mérite donc qu'en tant que pédagogues nous nous y attardions.

Devant une telle problématique, il est normal pour un enseignant de se demander de quelle façon il peut intervenir pour mieux répondre aux besoins des garçons et des filles de sa classe. Nous verrons dans le présent chapitre qu'une approche fondée sur l'enseignement stratégique peut amener des moyens d'intervention qui ont de fortes probabilités d'être efficaces.

Avant de débuter notre réflexion sur la question, il nous semble cependant important de préciser ce que l'on entend par différence entre garçons et filles. Dans les pages qui suivent, nous serons amenés à observer certaines différences dans les perceptions que les élèves ont de l'école et de l'apprentissage en fonction de leur sexe. Ici, il est important de spécifier ce que nous entendons par l'étude de cette variable. Même si certains chercheurs tentent d'expliquer les différences dans la réussite scolaire des filles et des garçons par des facteurs biologiques ou hormonaux, nous considérons plutôt que ces différences sont surtout issues de l'univers social dans lequel les élèves évoluent. Nous partons donc de l'idée que ces différences trouvent leur source dans ce que Bouchard et Saint-Amant nomment les « stéréotypes sexués ». Ceux-ci sont véhiculés dans l'ensemble de la société et forment « un construit social » auquel les élèves se réfèrent (Bouchard et Saint-Amant, 1996).

À la suite de leur étude, Bouchard et Saint-Amant ont élaboré un guide proposant des activités aux enseignants qui désirent intervenir afin de faire prendre conscience à des élèves de la troisième année du secondaire des conséquences de certains stéréotypes sexuels sur la réussite scolaire et la vie quotidienne. Plusieurs de ces activités peuvent assurément jouer un rôle positif dans la prise de conscience, par les élèves, des effets néfastes de diverses idées stéréotypées (Bouchard, Bouchard, Saint-Amant et Tondreau, 1996).

**Figure 12.1 Réseau des principales notions abordées dans ce chapitre**

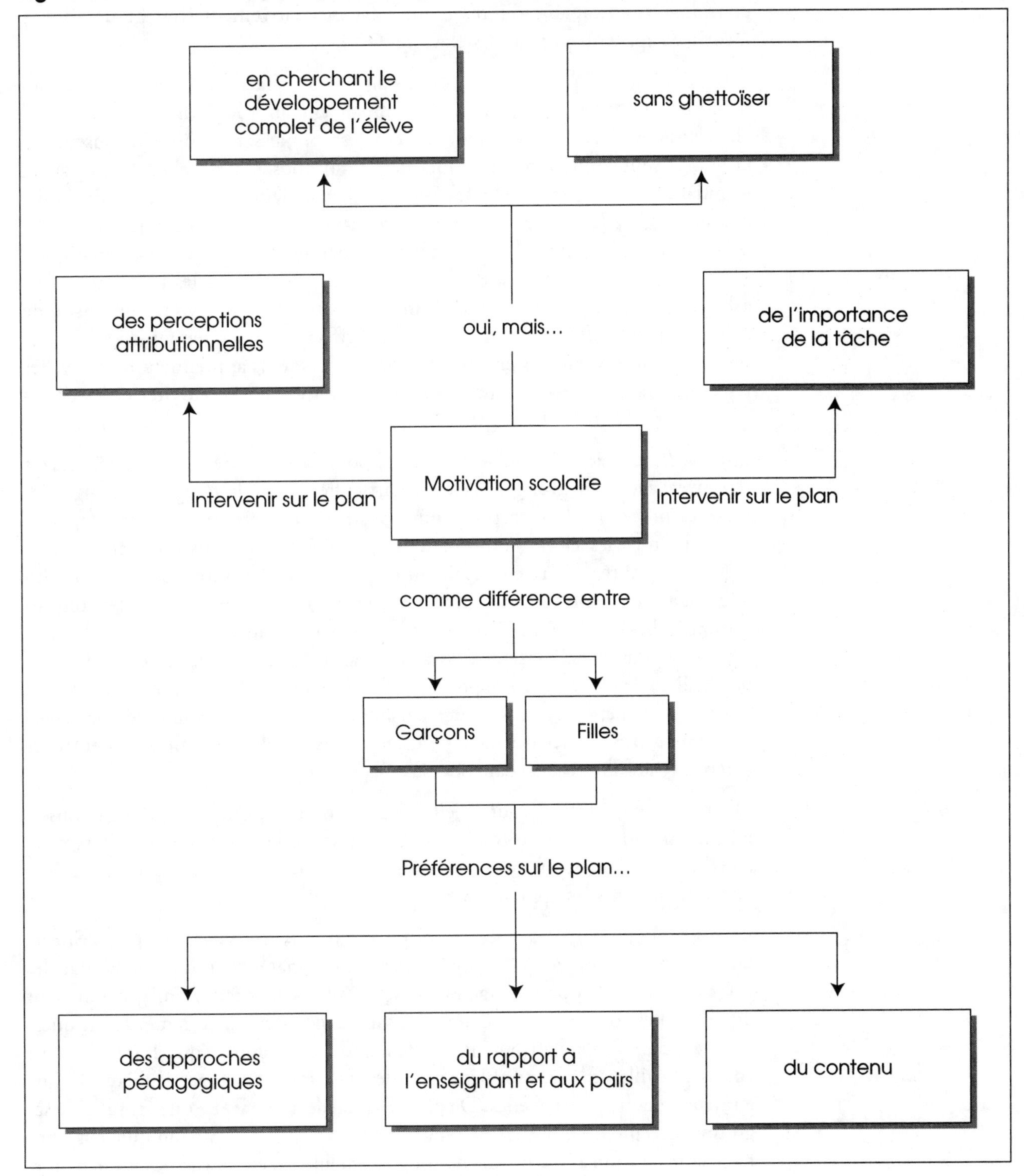


## Le cas de Raphaëlle

Raphaëlle enseigne le français en première année du secondaire depuis sept ans. Au cours de ces sept années, elle a constamment cherché à améliorer la qualité de ses interventions auprès des élèves. Son travail consciencieux des dernières années lui a permis de développer un certain sentiment de compétence. Elle se considère donc capable d'intervenir de façon relativement stratégique afin de favoriser l'apprentissage de ses élèves.

C'est ainsi que, depuis le début de sa carrière, Raphaëlle a développé certaines habitudes de travail. En premier lieu, lorsqu'elle aborde de nouvelles notions, elle s'efforce d'activer systématiquement les connaissances dont disposent ses élèves. De plus, elle tente toujours de leur proposer des tâches complexes et signifiantes. Par exemple, elle les fait travailler en leur donnant à lire des récits à la mode chez les jeunes, comme les aventures de Harry Potter. Elle leur propose aussi, régulièrement, du travail de recherche sur différentes thématiques. Par ses choix pédagogiques, Raphaëlle a à cœur de motiver les jeunes dont elle a la responsabilité et de leur faire aimer le français. Si elle voit la nécessité de transmettre certaines notions et de faire effectuer à ses jeunes des exercices répétitifs qui sont parfois ennuyants, comme lorsqu'ils apprennent de nouvelles règles de grammaire, elle tente de limiter la durée de ces activités et les entrecoupe de rétroactions fréquentes.

Lors de la rentrée de cette année, et ce, pour la première fois, Raphaëlle s'est retrouvée avec des groupes d'élèves particulièrement hétérogènes, malgré les mesures prises par la direction pour constituer des groupes plus homogènes. Bien que tous les élèves composant ses groupes soient issus du cheminement régulier, nombre d'entre eux évoluent dans des concentrations particulières. En effet, dans l'école où elle enseigne, plusieurs élèves s'inscrivent dans des concentrations telles que « musique » ou « sports ». La présence de ces élèves l'oblige souvent à adapter le contenu de ses cours afin de mieux répondre aux intérêts particuliers de chacun. Mais, pour elle, la difficulté de l'adaptation du contenu à cette réalité perd de l'importance par rapport à une problématique dont elle a récemment pris conscience : elle perçoit de plus en plus de différences entre les garçons et les filles composant ses classes.

Quand elle regarde ses groupes, elle se rend compte à quel point les garçons et les filles semblent réagir différemment en classe. Elle remarque des divergences dans leurs attitudes, tant sur le plan du comportement que sur celui de leur engagement dans les apprentissages.

En classe, la plupart des filles ne lui posent pas de problèmes majeurs. Si certaines sont davantage préoccupées par leur apparence physique et par les garçons que par l'apprentissage du français, elles sont néanmoins généralement dociles. Elles font le travail demandé, sans constamment le remettre en question, et réagissent positivement aux félicitations publiques que Raphaëlle leur adresse. D'ailleurs, elles semblent accorder une importance particulière à ce que leur enseignante pense d'elles. De plus, Raphaëlle a remarqué que les filles de ses groupes acceptent volontiers de reporter à plus tard la satisfaction que leur donnera la réalisation d'un travail de longue haleine. C'est le cas notamment lors des recherches qu'elle leur propose d'effectuer à différents moments de l'année scolaire. Elle constate également que plusieurs d'entre elles aiment réellement lire et qu'elles ont pris l'habitude de se livrer à cette activité régulièrement. En revanche, elles semblent parfois avoir de la difficulté à assumer leurs échecs. Cette épreuve leur semble pénible. Il est même arrivé à Raphaëlle d'en voir qui avaient les larmes aux yeux. Après vérification auprès des élèves concernées, elle a obtenu la confirmation que ces larmes ne sont absolument pas provoquées par la peur de représailles parentales, mais bien par leur déception et par les remises en question qui en découlent.

Les garçons, quant à eux, ont dans la majorité des cas une attitude fort différente. Elle a observé qu'ils s'engagent peu dans le travail qu'elle leur demande d'effectuer. Ils ne prennent pas toujours le temps qu'elle leur alloue pour noter les informations les plus importantes qu'elle leur transmet et pour lire lors des moments prévus à cette fin. Raphaëlle a l'impression qu'ils font tout ce qu'ils peuvent pour perdre du temps et en faire le moins possible. Certains de ces élèves semblent utiliser toutes sortes de stratagèmes pour retarder la réalisation du travail demandé. Quand, finalement, ils le font, elle note que leur application, souvent médiocre, se traduit par des résultats scolaires peu reluisants. Selon elle, ces résultats ne représentent pas les capacités réelles de la plupart de ces élèves. Par ailleurs, elle les trouve particulièrement puérils. Elle constate, avec un peu de recul, que les élèves qui lui donnent le plus de fil à retordre sont majoritairement des garçons. Ils essaient constamment de faire rire les autres élèves et de perturber le déroulement des cours. Enfin, ce sont également eux qui bénéficient le plus des services spécialisés (travailleur social, psychoéducateur et orthopédagogue) qui sont offerts aux élèves de l'école.

Si, lors de ses premières années d'enseignement, Raphaëlle ne se remettait pas tellement en question par rapport aux difficultés évidentes que plusieurs de ses élèves rencontraient, en particulier des garçons, elle se sent, aujourd'hui, de plus en plus interpellée par ce problème. Elle commence à se dire que si, statistiquement parlant, les garçons fonctionnent moins bien dans le système scolaire actuel, elle pourrait peut-être faire quelque chose pour améliorer la situation, sans pour autant perdre l'intérêt et l'engagement des filles. Cette année, Raphaëlle veut prendre diverses initiatives dans le but de favoriser davantage la réussite des garçons et des filles.

## À propos du cas de Raphaëlle

### *Quelles interventions, parmi celles que mène déjà Raphaëlle, sont effectivement dans l'esprit de l'enseignement stratégique ?*

L'activation des connaissances antérieures est une première intervention s'inscrivant dans cet esprit. Pour les élèves, le fait de puiser dans les connaissances qu'ils ont déjà en mémoire leur permet de mettre en relation ces anciens savoirs avec les nouveaux qui seront acquis au cours d'une activité. Il importe cependant que Raphaëlle prenne en compte certains facteurs primordiaux tout le long de cette démarche.

Tout d'abord, elle doit cerner avec précision la nature des connaissances des élèves sur la matière. En fait, l'activation des connaissances antérieures a un réel impact dans la mesure où les élèves ont des points de repère, qu'ils peuvent effectivement recourir à des notions qu'ils possèdent déjà. Pour qu'ils y arrivent, Raphaëlle pourra utiliser diverses techniques d'animation, notamment le remue-méninges, grâce auxquelles ses élèves seront amenés à s'exprimer spontanément, donc à puiser dans leur propre bagage de connaissances.

Un autre élément auquel Raphaëlle doit prêter attention est l'activation de connaissances qui seront réellement utiles à la réalisation de la tâche demandée. Prenons, par exemple, une activité liée à la rédaction d'un texte. À la suite de la lecture d'une aventure de Harry Potter, Raphaëlle décide que ses élèves devront rédiger un texte informatif sur le thème de la magie. Assise à sa table de travail, elle prépare son moment d'activation des connaissances antérieures.

« De quelles connaissances mes élèves auront-ils besoin pour réaliser cette tâche ? Tout d'abord, ils doivent se remémorer ce qu'ils savent de la magie (les connaissances déclaratives). Mais est-ce tout ? Non ! Pour réaliser cet exercice, ils doivent également se remémorer la façon de construire un texte informatif (les connaissances procédurales). Il ne faut pas oublier qu'ils doivent aussi arriver à déterminer quelles sont les informations pertinentes à présenter dans ce genre de texte (connaissances conditionnelles). »

Raphaëlle vient d'élaborer une démarche d'activation des connaissances qui devrait préparer adéquatement ses élèves à la réalisation de l'activité prévue.

Outre l'activation des connaissances antérieures, il est important que l'enseignante scrute aussi les intérêts des élèves afin de susciter la motivation scolaire. Il est clair que les filles répondent positivement aux types de tâches que propose l'enseignante. Les garçons, quant à eux, semblent moins portés à s'investir dans leur travail. On peut supposer que ce désengagement s'explique, notamment, par un manque d'intérêt pour les contenus et, partant, par un manque de motivation.

Il ressort des recherches que les garçons démontrent une curiosité particulière pour les récits d'aventures mettant en scène des héros charismatiques. Se fondant sur ce constat, Raphaëlle peut chercher à proposer des activités basées sur de tels thèmes. Afin de s'assurer que tous y trouvent leur compte, elle pourrait également proposer un choix de romans aux élèves. Par exemple, en leur offrant de choisir parmi deux possibilités, elle leur permet de réaliser leurs apprentissages tout en augmentant les chances que chaque élève trouve un thème qui l'intéresse. Si celui de la magie et de l'univers fantastique en fait décrocher certains, ils auront toujours la possibilité de se rabattre sur l'autre option. D'autres élèves y verront peut-être, au contraire, une occasion d'explorer un monde qui les attire. Enfin, dans le cas où l'exercice aboutirait à une présentation au groupe classe, une telle diversification des thèmes et des ouvrages assurerait une plus grande originalité aux exposés et leur conférerait une pertinence qu'ils n'auraient pas si tous les élèves avaient lu le même ouvrage.

Enfin, le choix d'opter pour des travaux de recherche s'inscrit, lui aussi, dans l'esprit de l'enseignement stratégique. Ce type de travail requiert des élèves qu'ils coordonnent plusieurs types de connaissances ; il y a même une possibilité qu'ils développent des compétences disciplinaires et transversales. Par ailleurs, les élèves accordent généralement plus de signifiance à ces activités, puisqu'ils ont l'impression d'avoir prise sur le déroulement de leurs apprentissages. Cependant, il faut faire attention : si les jeunes ne sentent pas qu'ils exercent un certain contrôle sur la tâche, si les exigences leur paraissent trop élevées ou, encore, s'ils ne se sentent pas suffisamment soutenus, la probabilité est grande que leur motivation chute et qu'ils cessent tout effort.

## *Quels sont les indicateurs de la motivation chez les élèves auxquels pourrait se référer Raphaëlle ?*

L'intérêt que présente un élève pour un apprentissage ainsi que son état de réceptivité au moment de réaliser la tâche qui y est associée influencent directement son niveau d'engagement. C'est, à tout le moins, ce qui ressort du modèle de la motivation scolaire de Barbeau, Montini et Roy (1997) ainsi que de celui de Tardif (1992). Globalement, le modèle de Barbeau et de ses collègues accorde une large place aux processus cognitifs de détermination de la motivation scolaire.

Les déterminants relevés par ces chercheurs, déterminants également considérés comme les sources de la motivation scolaire, proviennent de diverses perceptions et conceptions propres à l'élève. Ils renvoient aux idées que celui-ci met en place au moment d'entreprendre une tâche d'apprentissage. Ces perceptions et ces conceptions peuvent être déjà existantes chez l'élève avant même l'annonce de l'activité, ou peuvent se développer au cours du déroulement de cette activité. Afin d'illustrer les origines des sources de la motivation scolaire, prenons un exemple concret.

Maxence, qui fait partie d'un des groupes de Raphaëlle, est un élève généralement discipliné, qui récolte des résultats moyens en français. Il sait que, peu importe son niveau d'investissement, il obtient toujours des notes variant entre 60 % et 70 %. Un jour, Raphaëlle propose un genre d'exercice qu'il a généralement de la difficulté à faire. Maxence marmonne dans son coin, car il sait que, peu importe l'effort qu'il y mettra, son résultat sera médiocre (ce sont là ses conceptions de départ). Malgré tout, comme il a l'habitude de réaliser les activités demandées, même si celles-ci ne l'intéressent pas de prime abord, il se met au travail. Au cours de l'exercice, il se rend compte qu'il réussit assez bien la tâche qui lui est demandée. Il comprend ce qu'il fait, ce qui l'amène à prendre confiance en lui (ce sont les perceptions développées au cours de l'activité). Alors qu'il avait commencé l'activité en ne s'appliquant que fort peu, il la finit avec le sentiment d'avoir réussi à surmonter une difficulté.

En fait, le modèle de Barbeau, Montini et Roy (1997) propose cinq perceptions ou conceptions pour définir la motivation scolaire.

1. **Quel est le but de l'école ?**

   Va-t-on à l'école pour offrir une performance ou, plutôt, pour apprendre ? Un élève qui perçoit l'école comme un endroit où il doit nécessairement offrir une performance risque d'être grandement déçu s'il s'y trouve en situation d'échec. C'est notamment le cas de plusieurs des filles qui sont dans les classes de Raphaëlle.

2. **Quelle est la conception que l'élève se fait de l'intelligence ?**

   Est-elle fixe ou évolutive ? L'élève qui croit que son intelligence est fixe risque de se décourager et de considérer une suite d'échecs scolaires comme la preuve de son incapacité à réussir à l'école. À l'inverse, il y a davantage de chances que l'élève qui établit des liens entre les efforts consentis, les stratégies déployées et le développement de son intelligence soit motivé. Conséquemment, il sera plus porté à persévérer malgré les difficultés rencontrées.

3. **Quelles sont les causes des échecs ou de la réussite à l'école ?**

Un élève qui perçoit les causes comme des éléments qui lui sont internes a tendance à se sentir responsable de ce qui lui arrive. Par contre, l'élève qui considère qu'il s'agit de causes qui lui sont externes tend plutôt rejeter la responsabilité de ses résultats sur des situations hors de son contrôle. Comme nous le verrons plus loin, une telle attitude peut s'observer tant en situation d'échec qu'en situation de réussite. Ainsi, deux élèves ayant connu un échec au même examen pourront considérer que cet échec dépend d'eux, à cause d'un manque d'étude, par exemple, ou l'attribuer à des causes externes, comme la difficulté de l'examen.

4. **L'élève se sent-il capable de réaliser la tâche ?**

A-t-il l'impression qu'il possède les compétences, les connaissances et les habiletés requises pour mener à bien l'exercice ? Un élève qui doute de ses capacités a tendance à abandonner plus rapidement qu'un autre et à ne pas fournir les efforts nécessaires. Ce faisant, il accroît le risque de connaître un échec puisqu'il considère comme inutile de s'investir à fond. En recourant à ce système de défense, l'élève est entraîné dans une spirale d'échecs répétés. Certains des élèves présentant ce type d'attitude en viennent d'ailleurs à adopter la maxime suivante : « Mieux vaut passer pour paresseux que pour incapable. » Convaincus qu'ils ne pourront être reconnus pour des compétences qu'ils sont certains de ne pas posséder, ils se rabattent sur la reconnaissance que leur accordent les autres élèves. La recherche d'une telle reconnaissance est fréquemment associée à l'adoption de comportements indésirables, et s'observe plus souvent chez les garçons que chez les filles.

5. **La tâche proposée est-elle signifiante ?**

Nous n'apprendrons rien à personne en affirmant que si l'activité à laquelle l'élève est invité à participer lui semble inutile et dépourvue de sens, il n'aura pas tendance à s'investir dans cette activité.

En orientant ses interventions pédagogiques de manière à tenir compte de ces cinq déterminants, Raphaëlle peut exercer une plus grande influence sur la motivation de ses élèves. Sachant cela, on doit chercher à comprendre ce qui incite l'élève à construire chacune de ses perceptions.

En fait, de nombreuses variables semblent influencer la construction de ces perceptions. Il n'en existe d'ailleurs pas de liste spécifiquement établie. Cela s'explique par le fait que ces variables sont différentes d'un individu à l'autre, notamment à cause du vécu de chacun. Parmi les facteurs susceptibles d'agir sur les idées que l'élève se fait de son potentiel scolaire, on trouve, entre autres, des variables comme l'âge, l'origine ethnique ou socioéconomique, les expériences scolaires passées et, aussi, le sexe de l'individu, que Barbeau et ses collègues considèrent comme un élément marquant. Nous verrons plus loin que cette variable peut avoir une influence directe sur le comportement et les apprentissages réalisés par les garçons et les filles.

### *Que pourrait faire Raphaëlle, en tenant compte à la fois des fondements de l'enseignement stratégique et des caractéristiques particulières des filles et des garçons, pour motiver davantage ses élèves ?*

Deux facteurs doivent être plus particulièrement considérés ici, soit les perceptions attributionnelles et la signifiance qu'accordent les filles et les garçons à la tâche.

### *Les perceptions attributionnelles*

En ce qui concerne les perceptions attributionnelles, c'est-à-dire la perception des facteurs auxquels les élèves attribuent leurs succès et leurs échecs, il semble y avoir une différence marquée entre les garçons et les filles. Cette attribution causale est tributaire du contrôle que l'élève pense exercer sur sa réussite scolaire. S'appuyant sur les travaux de Stipek, Roy (2000) souligne que les filles ont plutôt tendance à associer leurs réussites à des facteurs hors de leur contrôle, alors qu'un échec est vécu comme un signal de leur propre incompétence et de leur manque d'intelligence. Les garçons, quant à eux, présentent l'attitude inverse. Ils ont tendance à considérer que les causes d'un échec ne dépendent pas d'eux, alors que leurs réussites découleraient de leur habileté intellectuelle ou de leurs efforts. Cette perception des raisons de la réussite ou de l'échec a nécessairement une influence sur la construction du rapport à l'apprentissage.

Ainsi, une fille ayant vécu un échec accentuera son sentiment d'incompétence à réaliser certaines tâches, alors que le garçon se trouvant dans la même situation aura tendance à rejeter la faute sur des causes extérieures. Il est plausible de penser que, à long terme, des conséquences graves peuvent en découler. Les filles en viendront à prendre moins de risques, tandis que les garçons, en se remettant peu en question, auront plutôt tendance à foncer en dépit des compétences réelles qu'ils maîtrisent.

À la lumière de ce qui précède, Raphaëlle peut envisager d'amener ses élèves à prendre conscience de leurs propres attributions causales dans la perspective de les modifier graduellement, au besoin. Du côté des garçons, on pourrait s'attendre à des interventions qui les amèneraient à considérer davantage leurs efforts ou leurs stratégies comme les facteurs à la base de leurs réussites et de leurs échecs. Quant aux filles, compte tenu de leur tendance à remettre globalement en question leurs compétences à la suite d'un échec, il serait aussi souhaitable qu'elles ciblent avec davantage de précision les stratégies, parmi celles qu'elles ont développées, qui ont été inefficaces, et qu'elles en déterminent les raisons. Ce faisant, on relativiserait l'importance du rôle de leurs compétences dans les échecs vécus, pour les unes, et on réaffirmerait l'importance de l'impact de leur investissement, pour les autres.

Il est donc possible de recourir à une série de stratégies concrètes qui peuvent nous permettre de réaliser une telle démarche de réflexion avec l'élève. Ce travail d'ordre métacognitif doit se faire de façon que les réponses proviennent de l'élève et soient extériorisées par celui-ci. La formulation de la réponse joue un rôle fondamental dans cette démarche, puisqu'elle permet à l'élève de mettre en mots les causes de ses réussites ou de ses échecs, ce qui accroît les possibilités d'une réelle prise de conscience. Il existe de nombreux moyens d'amener un élève dans un tel cheminement, dont l'intervention individuelle et l'intervention par l'intermédiaire des pairs.

Dans l'intervention individuelle, l'enseignant entretient une discussion suivie avec l'élève en cherchant à déterminer, avec lui, les causes de sa réussite ou de son échec. Dans la plupart des cas, un tel échange se fait de façon relativement informelle, soit avant ou après les cours, lors des activités de récupération, ou pendant des périodes d'accalmie en classe. Avec l'élève qui résiste à l'autorité ou qui est spontanément réfractaire aux relations avec les enseignants, une telle démarche peut apparaître difficile, puisqu'il ne désirera pas échanger ou se sentira mis en accusation. Il faut donc éviter d'accroître le sentiment de frustration de l'élève, le danger étant ici d'accentuer la distance qu'il met entre lui et l'adulte. Cette réalité est particulièrement observable chez les garçons. On trouve dans l'illustration ci-dessous quelques questions qui pourraient être posées, mais toujours en prêtant attention à la manière de questionner l'élève.

On peut également intervenir en divisant le groupe en équipes de discussion. En orientant l'échange, notamment par des consignes écrites, l'enseignant peut amener les élèves à discuter de questions qui leur permettront de comparer leurs stratégies à celles des autres élèves. Par exemple, les équipes pourraient dresser la liste des stratégies utilisées par leurs membres, puis sélectionner celles ayant été les plus efficaces dans la réalisation de l'exercice. Ce faisant, les élèves qui connaissent des difficultés à organiser leur travail auraient accès à un mode de fonctionnement qu'ils pourraient ensuite tenter de réutiliser dans une activité ultérieure. Une telle approche fondée sur l'enseignement par les pairs peut avoir des conséquences positives pour les élèves ayant connu des difficultés, puisqu'elle leur permet d'avoir accès à une série d'autres modèles, provenant de leurs pairs, pouvant les aider à mener à bien une tâche semblable la fois suivante. Par ailleurs, il est difficile d'avoir tout faux dans un exercice, surtout quand on se questionne sur les stratégies qui ont été mises de l'avant pour le réaliser. Comme on parle de stratégies de réalisation d'un travail et d'organisation d'une démarche, tous les élèves peuvent posséder des éléments de réponses pouvant être positifs. Ainsi, l'élève ayant eu de la difficulté à réaliser une tâche peut tout de même avoir eu recours à certaines stratégies qui seront retenues par l'équipe. Cet élève peut donc se rassurer quant à son potentiel et, ainsi, obtenir une certaine reconnaissance de ses coéquipiers.

Cette réflexion au sujet des interventions propices à influencer les perceptions attributionnelles des élèves mène à une autre question : **pourquoi les garçons ont-ils cette tendance à attribuer leurs échecs à des sources externes?** En fait, pour répondre à cette question, il faut se reporter à la signifiance que l'élève accorde à la tâche.

### *La signifiance de la tâche*

Comme nous l'avons vu précédemment, la notion de signifiance renvoie à l'importance accordée par l'élève à une activité. Différents facteurs peuvent influencer cette perception chez lui. En effet, les réussites ou les échecs vécus par le passé dans une matière, le rapport entretenu avec l'enseignant, la potentielle utilité, pour l'avenir, des notions présentées ne sont que quelques exemples d'éléments pouvant influencer la signifiance accordée à une tâche. Dans les faits, le niveau de signifiance associé à une activité se traduit bien souvent par un investissement plus ou moins grand de l'élève dans la démarche d'apprentissage.

Bien que ce soit l'élève lui-même qui attribue une valeur à la tâche qui lui est demandée, les facteurs influençant cette attribution relèvent d'éléments tant intrinsèques qu'extrinsèques. Ainsi, tout le long de son développement, l'élève se construit une perception des matières qui lui sont proposées en fonction, bien sûr, de ses expériences personnelles, mais également en fonction de diverses influences extérieures. Ces dernières peuvent prendre la forme de pressions provenant des amis, de modèles familiaux relatifs à la valeur de l'école, ou de modèles généraux largement répandus dans la société.

Quelques recherches portent justement sur la question de l'impact des valeurs transmises par la société sur l'engagement des élèves à l'école. Parmi ces recherches, on trouve un courant d'analyse qui tend à expliquer le rapport que les garçons et les filles entretiennent avec l'apprentissage par leur niveau d'adhésion aux stéréotypes sexuels.

On constate que les garçons ont particulièrement tendance à adhérer aux stéréotypes masculins (Bouchard et Saint-Amant, 1996). Or, certaines valeurs qui leur sont associées peuvent aller à l'encontre des conditions essentielles à la réussite scolaire. À ce sujet, Gagnon (1999) note que, chez les garçons, la réussite est souvent considérée comme une valeur féminine. Pour certains d'entre eux, il devient donc préférable de ne pas s'investir dans une démarche d'apprentissage, puisque, en ne s'investisssant pas, ils se rapprochent du modèle masculin prédominant (Gagnon, 1999). L'échec scolaire est alors considéré comme un moindre mal dans la mesure où l'élève arrive à obtenir la reconnaissance de ses pairs dans d'autres sphères de son vécu social. D'ailleurs, il est fort révélateur de constater que, chez le garçon, un « affranchissement des modèles associés à sa catégorie de sexe [...] se conjugue à des résultats scolaires élevés » (Bouchard et Saint-Amant, 1996, p. 239).

Sachant cela, Raphaëlle peut amener les garçons à établir un parallèle entre, d'une part, les efforts acharnés qu'ils consacrent à un sport et la réussite qui en découle et, d'autre part, les efforts nécessaires à la réussite scolaire. En soutenant le transfert d'une telle attitude d'un premier contexte, la pratique d'un sport, à un second contexte, la réalisation d'une recherche, par exemple, les garçons pourront prendre conscience qu'ils sont capables d'adopter une attitude favorisant l'apprentissage et, ensuite, de la réutiliser, au besoin, dans des contextes variés.

Mais, ici, on doit faire attention. Comme on traite d'idées profondément ancrées chez l'élève, il serait abusif de penser que l'on peut éveiller sa conscience par un simple échange. Raphaëlle trouvera donc un avantage certain à veiller à stimuler l'engagement de tous ses élèves en leur proposant des tâches diversifiées basées sur leurs intérêts. Si les thèmes les attirent, les élèves auront assurément plus tendance à s'engager dans la démarche d'apprentissage et accorderont nécessairement plus de signifiance à l'exercice proposé.

### *Quels types d'activités sont susceptibles d'intéresser les garçons et les filles ?*

Pour répondre à cette question, nous nous référerons à un avis publié par le Conseil supérieur de l'éducation.

Le Conseil supérieur de l'éducation (1999) a recensé diverses caractéristiques des garçons et des filles. Sans être exhaustif, le tableau 12.1 rend compte de certaines de ces caractéristiques qui peuvent être observées chez les deux groupes. Rappelons encore une fois que l'intention n'est pas ici d'opposer filles et garçons, mais bien de fournir quelques points de repère pour situer les élèves par rapport à deux pôles et ensuite proposer des interventions mieux adaptées aux profils des élèves.

Les caractéristiques du tableau 12.1 nous fournissent des pistes pour intervenir efficacement auprès des garçons et des filles. Par exemple, on peut penser que les garçons seront attirés par la réalisation de projets personnels présentant un défi réel dans la mesure où ils pourront percevoir de façon tangible et rapide l'avancée de leurs projets. Si cette démarche d'apprentissage leur permet de susciter l'admiration de leurs pairs, leur investissement n'en sera que plus grand. Sachant cela, l'enseignant peut créer chez ses élèves le besoin de se documenter.

À ce sujet, il n'est pas nécessaire que toute la documentation soit issue de documents écrits. Si certaines informations utiles ne se trouvent que dans les livres, d'autres, par contre, peuvent provenir de documents audio, télévisuels ou multimédias. La diversification des types de sources peut donc permettre à des élèves de modifier leur perception de la lourdeur du travail qui leur est demandé.

Si l'on recourt à un projet signifiant, les élèves peuvent être amenés à lire et à rendre compte de leur compréhension des informations recueillies sur un sujet qui leur tient à cœur. L'enseignant peut profiter de cette situation pour mesurer l'évolution des habiletés en compréhension de lecture chez les élèves, ce qui peut les soustraire à l'obligation de se livrer à la sempiternelle épreuve d'évaluation de compréhension en lecture.

**Tableau 12.1 Certaines caractéristiques des filles et des garçons**

| Filles | Garçons |
|---|---|
| Plus portées vers les activités coopératives. | Plus portés vers les activités compétitives. |
| Difficulté à élaborer des critères personnels de réussite et d'estime de soi. | Moins besoin de tenir compte des propos d'autrui. Tendent à les rejeter pour se mettre en valeur. |
| Besoin d'approbation de l'adulte. | Besoin d'approbation des autres garçons. |
| Champs d'intérêt variés. | Champs d'intérêt pour ce qui est typiquement masculin (sports masculins, récits d'aventures, héros, documentaires, informatique, projets, etc.). |
| Aiment des activités qui requièrent de la lecture. | Lecture fréquemment considérée comme une activité féminine. |
| Relativement ouvertes au travail avec les garçons. | Réfractaires à l'idée de travailler avec des filles. |
| Ont souvent une pensée plus holistique. | Ont souvent une pensée plus analytique. |
| Plus réfléchies. Capacité de différer des besoins, des objectifs. | Plus impulsifs. Recherche de retombées immédiates. |
| Aiment le travail en équipe. | Aiment travailler seuls. |

Les filles, quant à elles, paraissent plus enclines à coopérer. Ainsi, une fois lancées dans un projet, elles démontrent une plus grande capacité d'aller chercher l'aide dont elles ont besoin en consultant les ressources disponibles (enseignant, autres élèves). On remarque également qu'elles semblent généralement posséder, par rapport à une démarche d'apprentissage, une bonne capacité d'organisation et de planification.

Si leurs aptitudes réflexives et leur capacité de différer l'atteinte de certains objectifs les avantagent dans des travaux de longue haleine, elles semblent néanmoins avoir besoin de points de repère solides quand il est question de la structure préliminaire d'un projet. Ainsi, elles seront peut-être moins à l'aise dans une démarche où, dès le départ, elles sont peu encadrées. Par ailleurs, elles éprouvent bien souvent des difficultés à déterminer des critères réalistes relativement à la réalisation des travaux. Il leur serait donc particulièrement bénéfique d'être informées avec précision du plan global du projet, ainsi que des critères d'évaluation, afin qu'elles se sentent en contrôle de la situation. Cela ne pourrait qu'accroître leur motivation.

### *Quels sont les défis sous-jacents au choix de proposer des tâches différentes aux garçons et aux filles ?*

Le principal défi qui guette les enseignants nous semble être celui de ne pas utiliser ces caractéristiques générales pour ghettoïser les élèves, d'une part, et de ne pas les considérer comme des traits immuables, voire des fatalités, d'autre part. Si certaines tendances peuvent être dégagées en fonction du sexe, *il n'en demeure pas moins que, selon plusieurs recherches, les différences interindividuelles sont souvent plus importantes.* Plusieurs filles et garçons ne correspondent donc pas ou ne correspondent qu'en partie aux profils généraux que nous avons tracés. Par ailleurs, si certaines caractéristiques avantagent les filles dans le système scolaire actuel, comme le fait d'avoir tendance à aller chercher l'aide dont elles ont besoin, d'autres avantagent plutôt les garçons dans divers contextes, comme leur pensée analytique, qui leur permet de résoudre avec plus de facilité des problèmes concrets.

À partir du moment où les filles et les garçons ne sont pas catégorisés, l'une des responsabilités premières de l'enseignant est de permettre à ses élèves de se développer dans leur intégralité. En ce sens, si, par exemple, les garçons sont généralement moins portés à coopérer, il est néanmoins crucial qu'ils développent cette compétence dans leur parcours scolaire. Or, ce n'est pas en les faisant travailler seuls qu'ils la développeront. L'enjeu est de taille : respecter une tendance chez certains élèves à percevoir la chose scolaire d'une telle façon, tout en leur permettant de développer d'autres façons de la percevoir.

## Un exemple de planification

La planification qui suit a été élaborée dans le cadre d'une semaine de la solidarité organisée par un animateur du service d'animation spirituelle et d'engagement communautaire d'une école, en collaboration avec divers enseignants de cette école. Au cours de cette semaine, de nombreuses activités sont prévues pour souligner l'importance de prêter attention aux problèmes actuels qui touchent le monde.

Dans le but de sensibiliser leurs élèves aux problématiques du Tiers-Monde, les enseignants de français et de géographie de la première année du secondaire ont décidé de leur proposer un projet de recherche. Ensemble, les élèves prépareront des présentations traitant de thèmes liés aux problèmes de différentes populations. Afin de montrer les résultats de leurs recherches, les élèves monteront des kiosques qui seront installés dans la salle commune, le jeudi midi. Le travail est donc divisé en deux : une partie de la préparation des kiosques se fait pendant les périodes de français, l'autre, au cours des périodes de géographie. Le plan général de la démarche prévue par les enseignants est présenté dans l'encadré ci-dessous.

On trouvera, dans le tableau 12.2, la planification de la deuxième période du projet. Comme nous l'avons indiqué dans le plan général, cette période concerne la recherche documentaire et se déroulera dans le cadre du cours de français. Il est à noter que, comme il s'agit d'un projet se déroulant sur plusieurs périodes, aucune évaluation formelle des apprentissages n'est prévue.

## Période 2 : recherche documentaire

### *Notions et matières à l'étude : lecture de textes à caractère descriptif.*

Objectifs poursuivis ou compétences visées : l'élève doit faire ressortir les informations principales contenues dans le texte qui lui a été fourni, en évaluer la pertinence et la justesse en les comparant aux informations provenant des autres textes, et organiser les informations retenues en vue de rédiger la production écrite prévue à la période 3.

**Plan général de la démarche prévue**

**Période 1** (géographie) : introduction aux problèmes du Tiers-Monde

Présentation de courts documentaires traitant de diverses problématiques propres aux pays du Tiers-Monde.

Formation des équipes de travail pour la préparation des kiosques et la présentation des thèmes de recherche.

***Thèmes proposés :*** Les mines antipersonnel, les camps de réfugiés, les bidonvilles, la désertification de la région subsaharienne, les paysans sans terre, les enfants esclaves, les enfants soldats, etc.

**Période 2** (français) : recherche documentaire

Choix du thème de recherche.

Lecture de la documentation liée au thème choisi (fournie par l'enseignant).

Prise en note des informations pertinentes.

**Période 3** (français) : organisation du discours

Rédaction d'un compte rendu d'une page rassemblant les informations qui seront présentées dans le kiosque.

**Période 4** (géographie) : préparation du matériel

Organisation finale des présentations, réalisation du support visuel des kiosques, etc.

## Discussion sur la planification

### *Comment cette planification peut-elle répondre aux besoins des garçons et des filles dans une perspective d'enseignement stratégique ?*

- Intérêt et signifiance de la tâche pour les élèves

  Les thèmes proposés sont diversifiés et ont ainsi plus de chances de rejoindre les intérêts de chaque élève, qu'il s'agisse d'un garçon ou d'une fille. De plus, comme la recherche débouche sur une présentation à l'heure du dîner, il est probable que les élèves, en particulier les garçons qui recherchent l'approbation de leurs pairs du même sexe, perçoivent la tâche comme étant signifiante. Afin de souligner la pertinence d'un tel exercice pour le développement futur des élèves, les enseignants pourraient amorcer ou terminer le projet par une conférence d'un coopérant ayant travaillé en pays étranger dans le cadre de l'une ou l'autre des problématiques abordées. Cette personne pourrait raconter son expérience et expliquer les actions qui peuvent être entreprises au quotidien par les élèves pour améliorer le sort des peuples démunis.

- Activation des connaissances antérieures

  L'enseignant, par ses questions, s'efforce d'activer les connaissances dont les élèves auront réellement besoin pour réaliser leur travail. Il ne s'occupe donc pas seulement de chercher à éveiller les connaissances déclaratives. Il cherche également à activer les connaissances relatives aux procédures et aux stratégies à utiliser pour mener à bien le travail, et parle du moyen de choisir celles qui sont les mieux adaptées à la situation.

- Retour réflexif sur la tâche

  L'enseignant termine la rencontre en proposant à ses élèves une démarche de réflexion métacognitive concernant les stratégies utilisées pour arriver à produire le travail demandé. De cette façon, on permet aux élèves de reconnaître les manières de faire qui favorisent leur réussite.

- Travail d'équipe ou individuel

  Nous avons déjà mentionné que les garçons avaient tendance à préférer les approches où prévalait le travail individuel, alors que les filles ne semblent pas avoir de problème à travailler en équipe. Au cours de cette période, une place est faite au travail individuel (lecture et synthèse d'un texte), mais également au travail d'équipe (échanges sur les informations recueillies). Ainsi, on permet à chacun et à chacune d'agir en fonction de ses préférences, tout en habituant les élèves à travailler de ces deux façons.

- Un projet à court terme

  Nous avons vu dans les pages précédentes que les garçons semblent présenter des difficultés particulières à mener à bien des projets de longue haleine. Or, le présent projet mène à un dénouement dans un temps relativement court. Ce faisant, on permet aux élèves ayant besoin de voir rapidement les résultats de leur travail de percevoir concrètement l'évolution du projet, tout en les

**Tableau 12.2 Grille de planification**

| Phases/Étapes | Durée | Types de connaissances | Stratégies pédagogiques | Matériel |
|---|---|---|---|---|
| **Préparation de l'apprentissage** | **20 min** | | | |
| **Direction de l'attention et de l'intérêt** | 5 min | | Choix du thème de recherche par les équipes en fonction de leurs intérêts. | Liste des thèmes et des équipes |
| **Discussion sur les objectifs de la tâche** | 2 min | | Présentation des objectifs de la rencontre (enseignant). | Transparent |
| **Activation des connaissances antérieures** | 10 min | • Déclaratives<br>• Procédurales<br>• Conditionnelles<br>• Procédurales | Questions à poser (enseignant) :<br>• Quel type de texte pourrait nous aider à trouver de l'information ?<br>• Quelles sont les stratégies qui permettent de bien cerner le contenu d'un texte informatif ?<br>• Quelles sont les informations à prendre en note ?<br>• Comment fait-on pour prendre des notes ? | Tableau |
| **Survol du matériel** | 3 min | | Présentation des documents à lire en rapport avec le thème choisi par l'équipe (enseignant). | Un document différent par élève |
| **Présentation du contenu** | **35 min** | | | |
| **Traitement de l'information (en fonction des connaissances antérieures)** | 10 min | • Procédurales<br>• Conditionnelles | • L'élève lit en silence le texte qui lui a été fourni.<br>• L'élève note les informations importantes contenues dans son texte. | |
| **Intégration des connaissances** | 15 min | • Déclaratives | • Chaque élève résume son texte à l'équipe. | |
| **Assimilation des connaissances** | 10 min | • Déclaratives<br>• Conditionnelles | • L'équipe compare les informations recueillies par chacun.<br>• L'équipe choisit les informations les plus pertinentes. | |
| **Application et transfert** | **20 min** | | | |
| **Organisation des connaissances** | 10 min | • Déclaratives | Les équipes réalisent un réseau sémantique simple reprenant les informations importantes. | |
| **Transfert et extension** | 10 min | • Procédurales<br>• Conditionnelles | Retour sur les stratégies utilisées pour faire le travail. | Tableau |
| **Évaluation des apprentissages** | | | Lors de la présentation en kiosque, le jeudi midi, mais observation et rétroaction fournie au cours de chacune des périodes de travail. | |

habituant à ne pas obtenir des résultats immédiats, ce qui est tout aussi important. Cependant, en créant un projet de courte durée, les enseignants ont dû limiter le temps accordé à la collecte d'informations. Ainsi, les élèves n'ont pu avoir accès à différents types de documentation. Les documents sont donc exclusivement des documents écrits, ce qui peut déranger certains élèves, parmi lesquels on retrouvera, bien entendu, des garçons.

## Principaux éléments à retenir

Comme nous l'avons vu, chercher à répondre aux besoins des garçons et des filles constitue un vrai défi. Bien que l'on observe effectivement des différences entre ces deux groupes, il est nécessaire que les interventions de l'enseignant tiennent d'abord compte du caractère unique de chaque individu et qu'elles visent son plein développement. Par exemple, il ne serait pas justifié de proposer un type d'activité aux garçons et d'en exclure systématiquement les filles qui voudraient y participer. En effet, on trouvera chez les deux groupes des élèves qui auront, à un moment ou à un autre, plus d'affinités avec le type d'activité prévu au départ pour répondre aux intérêts du groupe qui n'est pas le leur. Mais, alors, pourquoi se tracasser avec l'idée d'adapter nos approches d'enseignement aux garçons et aux filles ?

En fait, même s'il est difficile, voire impossible, d'établir un diagnostic précis des intérêts propres aux élèves en fonction de leur appartenance à un sexe, il n'en demeure pas moins que l'on observe concrètement des différences réelles entre la réussite et la persévérance scolaires des garçons et celles des filles. Sans occulter le fait que certaines filles connaissent également des difficultés à l'école, il faut reconnaître que la situation des garçons est particulièrement préoccupante. C'est ainsi que l'on en vient à se demander comment faire, concrètement, pour améliorer la situation.

Selon Gagnon (1999), toute intervention doit d'abord et avant tout viser une déconstruction des modèles stéréotypés de notre société. En éliminant ces profils particuliers associés aux hommes et aux femmes, on devrait nécessairement en arriver à transformer la perception qu'ont nos élèves de ce que devrait être leur rapport à l'apprentissage en fonction de leur sexe. En contexte scolaire, nous croyons également qu'une telle démarche pourra permettre l'émergence d'un rapport plus égalitaire entre les garçons et les filles.

Malgré tout, cela ne devrait pas empêcher l'enseignant de prendre en compte, dans la planification et la préparation de ses interventions, les préférences des élèves en fonction des profils spécifiques associés aux stéréotypes sexuels. En proposant à tous ses élèves des activités pouvant répondre aux intérêts des garçons et des filles, l'enseignant ajoute une carte à son jeu. Dans une démarche de différenciation pédagogique, cette différenciation sera peut-être l'élément qui lui permettra de rapprocher un, une ou quelques élèves du plaisir d'apprendre.

## Références


Barbeau, D., A. Montini et C. Roy (1997). *Tracer les chemins de la connaissance,* Montréal, Association québécoise de pédagogie collégiale.

Bouchard, P., et J.-C. Saint-Amant (1996). *Garçons et filles, stéréotypes et réussite scolaire,* Montréal, Éditions du remue-ménage.

Bouchard, P., N. Bouchard, J.-C. Saint-Amant et J. Tondreau (1996). *Modèles de sexe et rapport à l'école: Guide d'intervention auprès des élèves de troisième secondaire,* Montréal, Éditions du remue-ménage.

Conseil supérieur de l'éducation (1999). *Pour une meilleure réussite des garçons et des filles: Avis au ministre de l'Éducation,* Québec, CSE.

Ministère de l'Éducation du Québec (2003). « 5.1 Le niveau de diplomation à la sortie de l'enseignement », dans *Indicateurs de l'éducation,* édition 2003, [en ligne], http://www.meq.gouv.qc.ca/stat/indic03/indic03f.htm (25 novembre 2003).

Gagnon, C. (1999). *Pour réussir dès le primaire: Filles et garçons face à l'école,* Montréal, Éditions du remue-ménage.

Roy, G. (2000). *Étude du vécu affectif et cognitif de six garçons de quatrième année du primaire dans le contexte d'une approche pédagogique novatrice visant à développer leurs habiletés métacognitives,* Mémoire de maîtrise, Université du Québec à Trois-Rivières.

Tardif, J. (1992). *Pour un enseignement stratégique: l'apport de la psychologie cognitive,* Montréal, Éditions Logiques.

# Les auteurs



**Lucie Arpin** Pédagogue et praticienne d'expérience, Lucie Arpin a travaillé auprès d'élèves du primaire durant une trentaine d'années. Elle est maintenant accompagnatrice auprès d'enseignants qui cheminent selon une approche réflexive. Elle s'intéresse particulièrement aux recherches sur l'apprentissage en lien avec la métacognition de l'élève et la médiation pédagogique de l'enseignant, ainsi qu'à l'évaluation des apprentissages.

**Nancy Brouillette** Après avoir enseigné les sciences au secondaire, Nancy Brouillette est actuellement conseillère pédagogique à la Commission scolaire de l'Énergie. Parallèlement, elle fait des études doctorales dont le concept central est le transfert des apprentissages. Elle fait partie du Centre de recherche interuniversitaire sur la formation et la profession enseignante (CRIFPE).

**Louise Capra** Pédagogue et praticienne d'expérience au préscolaire, au primaire et en adaptation scolaire, Louise Capra est consultante et formatrice auprès d'enseignants, de conseillers pédagogiques et de directions scolaires au Québec, en Ontario et au Nouveau-Brunswick. Ses intérêts de recherche portent entre autres sur l'action pédagogique des enseignants auprès des élèves ainsi que sur l'accompagnement des enseignants en démarche de développement professionnel continu.

**Jean-François Dragon** Actuellement étudiant à la maîtrise au Département des sciences de l'éducation de l'Université du Québec à Trois-Rivières, Jean-François Dragon possède une formation en enseignement au secondaire. Il a travaillé pendant quelques années auprès d'élèves de niveau primaire et a occupé divers postes au sein d'institutions scolaires.

**Hélène Fournier** Hélène Fournier est étudiante au doctorat en éducation et chercheure au Centre de recherche et d'intervention sur la réussite scolaire (CRIRES) et à la Chaire du Centre de formation en entreprise (CFER) du département des sciences de l'éducation à l'Université du Québec à Trois-Rivières. Elle a collaboré à plusieurs recherches s'intéressant aux technologies de l'information et des communications (TIC) dans le milieu scolaire primaire et secondaire.

**François Guillemette** Chargé de cours en formation des maîtres à l'Université du Québec à Trois-Rivières, François Guillemette est aussi chercheur dans les domaines de la pédagogie autonomisante, de l'approche par compétences et du développement professionnel des enseignants. Il fait partie de l'équipe du Centre de recherche interuniversitaire sur la formation et la profession enseignante (CRIFPE) de l'Université Laval. Détenteur d'un Ph.D. en théologie, il complète actuellement un doctorat en éducation.

**Stéphane Martineau, Ph.D.** Stéphane Martineau est professeur au département des sciences de l'éducation de l'Université du Québec à Trois-Rivières et membre régulier du Centre de recherche interuniversitaire sur la formation et la profession enseignante (CRIFPE). Formé en sociologie, en anthropologie et en psychopédagogie, il s'intéresse plus particulièrement au développement des savoirs et des compétences en enseignement.

**Louise Paradis** D'abord enseignante auprès d'élèves en difficulté d'adaptation et d'apprentissage, Louise Paradis a ensuite participé à la formation des enseignants en adaptation scolaire à titre de professeur régulier à l'Université du Québec à Trois-Rivières. Ses travaux de recherche portent sur la motivation et la réussite scolaire, dès le début du primaire, de même que sur les difficultés d'apprentissage en lecture.

**François Perreault** Détenteur d'une maîtrise en technologie éducative, François Perreault termine ses études doctorales en éducation à l'Université du Québec à Trois-Rivières. Il travaille actuellement à la conception et au développement de cours en ligne et comme conseiller pédagogique en technologie éducative au Service de soutien pédagogique et technologique de l'Université du Québec à Trois-Rivières.

**Liliane Portelance** Titulaire d'un doctorat en psychopédagogie de l'Université de Montréal, Liliane Portelance est professeure au Département des sciences de l'éducation de l'Université du Québec à Trois-Rivières. Membre associée du Centre de recherche interdisciplinaire sur la formation et la profession enseignante (CRIFPE), ses intérêts de chercheure portent sur les interventions pédagogiques qui favorisent la métacognition, sur la formation à l'enseignement en période de changements en éducation et sur le rôle des enseignants associés.

**Luc Prud'homme** D'abord enseignant au primaire, Luc Prud'homme a travaillé tour à tour au Nouveau-Brunswick, au Yukon, en Alberta et au Québec, puis comme directeur d'école à Laval. Il accompagne aujourd'hui «sur le terrain» des acteurs scolaires «en recherche» pour soutenir la réussite de tous les élèves. Parallèlement, il fait actuellement des études doctorales qui portent sur la mise en œuvre de la différenciation pédagogique.

# Chenelière/Didactique

## A APPRENTISSAGE

**Accompagner la construction des savoirs**
*Rosée Morissette, Micheline Voynaud*

**Au pays des gitans**
Un répertoire d'outils pour développer la gestion cognitive de l'attention, de la mémoire et de la planification
*Martine Leclerc*

**Des idées plein la tête**
Exercices axés sur le développement cognitif et moteur
*Geneviève Daigneault, Josée Leblanc*

**Des mots et des phrases qui transforment**
La programmation neurolinguistique appliquée à l'éducation
*Isabelle David, France Lafleur, Johanne Patry*

**Déficit d'attention et hyperactivité**
Stratégies pour intervenir autrement en classe
*Thomas Armstrong*

**Être attentif... une question de gestion !**
Un répertoire d'outils pour développer la gestion cognitive de l'attention, de la mémoire et de la planification
*Pierre Paul Gagné, Danielle Noreau, Line Ainsley*

**Être prof, moi j'aime ça !**
Les saisons d'une démarche de croissance pédagogique
*L. Arpin, L. Capra*

**Intégrer les intelligences multiples dans votre école**
*Thomas R. Hoerr*

**La gestion mentale**
Au cœur de l'apprentissage
*Danielle Bertrand-Poirier, Claire Côté, Francesca Gianesin, Lucille Paquette Chayer*
- Compréhension de lecture
- Grammaire
- Mémorisation
- Résolution de problèmes

**L'apprentissage à vie**
La pratique de l'éducation des adultes et de l'andragogie
*Louise Marchand*

**L'apprentissage par projets**
*Lucie Arpin, Louise Capra*

**Le cerveau et l'apprentissage**
Mieux comprendre le fonctionnement du cerveau pour mieux enseigner
*Eric Jensen*

**Les garçons à l'école**
Une autre façon d'apprendre et de réussir
*Jean-Guy Lemery*

**Les intelligences multiples**
Guide pratique
*Bruce Campbell*

**Les intelligences multiples dans votre classe**
*Thomas Armstrong*

**Les secrets de l'apprentissage**
*Robert Lyons*

**Par quatre chemins**
L'intégration des matières au cœur des apprentissages
*Martine Leclerc*

**Pour apprendre à mieux penser**
Trucs et astuces pour aider les élèves à gérer leur processus d'apprentissage
*Pierre Paul Gagné*

**PREDECC**
Programme d'entraînement et de développement des compétences cognitives
*Pierre Paul Gagné, Line Ainsley*
- Module 1 : Cerveau... mode d'emploi !

**Programme Attentix**
Gérer, structurer et soutenir l'attention en classe
*Alain Caron*

**Stratégies pour apprendre et enseigner autrement**
*Pierre Brazeau*

**Un cerveau pour apprendre**
Comment rendre le processus enseignement-apprentissage plus efficace
*David A. Sousa*

**Vivre la pédagogie du projet collectif**
*Collectif Morissette-Pérusset*

## Ec ÉDUCATION À LA COOPÉRATION

**Ajouter aux compétences**
Enseigner, coopérer et apprendre au postsecondaire
*Jim Howden, Marguerite Kopiec*

**Apprendre la démocratie**
Guide de sensibilisation et de formation selon l'apprentissage coopératif
*C. Évangéliste-Perron, M. Sabourin, C. Sinagra*

**Apprenons ensemble**
L'apprentissage coopératif en groupes restreints
*Judy Clarke et coll.*

**Coopérer pour réussir**
Scénarios d'activités coopératives pour développer des compétences
*M. Sabourin, L. Bernard, M.-F. Duchesneau, O. Fugère, S. Ladouceur, A. Andreoli, M. Trudel, B. Campeau, F. Gévry*
- Préscolaire et 1er cycle du primaire
- 2e et 3e cycles du primaire

**Découvrir la coopération**
Activités d'apprentissage coopératif pour les enfants de 3 à 8 ans
*B. Chambers et coll.*

**Je coopère, je m'amuse**
100 jeux coopératifs à découvrir
*Christine Fortin*

**La coopération au fil des jours**
Des outils pour apprendre à coopérer
*Jim Howden, Huguette Martin*

**La coopération en classe**
Guide pratique appliqué à l'enseignement quotidien
*Denise Gaudet et coll.*

**L'apprentissage coopératif**
Théories, méthodes, activités
*Philip C. Abrami et coll.*

**Le travail de groupe**
Stratégies d'enseignement pour la classe hétérogène
*Elizabeth G. Cohen*

**Structurer le succès**
Un calendrier d'implantation de la coopération
*Jim Howden, Marguerite Kopiec*

## G GESTION DE CLASSE

**À la maternelle... voir GRAND!**
*Louise Sarrasin, Marie-Christine Poisson*

**Apprivoiser les différences**
Guide sur la différenciation des apprentissages et la gestion des cycles
*Jacqueline Caron*

**Apprendre... c'est un beau jeu**
L'éducation des jeunes enfants dans un centre préscolaire
*M. Baulu-MacWillie, R. Samson*

**Bien s'entendre pour apprendre**
Réduire les conflits et accroître la coopération, du préscolaire au 3e cycle
*Lee Canter, Katia Petersen, Louise Dore, Sandra Rosenberg*

**Construire une classe axée sur l'enfant**
*S. Schwartz, M. Pollishuke*

**Je danse mon enfance**
Guide d'activités d'expression corporelle et de jeux en mouvement
*Marie Roy*

**La classe différenciée**
*Carol Ann Tomlinson*

**La multiclasse**
Outils, stratégies et pratiques pour la classe multiâge et multiprogramme
*Colleen Politano, Anne Davies*
*Adaptation française : Monique Le Pailleur*

**Le conseil de coopération**
Un outil pédagogique pour l'organisation de la vie de classe et la gestion des conflits
*Danielle Jasmin*

**L'enfant-vedette (vidéocassette)**
*Alan Taylor, Louise Sarrasin*

**Ma première classe**
Stratégies gagnantes pour les nouveaux enseignants
*Teresa Langness, Hélène Bombardier, Elourdes Pierre*

**Pirouettes et compagnie**
Jeux d'expression dramatique, d'éveil sonore et de mouvement pour les enfants de 1 an à 6 ans
*Veronicah Larkin, Louie Suthers*

**Quand les enfants s'en mêlent**
Ateliers et scénarios pour une meilleure motivation
*Lisette Ouellet*

**Quand revient septembre...**
*Jacqueline Caron*
- GUIDE SUR LA GESTION DE CLASSE PARTICIPATIVE (VOLUME 1)
- RECUEIL D'OUTILS ORGANISATIONNELS (VOLUME 2)

**Une enfance pour s'épanouir**
Des outils pour le développement global de l'enfant
*Sylvie Desrosiers, Sylvie Laurendeau*

7001, boul. Saint-Laurent, Montréal (Québec) Canada H2S 3E3
Tél. : (514) 273-1066 ■ Téléc. : (514) 276-0324 ou 1 800 814-0324
Service à la clientèle : (514) 273-8055 ou 1 800 565-5531
info@cheneliere-education.ca ■ www.cheneliere-education.ca

Pour plus de renseignements ou pour commander,
communiquez avec notre service à la clientère au (514) 273-8055.